韩联社 ◎ 著

史海
撷英录

花山文艺出版社

河北·石家庄

图书在版编目（CIP）数据

史海撷英录 / 韩联社著. -- 石家庄：花山文艺出版社，2022.12
　　ISBN 978-7-5511-6104-6

　　Ⅰ．①史… Ⅱ．①韩… Ⅲ．①文史—中国—文集
Ⅳ．①C53

　　中国版本图书馆CIP数据核字(2022)第110982号

书　　名：**史海撷英录**
Shihai Xieying Lu

著　　者：韩联社

责任编辑：林艳辉

责任校对：李　鸥

美术编辑：王爱芹

出版发行：花山文艺出版社（邮政编码：050061）
　　　　　（河北省石家庄市友谊北大街330号）

销售热线：0311-88643299/96/17/34

印　　刷：北京一鑫印务有限责任公司

经　　销：新华书店

开　　本：700毫米×1000毫米　1/16

印　　张：27.75

字　　数：370千字

版　　次：2022年12月第1版
　　　　　2022年12月第1次印刷

书　　号：ISBN 978-7-5511-6104-6

定　　价：79.80元

自序
打捞记忆深处的史海英华

一

写下这个题目，感觉了片刻踌躇：所谓史海英华，何止万千，你打捞得过来吗？不过，请注意前边还有一个限制词：记忆深处。谁的记忆深处呢？当然是作者自己的。之所以称为"打捞"，是经过这么多年的风雨淘洗，记忆之弦上既有亮闪闪的珠贝，也有模糊闪烁的光影，不经过一番打捞，断难凸显出其中的旖旎神采。恍然回顾这么多年的读书生涯，自己读过的那些中国古代经典，可谓车载斗量，回忆起来，经常出现两种情形：其一，耳熟能详，新鲜如昨，仿佛青枝绿叶之玉树，时常浮现眼前；这些篇什，从前大都因缘际会，曾经抄之录之，读之诵之，大有铭心刻骨之功效。其二，似曾相识，杳如黄鹤，貌似很熟悉，其实很陌生；这些篇章，当年大都是蜻蜓点水，一知半解，水过地皮湿漉漉，可惜转瞬即逝，竟渐渐湮灭于时光隧道里了。

譬如，楚国三闾大夫屈原的作品，我记忆最深的不是其名篇《离骚》，而是一篇不甚知名的《涉江》，因为，在小学时代，我就曾抄录过这首诗："余幼好此奇服兮，年既老而不衰。带长铗之陆离兮，冠切云之崔嵬，被明月兮佩宝璐。世溷浊而莫余知兮，吾方高驰而不顾。"晚年的屈原，历经狂风暴雨，依然痴心不改，穿了一身"奇装异服"，手握一柄长剑，昂首行于世间，引吭高歌，奇辞丽句，堪称余音绕梁矣！大二那年暑假，曾经在故乡的燥热里抄录三国大才子曹植的《赠白马王彪》，兀自热泪涌流，神魂动荡："谒帝承明庐，逝将归旧疆。清晨发皇邑，日夕过首阳。伊洛广且深，欲济川无梁。泛舟越洪涛，怨彼东路长。"那时候，曹植兄弟饱受皇兄曹丕摧折，任城王曹彰被毒杀，曹植与白马王曹彪一起抑郁地离京归国，又被逼令分开独行，临别之际，不禁热泪长流，那渺渺余波，至今回旋在记忆深处。南北朝时期无神论者范缜的《神灭论》，"文革"期间大行其道，作为一个中学生，我曾生吞活剥将此文抄录下来，反复念诵。这篇振聋发聩的檄文，在当时就引起了一场大辩论，范缜批驳竟陵王萧子良关于人生的富贵与贫穷在乎天命报应的一段话，更是精辟传神："人之生譬如一树花，同发一枝，俱开一蒂，随风而堕，自有拂帘幌坠于茵席之上，自有关篱墙落于溷粪之侧。坠茵席者，殿下是也。落粪溷者，下官是也。贵贱虽复殊途，因果竟在何处？"——随着寒暑交替，时光流逝，诵读这些耳熟能详的名篇，追踪作者的身世历程，真是别有一番滋味在心头。

与此相反的是，也有一些很有名的古典作品，似乎很熟悉，却是一知半解，甚至一片模糊。譬如，东汉哲学家王充的《论衡》在当年的"批林批孔"运动中大出风头，其中的《问孔》《刺孟》两篇更被当作刺向孔孟之道的两把利剑，老王也被戴上了一顶"反儒斗士"的桂冠，可是，他究竟是个什么人、《论衡》究竟是本什么书，却尽付阙如。东汉史学家班固为大将军窦宪撰写的那篇《封燕然山铭》，气吞山河，名震中外，可是班固因此而丧命的悲惨结局，人们就不甚了然了。读书人大约都知道一个成语："洛阳纸贵"，可是对造成这一奇观的西晋才子左思发奋撰著《三都赋》，并到处寻找推手赖以成名的桥段，就知之甚少了；至少，我自己是这样子。

此外，汉武帝的情诗，贾谊、司马相如、扬雄、蔡邕、祢衡等人的赋作，以及傅玄的《傅子》、张华的《鹪鹩赋》、刘知几的《史通》、葛洪的《抱朴子》等，均为古代名篇，熠熠生辉，自己虽然偶有涉猎，却只是走马观花，一闪而过，始终不曾深入诵读，也乘着此次行文之机，作了一番深入研习。同时，对中国文化史上的一些重大事件，譬如西河学派之兴衰，稷下学官之辉煌，石渠阁与白虎观所负载的西汉与东汉年间儒学的发展与变迁，以东观与《东观汉记》为标识的东汉史学的兴盛与衰微，西晋年间发掘的"汲冢竹书"造成的"隔世掐架"之史海奇观，以及北魏太武帝诛杀史官、北齐《魏书》爆出"秽史事件"、北宋大才子苏轼爆出"乌台诗案"等，均予以了关注，并希望通过一己之视角，略加管窥与解读。尽管，这种管窥属于"管中窥豹"，只窥得了"一斑"，并未得到"全豹"；解读也属于肤浅的皮毛之论，登不得大雅之堂。然而，毕竟是读之诵之，品读之余，由文生义，由表及里，务求"合辙押韵"，小有收获吧。

二

其实，这不过是一部读书笔记，或曰闲读随笔，不具备高大上的叙述姿态与思维体系，随意、率真、浅显、碎片化，是显而易见的。著者撰写本书的宗旨，就是沿着文字的脉络（读文），追寻古人之踪迹（读人），探究其间的波谲云诡之史海迷雾（读史）。闲读之余，咀嚼耳熟能详者，品味似曾相识者，探寻幽微深邃者，管窥时代之风云，省察历史之变幻，进而达到"三合一"之境：人与文合一、史与书合一、古与今合一。尽管难以抵达这一既定目标，毕竟曾经为此而努力，也就稍感安慰了。

近代大学者王国维在《人间词话》中提出了著名的"读书三境界说"，并用三句宋词予以诠释："昨夜西风凋碧树，独上高楼，望尽天涯路"（晏殊：《蝶恋花》）；"衣带渐宽终不悔，为伊消得人憔悴"（柳永：《蝶恋花》）；"众里寻他千百度，蓦然回首，那人却在灯火阑珊处"（辛弃疾：《青玉案》）。第一重境界是"独立"，独立高楼，望断天涯；第二重境界是"坚守"，为伊坚守，九死未悔；第三重境界是"偶得"，蓦然回首，恍见佳人在眼前矣。

王先生乃国学大师，吾辈难以望其项背，然而毕竟读书有年，小有所感，总结一下，可以用三个词概括：神性，人性，况味。所谓"神性"，并非神秘兮兮，故弄玄虚，而是读者与作者及书中主人翁，三者相谐而动，心神共翔，正如杜甫所云："文章有神交有道。"这其实是一种强烈的"代入感"，读者欲化身书中，扮演一个神往倾慕角色。但凡很投入地阅读过的人，大约都会产生这种下意识的心灵体验吧？读《红楼梦》者，哪个男子不想做大观园里美女环绕的贾宝玉，读《水浒传》者，哪个不想做景阳冈上抡老拳打死吊睛白额大虫的武二郎？

所谓"人性"，就是透过渺渺文字，读出其中的人性之光，感受到作者与主人翁心中的喜怒哀乐，"万物有本性，况复人性灵"（元稹：《思归乐》）。譬如，汉武帝刘彻以雄才大略、铁血残忍闻名青史，他施行"罢黜百家，独尊儒术"，搞得天下万马齐喑；他驱遣卫青、霍去病痛击匈奴，马踏蒙古高原，"封狼居胥"，赢得霍霍威名；他首开"立子杀母"之先河，立少子刘弗陵为太子，赐死其母钩弋夫人，吓得后宫嫔妃花容失色。然而，就是这样一个满脸杀气弥漫的大汉皇帝，居然作了一首缠绵悱恻的《李夫人歌》："是邪？非邪？立而望之。偏何姗姗其来迟！"这分明是一个陷入热恋的男子，在急切地呼唤心上人嘛，与《诗经·邶风·静女》中那个"爱而不见，搔首踟蹰"的乡野小子，有何两样啊？

东汉大学者扬雄埋头撰写《法言》《太玄》，他曾经的同事王莽建立新莽王朝，他却不肯攀附，有人讽刺说，你扬雄自比孔孟，著作数十万言，却一贫如洗，才华学问不能换来金钱，要它何用啊？扬雄于是写了《解嘲》一文，反唇相讥，"今子乃以鸱枭而笑凤皇，执蝘蜓而嘲龟龙，不亦病乎！子之笑我玄之尚白，吾亦笑子病甚不遇俞跗与扁鹊也，悲夫！"他说，猫头鹰讥笑凤凰，蜥蜴嘲笑龟龙，分明是有病嘛！先生您笑我著书立说，搞得自己一贫如洗，我却笑您病入膏肓，却没有遇上扁鹊那样的大德神医，岂不是太可悲了吗？——扬雄的回击，睿智、犀利、幽默，你甚至能透过纸页，听见他略带嘎古的讪笑之声。

西晋名臣傅玄作了一篇《口铭》，告诫众生"情莫多妄，口莫多言"，凡事不要起妄念，更不要多嘴多舌，因为，"病从口入，祸从口出"。这篇毫不起眼的短文，却浸润着作者的斑斑血泪。他作为朝官，因为两次大嘴逞强，带来了不测之祸，先是主管朝廷谏官时，与同事皇甫陶在朝堂吵架，被斥为"妄自尊大，目无圣上"，遭到撤职查办；后来出任司隶校尉，在弘训太后羊徽瑜的丧礼上因故吵闹，被弹劾"大不敬"，再次撤职，逐出朝堂，从此一蹶不振，当他发出"祸从口出"的感叹时，正是自己人生的晦暗时光。

无论是汉武帝等待李夫人时的"是邪非邪"，搔首踟蹰，还是扬雄对嘲笑者的反唇相讥，傅玄检点人生悔悟"祸从口出"，都有人性之光闪烁其间。在心爱的女人面前，威风凛凛的皇帝与乡野小子同样手足无措；面对冷落与嘲弄，大学者与老百姓同样难以忍受，予以回击是必然的；至于多嘴惹祸，那更是朝堂与乡野间比比皆是的人世常态啊！人嘛，天赋有别，尊卑不同，境遇各异，人性却终究同归于一；无论古今，无论中外。读书品人性，美妙在其中！

三

说罢了"神性"与"人性",再说"况味"。所谓"况味",字面意思是指境况与情味,"西风昨夜入庭梧,况味今年似旧事"(朱翌:《次韵书事》)。读书之况味,只有咂摸再三,才能约略得之,从风平浪静中读出波澜,从岁月静好中读出峥嵘,从每一段文字的背后,读出几丝色彩迥异之韵味。就读史而言,尤其如此,其间的世事吊诡,幽冥变幻,常常令人头晕目眩,不辨南北。

譬如,班固的《封燕然山铭》,产生于永元元年(89)爆发的一场歼灭北匈奴的战争,其令人讶异之处有二:其一,大将军窦宪挂帅出征,却是缘于老妹窦太后的"绯闻风暴"。窦太后年轻守寡,与都乡侯刘畅"好"上了,窦宪害怕刘畅夺走自己的权势,派人刺杀了他,窦太后勃然震怒,下令拘捕哥哥,窦宪害怕老妹"大义灭亲",请求率兵出征,戴罪立功,于是,北伐战争爆发了。其二,窦宪凯旋,威震朝堂,横行天下,至于逼凌皇帝,被汉和帝刘肇与大宦官郑众联手诛灭,班固因为曾经为逆贼窦宪"吹喇叭抬轿子",受到株连,死于非命。一篇铭文,使作者名扬天下,也令他命归黄泉。唉,青史之悲,夫复何言?

再如,大学者蔡邕之死,同样令人悲咽无语。作恶多端的大军阀董卓被干儿子吕布刺杀后,蔡邕因为曾经蒙受董卓一再提拔,在执掌大权的司徒王允面前流露出对董卓的同情,岂料王允勃然变色,下令将其逮捕,尽管蔡邕请求"黥首刖足",以续成汉史,却被严词拒绝,最后死于狱中。蔡邕同情董卓,不过是对他的提拔重用心怀几分感恩罢了,这么一点儿人性的流露,却招来了灭顶之灾,哀哉!

我们再看看两位古代史官的命运,更感觉迷离莫测。北魏史官崔浩,本为太武帝拓跋焘宠臣,屡立功勋,后来奉太武帝之命撰修国史，因为直书拓跋氏在崛起过程中的丑恶行径，并刻石立碑，天下传扬，受到拓跋贵族的连番围攻，拓跋焘脸色一变，下令处死，可怜崔浩，遭到残酷虐杀，遗恨千古。北齐史学家魏收公然宣称："何物小子，敢共魏收作色，举之则使上天，按之当使入地。"他说，哼！你算个什么东西，敢跟老魏作对？老子一支铁笔，能把你举上天堂，也能把你踏入地狱！他主修的《魏书》出笼，因为公器私用，肆意褒贬，弄得议论沸腾，被骂为"秽史"，北齐文宣帝高洋下令他与一百多名投诉者当堂对质，尽管老魏被怼得张口结舌，可高洋看重他的文采，只令其继续修改，岂料转身却脸色骤变，下令严惩"闹事者"，很多人受到鞭笞，两个带头起事的朝官，尚书左丞卢斐、临漳县令李庶，先被处以髡刑，尔后逮捕入狱，瘐死狱中。唉，天理呀……

正是：春花秋月老梧桐，历史有情也无情；咂摸再三滋味殊，管它东风与西风！

2019年7月10日

自序

打捞记忆深处的史海英华

目　录
CONTENTS

下卷　史海夜航

上卷

书海行舟

早岁抄书诵《涉江》

在还不晓得"楚辞"为何物时，我就开始抄录屈原的《涉江》了。印象中，这似乎是我早年间抄录的第一首古代诗词。

我作为藁城县南孟镇西凝仁村小学的一名小学生，是"文革"爆发那一年，即1966年秋天入学的，那时候没有课本，只有一本被称为"红宝书"的《毛主席语录》，兰芝堂姐是我的班主任兼语文老师，开学第一课，就是堂姐领着我们背诵《毛主席语录》第一页第一篇："领导我们事业的核心力量是中国共产党，指导我们思想的理论基础是马克思列宁主义……"

放学了，咕咚咕咚跑回家，忙着去割猪草，拾柴火。那年月，农村孩子下田割草拾柴，是村头常见的风景。那是春天，或夏天，拿了一把镰刀，背着一个紫荆条子编结的粪筐，钻进热烘烘的庄稼地，觑见枝叶间一片片青草，嗖嗖嗖一顿忙活，拔呀割呀，然后码入筐里，背了回家，给猪圈里那头嗷嗷叫的瘦猪增加一顿美食。到了秋天，庄稼收过了，满天满地裸露着的农作物的茬子、秸秆、枝叶，以及杂草，就成了农家做饭最好的"燃料"，孩子们跑到地里捡拾这些，背了回家，俗称"拾柴火"，给家里的灶膛增加一点儿光和热吧。

我就在割猪草拾柴火的岁月里，毫无准备地接触到了这首《涉江》。具体记不得是哪天了。那似乎是一个深秋的傍晚，暮色苍凉，头顶炊烟袅臬，耳畔鸡鸣猪哼，我翻开从亲戚家偷来的一本封皮翻卷的破书，书名忘记了，记得看到了屈原这篇奇文的一刹那，极受震撼，尽管读不懂其中的古文，但那字里行间回荡着的哀婉、悲郁、肃杀之气，却是可以感觉到的。于是，我就打开书包里的练习本，一字一句抄录起来。

这个练习本，用的不是当时流行的那种半透明一面光的"粉莲纸"，而是用政府赐予的"布告纸"装订而成的。因为家里穷，粉莲纸是用不起的，我就跑到大队部里，搜罗了一摞上级发布的各类"布告"，最常见的是公安部门发布的对各类"反革命分子"的判决布告，本该张贴在大街小巷，可是村干部犯懒，就散放在大队部里。这类纸粗糙、厚实，折叠裁剪一下，拿背面写字，当作练习本，十分好用。

> 余幼好此奇服兮，年既老而不衰。
> 带长铗之陆离兮，冠切云之崔嵬，被明月兮佩宝璐。
> 世溷浊而莫余知兮，吾方高驰而不顾。

对这些朦胧迷离生僻的诗句，我不甚明白，只是连蒙带猜，窥知一二。屈原先生从小就喜欢"奇装异服"，到老了也不曾改变，他头戴一顶高耸入云的纸糊高帽，手握一柄寒光闪闪的长剑，昂然行走在世间，尽管四周月光明亮，天地莹洁，却没有一个人与他同行，"世溷浊而莫余知兮，吾方高驰而不顾"。哼！在这个苍茫浑浊的世界上，尘埃遮天蔽日，蝼蛄震鸣，蚂蚁翔舞，却没有人晓得我的存在，我却依然昂首高歌，一路前行……吁！多年后我进入大学，读了西班牙大作家塞万提斯的名著《堂吉诃德》，蓦然间想起了屈原的《涉江》，以及他的那副诡异模样，不由得倒吸了一口凉气：这个抡着一柄长枪大战风车的西班牙骑士堂吉诃德先生，与中国古代大诗人屈原何其相似？

屈原（约前340～前278），楚国诗人，政治家，生于丹阳秭归（今湖北秭归县），芈姓，屈氏，名平，字原。关于自己的身世，他在《离骚》开篇云："帝高阳之苗裔兮，朕皇考曰伯庸。摄提贞于孟陬兮，惟庚寅吾以降。皇览揆余初度兮，肇锡余以嘉名：名余曰正则兮，字余曰灵均。""高阳"，中国上古"五帝"之一颛顼大帝，号高阳氏，黄帝之孙，昌意之子，夏国、楚国都是他的子孙；"伯庸"，屈原之父，楚王本家；屈原生于寅年（虎年）正月庚寅日，老爹赐名"正则"，字"灵均"。

关于"屈氏"之来历，可以上溯至楚武王熊通之子熊瑕（即屈瑕）。楚武王在位50年，颇有作为，号称春秋三小霸之一，《楚史》称他"强硬如挟雷带电，诡谲如翻云覆雨"；熊瑕作为楚武王之子，曾出任楚国最高长官"莫敖"，史称"楚莫敖"，封于屈邑（秭归），世称"屈瑕"，后代以封地为姓氏，称"屈氏"。屈原"博闻强志，明于治乱，娴于辞令，入则与王图议国事，以出号令；出则接遇宾客，应对诸侯。王甚任之"（《史记·屈原贾生列传》）。作为楚怀王最信任的左膀右臂，屈原被任命为左徒兼三闾大夫，兼管内政外交诸多事务。当代学人姜亮夫《史记屈原列传疏证》认为：左徒，大约就是"莫敖"，国家最高官职，"余疑即春秋以来之所谓'莫敖'也"。

一个才华横溢的大诗人，位居国家最高领导之列，屈原当时的威风八面，呼风唤雨，可推而想之。他像一股浩荡清流，领风潮，摧腐朽，向着梦想的彼岸破浪前行，要想不遭到嫉妒排挤与陷害，无异于痴人说梦。而当时的楚国最高领袖楚怀王熊槐，早期力倡改革，还算有所作为，破格任用屈原等人，麾下人才济济，国势渐渐强盛。然而，由于他格局逼仄，糊涂昏庸，忠奸不辨，是非颠倒，导致国家局势出现了雪崩式塌陷，铸成了无可挽回的历史悲剧。

悲剧的起因，从一纸"宪令"开始。那一年，楚怀王令屈原起草"宪令"，草稿尚未敲定，就引起了同僚嫉恨，"上官大夫见而欲夺之"，遭到拒绝，自此怀恨在心，屡次向怀王进谗言，告恶状，"王怒而疏屈平"——失去国王信任，也就意味着失去了指点江山、拯救万民的权力，屈原的郁怒与悲愤，可想而知。"屈平疾王听之不聪也，谗谄之蔽明也，邪曲之害公也，方正之不容也，忧愁幽思而作《离骚》"。何为"离骚"呢？且听太史公所说："离骚者，犹离忧也。夫天者，人之始也；父母者，人之本也。人穷则反本，故劳苦倦极，未尝不呼天也；疾痛惨怛，未尝不呼父母也。屈平正道直行，竭忠尽智，以事其君，谗人间之，可谓穷矣。信而见疑，忠而被谤，能无怨乎？屈平之作《离骚》，盖自怨生也。"

尽管他高歌《离骚》，呼天抢地唤父母，终究抵不过射向他的一支支毒箭，屈原先后被流放到汉北地区（今河南西峡、淅川、内乡一带）与沅湘流域（沅江、湘江一带）。这篇《涉江》，应该就是作于流放期间。

> 驾青虬兮骖白螭，吾与重华游兮瑶之圃。
>
> 登昆仑兮食玉英，与天地兮比寿，与日月兮同光。
>
> 哀南夷之莫吾知兮，旦余济乎江湘。
>
> 乘鄂渚而反顾兮，欸秋冬之绪风。
>
> 步余马兮山皋，邸余车兮方林。
>
> 乘舲船余上沅兮，齐吴榜以击汰。
>
> 船容与而不进兮，淹回水而凝滞。

尽管被发配流放，历尽苦难，他的心却遨游蓝天，与白鹤翔舞，与鸥鸟谐鸣。这就是诗人屈原的崇高无极的精神世界。他饱受摧折，风骤雨狂，满面黧黑，心灵却早已远离尘寰，翱翔于九霄之上。驾青龙，骖白龙，与舜帝重华徜徉仙界，登昆仑之高山，食玉英之鲜果，与天地比寿，与日月同光——如此仙界之旅，何其风光，何其美妙呀！

然而，美梦总有醒来时。一旦从仙界坠落，一片黑暗，顿时涌出。故国无人知我，我且向长江与湘江远行吧，在鄂渚这里登岸，回首遥望，但闻秋风凛冽，不禁黯然神伤。让我的马儿慢慢走上高岗，让我的车子悄悄驶进荒林，让我仰卧在高岗与荒林之间，大声嘶吼，高声啼唤，何日能回到从前？——可是，月亮能有几回圆，人生哪有回头路？我想溯流而上，用力摇动船桨，向着未知的地方泅渡……可是，船儿呀，只是在江心里打转，不肯前进，波浪呀，你们为什么这样阻挡我呢？

> 朝发枉陼兮，夕宿辰阳。
>
> 苟余心其端直兮，虽僻远之何伤？
>
> 入溆浦余儃佪兮，迷不知吾所如。
>
> 深林杳以冥冥兮，乃猿狖之所居。
>
> 山峻高而蔽日兮，下幽晦以多雨。
>
> 霰雪纷其无垠兮，云霏霏其承宇。
>
> 哀吾生之无乐兮，幽独处乎山中。
>
> 吾不能变心以从俗兮，固将愁苦而终穷。

清晨我从枉渚这里启程，晚上抵达了辰阳（今湖南辰溪县），只要我的心灵正直而善良，流落到再远的荒僻之地又有何妨呢？可是一路行来，风雨侵袭，百鸟喧嚷，有时候也是令人感到恍惚——眼前的千重巉岩，嶙峋寒冽，似乎直刺人心；脚下的苍茫大地，纵横阡陌，却没有了我的归路，我究竟要去哪里？只有天晓得呀！深林幽冥，望不见来处；虎啸猿哀，令人心生恐怖。高山遮蔽了我的太阳，深渊淹没了我的梦想，雪片纷纷而下，白云呼呼翻卷，大雁北去南来，可悲的是，我却陷在这荒凉的山坳里，与风雨雷电为侣，与豺狼虎豹为伴……唉唉！我没有办法改变自己的本心，来顺从尘俗，与那些食污浊、咽丑恶的家伙同流合污，就注定要在穷愁孤苦中度过一生了！——这就是你逃不开、绕不过，无可避免的尘世宿命吧！

虽然流落江湖，备尝艰辛，屈原却"眷顾楚国，系心怀王"，后来终于抱着久经摧折的羸弱之躯，拄杖返回故国，进见怀王，"冀幸君之一悟，俗之一改也"，他一再上书，直陈利弊，劝怀王迷途知返，做出改变，"一篇之中，三致志焉。然终无可奈何，故不可以反，卒以此见怀王之终不悟也"。怀王冥顽不灵，将他的上书抛诸脑后，也将楚国的命运抛进了深渊里。太史公感叹说："人君无愚智贤不肖，莫不欲求忠以自为，举贤以自佐。然亡国破家相随属，而圣君治国累世而不见者，其所谓忠者不忠，而所谓贤者不贤也。"朝有贤臣良相，而不知信用，却任用那些乱臣贼子，致使"亡国破家相随属"，堪称昏庸矣！

公元前299年，楚国一如危崖边上的巨石，摇摇欲落；秦军大举进犯，攻占了楚国8座城池，秦昭襄王嬴稷约楚怀王在武关（位于陕西丹凤县东武关河北岸）会面，说是磋商有关事宜，其实心怀叵测。屈原洞悉其奸，强烈反对："秦，虎狼之国，不可信，不如无行。"可是怀王幼子子兰怕激怒秦王，力劝老爹前往，糊涂的怀王一脚踏进武关，随即落入陷阱，被劫持扣留，押送咸阳，要挟他割地议和。

这边厢，秦人的如意算盘正在噼啪作响，那边厢，楚国迅速另立新君，太子熊横被扶上王位，史称楚顷襄王，其弟子兰官居令尹（相当于丞相），执掌大权。秦昭襄王惊闻楚国政变，下令大军继续进攻，一举击溃楚军，斩首5万，攫取了16座城池。公元前296年，楚怀王客死咸阳，结束了惨淡屈辱的一生，秦昭襄王下令将遗体送还楚国，"楚人皆怜之，如悲亲戚"。

楚顷襄王在位期间，其弟子兰权倾天下，兄弟俩不仅忘了杀父之仇，还与秦国结为姻亲，以求苟且偷安，遭到屈原坚决反对，并指责子兰对父王之死负有重大责任，子兰恨得咬牙，唆使上官大夫靳尚造谣诋毁，蛊惑顷襄王，导致屈原再次被流放到南方沅、湘一带。

追踪屈原流放之行迹，可谓婉转而跌宕——公元前294年，他流泪辞别郢都（今湖北江陵县），沿着东南方向顺江而下，途经夏首（湖北沙市东南），遥望龙门（郢都东门），百感交集，哽咽难言；尔后穿越洞庭波涛，驶入烟波浩渺的长江，逶迤前行，此后离开夏浦（湖北汉口），最后流落到了陵阳（今安徽青阳县南部）一带。从公元前294年，到公元前279年，屈原一直漂泊在流放途中，长达十六年之久。

接舆髡首兮，桑扈臝行。

忠不必用兮，贤不必以。

伍子逢殃兮，比干菹醢。

与前世而皆然兮，吾又何怨乎今之人。

余将董道而不豫兮，固将重昏而终身。

经年的放逐与流浪，吞噬了他的健康，磨蚀了他的筋骨，却没有摧毁他的信念，万千苦难砥砺了才华，爆发出了无与伦比的绚烂花朵，催生了《离骚》《天问》《涉江》等名篇的诞生。多少次他攀缘跋涉，兀立悬崖，欲飞身而下；多少回他梦中醒来，濒临深渊，欲羽化飞升……此时此刻，他就想到了那些经历磨难而无悔、久历冰雪而忠贞的古代先贤——接舆剪发佯狂啊，远遁山野；桑扈裸行世间啊，宣示不臣；谁说忠臣必得重用？奸佞必定亡身？自古忠奸难辨啊，悲音响彻了古今！伍子胥被吴王冤杀，比干被纣王剁碎，永恒不灭的，是他们那一缕高蹈的灵魂！与前辈先贤相比，我是否应该感到幸运呢？无论如何吧，我要遵守正道而矢志不移，宁愿我微妙的身躯化为一座穿越浊世的桥梁，飞驰过历史的巨轮！

《史记·屈原贾生列传》载，屈原徘徊江滨，被发行吟，颜色憔悴，形容枯槁，邂逅了一位老渔父，两人做了一番意味深长的对话：

渔父："子非三闾大夫欤？何故而至此？"

（您不是三闾大夫吗？何故流落至此呀？）

屈原："举世皆浊而我独清，众人皆醉而我独醒，是以见放。"

（天下尽为污浊之人，而我独自清白；世人尽为迷醉之徒，而我独自清醒，因此而被放逐也。）

渔父："夫圣人者，不凝滞于物，而能与世推移。举世皆浊，何不随其流而扬其波？众人皆醉，何不哺其糟而啜其醨？何故怀瑾握瑜，而自令见放为？"

（圣人应该不执于一，要灵活一点儿，顺应世道嘛。世人污浊，何不顺浊流而扬波？众人皆迷醉，何不乘机大吃大喝，为自己捞些好处？干吗要心怀明月忠于故国，让自己落得如此悲惨的下场呢？）

屈原："吾闻之，新沐者必弹冠，新浴者必振衣。人又谁能以身之察察，受物之汶汶者乎？宁赴常流而葬乎江鱼腹中耳。又安能以皓皓之白，而蒙世之温蠖乎？"

（我听说，洗头之后，要掸一下帽子；洗澡之后，要抖一抖衣裳。一个人拥有洁白之心，忠贞之志，干吗要接受尘埃污染？我宁愿跳江喂鱼，也不想蒙受庸俗昏聩之羞辱！）

公元前278年，秦军攻破楚国郢都，楚国随之灭亡，放逐中的屈原万念俱灰，于这年的农历五月初五，投汨罗江而死。这一年，他大约62岁。

乱曰：鸾鸟凤凰，日以远兮。

燕雀乌鹊，巢堂坛兮。

露申辛夷，死林薄兮。

腥臊并御，芳不得薄兮。

阴阳易位，时不当兮。

怀信侘傺，忽乎吾将行兮。

《涉江》的尾声，堪称一支悲哀彻骨的道别曲。鸾鸟、凤凰，一天天飞远了；燕雀、乌鹊，横行天下矣；露申辛夷，纷纷枯死；杂秽败草，到处疯长；阴阳易位，黑白颠倒，天黑啦，要下雨啦！——我的渺渺身躯，负载着一怀纯粹忠贞之质，就要飘然远行啦！

于是，世人听到了汨罗江中的一声巨鸣：扑通！然后，就没有然后了。

2019年3月12日

贾生才调更无伦

第一次知道贾谊这个名字，大约是中学时代。那是1975年吧，校园里流行评法批儒、批林批孔，运动连绵不断，作为儒家老祖宗的孔丘，被蔑称为"孔老二"，受到无休止的鞭挞，鲁迅先生的檄文《在现代中国的孔夫子》大行其道，其中的名言熠熠生辉："孔夫子到死了以后，我以为可以说是运气比较的好一点。因为他不会噜苏了，种种的权势者便用种种的白粉给他来化妆，一直抬到吓人的高度"；"孔夫子之在中国，是权势者们捧起来的，是那些权势者或想做权势者们的圣人，和一般的民众并无什么关系"。而作为法家杰出代表的秦始皇嬴政，则受到了连篇累牍的大肆颂扬，其中两句颂词至今难忘——"奋六世之余烈，振长策而御宇内。"在记住这两句名言的同时，我也记住了作者的名字：贾谊。

贾谊（前200～前168），雒阳（今河南洛阳）人，西汉初年政论家、文学家，世称贾生，自幼才气纵横，闻名乡里，后来以不世才华作敲门砖，进入官场，受到汉文帝刘恒赏识，召为博士，升任太中大夫，主管朝廷议论，叵耐遭到开国老臣周勃、灌婴等人排挤，被贬出京，出任长沙王吴著太傅，故称贾长沙。他在湘江之畔蹉跎三载，奉诏回京，出任梁怀王刘揖太傅，"居数年，怀王骑，堕马而死"，贾谊愧疚自责，哀伤浸骨，"自伤为傅无状，哭泣岁余，亦死"（《史记·屈原贾生列传》），年仅

33岁。太史公叹赏屈原、贾谊的锦绣才华，同情他们的不幸遭遇，在《史记》中为二人作了一篇合传《屈原贾生列传》，使他们得以不朽，史称"屈贾"。

作为西汉初年的大才子，贾谊先生的文脉波流，随着政坛之动荡，划分为经纬鲜明的两极——其早期政论，洋溢着少年得志之豪壮，堪称铿锵大音，譬如《过秦论》《治安策》《论积贮疏》等篇，雄视天下，凌厉峻拔，气势若排山倒海，弥漫天地，文字如浩荡大河，指点江山。其晚期辞赋，则浸透着饱受摧折之忧伤，几近伤悼之曲，譬如《吊屈原赋》《鹏鸟赋》等篇，哀伤婉转，幽怨悲啼，泪水似寒雨飞洒，悲咽如丝竹盈空，令人气噎而无语。

《过秦论》三篇，是贾谊早期政论的扛鼎之作，透析秦王朝之过失，总结二世而亡之教训，洞悉历史之幽邃，探寻历史之迷踪，以为汉朝巩固统治之镜鉴，成为一代雄文。他论秦孝公，"孝公据崤函之固，拥雍州之地，君臣固守以窥周室，有席卷天下，包举宇内，囊括四海之意，并吞八荒之心"；他论秦始皇，"及至始皇，奋六世之余烈，振长策而御宇内，吞二周而亡诸侯，履至尊而制六合，执敲扑而鞭笞天下，威振四海"。他的历史结论是——"野谚曰：'前事之不忘，后事之师也。'是以君子为国，观之上古，验之当世，参之人事，察盛衰之理，审权势之宜，去就有序，变化因时，故旷日长久而社稷安矣。"

对于他的早期政论，《史记》未作转载，只是作了简单概述："贾生以为汉兴至孝文（汉文帝）二十余年，天下和洽，而固当改正朔，易服色，法制度，定官名，兴礼乐，乃悉草具其事仪法，色尚黄，数用五，为官名，悉更秦之法。"文中"色尚黄"，崇尚黄色之意。贾谊认为汉朝是土德，土为黄色，必须尚黄；"数用五"，奉行五行之说。五行之说源于古人的星辰崇拜，以金、木、水、火、土来作为构成宇宙万物自然变化之基础。

然而，如此名冠天下的大才子，胸中似乎跳动着一颗玻璃心，随着政局动荡，他的勃勃雄心开始萎靡，他的冠世雄文开始幽咽，他从此告别了自己激情燃烧的岁月，进入了一片冰凉幽怨哀泣之天地。

文帝四年（前176），贾谊因为受到丞相周勃、太尉灌婴等老臣排挤，被迫离开京城，出任长沙王吴著太傅。这位周勃，史称"重厚少文，质厚敦笃"，是汉高祖刘邦同乡，早年是一名丧事吹鼓手，后来跟着刘邦造反，极受倚重，刘邦临终时预言："安刘氏天下者必勃也。"刘邦死后，他大显神威，诛灭吕氏，扶立文帝，成为一代名臣。灌婴早年是个贩卖丝织品的小贩，一路追随刘邦，从一介小贩起家，一直做到太尉，后来接替周勃出任丞相。这两位早年都是苦娃了的当朝大佬，却容不得一个青年才俊贾谊，将他一脚踢出京城，发配长沙，铸成了他的悲剧命运。

长沙位于湖南省东北部，湘江下游与长沙盆地西缘，东邻宜春、萍乡，西连娄底、益阳，南接株洲、湘潭，北靠岳阳，属于亚热带季风气候。此地距离京城长安数千里，在那个交通闭塞的年代，其路程之遥远，辗转之艰辛，可想而知。"贾生既辞往行，闻长沙卑湿，自以寿不得长，又以谪去，意不自得。"（《史记》本传）当贾谊拖着疲惫之躯，郁郁独行，途经湘江时，眼前波涛怒号，江风呼啸，舟楫在江面上漂摇起伏，他忽然想到投江而死的前辈屈原，不禁泪流，于是写下了《吊屈原赋》——

> 恭承嘉惠兮，俟罪长沙。
>
> 侧闻屈原兮，自沉汨罗。
>
> 造讬湘流兮，敬吊先生。
>
> 遭世罔极兮，乃殒厥身。
>
> 呜呼哀哉！逢时不祥。
>
> 鸾凤伏窜兮，鸱枭翔翔。
>
> 阘茸尊显兮，谗谀得志。
>
> 贤圣逆曳兮，方正倒植。

很庆幸得到了这样一个天大的恩惠呀，我终于来到了长沙。想起三闾大夫屈原，禁不住心乱如麻。他老人家在此地告别尘世，随着江流而远去；至今令人一想起来，就长夜难眠愁思凌乱。且拜托这一江脉脉东流水，捎去我发自心底的问候吧！您老生前遭受了无尽的谗毁与屈辱，只有以死明志。唉！生逢一个悲哀的时代，那是你的不幸，也是我们大家的不幸。鸾鸟、凤凰到处流窜，无枝可依；猫头鹰却在高空翱翔，嘎嘎怪叫；那些阉宦纷纷弹冠相庆，那些无耻小人纷纷飞上高枝，那些贤臣良相一个个灰头土脸，端正方直者却早已春枝凋枯！

谓随、夷溷兮，谓跖、蹻为廉；

莫邪为钝兮，铅刀为铦。

吁嗟默默，生之亡故兮。

斡弃周鼎，宝康瓠兮。

腾驾罢牛，骖蹇驴兮。

骥垂两耳，服盐车兮。

章甫荐履，渐不可久兮。

嗟苦先生，独离此咎兮。

"随"，卞随，商代贤士；"夷"，伯夷，古代孤竹国贤士；"跖"，盗跖，春秋时期大盗；"蹻"，庄蹻，战国时期滇国建立者。——哎！这世界啊，已经黑白颠倒，卞随、伯夷被骂为贪婪之徒，何人为之辩诬？盗跖、庄蹻被封为道德楷模，赢得粉丝无数。莫邪之剑，被深埋泥土之中，说是朽烂无用；卷刃铅刀，被奉为"尚方宝剑"，天下人趋之若鹜。这些残酷现实呀，思之令人泪落如雨，纷纷而下；先生您投身清流，也是万不得已呀！国宝周鼎被弃之荒丘，惨遭蝼蚁侵蚀；寻常瓦盆被当作宝贝，整天招摇过市。当政者乘着一辆吱嘎作响的老牛车，驾着一头瘦骨嶙峋的老黄牛，气喘吁吁走在一条荒凉幽径上，两边还有两头惨叫的毛驴，不停地祝祷歌颂；而那些四蹄腾空的骏马，却被打发去拖拉沉重的盐车啦；堂皇的冠冕，怎么穿在了脚丫子上？臭气烘烘的鞋履，反而耀武扬威被举上了头顶！哎哎，先生您实在是不幸啊，竟然生在那样一个糟糕年代，遭遇那些罄竹难书的祸害，只怪自己的命运不济啊，可是怪不得英明领袖——楚怀王！

    讠曰：已矣！

    国其莫我知兮，独壹郁其谁语？

    凤漂漂其高逝兮，固自引而远去。

    袭九渊之神龙兮，沕深潜以自珍。

    偭蟂獭以隐处兮，夫岂从虾与蛭蟥？

    所贵圣人之神德兮，远浊世而自藏。

    使骐骥可系而羁兮，岂云异夫犬羊？

    般纷纷其离此尤兮，亦夫子之故也。

    历九州而相其君兮，何必怀此都也？

    凤凰翔于千仞兮，览德辉而下之。

    见细德之险征兮，遥增击而去之。

    彼寻常之污渎兮，岂容吞舟之巨鱼？

    横江湖之鱣鲸兮，固将制于蝼蚁。

    唉，算了吧！既然没有一个人了解我，我又何苦在此徘徊犹豫？凤凰已经展开瑰丽的翅膀飞上九霄啦，我干吗不追随她的芳踪飘然而去？深渊里的鼍龙啊，已经沉入水底，以躲避风刀霜剑的袭击；远离蟂獭一类害虫吧，寻找一处清净之地，来栖息漂泊的灵魂，那里没有贪官与恶吏，没有贪婪与荒淫，也没有蛤蟆、水蛭、蚯蚓之类在你四周游弋。让我的忠贞之志，像火焰一样在心头嗤嗤燃烧，让我独自享受崇高无极之快乐；让我的思绪像野马一样飞腾天下，不要让自己的思想化作犬羊一般，跪伏在权威脚下。您老一怀忠贞，将一生献给了怀王，发誓至死不渝，不惜以死而表明心迹，其实大可不必；因为，在君王的宝座面前，我们不过是一只只蝼蚁，傻乎乎痴心不改，只能成为世人的笑柄。"历九州而相其君兮，何必怀此都也？凤凰翔于千仞兮，览德辉而下之。"您可以周游天下，寻找赏识您的君王，就像凤凰翱翔于蓝天之上，飞呀，飞呀，只为找到那位圣光闪耀的明君，才为之降落，为之献身。不过，您要万分小心，一旦发现危险征兆，赶紧拍屁股走人，只因为呀，他那一道臭气熏天的小水沟，哪里能容得下腹内行舟的苍龙？——您老醒醒吧！不然呢，您一条横行江湖的巨鲸，注定将被蝼蚁之类小人任意欺凌！

贾谊在长沙蹉跎三载，其间的喜怒忧乐，迷思万千，自不待言。一天，一只鹏鸟（俗称猫头鹰），唰啦啦破窗而入，怒目圆睁，兀立座旁，"鹏似鸮，不祥鸟也"。他不禁黯然，独自伤悼，于是作《鹏鸟赋》，以抒发胸中的抑郁不平之气。这是一篇奇文，以人与鸟"臆对"的独特方式，探讨的却是玄而又玄神乎其神的哲学命题。"野鸟入室兮，主人将去"，鹏鸟入室，因何而来哉？主人慌张，将要离去，可是去往哪里啊？不知所以，因此请教鸟先生："予去何之？吉乎告我，凶言其灾。"主人心慌意乱，诘问此来吉凶如何？"鹏乃叹息，举首奋翼；口不能言，请对以臆"——鹏鸟一声叹息，昂首拍翅，咄咄欲言，可恨不能说话，只能"臆对"了。鸟先生曰："万物变化兮，固无休息。斡流而迁兮，或推而还。形气转续兮，变化而蟺。沕穆无穷，胡可胜言。" 它说：世间万物之变幻，或阴，或阳，或因，或果，喧腾缭绕，永无休止；尘世运行之规律，或推，或移，或回，或还，反复无定，变幻无穷；空间的形与气之交流，交融，交替，交相辉映，千变万化，无穷无尽。既然世界如此游移不定，世事如此阴晴无续，人生如此无始无终，你又何必过于执着呢？

"其生兮若浮，其死兮若休；澹乎若深渊之静，泛乎若不系之舟。不以生故自宝兮，养空而浮；德人无累兮，知命不忧。细故蒂芥兮，何足以疑！"鸟先生曰：人生若梦，漂浮汪洋，死生有命，何必徒劳；人生之化境，恍若深渊，寂静无声，死水微澜，浩浩乎若天风之吹过昆仑，飘飘乎若不系之舟横海而来，在漩涡里转呀转呀，尔后绝尘而去，无声无息。得道者，不为尘间万物所牵累，仿佛身无一物；通达者，不为命运如何而担忧，恍若万事淡然。像一只鸟儿飞进窗户这等细微琐事，哪里值得先生您疑虑重重啊！——此文通篇鸟语，通篇人言；通篇不知所云，通篇思潮凌乱；通篇豁达开朗，通篇忧思难言。其玄幻之思，飘忽难觅，其变幻之文，婉转不定，难怪太史公感叹说："读《鵩鸟赋》，同死生，轻去就，又爽然自失矣！"

俗话说，大师一出手，就知有没有。贾谊先生的这两篇短赋，无意间却成了汉赋的早期代表作，成为一个时代文学的传世之经典。《文心雕龙·诠赋》："汉初辞人，顺流而作，陆贾扣其端，贾谊振其绪，枚马同其风，王扬骋其势。"刘勰在此提及的数人，都是汉赋创作的拓荒者。陆贾是西汉第一位力倡儒学的思想家，提出了"行仁义、法先圣，礼法结合、无为而治"之理念，为后来汉武帝推行"罢黜百家、独尊儒术"奠定了思想基础；他带头撰著汉赋，贾谊紧随其后，枚乘、司马相如后来居上，并继续发扬，王褒、扬雄乘势而起，激水扬波——这几位汉赋大家，像星辰一样，闪耀在汉武帝时代的天空里。

史入晚唐，怀才不遇的著名诗人李商隐有感于贾谊的不幸遭遇，赋诗慨叹："宣室求贤访逐臣，贾生才调更无伦。可怜夜半虚前席，不问苍生问鬼神。"

这首《贾生》，源于《史记·屈原贾生列传》所记载的"宣室夜对"桥段："后岁余，贾生征见。孝文帝方受厘，坐宣室。上因感鬼神事，而问鬼神之本。贾生因具道所以然之状。至夜半，文帝前席。既罢，曰：'吾久不见贾生，自以为过之，今不及也。'"

文中"受厘"，是指皇帝派人祭祀或郡国祭祀之后，把剩余胙肉孝敬皇上，以示受福，称为受厘；"宣室"，未央宫前殿之正室。那天，文帝刚刚"受厘"，有点小兴奋，坐在宣室召见贾生，顺便问起鬼神之事，两人谈到半夜，文帝趋前靠近，促膝而谈。送走贾生，文帝大发感慨，说好久不见贾生了，没想到他还是那么有学问哪。这次会见，经过李商隐"别有用心"的诗笔点化，立刻就显出了强烈的嘲讽意味——汉文帝号称求贤才，吁请放逐江湖的诸位旧臣献计献策，可是与贾生谈了大半夜，所谈的却都是鬼神之事，对国计民生只字不提。皇帝的所谓"求贤"，不过是叶公好龙而已。

2019年3月16日

追风入丽相如赋

作为西汉早期大师级牛人，司马相如有两大传奇著称于世，一是才华漫卷，皇皇大赋"追风入丽"，风靡一时，成为一代之绝响；二是艳遇绝世，琴挑美女卓文君，演绎一出私奔大戏，相携一生，历代传诵。

从文学史的角度而论，司马相如堪称汉赋承前启后的集大成者。刘勰《文心雕龙·辨骚》云："是以枚贾追风以入丽，马扬沿波而得奇。其衣被词人，非一代也。故才高者苑其鸿裁，中巧者猎其艳词，吟讽者衔其山川，童蒙者拾其香草。""枚贾"，指汉赋大家枚乘、陆贾；"马扬"，指汉赋大师司马相如、扬雄。刘勰先生这段宏论，其实是对《楚辞》的极致叹赏：枚乘、贾谊"追风以入丽"，追慕楚风而入绚丽；司马相如、扬雄"沿波而得奇"，飞扬洪波而得神奇；才高者慕其体例，慧巧者猎其妍艳，善吟者诵其山川，初学者拾得香草丽句……

陆贾先生作为汉赋首倡者，是汉高祖刘邦的重要谋臣，以才辩闻名，《史记·郦生陆贾列传》说他"从高祖定天下，名为有口辩士，居左右，常使诸侯"；他还是有名的才子，《汉书·艺文志》载，陆贾有著作二十三部，包括赋作三篇，可惜除了《新语》十二篇，其余均已失传；其史学著作《楚汉春秋》，也在流传中散佚，清代学人茆泮林作过《楚汉春秋》辑佚，使其零星片段得以传世。陆贾的传世之作《新语》，其实是奉刘邦之命而作。史载，刘邦称帝后，陆贾时时说称诗书，刘邦骂道："老子马上得天下，要诗书有个鸟用？"陆贾亢声反驳："马上得天下，就能马上治天下吗？"他说，"商汤、周武王文武并重，国家长治久安；吴王夫差、晋国执政智伯穷兵黩武，江山迅速崩塌；强秦酷法治国，不行仁义，终于二世而亡。"刘邦听了，面露惭色，于是命陆贾著书，论述秦亡汉兴之得失，以为借鉴，"陆生乃粗述存亡之徵，凡著十二篇。每奏一篇，高帝未尝不称善，左右呼万岁，号其书曰《新语》"。

因为陆贾的赋作失传，后人无从得见；而枚乘的《七发》，则成为汉赋的发轫之作。枚乘是淮阴（今江苏淮安）人，早年为吴王刘濞帐下郎中，吴王欲谋反，他上书谏阻，不被采纳，于是拂袖而去，来到梁国，成为梁孝王刘武帐下门客。"吴楚七国之乱"爆发，他再次致书刘濞，劝其罢兵休战，刘濞置之不理，最后兵败身亡。大乱平定后，枚乘先生两谏吴王的事迹传开，一时间名声大振，汉景帝刘启传旨召见，拜为弘农都尉。尽管景帝推崇备至，枚乘却在不久后挂冠而去，"乘久为大国上宾，与英俊并游，得其所好，不乐郡吏，以病去官"（《汉书·枚乘传》）。汉武帝即位后，"安车蒲轮"请他入京，不幸病死途中，就此告别尘寰。这样一个散淡江湖的大才子，著有赋作九篇，传世三篇，其代表作《七发》，开汉赋之先河，就此留名青史了。

《七发》假设楚太子患病，吴客前往探视，两人一问一答，通过七件事，探病源，论医理，发幽微，参人性，构成七段精妙文字，世称"七体"。吴客认为，楚太子之疾，根源在于贪欲过度，奢靡淫侈，非药石所能医治，"可以要言妙道说而去也"。于是，他分别描绘音乐、美食、遨游、豪宴、田猎、观涛等六事，口若悬河，汪洋恣肆，一步步诱导太子去邪入正，最后为太子引出"方术之士有资略者"，譬如庄周、魏牟、杨朱、墨翟、便蜎、詹何等，"使之论天下之精微，理万物之是非"，再请孔子、老子审察评说，请亚圣孟子为之筹划算计，"天下要言妙道也，太子岂欲闻之乎？"——于是，太子勃然而作，"据几而起"，大呼妙哉，

"涩然汗出，霍然病已"。

《七发》即出，风行天下，司马相如读之诵之，如饮甘露，由此开启赋作之路，脉续汉赋之波。关于司马相如的赋作，虽然当时名震天下，却受到后世讥嘲，被称为"文字积木"，类乎"字窟""词典"，形式大于内容，湮灭不传是绝对必然的。稍晚的辞赋大师扬雄，早年是相如粉丝，后来却将汉赋称为"雕虫小技"，"壮夫不为也"；他对两位前辈屈原与司马相如作了比较，其结论是："诗人之赋丽以则，词人之赋丽以淫。"（《法言·吾子》）屈原之赋秉承《诗经》之神髓，表达了人类共同面临的彷徨与痛苦，是"丽以则"的"诗人之赋"，"丽"而有度，历代咏叹；而相如之赋文字累累如丘山，看似灵光闪耀，内容却很苍白，是"丽以淫"的"辞人之赋"，"丽"而失真，难以流传。明代学者韩敬《法言注》云："诗人的赋华丽而符合原则，辞人的赋华丽而过分铺张。"近代学者汪荣宝《法言义疏》指出："诗人之赋丽以则"者，谓古诗之作，以发情止义为美，故其丽也以则；"辞人之赋丽以淫"者，谓今赋之作，以形容过度为美，故其丽也以淫。

所谓汉赋，作为西汉初年兴起的一种主流文体，其形式，在于"铺采摛文"，专事铺叙；其内容，则是"体物写志"（《文心雕龙·诠赋》），铺陈渲染，"包括宇宙，总揽人物"（《夜航船·歌赋》）；其规模，则可分为大赋与小赋。所谓"大赋"，是汉赋的"标配"，多以问答为形式，以铺叙为手段，以微讽为旨归，结构宏大，辞采宏丽，彰显了大汉帝国的气魄与声威。这一点，呼应了从"文景之治"开始，到武帝时期国力强盛、百业兴旺之辉煌，以及武帝大轰大嗡的政治趣向。所谓"小赋"，则篇幅较短，句式多样，借物咏怀，趣近旨远，偶或针砭一下时弊。

司马相如的代表作，以《子虚赋》《上林赋》最为著名，这也是赋中的名篇。《子虚赋》是他在梁孝王刘武麾下混饭吃的时候，为博取刘武欢心一挥而就之篇章，借楚国子虚先生与齐国乌有先生两个"大忽悠"之口，演绎王家林苑之连绵壮丽、射猎活动之地动山摇，其铺排扬厉若排山倒海，文字堆砌如森郁山林——

史海撷英录

> 楚王乃驾驯驳之驷，乘雕玉之舆，靡鱼须之桡旃，曳明月之珠旗，建干将之雄戟，左乌号之雕弓，右夏服之劲箭，阳子骖乘，纤阿为御，案节为舒，即陵狡兽，蹴蛩蛩，辚距虚，轶野马……于是楚王乃弭节徘徊，翱翔容与，览乎阴林，观壮士之暴怒，与猛兽之恐惧。徼郤受诎，殚睹众物之变态……

这段文字，意象杂沓，僻字垒叠，如落叶之障目，砖石之塞途，尽管雄阔恢宏，却令人难以卒读。"驯驳之驷""雕玉之舆""鱼须之桡旃""干将之雄戟""乌号之雕弓""夏服之劲箭"，将一干打猎器物，譬如马车、马鞍、旗帜、戈戟、弓箭等，以及一场狩猎活动，形容得如此天花乱坠，地动山摇，也委实叫人佩服。子虚先生关于楚王狩猎的夸耀，表现了司马相如超常的想象力与汪洋恣肆的华丽辞藻。乌有先生闻言，慨然说道："今足下不称楚王之德厚，而盛推云梦以为高；奢言淫乐而显侈靡，窃为足下不取也。必若所言，固非楚国之美也。无而言之，是害足下之信也。彰君恶，伤私义，二者无一可，而先生行之，必且轻于齐而累于楚矣！"他的结论是："在诸侯之位，不敢言游戏之乐，苑囿之大。"——这就是所谓"微讽"，亦即"婉讽"，大肆渲染之后，略述不足之处，一如蜻蜓点水，这是司马相如辞赋的特点之一，也是汉赋的重要特征之一。

司马相如将《子虚赋》呈献梁孝王，刘武读罢，抚髀大悦，立刻令人誊抄，赐给众门客传诵，司马相如因此名声大噪，迅速传遍京师，传遍全国，他也因此赢得了天下第一才子的美誉。汉武帝刘彻读了《子虚赋》，惊为天人，立刻传召作者进京。相如对武帝说，《子虚赋》叙述的不过是诸侯游猎，内容并不壮观，"请为天子游猎赋"。武帝点头允准，相如展纸挥毫，下笔如云，须臾之间，一篇酣畅淋漓的《上林赋》呈献上来。

《上林赋》是《子虚赋》的姊妹篇，排列铺陈如天梯，气势浩荡若龙吟，竭力描绘汉天子游猎上林的空前盛况，炫耀天子的奢华与豪富，歌颂大一统皇朝上升时期的万物勃发、昌盛强大——

且夫齐楚之事，又乌足道乎？君未睹夫巨丽也，独不闻天子之上林乎？左苍梧，右西极。丹水更其南，紫渊径其北。终始灞浐，出入泾渭……荡荡乎八川分流，相背而异态。东西南北，驰骛往来。出乎椒丘之阙，行乎洲淤之浦。经乎桂林之中，过乎泱漭之野……

于是乎游戏懈怠，置酒乎颢天之台，张乐乎胶葛之㝢；撞千石之钟，立万石之虡。建翠华之旗，树灵鼍之鼓。奏陶唐氏之舞，听葛天氏之歌。千人唱，万人和。山陵为之震动，川谷为之荡波。巴、俞、宋、蔡，淮南干遮，文成颠歌，族居递奏，金鼓迭起。铿锵铛鞳，洞心骇耳。荆、吴、郑、卫之声，韶、濩、武、象之乐，阴淫案衍之音。鄢郢缤纷，激楚结风。俳优侏儒，狄鞮之倡，所以娱耳目而乐心意者，丽靡烂漫于前，靡曼美色于后……

于是酒中乐酣，天子芒然而思，似若有亡，曰："嗟乎，此大奢侈！朕以览听余闲，无事弃日。顺天道以杀伐，时休息于此。恐后世靡丽，遂往而不返，非所以为继嗣创业垂统也。"于是乎乃解酒罢猎……

应当说，《上林赋》之辞采，更其宏丽浩渺。天子之上林，"左苍梧，右西极"，铺天盖地，堪称"巨丽"，"荡荡乎八川分流，相背而异态"；至于天子置酒游戏之神秘所在，乃是"颢天之台""胶葛之㝢"，天风浩荡，众神舞蹈，"撞千石之钟，立万石之虡"。"虡"，古代悬钟之立柱。撞响千石之钟，嗡嗡回荡寰宇；耸立万石之柱，撑起昊天虹霓；挥舞"翠华之旗"，毕剥毕剥撕裂云锦；擂响"灵鼍之鼓"，震栗遐荒千万里——在一片震烁古今的演奏声中，跳起"陶唐氏之舞"，唱起"葛天氏之歌"，千人唱，万人和，"山陵为之震动，川谷为之荡波"……

武帝读罢，龙颜大悦，随即任命司马相如为郎官，侍奉左右。至此，司马相如以其冲天才华，先叩开王府，再进入皇宫，成为叱咤风云的时代英豪。这两篇皇皇大赋，大则大矣，只是僵滞拗强，荒冷晦涩，令人难以体会阅读之快乐。

据《汉书·艺文志》载，"司马相如赋二十九篇"，存世《子虚赋》《上林赋》《大人赋》《美人赋》《哀二世赋》《长门赋》六篇，《梨赋》《鱼葅赋》《梓山赋》三篇仅存篇名；还有《谕巴蜀檄》《难蜀父老》《谏猎疏》《封禅文》等文传世。

《谏猎疏》为谏阻武帝游猎无度而作，无颂圣之辞，有抨击之风，"今陛下好陵阻险，射猛兽"，一旦遭遇猛兽袭击，则极度危险，致使"枯木朽株尽为害矣"，实在不是天子应该有的行为。"盖明者远见于未萌，而智者避危于无形，祸固多藏于隐微而发于人之所忽者也。"他说，聪明者在灾祸尚未发生时，就能预见到，而采取相应对策；智慧者在危险还未形成时，就能避开它，确保自身安全。灾祸就像狡诈的妖孽，隐藏在人们平时不太注意的细微之处，一旦爆发，则危害惨烈矣。"此言虽小，可以喻大。臣愿陛下留意幸察。"

《哀二世赋》以强秦二世而亡的教训，对武帝予以讽谏，"登陂陁之长阪兮，坌入曾宫之嵯峨。临曲江之隑州兮，望南山之参差。岩岩深山之谾谾兮，通谷豁乎谽谺"。他喟然叹息说，我登上那蜿蜒倾斜的高坡啊，走上那层峦叠嶂的山峰，面对着杳渺无极的江岸呀，远眺那如浪奔腾的南山，高耸的群峰仿佛天外飞来的巨人，森然罗列，百兽震恐；谷壑深幽就像巨蟒的长舌，欲吞噬天地，屠灭生灵……面对如此景象，司马相如忽然想到了秦朝二世而亡，想到了秦二世胡亥的身后事，"持身不谨兮，亡国失势，信谗不寤兮，宗庙灭绝"，你这个败家小子啊，听信赵高无耻谗言，指鹿为马，残虐天下，导致江山倾颓，国破身亡，可悲呀！凄惨呀！

"墓芜秽而不修兮，魂亡归而不食。夐邈绝而不齐兮，弥久远而愈侎。精罔阆而飞扬兮，拾九天而永逝。"——你的坟墓肮脏秽乱，乌鸦嘎嘎鸣叫，你的魂魄漂泊时空，至今无处可归。时光流逝，江山轮转，你早已被世人遗忘；但愿你彷徨无依的灵魂飞上九霄，趋近天堂，唉唉！莫名哀伤，填满老夫胸膛……

这篇小赋，是司马相如随汉武帝到长杨宫（遗址在今陕西周至县东南）打猎，归来时经过宜春宫（位于长安城东南）秦二世胡亥之墓时，伤悼而作。前段写景，于一片惨烈中，生出凛冽之百感；后段议论，以胡亥国破身死之教训，委婉讽谏武帝，引以为戒。情景交融，文短情深，堪称小赋之精品也。

《大人赋》是对武帝迷信神仙，搞得天下怪力乱神招摇过市进行劝勉，"世有大人兮，在于中州。宅弥万里兮，曾不足以少留。悲世俗之迫隘兮，朅轻举而远游"。世上有位大人先生啊，居住在国之中州，他的宫殿四周达到万里之遥，竟然不能让他那颗骚动的心稍做停留；他被世俗的腐朽东西所绑架，轻易放弃了浩大宫殿与品德之旌旗，乘着迷乱向着远方漫游；他究竟要去寻找什么呢？——"邪绝少阳而登太阴兮，与真人乎相求。互折窈窕以右转兮，横厉飞泉以正东。悉征灵圉而选之兮，部署众神于瑶光。"大人先生穿越东极之巉岩，登临北极之嶙峋，与仙人互答应和，嗷嗷作歌；然后飞渡腾蛇乘雾之幽径，向右转舵，恍然觑见一道渺渺仙泉，喷珠溅玉，呦呦歌吟，于是把众仙召集起来，在瑶光之上一起舞蹈飞翔……

这篇本为讽谏武帝的赋作，高远超迈，仙气飘荡，武帝读了十分惬意，司马迁调侃说，武帝读了《大人赋》，不但没有丝毫反省，反而十分得意，"飘飘有凌云之气，似有天地之间意"（《史记·司马相如列传》）。

《美人赋》是司马相如为自己"好色"作的一篇辩护词，劈头就歌颂自己貌美如花，才如江海，得到梁孝王刘武赏识，却受到同僚邹阳等人的嫉妒谗毁。这位邹阳先生，"为人有智略，慷慨不苟合"（鲁迅《汉文学史纲要》），为人处世，一向言辞不逊，抗直不挠，他对相如的谗毁，是否属实，不得而知，梁孝王却因此受到蛊惑，将相如召来训斥，相如慷慨而言，讲了两个"坐怀不乱"桥段。其一，他早年在西部地区谋生，受到一位"云发丰艳，蛾眉皓齿，颜盛色茂"的美女勾引，自己心怀若雪，不为所动；其二，在前来梁国都城睢阳（今河南商丘）途中，他投宿卫国上宫，偶遇一位独宿美女，"奇葩逸丽，淑质艳光"，两人对饮，鸣琴，那时候，"时日西夕，玄阴晦冥，流风惨冽，素雪飘零，闲房寂谧，不闻人声"。两人独处一室，干柴烈火，美女宛然而歌，徐徐褪去外衣，"皓体呈露，弱骨丰肌，柔滑如脂"，女子委身相拥，欲与之交媾，面对如此诱惑，他说自己"心正于怀"，"秉志不回"，坚决拒绝，与之挥手作别。

司马相如标榜自己情怀高洁如冷月，一尘不染，不近女色，不过是自说自话，是耶非耶，鬼才知道呢！此文的要害之处，却是犯了为文之大忌：将自己打扮成冰清玉洁的道德先生，恰恰证明了作者的虚伪；如果联想起他后来琴挑卓文君并与之私奔的叛逆之举，就更反证了此文之矫饰。不过，事实或许有虚构，文采却是烂漫飞扬。为人与为文，可是两码事啊！

至于相如的"绯闻"，那也是有的。据说他显达之后，与文君两地分居，想纳一位美女为妾，文君闻讯，作了一首《白头吟》寄他："凄凄重凄凄，嫁娶不须啼。愿得一心人，白首不相离。"相如读了，是否就此断了色念，无从考证，但他此后与文君相亲相爱，白头偕老，倒是佳话呢。

如果说，《美人赋》是一篇华丽近乎虚伪的"道德范文"，《长门赋》则是一篇哀怨而深挚的倾情之作。

长门宫乃汉代宫名，位于都城长安城南，原来属于武帝首任皇后陈阿娇的老娘大长公主刘嫖，岂料苍天弄人，当初武帝发誓"金屋藏娇"的美眉阿娇皇后，后来居然被废黜，移送到这里将息度日。霞辉夕照，照不尽暗夜悲伤；古桥流水，流不尽美人幽怨；鸟鸣幽幽，鸣不尽人间不平。陈废后整日以泪洗面，忽然想到了天下第一才子司马相如，便命人带了黄金一百斤找到他，求其作赋，以挽回皇帝之心，流传千古的《长门赋》由此而生。

《长门赋》以第一人称，表达一个皇室女性曾经承恩备位，而又不幸被废黜的万般悲苦。回忆两人如胶似漆的甜蜜岁月，"桂树交而相纷兮，芳酷烈之訚訚；孔雀集而相存兮，玄猿啸而长吟；翡翠胁翼而来萃兮，鸾凤翔而北南"。述说自己的悲郁之情，"心凭噫而不舒兮，邪气壮而攻中；下兰台而周览兮，步从容于深宫……间徙倚于东厢兮，观夫靡靡而无穷"。表达自己深渊一般的绝望，"白鹤嗷以哀号兮，孤雌跱于枯杨；日黄昏而绝望兮，怅独托于空堂；悬明月以自照兮，徂清夜于洞房；援雅琴以变调兮，奏愁思之不可长……"

赋作中的女子，如泣如诉，如怨如慕，俯仰矛盾，前瞻后顾，一花一叶一滴泪，一星一月一声哀。她自责，内疚，辗转，徘徊，一生无悔的，却是对皇上的情与爱！夜长如岁，发长似泪。她援琴奏雅，却是悲凉之调；她中庭踟蹰，也是形单影只；她举头望月不见月，望见的，却是皇帝飞霞流金的宫殿。唉，天下女子，总是多情又被无情摧！据说汉武帝读了《长门赋》，不禁热泪盈眶，当夜便与阿娇相聚，颠鸾倒凤之际，武帝询问文章出自谁手，阿娇以实相告，武帝随即传旨宣召司马相如进京。

其实，这不过是人们美好的附会罢了。《史记·司马相如列传》记载，一天，汉武帝读罢司马相如的《子虚赋》，叹赏不已，说："朕独不得与此人同时哉！"皇宫狗监杨得意是相如的巴蜀同乡，他告诉皇帝此人尚在，武帝立刻传旨召见。而阿娇自己，则在几年后孤独地在长门宫黯然辞世，葬在霸陵郎官亭之东侧。

若从汉赋的发展流变来考察，正是《长门赋》这篇佳构，开了赋体宫怨题材之先河。可是，时至今日，学界对此赋作者究竟是谁，多有争论。有学者认为，《长门赋》不可能是司马相如所作，其依据是：其一，司马相如卒于公元前118年，刘彻卒于公元前87年，相如先于刘彻31年辞世，如何为陈皇后作赋陈情呢？其二，《长门赋序》说阿娇因此赋"复得亲幸"，明显与史实不符；其三，序中出现了汉武帝谥号"孝武皇帝"，不符合当时行文常规；其四，此赋在艺术风格上与《子虚赋》《上林赋》相距甚远，不大可能出自同一人之手。

然而，若以《子虚赋》《上林赋》之豪阔雄放，来否定《长门赋》之婉转哀怨出自相如之手，则有驴唇不对马嘴之嫌。因为，人之本性，绝非单一，白则白，黑即黑。人性是复杂的。文章之性情也是复杂的。就司马相如而言，他既有大赋如《子虚》《上林》，天风横吹，浩荡无涯；也有小赋如《谏猎疏》《哀二世赋》《大人赋》《美人赋》，如何做不得一篇《长门赋》呢？

当然，论证《长门赋》作者究竟是谁，那是文史学家的事；此文想说的是，司马相如作为一代汉赋大师，既有大声喤哒之大赋，也有意韵婉转之小赋。他的大赋，如今已形容枯槁，成为一代文学之"积木"；而他的小赋，依然清新可读，成为汉赋园林里嫣嫣绽放之"朝露"。简言之，则是——相如之赋，大赋如积木，小赋如朝露。而已。

2019年3月18日

搔首踟蹰汉武帝

汉武帝刘彻时期，是西汉丽日中天的光辉时代。

西汉初期，经过文帝刘恒、景帝刘启父子"前仆后继"，艰苦创业，国家经过六七十年的发展，百姓得到休养生息，经济高度繁荣，物质极大丰富，开创了历史上著名的"文景之治"新时代。《史记·平准书》描述说："国家无事，非遇水旱之灾，民则人给家足，都鄙廪庾皆满，而府库余货财。京师之钱累巨万，贯朽而不可校。太仓之粟陈陈相因，充溢露积于外，至腐败不可食。"汉武帝刘彻在继承"文景之治"政治、经济遗产的基础上，完成了三项重大创举：一是采纳谋臣主父偃的建议，颁行"推恩令"，限制和削弱日益膨胀的诸侯王势力，加强中央集权，并将盐铁和铸币权收归中央；二是采纳硕儒董仲舒的建议，"罢黜百家，独尊儒术"，确立了儒家学说在中国思想史上的统治地位，开了统治者钳制天下思想舆论之先河；三是宣扬并实行多欲进取政治，对内加强皇权，巩固大一统政治局面，对外开疆拓土，宣扬国威，实现了封建专制主义中央集权大帝国的梦想。因此，汉武帝成了中国历史上与秦始皇、唐太宗、成吉思汗、清圣祖康熙帝并列的雄才大略的封建帝王。

武帝刘彻自幼兴趣广泛，对儒学经典、骑射、文学，都有极大兴趣，他的诗词歌赋，传世之作有《秋风辞》《西极天马歌》《瓠子歌》《柏梁诗》《李夫人歌》《思奉车子侯歌》等，最有名的，当属《秋风辞》——

> 秋风起兮白云飞，草木黄落兮雁南归。
> 兰有秀兮菊有芳，怀佳人兮不能忘。
> 泛楼船兮济汾河，横中流兮扬素波。
> 箫鼓鸣兮发棹歌，欢乐极兮哀情多。
> 少壮几时兮奈老何！

据考证，《秋风辞》大约作于元鼎四年（前113）。据《汉书·武帝纪》载，汉武帝刘彻在位期间，曾经五次驾临河东汾阴（今山西万荣县西南），祭拜"后土"，只有一次在秋天，即元鼎四年十月。这首慷慨悲郁的诗篇，应该是这次巡行的产物。

"后土"，全称"承天效法厚德光大后土皇地祇"，是传说中的道教第四位天帝，掌阴阳，育万物，被尊为"大地之母"。这次巡行，对武帝而言，应该是一次"愉悦之旅"。这一年，武帝33岁，青春勃发，功业辉煌。当銮驾途经左邑县时，忽然捷报传来，说南征大军已经攻克南越国都番禺（今广州市番禺区），南越王赵兴及丞相吕嘉，已经插翅难逃了。武帝闻讯大喜，当即将左邑县改为闻喜县，以为纪念，沿用至今。那时候，天高气爽，群山腾跃，百鸟争喧，武帝乘坐巍峨楼船，泛舟汾河之上，听秋风呼啸，望水波浩荡，不禁心潮起伏，神思欲飞，泼墨挥毫，遂有此篇。

这是一篇豪壮高旷深挚的诗作，作者置身于缥缈云水之间，回首铁血人生，心头百感奔临，空中游弋的大片云霭，也泛出沉重苍凉之色。白云飘翔，草木零落，北雁南飞；武帝伫立船头，思菊兰之秀逸，怀佳人之杳渺，横中流之素波，扬箫鼓之震骇，骤然间感觉了时光之无涯，人生之短促，青春之遽逝，不由得悲从中来——"少壮几时兮奈老何！"

汉武帝这一声沉重悠长的叹息，荡漾在无尽时空里，激起了后世许多人心底的绵绵涟漪。元曲大师关汉卿《双调·乔牌儿》叹息："到头这一身，难逃那一日"，"百岁光阴，七十者稀。急急流年，滔滔逝水"；逝水无情，其奈愁何！清代学人王尧衢《古诗合解》说，愁乐可重复，盛年难再来，武帝求长生而慕神仙，冀望长生而不可得，"念及此而歌啸中流，顿觉兴尽，然自是绝妙好辞"。对这首诗，明代诗论家胡应麟推崇备至，誉之为"百代情至之宗"（《诗薮》）；清代诗评家张玉谷《古诗赏析》指出，此篇悲秋水，念摇落，幻仙境，万千意念，只为一点："怀佳人句，一篇之骨。"

此时此刻，汉武帝心中怀念的那个"佳人"，究竟是哪个呢？——是当年武帝发愿"金屋藏娇"的陈阿娇吗？昔日阿娇貌美如花，醋意如海，嫉恨卫子夫，呼天抢地，激怒武帝，废居远郊离宫之长门宫，已经十载有余，两人自此别后，有无相见，不得而知；此刻武帝念及当初的情天恨海，不禁百感丛生！还有那个宠冠后宫的卫子夫，艳若桃李，妖媚蚀骨，令铁血武帝为之神魂颠倒，铸成千古奇传。卫子夫的家乡，就是河东平阳（山西临汾），武帝来到卫皇后的故乡，忆起了她的婉丽柔媚，其眷恋思念之情，一如滔滔汾河水……

而武帝的《西极天马之歌》，则是一首浸透了铁与血的骚体诗：

天马徕从西极。经万里兮归有德。

承灵威兮降外国。涉流沙兮四夷服。

这首诗大约作于太初四年（前101）。一匹天马，穿云破雾，远涉万里，从西极奔腾而来，卷裹着滚滚流沙，与西极人对煌煌汉武的衷心膜拜！

这首貌似威震万里天下无敌的诗篇，其实来自一场并不值得歌颂的战争，即汉武帝对大宛国发动的"汗血宝马之战"。《史记·大宛列传》云："大宛在匈奴西南，在汉正西，去汉可万里。其俗土著，耕田，田稻麦。有蒲陶酒。多善马，马汗血，其先天马子也。"汉代的大宛国，位于帕米尔高原西麓，锡尔河上中游，约在今乌兹别克斯坦费尔干纳盆地。所谓"天马"，颇有来历，《山海经·北山经》云："又东北二百里，曰马成之山，其上多文石，其阴多金玉，有兽焉，其状如白犬而黑头，见人则飞，其名曰天马。"

关于这场战争，《史记·大宛列传》有详尽记载。战争的起因，是汉朝与乌孙和亲。乌孙人是汉代连接东西方草原交通的重要民族之一，其首领称为"昆莫"。这一年，乌孙昆莫前来迎娶汉朝细君公主，以骏马千匹作为聘礼，武帝对这些昂昂骏驹极为叹赏，乌孙昆莫奏报皇帝："宛有善马在贰师城，匿不肯与汉使。"他说，大宛国有汗血宝马，藏在贰师城，不肯贡献给陛下。武帝对大宛良马垂涎欲滴，连夜派遣车府令携带着黄金千斤与一匹金马，前往求购，遭到大宛国王毋寡严词拒绝，汉使出言不逊，毋寡恼羞成怒，斩杀汉使，夺其财物。武帝闻讯，暴跳如雷，决定动武。那时，武帝正宠幸娇滴滴的李夫人，歌伎出身的李夫人狐媚妖冶，聚万千宠爱于一身，武帝想让李氏立功封侯，便命李夫人之兄李广利率领数万人远征大宛，期待他踏平贰师城，取其宝马，故号"贰师将军"。叵奈这位攀着妹妹的裙带迅速蹿升起来的李广利乃无能之辈，出征两年，损兵折将，却一无所获，武帝只好派兵增援，纠集了戍边兵卒与地痞流氓6万人，牛10万头，马3万匹，还有数不清的驴、骡、骆驼，贰师将军指挥着规模庞大的乌合之众，与大宛人激战两年，终于攻克大宛城，屈服的大宛人与汉军媾和，"宛乃出其善马，令汉自择之"。

一场历时四年的战争，无数将士化为沙场枯骨，却仅仅为了得到几匹汗血良马。唉，君王汗血马，百姓血和泪！关于大宛国王毋寡之死，《史记》《汉书》记载并不一致。《史记》说大宛贵族眼见形势危急，"共杀其王毋寡，持其头遣贵人使贰师"，将国王首级交给贰师将军以求和；《汉书·武帝纪》则将这一功绩记在了贰师将军头上，"太初四年，贰师将军广利斩大宛王首，获汗血马来。作《西极天马之歌》"。孰是孰非，碍难论定，姑且存疑吧。

对这场有些荒诞色彩的战争，武帝却很嘚瑟，先后写了两首"天马之歌"，一首是《天马歌》，高歌"太一贡兮天马下，沾赤汗兮沫流赭"；一首就是这篇《西极天马之歌》。这匹西域天马，高翔云端，铁蹄破空，嘚嘚而来，似乎激荡万千风雷，其实迷蒙了世人的眼睛；武帝意在夸耀自己的不世之功，岂料却在历史上弄出了一曲不和谐之音。

武帝的《瓠子歌》，是一首绮丽玄幻的治水之歌。瓠子，地名，位于河南濮阳县西南，亦称"瓠子口"，因这一带盛产瓠子而得名。瓠子河，位于山东菏泽市境内，是古代一条很有名的河流，经由"瓠子口"注入济水。济水乃古代四渎之一，其特征就是时隐时现，独流成河，独立入海。据《尚书·禹贡》记载："导水东流为济，入于河，溢为荥，东出于陶丘（今菏泽定陶区）北，又东至于菏（菏泽，古泽名），又东北会于汶，又北东入于海。"济水发源于河南王屋山之太乙池，其源头以地下水形式出现，向东潜流七十里，至济渎和龙潭地面骤然涌出，形成两条河向东奔流，在济源市合二为一，流到温县西北始称济水，尔后穿越黄河，令人惊奇的是，济水横穿黄河，并不与之"同流合污"，而是遁入黄河地下，潜涌而过，到了荥阳，再次浮出地面，在阳光下奔流，到了原阳时，第三次潜入地下，流到山东定陶，再次露出真容，与北济之水汇合，形成莽莽巨野泽。巨野泽是古代一个超大湖泊，一望无际，《水浒传》中著名的梁山泊，不过是其中的一小部分。济水至此稍做停留，然后经过大清河，注入渤海，一路走来，三隐三现，奇幻迭出，鬼神莫测。

元光三年（前132），黄河决口，洪流涌入瓠子河，淮河、泗河爆发洪灾，漫溢数年。到了元封二年（前109），武帝在泰山封禅之后，下令动员4万多人筑坝，发誓根治洪灾。这两篇气势磅礴的《瓠子歌》，就是对这场人与洪水大战的写照。其一曰：

瓠子决兮将奈何，浩浩洋洋兮虑殚为河。

殚为河兮地不得宁，功无已时兮吾山平。

吾山平兮钜野溢，鱼弗忧兮柏冬日。

正道驰兮离常流，蛟龙骋兮放远游。

归旧川兮神哉沛，不封禅兮安知外。

为我谓河伯兮何不仁，泛滥不止兮愁吾人。

齿桑浮兮淮泗满，久不返兮水维缓。

034

　　据说，数万人治水期间，武帝亲临现场，与将士一起筑堤堵水，这首诗就是他在现场的即兴之作。"瓠子决兮将奈何，浩浩洋洋兮虑殚为河"，万众在激流中治水，排除万难，"正道驰兮离常流，蛟龙骋兮放远游"，虽然万般艰难，依然牵着蛟龙鼻子，让它去远方遨游吧！望着肆虐天下的洪流，他忍不住嘶声呐喊，"为我谓河伯兮何不仁，泛滥不止兮愁吾人"，河伯河伯啊，你为何如此残忍不仁，泛滥不止戕害万民愁煞俺们！

　　吟诵《瓠子歌》，遥想武帝当年亲身参与治水，其忧国忧民之情怀，虽千载以下，依然令人肃然悚然。如果说，《秋风辞》《天马歌》《瓠子歌》乃是大丈夫的慷慨悲歌，而他思念宠姬李夫人的《李夫人歌》，却是一个痴情男子汉爱而不见、搔首踟蹰的真实写照——"是邪？非邪？立而望之。偏何姗姗其来迟！"

　　这几句歌诀，犹如《诗经·邶风·静女》中那个陷入热恋的毛头小伙子，在急切地呼唤心上人："静女其姝，俟我于城隅。爱而不见，搔首踟蹰。"

　　令武帝如此痴情的李夫人，芳名李妍，自有闭月羞花沉鱼落雁之美，一颦一笑，犹如春风沉醉，秋月盈空。她有两个哥哥，大哥李延年，二哥李广利。李家世代为倡，能歌善舞，姿容曼妙。李延年早年因犯法遭受宫刑，在宫中为武帝养狗，因擅长音律，妙解人意，十分得宠。一天，他为妹妹定制了一首《佳人曲》，为武帝演唱："北方有佳人，绝世而独立；一顾倾人城，再顾倾人国。"武帝闻而奇之，传旨召见这位妙佳人，李妍由此进入皇宫，甚为得宠，号曰李夫人，后来生下了昌邑王刘髆。李夫人又将二哥李广利带入宫中，日后成了有名的"贰师将军"。一时间，兄妹仁贵震天下。可惜红颜薄命，李夫人不久病逝。武帝日夜思念，恍然入梦，梦见烛影摇晃，夫人翩然而至，哀婉涕零，欲言又止，徘徊片时，飘然而去……武帝梦醒，心中大恸，含泪写下这首歌诀，抒发心底的思念与痛楚。此后，武帝又作《落叶哀蝉曲》，哀叹"虚房冷而寂寞，落叶依于重扃。望彼美之女兮，安得感余心之未宁？"

汉武帝作为一代雄主，恢宏如此，苍凉如此，至性至情如此，不附庸风雅也难。早在做太子时，他读了枚乘的《七发》，极为佩服，后来做了皇帝，就把枚大作家接进京城；读了司马相如的《子虚赋》，惊为天人，立刻传召作者进京。相如对武帝说，《子虚赋》叙述的不过是诸侯游猎，内容并不壮观，"请为天子游猎赋"。武帝点头允准，相如展纸挥毫，下笔如云，须臾之间，一篇酣畅淋漓的《上林赋》呈献上来。武帝如此"文艺"，对汉朝的勃然而兴，大有裨益焉。

明代文学家王世贞认为，汉武帝的诗词，在"长卿下、子云上"（《艺苑卮言》）。长卿，西汉辞赋家司马相如；子云，两汉之际哲学家扬雄。鲁迅先生在《汉文学史纲要》中说，武帝之作，"缠绵流丽，虽词人不能过也"。确为至评。

2019年3月10日

呼天抢地太史公

在如日中天的汉武帝时代，发生了一起令后世深感吊诡的历史悲剧：一个北伐将领投降匈奴，却导致一个著名史学家遭受宫刑。

那是西汉天汉二年（前99），汉武帝刘彻发动"北伐战争"，派遣宠妃李夫人之兄、贰师将军李广利，率骑兵三万从酒泉出塞，与匈奴左贤王鏖战于天山南北，首战告捷，岂料在班师回国途中遭到匈奴大军围困，被打得丢盔卸甲，几乎全军覆没。率领五千步兵请缨出塞作战的汉将李陵，也被三万匈奴骑兵包围，鏖战八昼夜，毙敌万余人，在弹尽粮绝、救援不至的绝望情形下，被迫下马投降。

李陵（前134～前74），字少卿，陇西成纪（今甘肃秦安县）人，西汉名将，飞将军李广之长孙，据《汉书·李陵传》载，李陵"善骑射，爱人，谦让下士，甚得名誉"。这样一个威名霍霍的沙场骁将，最后沦为一个可耻的投降派，铸成了一曲千古悲歌。

关于李陵兵败投降之事，且看《汉书·李陵传》之记述："陵居谷中，虏在山上，四面射，矢如雨下"，战况惨烈，士卒多死，黄昏时分，李陵便衣独步出营，徘徊良久，叹息曰："兵败，死矣！"夜半时分，"击鼓起士，鼓不鸣。陵与韩延年俱上马，壮士从者十余人。虏骑数千追之，韩延年战死。陵曰：'无面目报陛下！'遂降"。

李陵投降的消息传来，武帝雷霆大怒，下令抓捕李氏家族，满朝皆曰可杀，当武帝征询司马迁的意见时，他却秉持道义，慷慨陈词，为李陵辩护："陵事亲孝，与士信，常奋不顾身以殉国家之急。其素所畜积也，有国士之风。今举事一不行，全躯保妻子之臣随而媒其短，诚可痛也！且陵提部卒不满五千，深轞戎马之地，抑数万之师，虏救死扶伤不暇，悉举引弓之民共攻围之。转斗千里，矢尽道穷，士张空拳，冒白刃，北首争死敌，得人之死力，虽古名将不过也。身虽陷败，然其所摧败亦足暴于天下。彼之不死，宜欲得当以报汉也。"

司马迁这段辩护词，要点有三：其一，李陵事亲孝，爱士卒，奋身殉国，大有国士之风；其二，李陵遭遇危难，众人落井下石，实在可悲；其三，李陵转战千里，弹尽粮绝，被迫投降，苟活不死，是为了将来报答汉朝。

武帝听罢，勃然作色，认为司马迁"欲沮贰师，为陵游说"，下令将其逮捕入狱，交付廷尉审讯。其实，司马迁不明白，他如此满腔热情歌颂李陵，就是在批评贰师将军李广利庸碌无能，而李广利正是汉武帝的大舅哥，这不就是在批评武帝任人唯亲吗？进而言之，武帝不就成了战争失败的罪魁祸首了吗？——由此看来，司马迁之受严惩，实在有些"咎由自取"的意味呢。

司马迁入狱，落入酷吏杜周的魔掌，随即被判处死刑。按照汉朝律令，减免死刑只有两种途径：一是交钱，用五十万钱赎罪；二是去势，接受宫刑。因为家贫，家里拿不出这么多钱，司马迁只能"下蚕室"，被阉割。这就是太史公的"千古奇冤"。

此前，司马迁正凝神聚力撰写《史记》，这场飞来横祸，犹如利刃喀啦一声，砍断了他胸中涌流的文脉；而遭受宫刑，又逼他体验了九死一生之惨烈。写于出狱之后的《报任安书》，就是对这段黑暗史实的真实写照。

任安，字少卿，河南荥阳人，自幼贫困，被人用车子顺路带到京城长安，后来做了大将军卫青的随从，由卫青举荐，先任郎中，后升任益州刺史，在"巫蛊之祸"期间，任安官居北军使者护军，指挥京城禁军之北军。太子刘据立车北军南门之外，命令他出兵合击朝廷，"安拜受节，入，闭门不出"（《史记·田叔列传》）。他领受太子令牌，却按兵不动，埋下祸根。动乱平定后，太子集团被诛戮殆尽，与动乱有牵连者，纷纷被严厉追责，武帝认为任安作为朝廷的禁军将领，在动乱的关键时刻"坐观成败"，奸险诡诈，"有不忠之心"，下令逮捕，论罪腰斩。任安受尽捶挞，大呼冤枉，写信给好友司马迁，期望他想办法搭救自己，直到任安临刑之际，司马迁才写了一封著名的回信——《报任安书》。

这是一篇哀痛彻骨、激越忍切、至性至情的书信体散文，司马迁详述了自己遭受宫刑、打入死牢的恐怖经历，描摹了人性至痛至暗时刻的刻骨之痛，梳理了天水横流一般的万千思绪。其开篇话题，居然是"君子五义"："修身者，智之符也；爱施者，仁之端也；取予者，义之表也；耻辱者，勇之决也；立名者，行之极也。士有此五者，然后可以托于世，列于君子之林矣。"然而笔锋一转，就触及自己的遭遇，"故祸莫憯于欲利，悲莫痛于伤心，行莫丑于辱先，诟莫大于宫刑。刑余之人，无所比数，非一世也，所从来远矣"。

作为一个被去势的"刑余之人"，就像折翅之鹰、瘸腿病猫，沦为了世人眼中的可怜虫，不但难称"君子"，也失去了与他人并立于世的资格，卑贱到尘埃里了，"上之，不能纳忠效信，有奇策材力之誉，自结明主；次之，又不能拾遗补阙，招贤进能，显岩穴之士；外之，不能备行伍，攻城野战，有斩将搴旗之功；下之，不能积日累劳，取尊官厚禄，以为宗族交游光宠。四者无一遂，苟合取容，无所短长之效，可见于此矣"。

俗语云：百无一用是书生；何况，还是一位身残志颓的书生呢？然而，毕竟雄才猎猎，雄心不改，"仆少负不羁之才，长无乡曲之誉"，我小时候很牛哦，虽然长大后名声并不显赫，我总是以为，"戴盆不能望天"，必须全力以赴，"绝宾客之知，忘室家之业，日夜思竭其不肖之材力，务一心营职，以求亲媚于主上"。在太史令岗位上，尽职尽责，业余发奋撰著《史记》，岂料书没写完，灾祸骤然降临——李陵之祸，天崩地裂，冤哉枉也！"夫仆与李陵俱居门下，素非能相善也。趣舍异路，未尝衔杯酒，接殷勤之余欢。"他说，我与李陵虽然同为朝官，关系却很一般，三观不甚相合，未曾一起举杯把盏，我为他说几句公道话，"欲以广主上之意，塞睚眦之辞"，可是，拳拳忠心，铮铮良言，竟然惹怒天威，招致霹雳惨祸，落难之日，满朝尽为冷眼，谁也不肯伸出援手，"交游莫救，左右亲近不为一言"，自己深陷囹圄之中，满腔悲愤，又能向谁诉说呢？

据说执行宫刑，痛彻骨髓，九死一生，对人心灵的侮辱与摧残，胜于凌迟。然而，"仆伏法受诛，若九牛亡一毛，与蝼蚁何以异？"身为太史令，在皇权面前，不过是一根牛毛，一只蚂蚁，除了任人宰割，等待斧钺剁碎筋骨，又能怎样呢？"智穷罪极，不能自免，卒就死耳。"尽管死神在眼前不断晃悠，他还在思考关于死的哲学意义——"人固有一死，或重于泰山，或轻于鸿毛，用之所趋异也。"人总是要死的，但因为追求不同，死的意义也大相径庭，有人重于泰山，有人轻于鸿毛。轻与重，谁论定？只有天晓得。然而，天下最悲惨的，莫过于受辱而死，"太上不辱先，其次不辱身，其次不辱理色，其次不辱辞令，其次诎体受辱，其次易服受辱，其次关木索、被箠楚受辱，其次剔毛发、婴金铁受辱，其次毁肌肤、断肢体受辱，最下腐刑极矣！"

在此，太史公总结罗列了人间种种侮辱，辱先（祖先）、辱身（身体）、辱理色（冷脸）、辱辞令（诅咒）、诎体受辱（捆绑）、易服受辱（囚服）、箠楚受辱（镣铐）、婴金铁受辱（枷锁）、毁肌肤断肢体受辱（酷刑），可是最惨的，却是他自己遭受的——腐刑，即宫刑。

在这封迸血溅泪的信中，太史公对任少卿"抱不测之罪"，予以了极大同情，追溯自己经历的"黑色岁月"，惊心动魄，字里行间，生与死的徘徊彷徨犹豫，仿佛悬崖边上的黑色舞蹈，腾蛇起蛟，放下又提起，提起又放下，难以启齿，又辗转反侧，以至于两千年后，我们都能感受到他的痛苦，他的喘息，他的仰天长嘶——"猛虎处深山，百兽震恐，及其在阱槛之中，摇尾而求食，积威约之渐也……今交手足，受木索，暴肌肤，受榜棰，幽于圜墙之中。当此之时，见狱吏则头抢地，视徒隶则心惕息。何者？积威约之势也……"

一只斑斓猛虎，啸傲深山，百兽震恐，一旦落入陷阱，则摇尾乞怜，哀哀欲绝；一个身上绕着绳索，脖颈戴着木枷，伤痕累累羸弱不堪的死囚，"受木索，暴肌肤，受榜棰"，哀号，悲泣，觑见狱卒过来，便浑身抖得像筛糠，咕咚咕咚叩头，直至天灵盖滴血，为什么会如此呢？因为被折磨怕了。没完没了的生不如死的酷刑毒打，任是铁人，也早已骨酥肉解，身心崩溃了，所谓"硬骨头"，不过是传说吧？

陷身于黑色深渊里，死神扑扇着翅膀，整天在头顶飞舞，喋喋狞笑，他拉来一串古代名人，来为自己寻找活下去的理由——周文王姬昌、秦相李斯、淮阴侯韩信、建成侯彭越、赵王张敖、魏其侯窦婴、中郎将季布、燕国宰相灌夫，这些人都曾身为王侯将相，威震天下，一旦沦为囚徒，则变成了一堆堆行尸走肉，一块块君王刀俎下的鱼肉，"及罪至罔加，不能引决自裁"，他们身心受虐，百般挣扎，苟活于乱世，而不肯引颈自裁，一了百了，究竟为什么呢？唉唉！爱身惜命，古今一理嘛。"勇怯，势也；强弱，形也。审矣，曷足怪乎？"所谓勇敢与怯懦，只是一个哲学命题，哪里是遭受如此煎熬的人可以选择的啊，对他们的任何苛责，都属于站着说话不腰疼的无稽之谈。

对司马迁而言，这是一段炼狱般的生命旅程。身受宫刑，肢残心碎，身处囚笼，他像被抛掷在人世大荒之中，冷寂如蛇，穿透宇宙，黑暗如绳，勒进皮肉。自卑与自悲，像两把利刃，割剥着他的身心。自卑令他沉沦，滋生自暴自弃之念；自悲令他伤痛，并在伤痛之中，咀嚼悲剧之摧折万物，之暴虐辉煌。爱恨交织，血泪交流，生死交替，肉体的毁灭与精神的升华，构成了一曲五彩斑斓、悲壮华美的命运之歌。他倒下了，他的肉体在滴血，在腐烂，在死去；而他的精神，却在尘寰里慢慢站起来，崛起，升华，飞腾，澎湃于九天之上。于是，他忍辱而自尊，知耻而自奋，在强烈的生命悲剧之中创造着华美绚烂的篇章！

生死时刻，他当然想到了自己的家人，"夫人情莫不贪生恶死，念亲戚，顾妻子，至激于义理者不然，乃有不得已也"。那些为了正义与公理所激奋而抛妻别子，舍生忘我的人，自有其不得不如此的理由。"今仆不幸，早失父母，无兄弟之亲，独身孤立，少卿视仆于妻子何如哉？"我孤身一人，独立世间，并无妻子儿女之累，少卿你说我该如何活下去呢？"仆虽怯懦，欲苟活，亦颇识去就之分矣，何至自沉溺缧绁之辱哉！"我虽然怯懦，想要苟且偷生，但也懂得舍生取义之大道，哪至于甘心被关在囚笼里忍受百般凌虐侮辱呢？——自己之所以选择苟活，是因为想起了父亲司马谈的临终嘱托，想到了未竟之作《史记》，"所以隐忍苟活，函粪土之中而不辞者，恨私心有所不尽，鄙没世而文采不表于后也"。

司马迁深知，才华来自于父母之精血与天地之精华，岂可浪掷？父亲殷殷之嘱托，岂可落空？——在那些惨淡、阴郁的日子里，司马迁满脸羞愧，满心伤痛，"仆以口语遇遭此祸，重为乡党所笑，以污辱先人，亦何面目复上父母之丘墓乎？"每思及此，便冷汗横流，发背沾衣，"肠一日九回，忽忽若有所亡，出则不知所如往"。他思古念今，想到了昔日"西伯居羑里，演《周易》；孔子厄陈蔡，作《春秋》；屈原放逐，著《离骚》；左丘失明，厥有《国语》；孙子膑脚，而论兵法；不韦迁蜀，世传《吕览》；韩非囚秦，《说难》《孤愤》；《诗》三百篇，大抵圣贤发愤之所为作也"。正是这些"发愤故事"鼓舞着他，使他昂起头来，采日月之光华，凝春秋之繁露，写出了"究天人之际，通古今之变，成一家之言"的历史巨著《史记》，"仆诚以著此书，藏之名山，传之其人"，"虽被万戮，岂有悔哉！"——他告诉任安，我这些话呀，"可为智者道，难为俗人言也！"

经历了如此煎熬，太史公笔下的英雄们，在面对生死考验的时刻，总能表现出大无畏的英雄气概。陈胜揭竿而起之前提出"等死，死国可乎"，起义时则仰天大呼"王侯将相宁有种乎"；管仲"耻功名不显于天下"，历经炼狱般的幽囚屈辱，百折不挠，辅佐齐桓公小白成就一代霸业；韩信早年忍受"胯下之辱"，以此砥砺人生大志，终于成为缔造汉王朝的一代名将；蔺相如面对不可一世的秦王，视死如归，折冲樽俎，却忍气吞声，不肯与老将廉颇发生冲突，维护了国家安定团结之大局……

可惜的是，司马迁写完此信，却已经不能寄出了。因为，任安已经被汉武帝下令诛杀了。唉！李陵投降，太史公受刑；任安求救，司马迁服刑；太史公回信，那位可怜的收信人任少卿，却已经魂游天国了。历史的定数，总在不知不觉间，旋转、轮回。

2019年3月14日

玄而又玄说《太玄》

一

西汉末年大学者扬雄，早年有三大特点著称于世：一是结巴，笨嘴拙舌，"口吃不能剧谈"；二是忧思，"默而好深湛之思"，像个天外来客一般，整天冲着陌生世界发呆；三是散淡，不求名利，不计钱财，"不汲汲于富贵，不戚戚于贫贱，不修廉隅以徼名当世"。他像古今无数学人一样，刻苦自励，嗜书如命，"雄少而好学，不为章句，训诂通而已，博览无所不见"。

由于家境贫寒，扬雄很小就品尝了生活的艰辛，《汉书·扬雄传》说他"家产不过十斤，乏无儋石之储"。"十斤"，即十金，比喻钱少；"儋石"，极少的粮食，近乎"食不果腹"。家产不过十金，缸里没有余粮，家徒四壁，饥寒交迫。村外田野上，走过他砍柴负薪的沉重脚步；月色垄亩间，晃动着他引水灌溉的身影；田园风光的诗情画意里，流泻着他对父老乡亲的深切同情与悲悯。脚下游移的土地与街巷喧腾的叹息，时时提醒着他：这里并不是自己灵魂的家园；至于灵魂家园究竟在何方，他自己也不知道。粗茶淡饭，野果荒蔬，他甘之如饴；粗布褐衣，茧花霜痕，他视之若华。当乡邻们东拉西扯、指桑骂槐时，他总是一言不发，孤立一隅，沉思默想。在他眼里，贫贱也罢，富贵也罢，皆如浮云，不足为虑；令他百思不得其解的，倒是人世间无穷无尽的千古之谜：人的一生，应当怎样度过？——于是他刻苦自励，潜心读书，立志有所作为。翻开书本，看那些曲里拐弯的文字在眼前跳动，他想：总有一天，我会征服全世界！

作为由辞赋之塔转入哲学殿堂的一代宗师，扬雄的早期生涯，却是个狂热的"追星族"。在他的心底，矗立着两尊偶像：一是楚国大诗人屈原，一是汉赋大师司马相如。"蜀有司马相如，作赋甚弘丽温雅，雄心壮之，每作赋，常拟之以为式。"（《汉书》本传）他诵读司马相如之赋，为其"弘丽温雅"所倾倒，每每模仿之，就此开启了汉赋之路；而屈原《离骚》之绵绵哀吟、滚滚眼泪、长长太息，每每令人涕下，他认为屈原文采超越相如，却为时代所不容，最后投江而死，令人悲伤流涕。他对屈原之死很不以为然，"君子得时则大行，不得时则龙蛇，遇不遇命也，何必湛身哉！"他说，君子得志则驰骋才华，大有作为，不得志就学一下龙蛇先生，蜿蜒蛰伏，藏身自保嘛。至于一个人能不能得志，何时得志，老天爷自有安排，何必为此而戕害自身呢？

扬雄纵笔作文，由模仿开始。他反复吟诵《离骚》，感动得一塌糊涂，他对屈原忠贞不贰之风骨，才思巧丽之华贵，飘逸跌宕之愁思，感佩不已。他按照屈原《惜诵》《怀沙》之韵律作文两卷，名曰《畔牢愁》《广骚》，可惜已经失传，只留下了一篇《反离骚》，抒写胸怀——

懿神龙之渊潜兮，俟庆云而将举，
亡春风之被离兮，庶焉知龙之所处？
愍吾累之众芬兮，扬烨烨之芳苓，
遭季夏之凝霜兮，庆夭悴而丧荣……
精琼靡与秋菊兮，将以延夫天年；
临汨罗而自陨兮，恐日薄于西山。

解扶桑之总辔兮，纵令之遂奔驰，

鸾皇腾而不属兮，岂独飞廉与云师……

既亡鸾车之幽蔼兮，驾八龙之委蛇？

临江濒而掩涕兮，何有《九招》与《九歌》？

夫圣哲之遭兮，固时命之所有；

虽增欷以於邑兮，吾恐灵修之不累改……

　　神龙潜伏深渊啊，等待着云起而腾飞；假如没有春风纷纷扬扬吹过，有谁知道神龙之所在？可叹众芳被悲风摇落，飘散了馥郁浓烈的芳香，就像在夏天里狂风刮过池塘，池水泛起涟漪，莲荷遭遇寒霜；只有秋菊在风中微笑，延续其天然馨香；我踟蹰独行来到汨罗江畔，祭悼沉江而逝的先辈屈原，这时候啊太阳已经落下西山，血一样的残霞铺满天空；我恍恍惚惚解开扶桑的车辔，纵马驰骋，犹如腾云驾雾，只听得凤凰在身后鸣叫，以及蛰龙咆哮深渊！可是一阵冷风吹过，我打了一个冷战，残酷的现实就摆在眼前，我既没有华丽的鸾车，如何来驾驭八龙飞驰过寥落长天？我对着江流痛哭，却写不出《九招》与《九歌》，唉唉！古来圣贤遭遇悲惨，本来就是宿命，虽然世人唏嘘感叹，为之流泪祈愿，可是天神之翼却不会因而稍做改变……

　　此文写罢，扬雄不禁潸然泪下。他流着眼泪，登上岷山雪宝顶，将文章投入奔腾的岷江水。千里岷山，如龙腾云，似浪奔涌。扬雄巍立在雪宝顶的巉岩之上，俯视雾气蒸腾的岷江激流，深刻地感到了遗世独立之空阔，孤兀无匹之茫然。冷风吹来，他不禁打了个寒战。唉，思想弥漫四合，神灵高蹈云外，这样的冰雪人生，毋宁说是凛冽的，痛苦的！——呜咽的岷江水，毕毕剥剥，载走了寥寥纸页，也载走了他的无边哀愁。屈原九泉有知，当为有这样的亘古知音，而泪流满面。

　　吟罢屈原，再诵相如。他说相如之赋"不似从人间来，其神化所至邪"？而这时候，他已经进入文采飞扬、意气风发的岁月。周身咆哮的天才，犹如庐山瀑布一般，催逼他扬名天下；巴蜀秀美奇诡的风物，诱惑他登上辞赋之巅。才华冲天，江山如画，人生变幻，情绪动荡，哲思深邃——这一切，构成了扬雄早期辞赋之特色，其代表作《蜀都赋》气势恢宏，词采奇崛，将巴山蜀水之雄伟柔媚、天府之国之繁荣富庶，熔铸于纸页之上："蜀都之地，古曰梁州。禹治其江，渟皋弥望，郁乎青葱，沃野千里……"

浏览这篇《蜀都赋》，僻字累累，荆臻横斜，不少字已经"作古"，犹如相如之赋的"文字积木"，令人不堪卒读。而这样的文字，当时却弥漫天地，赢得朝野一片赞誉，扬雄不但赖以成名，还像其前辈司马相如一样，以文章做敲门砖，叩开了壁垒森严的皇宫大门。

关于扬雄入宫，有两个不同版本，一是"民间版"，一是"官方版"。所谓"民间版"，发端于扬雄自己，其《甘泉赋序》云："孝成帝时，客有荐雄文似相如者。"

《昭明文选·卷七〈甘泉赋〉》唐人李周翰注称，扬雄"尝作《绵竹颂》，成帝时直宿郎杨庄诵此文，帝曰：'此似相如之文。'庄曰：'非也，此臣邑人杨子云。'帝即召见，拜为黄门侍郎。"汉成帝刘骜在位时，雅好文学，直宿郎杨庄为他朗诵《绵竹颂》，龙颜大悦，说这是司马相如的文章吧？杨庄回答说，作者是我的巴蜀同乡扬雄，跟司马相如没半毛钱关系。成帝传旨召见，拜为黄门侍郎。晚唐诗人李商隐将扬雄与司马相如故事"揉"在一起咏叹："露索秦宫井，风弦汉殿筝。几时绵竹颂，拟荐子虚名。"（《令狐舍人说昨夜西掖玩月因戏赠》）

这件事的"官方版"，出自班固《汉书·扬雄传》："初，雄年四十余，自蜀来至游京师，大司马车骑将军王音奇其文雅，召以为门下史，荐雄待诏，岁余，奏《羽猎赋》，除为郎，给事黄门，与王莽、刘歆并。"王音是成帝刘骜老娘、太后王政君的堂弟，他欣赏扬雄的文章，召为门下随从，并向皇帝推荐扬雄的《羽猎赋》，将这个书呆子推上高位，与侄子王莽、大学者刘歆并列为黄门侍郎。

当然，这位举荐贤才的"伯乐先生"，还有说是王政君的弟弟王商、王根，都是当时权倾天下的大僚。版本虽然不同，有一点却是确凿无疑的：扬雄依靠不世之才华，在黑暗颓败的西汉末年为自己开辟了一条幽径，由此进入了皇宫。而那篇曾作为敲门砖的《绵竹颂》，却没有流传下来，令人颇感怪异。

二

元延二年（前11），春寒料峭时节，汉成帝前往甘泉宫祭天求子，黄门侍郎扬雄随行。甘泉宫位于长安城郊，乃秦代离宫，汉武帝时大规模扩建，殿阁屈奇瑰玮，雕塑诡形魅影，"非木摩而不雕，墙涂而不画，周宣所考，盘庚所迁，夏卑宫室，唐虞棌椽三等之制也"（《汉书·扬雄传》）。皇帝的銮驾浩浩荡荡，逶迤而来，旌旗蔽日，尘烟腾空，轰动了整个长安城。成帝遥望碧空，虔诚跪拜，随后令扬雄作赋以记其盛，扬雄的大赋《甘泉赋》由此横空出世——"惟汉十世，将郊上玄，定泰畤，雍神休，尊明号，同符三皇，录功五帝，恤胤锡羡，拓迹开统"；"于是乘舆乃登夫凤皇兮而翳华芝，驷苍螭兮六素虬，蠖略蕤绥，漓虖㟎缅。帅尔阴闭，霅然阳开。腾清霄而轶浮景兮，夫何旍旐郅偈之旖旎也！流星旄以电烛兮，咸翠盖而鸾旗。敦万骑于中营兮，方玉车之千乘。声骆隐以陆离兮，轻先疾雷而馺遗风……"

扬雄极尽铺陈渲染之能事，僻字累累，警句连绵，抒写"事变物化，目骇耳回"之感——"天阃决兮地垠开，八荒协兮万国谐。登长平兮雷鼓磕，天声起兮勇士厉，云飞扬兮雨滂沛，于胥德兮丽万世……辉光眩耀，隆厥福兮，子子孙孙，长无极兮……"

过了几个月，成帝见"龙种"依然不开花，又决定到汾阳（今山西汾阳市）祭地求子。皇帝一行追风逐月，"游介山，回安邑，顾龙门，览盐池，登历观"（《汉书·扬雄传》）——介山位于山西介休市东南，因春秋时期晋国大贤介子推隐居于此而得名；安邑乃古邑名，夏朝都城之一，遗址在山西夏县埝掌镇东下冯村青龙河畔；黄河龙门位于山西河津与陕西韩城交汇的黄河峡谷出口处，两岸山峰对峙，滚滚黄河破"门"而出，一泻千里，蔚为壮观；历观亦称历山，位于蒲州（古称蒲坂）东南六十里的芮城县境内，《水经注·卷四·蒲坂县》云："郡南有历山，谓之历观，舜所耕处也。"

汉成帝一路走来，万分逍遥，其踌躇满志之态，如高天之云翼，"陟西岳以望八荒，迹殷、周之虚，眇然以思唐、虞之风"。走在銮驾扈从之中的扬雄，兀自百感横生，不能自已。他想，临渊羡鱼，何如归而结网呢？——于是上《河东赋》，歌颂皇帝德薄云天，威震八荒，"抚翠凤之驾，六先景之乘，掉奔星之流旃，彏天狼之威弧"，跟着笔锋一转，说吾皇祭祀先祖，"建乾坤之贞兆兮，将悉总之以群龙"，他劝谏皇帝"轶五帝之遐迹兮，蹑三皇之高踪"。

成帝读罢此赋，做何感想，不得而知；其奢靡依旧，羽猎不已，却是史实，且每有羽猎，必命扬雄随行。扬雄深感皇上痴迷如此，危害甚大，于是上《校猎赋》进行讽喻，开篇照例先歌颂一番："上猎三灵之流，下决醴泉之滋，发黄龙之穴，窥凤皇之巢，临麒麟之囿，幸神雀之林"；跟着意随笔转，希望皇帝"醇洪畅之德，丰茂世之规，加劳三皇，勖勤五帝"，"立君臣之节，崇贤圣之业，未遑苑囿之丽，游猎之靡也"。

元延三年（前10）秋天，胡人遣使者到长安觐见汉天子，为夸耀天朝辽阔富饶，成帝下令全民动员，捕捉熊罴、豪猪、虎豹、狐兔、麋鹿等，用槛车运到位于陕西周至县境内的长杨宫射熊馆。一时间，射熊馆内虎啸猿鸣，熊奔狐跳，武士施展捕猎奇技，手搏野兽。这种人兽相搏的血腥场面，刺激得人们血脉偾张……

扬雄眼见人兽鏖战，成帝得意忘形，想到此时天下大荒，百姓食不果腹，于是上《长杨赋》，"聊因笔墨之成文章，故借翰林以为主人"，借主人翰林之口，先歌颂汉文帝："遂至圣文，随风乘流，方垂意于至宁。躬服节俭，绨衣不敝，革鞜不穿，大厦不居，木器无文。于是后宫贱玑瑶而疏珠玑，却翡翠之饰，除雕琢之巧。恶丽靡而不近，斥芬芳而不御。"汉文帝刘恒"随风乘流""躬服节俭"，垂范天下，后宫嫔妃纷纷贱玑瑶而疏珠玑，抛弃翡翠饰品，去除雕琢玉器，天下蔚然成风，才有了文景治世之宏丽。扬雄咏叹之余，文意流转，转而歌颂汉成帝刘骜："今朝廷纯仁，遵道显义，并包书林，圣风云靡，英华沉浮，洋溢八区。普天所覆，莫不沾濡。"汉成帝纯仁厚义，圣德弥天，德播天下，百姓称颂，堪称圣贤之君也。至于这些话是否靠谱，只有天晓得也。扬雄眼见成帝威风凛凛，"整舆竦戎，振师五柞，习马长杨，简力狡兽"，在冲天自豪之余，也感到了一丝隐忧："恐后世迷于一时之事，常以此取国家之大务，淫荒田猎，陵夷而不御也"，他要求皇帝"奉太宗之烈，遵文武之度，复三王之田，反五帝之虞，使农不辍耰，工不下机，婚姻以时，男女莫违"。——至此，扬雄才说出了自己的心里话。颂圣之后，却是否定。古来为文之难，由此可见；其忧国忧民之心，跃然纸上。

《长杨赋》一出，天下震动，传诵一时。据说，写罢此赋，扬雄立刻疲倦地倒地酣眠，昏睡了三天三夜，梦见自己的五脏六腑飞出体外，在空中飘荡，与前辈司马相如不期而遇……梦醒之后，他全身乏力，三个月之后才得以恢复，足见其呕心沥血之深邃。

这时候，扬雄的四大赋《甘泉赋》《河东赋》《校猎赋》《长杨赋》俱已上奏，铿锵谐鸣，金声玉振，然而，在汉成帝那里，却没有激起几丝波澜。成帝昏庸依旧，飞燕依然掌上舞蹈，国家依然江河日下。扬雄欲以冲天大赋规劝皇帝的梦想，就此破灭了。他开始反思辞赋的价值究竟几何。司马相如堪称天才，其作品追风入丽，其效果却微乎其微；他劝阻武帝弄神求仙，反而使武帝飘飘然有凌云之志，可说是南辕北辙。扬雄早年崇拜相如，痴迷辞赋，到了自己名震天下的时节，却开始否定这种他赖以成名的文体。他宣称，辞赋类同"字窟""词典"，乃雕虫小技，壮夫不为也。至此，扬雄彻底否定了汉赋，否定了司马相如，也否定了他自己。

否定别人是件很容易的事情，而否定自己，却很难；扬雄能够决绝地否定自己，至少说明他具有哲学家的勇气。

三

应当说，扬雄的判断是准确的。屈原的《离骚》代代相传，后人纷纷为之流涕；司马相如的作品随着汉赋一起式微，成了一堆"文字积木"。而扬雄，早已疏离政治，扬帆远航，去开拓新的学术领域。他认为，"经莫大于《易》，传莫大于《论语》"，于是仿《论语》写《法言》，仿《周易》著《太玄》，还写了《训纂》《方言》《仓颉训纂》等著作，成为中国古代集文学、哲学、语言学于一身的思想家。扬雄在《法言》中确立了尊儒宗孔思想，认为唯有孔子之道是"关百圣而不惭，蔽天地而不耻"之真理。他宣称："好书而不要诸仲尼，书肆也；好说而不要诸仲尼，说铃也。"（《法言·吾子》）他说，喜好著述而不以孔子学说为指导，就像开书铺一般，杂乱无章；喜好立言而不以孔子思想为纲领，就像摇小铃铛一样，默默无闻。

《法言》十三篇，曾经广泛流行，到了班固著《汉书》时代，却已经沦散，"《法言》文多不著，独著其目"。管窥一下《法言》之篇目，庶几可见其概貌：从"天降生民"开始，经过"降周迄孔，成于王道"，再经"芒芒天道"，至于"神心吻恍，经纬万方""明哲煌煌，旁烛无疆"，最后归结为"孝莫大于宁亲，宁亲莫大于宁神，宁神莫大于四表之欢心"。统览篇目，尊儒崇孔之意昭然，悟道识道之旨俱陈，学以致用之说张目。他提出，人性复杂，善恶俱存，"性善恶混"；他承认历史之进化无极，改革之势所必然，神仙之缥缈难寻。总之，这是一部弥漫着斑驳陆离、积极向上意识的哲学著作。

与《法言》相比，《太玄》则玄妙得多。《太玄》问世后，长期不为人们接受与理解，"《玄》终不显，然篇籍具存"。不知为何，班固在《汉书·扬雄传》中为《法言》一书的仅存篇目开列了清单，对《太玄》却一笔带过了。

《太玄》亦称《玄经》《太玄经》，《新唐书·艺文志》记此书十二卷，《文献通考》记此书十卷。其结构模仿《周易》，分为一玄、三方、九州、二十七部、八十一家、七百二十九赞，其赞辞，相当于《周易》的爻辞。"玄"，意为玄奥，源出老子《道德经》："玄之又玄，众妙之门。"《太玄》以"玄"为核心，糅合儒、道、阴阳三家学说，成为三家哲思流绪之混合体的"世界图式"。

管窥《太玄》之笔法，类乎"辞典"，言简意赅，言近旨远，蠡测揣测，虚实飘忽。《玄首序》曰："驯乎玄，浑行无穷正象天。阴阳，以一阳乘一统，万物资形。"《玄测序》云："盛哉日乎，炳明离章，五色淳光。夜则测阴，昼则测阳。昼夜之测，或否或臧。"在这部玄乎莫测的著作中，扬雄提出"夫作者贵其有循而体自然也""质干在乎自然，华藻在乎人事"等观点，他对祸福、动静、寒暑、因果等对立统一关系及其相互转化，都作了微妙而程式化的阐述。他的所谓"程式化"，以"九"为轴心——世间万事万物，都是按照九个阶段发展，天有"九天"，地有"九地"，人有"九等"，家族有"九属"……

概述《太玄》之真髓，这是一部天、地、人合一的经学著作，充满了辩证之思，泫然之想。《太玄》中的天、地、人，是各自独立与平等相处的存在，是相互关联、相互依存的宇宙参考系。在扬雄看来，天其高矣，垂天之高，不为至高；地其厚矣，幛地之厚，不为至厚。天与地构成宇宙，而宇宙间万事万物，皆备于人也。人乃世界之根本、宇宙之至尊、天地之精华；其人康乐，其家和睦，国家才能兴盛。人世间一切和且顺，宇宙间才能安且稳。以"人"为纲，"纲举目张"。人之安危，物之兴衰，宇宙奥妙之无穷尽，皆归于"玄"。

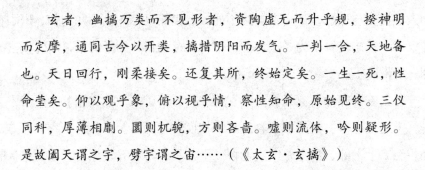

玄者，幽攡万类而不见形者，资陶虚无而升乎规，攭神明而定摩，通同古今以开类，攡措阴阳而发气。一判一合，天地备也。天日回行，刚柔接矣。还复其所，终始定矣。一生一死，性命莹矣。仰以观乎象，俯以视乎情，察性知命，原始见终。三仪同科，厚薄相劘。圜则杌棿，方则客啬。嘘则流体，吟则疑形。是故阖天谓之宇，辟宇谓之宙……（《太玄·玄攡》）

　　扬雄的"玄"，与老子的"道"浑然一体，涵盖了宇宙运行之根本法则。他说："玄者，天玄也、地玄也、人玄也。天浑行无穷不可见也，地不可形也，人心不可测也。故玄，深广远大矣。"——"玄"无形无迹，无始无终，在无形中生发出世间万物，含宇宙，容天地，判阴阳，明纵横，别贤愚，知祸福。"玄"以九九为数，故有八十一首。剖析《太玄》之真谛，追寻宇宙兴衰之规律，乃是由"玄"至"和"，从妙不可言、高不可攀之"玄妙"，到四海归澜、万物皆顺之"和谐"；而"和谐"之精髓，乃是天地合一，物我合一，人人合一，个人合一。咦！扬雄之"太玄论"，却落脚于"和谐论"，令人讶异其理论生命力之久远，一如长青之树、长流之水。

　　《太玄》七百二十九赞之主旨，闪烁着人类的主体感知之敏锐与天然理性之光辉。人之心灵，斑斓如虹，组成了宇宙之"中"；人之生命，浩荡如流，贯穿于宇宙之"运"；人之魂魄，幽冥如暮霭之羽翼，笼盖天地之间；人类的精神之鸢，仿佛无边无际无终无极之魅影，翩翩飞翔于宇宙之茫茫循环空间。——这些关于人类生命的难以把握、难以描摹的叙述，极大地影响了中国传统文化，对中医理论经典《黄帝内经》等著作的产生，以及佛家的禅理学说的广泛流行，都曾经产生了某种莫名其妙无可言说的影响。

　　据说写作《太玄》时，扬雄曾梦见自己口吐凤凰。凤凰鸣唳长空，凡人哪里能够领略其玄妙之音呢？——太深奥的学问，难免艰涩；太艰涩的著作，知音自然寥寥。与扬雄齐名的文化大师刘歆读罢，也感叹此书过于艰深，"吾恐后人用覆酱瓿也"，他担心后人拿这本厚重的书来盖咸菜缸呢。扬雄闻说，笑而不言，随后作《解难》一文加以诠释，他说，"夫闳言崇议，幽微之涂，盖难于览者同也"，然而，"天丽且弥，地普而深，昔人之辞，乃玉乃金，彼岂好为艰难哉？"他无可奈何地感叹，自己实在不是故作高深啊，可是，弥天之思，匝地之悲，入云入地，无边无际，如何呈示于天地之间呢？行文至此，他不禁悲从中来，掷笔而叹息——"老聃有遗言，贵知我者希，此非其操与！"

老聃先生《道德经》说了一句肺腑之言："知我者希，则我贵矣！"在这个世界上，真正懂我的人少而又少，懂我而不嫌我啰唆、又能效法我的人，是多么可贵呀！作为老子的隔世知音，扬雄对此感触极深，他说，老聃先生知道知音难觅，以少为贵，这不正是他的节操嘛。

扬雄生于汉宣帝年间，历成帝、哀帝、平帝、孺子刘婴、新莽五朝，几十年间，官职一直是黄门侍郎，受到世人讪笑，他毫不在意，一心向学。在为成帝上四大赋不久，扬雄提出放弃三年俸禄，专心致志研究哲学，著书立说。成帝还算开明，诏令他带薪著述。

对于他甘于贫困，著述不辍，时人无法理解。他不屑辩白，写了《逐贫赋》以自遣——"扬子遁居，离俗独处"，与"贫先生"邂逅，对它说："舍汝远窜，昆仑之巅；尔复我随，翰飞戾天。舍尔登山，岩穴隐藏；尔复我随，陟彼高岗。舍尔入海，泛彼柏舟；尔复我随，载沉载浮。""贫先生"认为扬子"忘我大德，思我小怨。堪能寒暑，少而习焉……誓将去汝，适彼首阳。孤竹二子，与我连行。"

"贫先生"远行了，寒窗孤影里，他安之若素，独自著述，忽略了春夏秋冬，不知道寒暑变易，忘记了历史忽忽改朝换代，汉朝江山已经进入了王莽时代。王莽虽然诡诈，却历来推重自己曾经的同事扬雄，把他擢拔为中散大夫。扬雄静水流深当上了"大夫"，却不肯曲意攀附，始终神游书本，默默修经著述。但无论如何，这个"中散大夫"之职，还是为扬雄提供了一份俸禄，营造了一个较为清静的进学环境。在他的心底，对王莽怀有一些知遇之感，也算是人之常情吧？

然而，在世人眼里，你眼前矗立着一棵参天大树，却不肯顺着杆子向上爬，攫取荣华富贵，实在是傻帽一个！有人撇着嘴讽刺说，你扬雄自比孔孟，目如耀星，舌如电光，一纵一横，论者莫当，作《太玄》五千文，数十余万言，深者入黄泉，高者出苍天，大者含元气，细者入无间，然而位不过侍郎，叵耐如此之落拓也？才华学问不能换来金钱，要它何用？扬雄闻言，哂然一笑，写了《解嘲》一篇以解颐——

且吾闻之也，炎炎者灭，隆隆者绝；观雷观火，为盈为实，天收其声，地藏其热。高明之家，鬼瞰其室。攫挐者亡，默默者存；位极者宗危，自守者身全。是故知玄知默，守道之极；爰清爰静，游神之廷；惟寂惟默，守德之宅。世异事变，人道不殊，彼我易时，未知何如。今子乃以鸱枭而笑凤皇，执蝘蜓而嘲龟龙，不亦病乎！子之笑我玄之尚白，吾亦笑子病甚不遇俞跗与扁鹊也，悲夫！……

我听说啊，熊熊燃烧的火焰，容易熄灭；声名显赫的家族，容易断绝。雷声隆隆，自有天收；热浪滚滚，自有地藏。高门大户，易招窃贼；寻常百姓，自守平安。身居高位者，危机四伏；退处下位者，怡然自得……这些世间铁律，早已为无数事实所证明。如今阴阳颠倒，三观崩坏，猫头鹰嘎嘎讥笑凤凰，蜥蜴嘻嘻嘲笑龟龙，岂非咄咄怪事乎！先生您笑我著书立说，搞得自己一贫如洗，孤苦可怜，我却笑您病入膏肓，奄奄欲绝，却没有遇上俞跗、扁鹊那样的大德良医，岂不是太可悲了吗？

元始二年（2），扬雄连遭不幸，两个儿子相继身亡，他痛哭流涕，为孩子举行了隆重的丧礼。他想，自己如此辛勤奋斗，若一事无成，怎么对得起九泉之下的儿子呢？那时，他贫穷孤独，全力以赴撰写《法言》。

因为显赫的声名，蜀郡一个富商想青史留名，便找到他，愿意支付数十万铜钱，请他把自己写入书中，美言两句。扬雄不为所动，一口拒绝。

尽管他的书识者很少，但世人对他的崇敬，日益加深，大家知道他生活贫困，便纷纷携酒食上门求教。钜鹿（今河北平乡县）人侯芭仰慕扬雄的才识与节操，便拜在门下，倾心侍养。侯芭说，扬大夫乃国之瑰宝，就让我替天下奉养他吧！

天凤五年（18），71岁的扬雄病逝于长安。因为一生贫穷，他的挚友、哲学家桓谭等人凑钱为之发丧。出殡之日，场面宏大，长安城里的王侯公卿，草民百姓，纷纷前来送丧。他的学生侯芭，为老师筑坟守丧，一代宗师从此永辞人世。

对扬雄及其著作的研究，历代不辍，东汉思想家王充将他与孔孟并称，"卓尔蹈孔子之迹，鸿茂参贰圣之才"。宋代史学家司马光读罢《太玄》，感慨道："大厦将倾，一木扶之，不若众木扶之之为固也。大道将晦，一书辩之，不若众书辩之之为明也，学者能专精于《易》诚足矣，然《易》，天也；玄者，所以为之阶也。子将升天而废之阶乎？！"

司马光把《周易》比作"天"，把《太玄》比为"登天之梯"，可谓推崇备至矣。

2019年3月20日

俯仰天地观"奇书"

一

20世纪70年代中期，我正在老家藁城县南孟中学读书，虽说是读书，却没啥书好读，大家都被挟裹着投身于火热的政治运动之中，批林批孔、评法批儒等等，风靡校园的，除了马（马克思）恩（恩格斯）列（列宁）斯（斯大林）毛（毛泽东）各类领袖著作，就是一本"红宝书"《毛主席语录》，以及《老三篇》（《为人民服务》《纪念白求恩》《愚公移山》），其余的，也就是《虹南作战史》《征途》《山风》《剑河浪》《牛田洋》之类描写知识青年上山下乡、改天换地干革命的长篇小说；另外还有《欧阳海之歌》《闪闪的红星》《激战无名川》《苦菜花》《连心锁》等流行小说。

记得在评法批儒运动中，有一个古人很受追捧，那就是被誉为"反儒斗士""法家代言人"的东汉哲学家王充，他的大作《论衡》高标云空，其中的《问孔》《刺孟》两篇，被当作"批林批孔"的两把利剑。中山大学教授杨荣国在其主编的《简明中国哲学史》中，首先给王充戴上了一顶"反儒斗士"的桂冠，并将《问孔》《刺孟》誉为闪烁着反儒战斗光芒的篇章。

作为一个懵懵懂懂的乡下中学生，我对眼前的一切感到眼花缭乱，不辨南北；对两位教授的文章更是云里雾里，懵懂无知；而对这位王充先生，简直佩服得五体投地，觉得这样一个早已化为青烟的古人，居然能引领当今的时代潮流，实在是牛呀！尽管如此顶礼膜拜，似乎也没有读过他的《论衡》，只是在报纸杂志上见到过一些零星"金句"，似乎不过是一篇古代"大字报"而已。——如今回想这一切，兀自令人莞尔。

王充（27～97），字仲任，祖籍魏郡元城（今河北大名），是西汉豪族"元城王氏"之后裔，与新帝王莽同宗。那时候，"元城王氏"贵震天下，其后人纷纷拽着先祖之"虎尾"，跃登高位，王充祖上因战功封于会稽阳亭，由燕赵之地迁往锦绣江南。"会稽阳亭"乃古地名，具体位置有两说，一说是湖州，一说是义乌，姑且存疑。

《后汉书·王充传》载，"充少孤，乡里称孝"。后来他到了京城洛阳，进入太学，拜在史学家班彪门下。班彪是《汉书》著者班固的老爹，"才高而好述作"，嗜读太史公之《史记》，痛感由于司马迁早逝，汉武帝之后的史迹无处寻觅，"乃继采前史遗事，傍贯异闻，作后传数十篇，因斟酌前史而讥正得失"（《后汉书·班彪传》）。班彪这些遗篇，为其子班固后来撰著《汉书》奠定了基础。王充有幸拜师班彪，可谓红运当头，他如饥似渴奋发努力，博览群书，而不守章句，各种知识像柴火垛一般，横七竖八堆在眼前，噼噼啪啪冒着火星。那是一个畅快淋漓生吞活剥兼收并蓄的阅读时期。因为家贫无钱买书，他有时就跑到洛阳大街上，兀自站在书摊前，"阅所卖书，一见辄能诵忆，遂博通众流百家之言"。

洛阳读书岁月，就像一座火焰腾腾的熔炉，砥砺了他的意志，锤炼了他的思想。此后，他的人生却归于平淡——"后归乡里，屏居教授。仕郡为功曹，以数谏争不合去。"他回到乡里，隐居教书，曾在郡中出任过功曹，因为屡进谏言，忤逆领导，挂冠而去。他认为，"俗儒守文，多失其真"，于是闭门潜思，回绝庆贺吊唁之类往来，在桌边、门旁、窗下各处放置刀笔等撰镂工具，开始了摒绝尘俗岑寂无声的著述生涯，"著《论衡》八十五篇，二十余万言，释物类同异，正时俗嫌疑"。随着岁月流逝，他逐渐进入了生命的晚期，"年渐七十，志力衰耗，乃造《养性书》十六篇，裁节嗜欲，颐神自守。永元中，病卒于家"。

二

范晔《后汉书·王充传》言简意赅，其一生事迹，大抵如此，留下了许多空白，譬如，王氏家族迁徙江南之后的情形，即付阙如。倒是王充自己在《论衡·自纪》篇中自曝家丑，说自己祖上来到江南，飞扬跋扈，横行乡里，仗势欺人，遇到灾荒之年，居然乘人之危，干起了杀人越货的勾当，"横道伤杀，怨仇众多"，祖父王汛害怕遭到报复，带领全家由会稽阳亭迁往会稽钱塘（今浙江杭州）。王汛生有二子，老大王蒙，老二王诵，"诵即充父"。到了这里，王汛凶性不见收敛，好勇斗狠，"勇势凌人"，与当地豪强丁家结怨，争斗不休，屡遭败绩，只好再次仓皇出逃，"举家徙处上虞"，落户绍兴上虞章镇镇。

王充如此自曝家丑，本想证明自己虽属豪门之后，却生于贫贱，没有承续先祖之辉煌，自己的功业文章，全凭个人奋斗，与祖上没有一毛钱关系。岂料此举受到后人批判，唐代史学家刘知几《史通·序传》说，"夫自叙而言家世，固当以扬名显亲为主"，而王充的《论衡·自纪》篇，"述其父祖不肖，为州闾所鄙"，不合乎"子为父隐"的纲常伦理，"必责之以名教，实三千之罪人也！"

"三千之罪"，语出《孝经·五刑》："子曰：'五刑之属三千，而罪莫大于不孝。'"孔夫子说，"五刑"所规定的犯罪条例多达三千，而"不孝"是最严重的罪过。中国人一向讲究"扬名声，显父母；光于前，裕于后"（《三字经》），为父母增荣耀，为后世树榜样。刘知几乃饱学之士，他在《史通·自叙》中说自己从小读书，"喜谈名理，其所悟者，皆得之襟腑，非由染习"；他提倡"不掩恶、不虚美""爱而知其丑，憎而知其善"。他抨击王充丑化先祖"实三千之罪人也"，或许正是"爱而知其丑"之义耶？

在统治者以孝治天下的时代，王充如此直书祖先丑陋，堪称石破天惊，弄得人们大眼瞪小眼，其特立独行之性情，由此可见一斑。而他对自己形象的描绘，则俨然一幅昂然世外、高蹈云端、睥睨群伦之大才子也！且看——"建武三年，充生。为小儿，与侪伦遨戏，不好狎侮。侪伦好掩雀、捕蝉、戏钱、林熙，充独不肯。诵奇之。""掩雀、捕蝉、戏钱、林熙"，四种儿童游戏；"林熙"，即爬树，"熙"通"嬉"，指攀上树枝做出各种惊险动作。早在幼儿时代，王充先生就表现出了他的卓尔不群，别的孩子抓雀、捕蝉、赌钱、爬树，玩得不亦乐乎，他却不肯"同流合污"，令老爹王诵感到十分惊奇。

王充6岁习字，"恭愿仁顺，礼敬具备，矜庄寂寥，有臣人之志。父未尝笞，母未尝非，闾里未尝让"。这样一位恭顺礼敬、庄重寡言、含蓄内敛的有志少年，爹不打，娘不骂，乡邻也不责备，人见人爱嘛。他8岁入书馆，学《论语》，习《尚书》，"日讽千字""援笔而众奇"；"才高而不尚苟作，口辩而不好谈对，非其人，终日不言"。他特立独行，无知音，不开口，一旦开口，则独具神采，"始若诡于众，极听其终，众乃是之"，起初似乎危言耸听，一席谈罢，却是入情入理，众人鸡啄米一般连连点头。

他论交友之道，"充为人清重，游必择友，不好苟交"，为人清重，不随意交友，交则必知音。他谈性情，"充性恬淡，不贪富贵，不慕高官，不恚下位"，为人恬淡，不贪钱，不畏权，不卑下。他论写作，"充既疾俗情，作《讥俗》之书；又闵人君之政，徒欲治人，不得其宜，不晓其务，愁精苦思，不睹所趋，故作《政务》之书。又伤伪书俗文多不实诚，故为《论衡》之书"。但凡为文，必出自真义与正义，因疾愤世俗，乃作《讥俗》；悲悯官吏不通治道，"愁精苦思"，乃作《政务》；痛恨伪书俗文大行其道，乃作《论衡》。他说风骨，"其文盛，其辩争，浮华虚伪之语，莫不澄定。没华虚之文，存敦庞之朴，拨流失之风，反宓戏之俗"。他说自己的宗旨，就是要消除那些浮华虚饰之文，保存敦厚朴素之质，矫正不良文风，恢复伏羲时代那种天然纯朴之习俗。

在《论衡·自纪》篇中，王充自叹生于"细族孤门"，举世独立，不免孤单之感，有人嘲笑他说："宗祖无淑懿之基，文墨无篇籍之遗，虽著鸿丽之论，无所禀阶，终不为高。"你老王家祖先既没有雄厚根基，又没有宏文传世，虽然写出砖头一样厚的大部头著作，可是没有师学传承，终究算不上多么高明嘛。

面对世人的不屑与质疑，他慨然回答："鸟无世凤皇，兽无种麒麟，人无祖圣贤，物无常嘉珍。才高见屈，遭时而然。"他说，凤凰没有世代相传，自成其彩翼辉煌；麒麟没有贵种世袭，自成其图腾传奇；人无圣贤之祖，奋发拼搏，自作奇崛；物非件件珍宝，舒卷云烟，丽彩迭现；天才受到压抑，一如巨石之下的小草，终有爆发的一天，凝聚天地之精华，挥洒心血与汗水，写出震惊世人的巨著，这难道有什么奇怪吗？

对自己的力作《论衡》，王充相当自负："《论衡》者，论之平也。口则务在明言，笔则务在露文。高士之文雅，言无不可晓，指无不可睹。观读之者，晓然若盲之开目，聆然若聋之通耳。"他说，《论衡》这本书呢，实在没啥了不起，只不过是为大家树立了一个衡量言论是非的标准而已。你要开口说话，就要把话说得清楚明白，不要磨叽啰唆，让人厌倦；你要动笔写文章，就要把文章写得酣畅通达，不要东扯葫芦西扯瓢，把读者搞得一头雾水。纵览高士之文章，文雅一如碧野葱茏，明白一如青山作画，畅达一如大河奔流，至于其主题与宗旨，那是画龙点睛一般耀亮啊！——读这样的文章，一如醍醐灌顶，豁然开朗，瞎子开眼看世界，满目飞红叠翠；聋子侧耳听雷鸣，声震寰宇！

在《对作》篇中，他以"圣人作经，艺者传记，匡济薄俗，驱民使之归实诚也"，来诠释自己写作的初衷。他几乎是含着晶莹的泪水，说了一番肺腑之言："《论衡》之造也，起众书并失实，虚妄之言胜真美也。故虚妄之语不黜，则华文不见息；华文放流，则实事不见用。故《论衡》者，所以铨轻重之言，立真伪之平，非苟调文饰辞，为奇伟之观也。"——天下众书失实，虚妄之言泛滥，不消灭这些歪理邪说，听任其泛滥弥漫，真知灼见就会被淹没。所以嘛，《论衡》就是用来权衡是非、确立判断标准的，实在不是故意堆积辞藻、卖弄才情的啊！

他说，当年孟子痛惜杨朱、墨子之说压倒了儒家的声音，于是"引平直之说，褒是抑非，世人以为好辩"，孟子委屈地说："予岂好辩哉？予不得已！"我哪里是好争辩，我是不得已啊！——"今吾不得已也！虚妄显于真，实诚乱于伪，世人不悟，是非不定，紫失杂厕，瓦玉集糅，以情言之，岂吾心所能忍哉！"如今我写这部书，也是不得已啊！虚妄之言高亢，真实之音湮灭，诚实之心游弋，狡黠之人上位，大家谁都不吭声，听任妖言妄说横行无忌，紫色与朱红混杂，宝玉与瓦块混淆，如此荒谬之情形，我实在是看不下去了，我的心怎么能忍受得了啊！

三

《论衡》全书共八十五篇，是王充耗费了三十年心血才完成的，被称为"疾虚妄古之实论，讥世俗汉之异书"。"疾""讥"，动词，疾刺虚妄之言，讥讽世俗之论，"冀悟迷惑之心，使知虚实之分"（《论衡·对作》）。概述《论衡》之特点，大抵如下。

其一，人之本性说。《本性》论人之本性："情性者，人治之本，礼乐所由生也。故原情性之极，礼为之防，乐为之节。性有卑谦辞让，故制礼以适其宜；情有好恶喜怒哀乐，故作乐以通其敬。"《率性》论人性之善恶："论人之性，定有善有恶。其善者，固自善矣；其恶者，故可教告率勉，使之为善。夫性恶者，心比木石。木石犹为人用，况非木石！"《命禄》论人之运命："凡人遇偶及遭累害，皆由命也。有死生寿夭之命，亦有贵贱贫富之命。命当贫贱，虽富贵之，犹涉祸患矣。命当富贵，虽贫贱之，犹逢福善矣。故命贵从贱地自达，命贱从富位自危。"《幸偶》论祸与福："凡人操行，有贤有愚，及遭祸福，有幸有不幸；举事有是有非，及触赏罚，有偶有不偶。"《命义》论富与贵："人有命，有禄，有遭遇，有幸偶。命者，贫富贵贱也；禄者，盛衰兴废也。以命当富贵，遭当盛之禄，常安不危；以命当贫贱，遇当衰之禄，则祸殃乃至，常苦不乐。"

其二，天人关系说。《谈天》极言天地之广："极天之广，穷地之长，辨四海之外，竟四山之表，三十五国之地，鸟兽草木，金石水土，莫不毕载，不言复有九州。"《物势》谈天地生人之变幻："儒者论曰：'天地故生人。'此言妄也。夫天地合气，人偶自生也；犹夫妇合气，子则自生也。夫妇合气，非当时欲得生子；情欲动而合，合而生子矣。"夫妇由情欲而生子，与"天"何干？"天地不故生人，人偶自生。"《气寿》论气与寿之关系："人之禀气，或充实而坚强，或虚劣而软弱。充实坚强，其年寿；虚劣软弱，失弃其身。天地生物，物有不遂；父母生子，子有不就。"《初禀》论自然之气："人生性命当富贵者，初禀自然之气，养育长大，富贵之命效矣"；"命，谓初所禀得而生也。人生受性，则受命矣。性命俱禀，同时并得，非先禀性，后乃受命也。"《无形》论天性变与不变："从生至死，未尝变更者，天性然也。天性不变者，不可令复变；变者，不可不变。若夫变者之寿，不若不变者。人欲变其形，辄增益其年，可也；如徒变其形而年不增，则蝉之类也，何谓人愿之？"

其三，人鬼关系说。《论死》辨析人鬼之变："人，物也；物，亦物也。物死不为鬼，人死何故独能为鬼？世能别人物不能为鬼，则为鬼不为鬼尚难分明。"《死伪》论死不瞑目："凡人之死，皆有所恨。志士则恨义事未立，学士则恨问多不及，农夫则恨耕未畜谷，商人则恨货财未殖，仕者则恨官位未极，勇者则恨材未优。天下各有所欲乎，然而各有所恨，必以目不瞑者为有所恨，夫天下之人，死皆不瞑也。且死者精魂消索，不复闻人之言。不能闻人之言，是谓死也。离形更自为鬼，立于人傍，虽闻人之言，已与形绝，安能复入身中，瞑目阖口乎？"《纪妖》说灵魂之飞："夫魂者精气也，精气之行与云烟等。案云烟之行不能疾，使魂行若飞鸟乎，行不能疾。人或梦飞者用魂飞也，其飞不能疾于鸟。天地之气，尤疾速者，飘风也，飘风之发，不能终一日。使魂行若飘风乎，则其速不过一日之行，亦不能至天。人梦上天，一卧之顷也，其觉，或尚在天上，未终下也。"《薄葬》论人之葬："亲之生也，坐之高堂之上，其死也，葬之黄泉之下。黄泉之下，非人所居，然而葬之不疑者，以死绝异处，不可同也。如当亦如生存，恐人倍之，宜葬于宅，与生同也。不明无知，为人倍其亲，独明葬黄泉，不为离其先乎？"

其四，天人感应说。《变动》论风雨晦明："夫风至而树枝动，树枝不能致风。是故夏末蜻蜊鸣，寒螿啼，感阴气也。雷动而雉惊，蛰发而蛇出，起阳气也。夜及半而鹤唳，晨将旦而鸡鸣，此虽非变，天气动物，物应天气之验也。"《无行篇》辨析龙与虫："龙之为虫，一存一亡，一短一长。龙之为性也，变化斯须，辄复非常。由此言之，人，物也，受不变之形，形不可变更，年不可增减。"《讲瑞》《指瑞》两篇论祥瑞之象："儒者之论，自说见凤凰骐驎而知之。何则？案凤凰骐驎之象。又《春秋》获麟文曰：'有獐而角。'獐而角者，则是骐驎矣。其见鸟而象凤凰者，则凤凰矣"；"儒者说凤凰、骐驎为圣王来，以为凤凰、骐驎仁圣禽也，思虑深，避害远，中国有道则来，无道则隐。称凤凰、骐驎之仁知者，欲以褒圣人也，非圣人之德不能致凤凰、骐驎。此言妄也。"《讥日》论衣食之重："夫衣与食俱辅人体，食辅其内，衣卫其外。饮食不择日，制衣避忌日，岂以衣为于其身重哉？"《诘术》论吉与凶："火气之祸，若夏日之热，四方洽浃乎，则天地之间皆得其气，南向门家何以独凶？"《龙虚》论升天之虚妄："且世谓龙升天者，必谓神龙。不神，不升天；升天，神之效也。天地之性，人为贵，则龙贱矣。贵者不神，贱者反神乎？如龙之性有神与不神，神者升天，不神者不能。"《骨相》论神话人物之奇特骨相："传言黄帝龙颜，颛顼戴午，帝喾骈齿，尧眉八采，舜目重瞳，禹耳三漏，汤臂再肘，文王四乳，武王望阳，周公背偻，皋陶马口，孔子反羽。斯十二圣者，皆在帝王之位，或辅主忧世，世所共闻，儒所共说，在经传者较著可信"……

四

当年为王充先生赢得"反儒斗士"名声的，是《问孔》《刺孟》两篇文章。《问孔》开篇就说：

> 世儒学者，好信师而是古，以为贤圣所言皆无非，专精讲习，不知难问。夫贤圣下笔造文，用意详审，尚未可谓尽得实，况仓卒吐言，安能皆是？不能皆是，时人不知难；或是，而意沉难见，时人不知问。案贤圣之言，上下多相违；其文，前后多相伐者。世之学者，不能知也。

他说，古代圣贤也是人嘛，无论作文还是说话，尽管"用意详审"，高屋建瓴，也不可能尽善尽美，有时候仓促发言，难免前言不搭后语，自相矛盾，互相掐架，你把这些奉若神明，岂不可悲乎？——这其中，当然包括孔夫子啦！他的《论语》，就是偶有小感慨，随意说出口，门人记下来，遂成为儒家之"圣经"，怎么可能是永恒之真理呢？

王充在《问孔》篇中，对孔圣人提出了一连串问题，诘问，辩论，驳论，不一而足，犹如连珠炮一般，直砸得孔老夫子在古墓中气喘吁吁，望风披靡也。他昂然说道："夫古人之才，今人之才也。今谓之英杰，古以为圣神。"他说，所谓古人的才能，其实与今人没多大区别，今人称"英杰"，古人称"圣神"，叫法不同而已。"圣人之言，不能尽解；说道陈义，不能辄形。不能辄形，宜问以发之；不能尽解，宜难以极之。"如果你听不明白圣人的话，弄不明白圣人讲的道理，就应该深入探究，直到读懂弄通，不能一知半解就到处传播，这样会害人的啊。

他继续说："凡学问之法，不为无才，难于距师，核道实义，证定是非也。问难之道，非必对圣人及生时也。世之解说说人者，非必须圣人教告乃敢言也。苟有不晓解之问，追难孔子，何伤于义？"他说，你但凡要做学问，才能高低倒在其次，首先要敢于怀疑、责难自己的老师，尤其是像孔夫子这样的圣人。现在那些拿着圣人之道来教育别人的人，如果只是重复圣人的老调，有什么意思嘛。如果对有些问题心生疑问，追问责难孔子，有什么不可以呢？又何伤于所谓道义呢？"《春秋》之义，采毫毛之善，贬纤介之恶，褒毫毛以巨大，以巨大贬纤介。今不非而讳，'贬纤介'安所施哉？"——孔子作《春秋》的宗旨，在乎为所谓贤者树碑立传，扬毫毛之善，隐纤介之恶，将毫毛之善说成凤凰，把纤介之恶隐入云端，如此一番扬善隐恶之操作，如何贯彻防微杜渐之批评准则呢？如此这般，哪里还能客观公允令人信服地评论世相呢？

问罢孔子，再刺孟子。《刺孟》开篇，由孟子见梁惠王写起，梁惠王见了他，嘻哈一声："叟！不远千里而来，将何以利吾国乎？"老头儿，你不远千里跑来，怀揣着什么对我国有利的高见呢？孟子曰："仁义而已，何必曰利。"孟子说，我只有"仁义"二字，何必"利"字当头呢？

王充先生劈头就说："夫利有二：有货财之利，有安吉之利。惠王曰'何以利吾国'？何以知不欲安吉之利，而孟于径难以货财之利也？《易》曰：'利见大人''利涉大川'，'《乾》，元亨利贞'。《尚书》曰：'黎民亦尚有利哉？'皆安吉之利也。"他说，所谓"利"，有货物钱财之利，也有平安吉祥之利。梁惠王之问，或许正是想得到平安吉祥之利，老孟却轻率地批评人家利欲熏心，不大妥当嘛。《周易》《尚书》都说到了"利"，不过全是平安吉祥之利啊。

"令惠王之问未知何趣，孟子径答以货财之利。如惠王实问货财，孟子无以验效也；如问安吉之利，而孟子答以货财之利，失对上之指，违道理之实也。"——老孟你没搞明白梁惠王所言何"利"，就"径答以货财之利"，显然是轻率武断嘛。如果惠王心系财货之利，你也无法证实；如果人家问的是平安吉祥之利，你却以财货之利来回答，既忤了惠王之旨意，又违背了起码的常识，水平实在太差啦！

孟子一向以雄辩滔滔著称，王充这篇《刺孟》，堪称"即以其人之道，还治其人之身"，以无可辩驳的逻辑、机锋凌厉的词语、引经据典的行文方式，围绕一个"利"字，对亚圣孟轲展开批判，"夫孟子辞十万，失谦让之理也。夫富贵者，人之所欲也，不以其道得之，不居也。故君子之于爵禄也，有所辞，有所不辞。岂以己不贪富贵之故，而以距逆宜当受之赐乎？"他说，孟子当年拒绝齐国给予的十万俸禄，并不合乎谦让之道。俗话说，君子爱财，取之有道，君子对于爵位与俸禄，应该区别对待，有的推辞，有的接受。你老孟作为齐国卿相，理应接受十万俸禄嘛，拒不接受，难道不是涉嫌沽名钓誉吗？——此说虽然有些强词夺理，毕竟也符合逻辑，呵呵！

他继续批判说：

夫孟子言五百年有王者兴，何以见乎？帝喾王者，而尧又王天下；尧传于舜，舜又王天下；舜传于禹，禹又王天下。四圣之王天下也，断踵而兴。禹至汤且千岁，汤至周亦然，始于文王，而卒传于武王。武王崩，成王、周公共治天下。由周至孟子之时，又七百岁而无王者。五百岁必有王者之验，在何世乎？云"五百岁必有王者"，谁所言乎？论不实事考验，信浮淫之语。孟子不知天也。

他说，孟子说"五百年必有王者兴"，何以见得呢？上古时期，帝誉是圣王，其子尧又做了圣王；尧把王位禅让给舜，于是舜又做了圣王；舜把王位传给黄帝玄孙禹，禹又做了圣王。这四位圣王，就像日升月落，前赴后继。江河奔流，青史轮转。从夏禹到商汤，将近千年；从商朝到周朝，也基本如此。周朝历代传承，从周文王、周武王、周成王之后，到孟子在世之时，已经过了七百年，可是还没有见圣王的影子呢，说"五百年必有王者兴"，根据在哪里呢？论事不从实际出发，信口开河，乱发议论，老孟实在不懂得天地运行万象浮沉的道理啊！

应当说，读罢王充先生的《问孔》《刺孟》，称他为"反儒斗士"，也还算名副其实。然而，统览《论衡》，洋洋大观，王充以弥漫天地的浩渺哲思，洞幽烛微的思想武器，无所畏惧的思想者的勇气，怼天，怼地，怼人，怼神，怼鬼，怼遍古今君王与大哲，怼遍百家之学说，怼遍一切神魔鬼怪之纷纭，堪称古今之"怼王"也！只要浏览一下《论衡》篇目，就可略窥其一斑：《非韩》《累害》《谈天》《说日》《答佞》《书虚》《福虚》《雷虚》《祸虚》《状留》《谴告》《乱龙》《遭虎》《商虫》《死伪》《纪妖》《卜筮》《订鬼》《言毒》《辨祟》《难岁》——单看这些篇目，就能感觉到他的诡异之思想，弥漫之胸襟，霏霏之文脉，可谓经天纬地，包罗万象，而孔子与孟子，只不过是他怒怼的两大儒者而已。从这个意义上说，称王充为"反儒斗士"，简直就是对他的一种形而上的"矮化"，是今人为了意识形态领域里的缠斗，而祭起的一面古代之战斗旌旗，是"史为今用"的一次拙劣表演，其沦为古今笑谈，那是绝对必然的。

王充在《非韩》篇中发表了一番高论：

> 韩子之术，明法尚功。贤无益于国不加赏；不肖无害于治不施罚。责功重赏，任刑用诛。故其论儒也，谓之不耕而食，比之于一蠹；论有益与无益也，比之于鹿马。马之似鹿者千金，天下有千金之马，无千金之鹿，鹿无益，马有用也。儒者犹鹿，有用

之吏犹马也。

他说，韩非子主张，明法令，重功绩，即使是贤人，无益于国家也不予赏赐；即使是不肖之徒，无害于法治也不予惩罚。老韩说儒家就像一群"不耕而食"的蛀虫，至于其学说有益与无益，就好比鹿与马也。鹿与马，均为动物界之佼佼者，然而，天下有千金之马，却没有千金之鹿。因为，奔腾之马有用，徜徉之鹿没用。儒者就像没用的鹿一样，还不如那些像马一样有用的官吏值钱呢！

王充的这番"马鹿之论"，将天下儒者归为不耕而食的"无用之蠹"，虽然自有其道理，毕竟属于"一竿子打翻一船人"，有所偏颇。自古天下之物，无论是物体与物质，还是思想与流派，总有其两面性，彰其一面，不及其余，不是一种客观公允的态度，其局限性是显而易见的。

永元八年（97），贫困交加的王充黯然辞世，享年70岁。他一生落拓不群，行诡于众，言非于世，早年在州郡做过几任功曹，此后便长期隐居乡间陋室，蘸着浩瀚思绪，抒写天地篇章，其郁郁独行尘世，思想遮天蔽日，著就几卷破书，《讥俗》《政务》《养性》《论衡》等，其扛鼎之作《论衡》，更是世间少有之奇书。然而，作为默默无闻的一介草民，在他辞世后的百余年间，《论衡》一直沉埋于乡野，在江南山水之间转抄传诵，始终没有传入"中土"，即中原一带，更没有引起社会关注，至于其他著述，其传播范围则更小，近乎被淹没了。而《论衡》的流播后世，却是因为一个大才子为避祸逃遁江南，其阴差阳错之因缘，令后人拊膺嗟叹。

据《后汉书·蔡邕传》载，大约在光和元年（178），大才子蔡邕因为得罪了朝中大佬刘郃、阳球、程璜等人，遭到陷害，被流放朔方（黄河河套西北部），谪居五原郡安阳县（治所在今内蒙古包头市境内）。九个月后，"帝嘉其才高，会明年大赦，乃宥邕还本郡"，汉灵帝顾念他的才华，宽宥其罪愆，令其返京。踏上返程之际，五原太守王智为他设宴送行。这样一次友情聚会，岂料却演变成了一场灾难。王智的胞兄，是权倾天下的大宦官、中常侍王甫，在"党锢之祸"时作恶多端，杀窦武，诛陈蕃，恶迹昭彰。王智依仗其兄权势，"素贵骄"，横行官场。饯别酒宴开始，嘉宾高会，其乐融融，"酒酣，智起舞属邕，邕不为报"。王智舞蹈敬酒，蔡邕置之不理，陪酒宾客一下子僵住了，王智自觉丢了脸面，当场发作，骂他不识抬举，"徒敢轻我"，蔡邕也乘酒使性，拍案而起，"拂衣而去"——酒宴不欢而散，秃鹰嘎嘎飞鸣。王智密告朝廷，说蔡邕"怨于囚放，谤讪朝廷"。蔡邕明白，自己一时冲动，得罪王氏兄弟，必定大难降临，"乃亡命江海，远迹吴会"，自此流落江南达十二年之久。

蔡邕漂泊江南山水间，却意外邂逅了流传在民间的这部旷世巨著——《论衡》。当他第一次读到《论衡》时，惊为"天书"，废寝忘食，咀嚼不辍，叹为观止，与友朋共赏析之。晋代学人袁山松《后汉书·王充传》注云："充所作论衡，中土未有传者。蔡邕入吴始得之，恒秘玩以为谈助。"

中平六年（189），西凉军阀董卓专擅朝政，淫后宫，废少帝，立献帝，翻云覆雨，他听说蔡邕才气冲天，下令征召，蔡邕推说有病，予以拒绝，董卓以诛灭三族相威胁，蔡邕只得乖乖回来赴任，出任代理祭酒。董卓虽然残暴不仁，对蔡邕却青眼有加，连番提拔擢升，历任侍御史、治书侍御史、尚书，三天之内，遍历三台，成为一时之官场奇观；后来拜为左中郎将，封高阳乡侯。董卓推重如此，蔡邕自是心存感激，这也就为他在董卓暴亡之后死于非命，埋下了伏笔。唉，"福兮祸所伏"，信哉！

蔡邕被迫离开江南北归时，行囊里特地携带了一部《论衡》，回京之后，大力推介，一时传诵儒林，人们争相诵读，"不见异人，当得异书"。此后，《论衡》不胫而走，传播开来，流布天下。

历代对王充及其《论衡》的评价，见仁见智，毁誉参半。东晋葛洪《抱朴子》赞扬说："王充好论说，始诡异，终有理。"民国牛人章太炎指出：《论衡》"正虚妄，审向背，怀疑之论，分析百端，有所发摘，不避上圣，汉得一人焉。足以振耻。至于今，亦鲜有能逮之者也"。

太炎先生说，《论衡》矫正虚妄之言，审视人心向背，怀疑所有高论，分析百端事因，有所批判与抨击，并不避讳皇上，在有汉一代，唯此一人而已。足以洗雪天下文士之耻矣！直到今天，也没有出现能够追上王充先生步伐的后之来者。唉唉。悲夫！

2019年4月6日

骨气洞达怼天地

一

弹琴吹箫，历来是文人墨客津津乐道的雅事。古今中外，关于鼓琴奏雅的逸事很多，最著名的当属《列子·汤问》记载的俞伯牙与钟子期故事："伯牙鼓琴，志在登高山，钟子期曰：'善哉，峨峨兮若泰山。'志在流水，曰：'善哉，洋洋兮若江河。'"高山与江河，尽在伯牙琴韵之中。透过渺渺琴语，后人霍然发现：与其说子期知琴，不如说列子知人。

列子（约前450～前375），名寇，亦称列御寇，世称"列子"，郑国圃田（今河南郑州市）人，东周威烈王时人，与郑穆公姬兰同时，战国早期道家代表人物。关于列子的身世与历史地位，有两条古籍可参考：其一，东汉应劭《风俗通义》：列子乃"古帝王列山氏之后，子孙氏焉"。"列山氏"，亦称"烈山氏""厉山氏"，即炎帝，上古部落首领神农氏。《左传·昭公二十九年》："有烈山氏之子曰柱为稷，自夏以上祀之"；《礼记·祭法》："厉山氏之有天下也，其子曰农，能殖百谷。"其二，《吕氏春秋·不二篇》："老聃贵柔，孔子贵仁，墨翟贵兼，关尹贵清，列子贵虚，陈骈贵齐，阳生贵己，孙膑贵势，王廖贵先，儿良贵后。此十人者，皆天下之豪士也。"吕不韦将老子、孔子、墨子、关尹、列子、陈骈、阳生、孙膑、王廖、儿良十位先贤并列，号称"天下十豪"，即先秦时期最有影响力的十位思想家。审视这个名单，至少有两个问题：一、不列庄子，不仅是遗漏，也是见识偏狭所致；二、排名第四的关尹，就是尹喜，号文始真人，据说自幼博览古籍，精历法，善天文，习占星术，能预知未来，周敬王二十三年（前497），尹喜任函谷关令，偶遇老子骑青牛出关，便予以扣留，逼他写出《道德经》。将此人封为十豪之一，且排名列子之前，似乎缺乏说服力。因为，无庄子，则先秦思想缺少了飞翔之羽翼；有尹喜，则不见其学说之源流，囚循而已。

若从学术流派而言，列子介于老子与庄子之间，其学说核心是"贵虚"，创立先秦哲学之"贵虚学派"，其大著《列子》又称《冲虚经》，可惜散佚，东晋学者张湛潜心搜求，辑录增补，成今本《列子》八卷，共载有神话传说、民间故事一百三十四则，对后世产生了深远影响。

《列子·汤问》是一篇古代奇文，通过商朝开国之君商汤与其大臣夏革之间的对话，谈论了十五个神灵玄奥故事，譬如，愚公移山、夸父追日、大禹治水、詹何钓鱼、扁鹊换心、偃师献技等，抒写天地运行之正理，管窥万物变幻之奥妙，表达"天地亦物"之宇宙观，"默而得之，性而成之"之自然观，人工之奇巧逾于道、"乃可与造化者同功"之造化观。全篇文采浩瀚，灵异飞动，如江水东流，万物勃发，极言天地之寥廓无垠，万物之繁盛驳杂，播常识，破浅陋，勘灵异，论大势，文思浩荡，哲思翩然，融天地古今于一炉，抒灵窍万端于一页，堪称一篇亘古之宏文也。

而与商汤对话的这位夏革先生，姓夏，名革，夏末商初大贤，商汤以之为师，每有大事，常向他请教，"汤之问棘也是已"（《庄子·逍遥游》）。"棘"通"革"，"夏棘"，即夏革。

《列子·汤问》记载，"伯牙善鼓琴，钟子期善听"，伯牙每有所念，钟子期早已感知了。伯牙之琴声高亢入云，子期说"峨峨兮若泰山"；伯牙之琴声澎湃如水，子期说"洋洋兮若江河"。那一年，伯牙与子期一起遨游泰山——

　　伯牙游于泰山之阴，卒逢暴雨，止于岩下。心悲，乃援琴而鼓之。初为霖雨之操，更造崩山之音。曲每奏，钟子期辄穷其趣。伯牙乃舍琴而叹曰："善哉，善哉！子之听夫志，想象犹吾心也。吾于何逃声哉？"

　　两人联袂来到泰山北麓，遭遇暴雨，被困于巉岩之下，伯牙一时悲从中来，茫然而弹琴，起初犹如暴雨连绵，江水激荡；俄尔一如山崩地坼，万川跌落。钟子期兀立在侧，或哀回俯仰，或啼泣长啸，每每悟透其音律。伯牙罢奏长叹："唉唉，子期呀！你已参透我心，我今后到哪里去隐埋我的心声啊？"

　　俞伯牙，姓俞，名瑞，字伯牙，战国音乐家，自幼酷爱音乐，拜有名的琴师成连先生为师。《乐府解题》记载，伯牙拜师之后，三年不成，成连先生说，我的老师方子春在东海，"能移人情"，琴声夺人魂魄。于是带着伯牙来到东海蓬莱，叮嘱他稍等，独自去拜见老师，"划船而去，旬日不返"。伯牙遥望大海，"但闻海水洞滑崩澌之声，山林寂寞，群鸟悲号，怆然而叹曰：'先生将移我情！'"于是，援琴弹奏，音随心潮涌，韵随波浪飞，一首《高山流水》，悠然而生。一曲终了，其师成连乘舟而还，伯牙琴艺由此突飞猛进，遂为天下妙音矣。

　　钟子期，名徽，字子期，楚国汉阳（今湖北武汉蔡甸区集贤村）人，相传是一个樵夫，头戴斗笠，身披蓑衣，经常挑着扁担，举着板斧，入山砍柴伐薪，一天，他担着一捆柴火沿着汉江行走，邂逅了在江边鼓琴的俞伯牙，两人因琴结缘，志趣相投，成为契心之交。后来子期死了，"伯牙谓世再无知音，乃破琴绝弦，终身不复鼓"。

这两位雅到生死相依的老先生演绎的这一曲"知音之歌",世称"伯牙绝弦",不知感动过多少人。明代小说家冯梦龙据此创作了《俞伯牙摔琴谢知音》,广泛流传;琴曲《高山流水》,成为中国十大古曲之一。

二

然而,浊世纵有俞伯牙,已经再无钟子期了。史入东汉晚期,三大痼疾肆虐,"党锢之祸""太后临朝""宦官专权",搞得天下礼崩乐坏,乌烟瘴气;《后汉书·蔡邕传》记载的一桩"雅事",则浸透了斑斑血泪:"桓帝时,中常侍徐璜、左悺等五侯擅恣,闻邕善鼓琴,遂白天子,敕陈留太守督促发遣。邕不得已,行到偃师,称疾而归。"

这段简短记述,却隐含着极深的历史动荡。汉桓帝刘志是东汉第十位皇帝,15岁时被有名的"跋扈将军"梁冀推上帝位,他不甘心做一个木偶皇帝,时刻梦想"亲政",回耐梁冀耳目满朝,剑刃霜寒,他只得战战兢兢做皇帝,如履薄冰待时机。这位梁冀,"为人鸢肩豺目,洞精矘眄,口吟舌言,裁能书计"(《后汉书·梁冀传》)。他两肩上耸如鸟翅,目光凶狠如豺狼,口歪眼斜,拙舌笨嘴,大字不识,只能勉强写字计数,自幼练就一身流氓习气,"性嗜酒,能挽满、弹棋、格五、六博、蹴鞠、意钱之戏,又好臂鹰走狗,骋马斗鸡"。这么一个狠歹无赖角色,却因为老爹梁商是辅政大将军,老妹是桓帝皇后,在老爹死后继任大将军,专断朝政二十余年,至于肆意废立皇帝。

延熹二年(159),梁冀老妹梁皇后辞世,桓帝乘机与身边大太监单超、徐璜、左悺、具瑗、唐衡等人密谋,派兵捉拿梁冀,梁被迫自杀,其家族被一网打尽,瞬间化为了齑粉。五个大太监因为谋诛梁冀有功,同日封侯,世称"五侯"。桓帝刚出狼窝,又入虎口,从此成为太监们手中的玩偶,几个家伙沆瀣一气,肆虐朝堂,大搞"顺我者昌,逆我者亡",他们驱使百姓修建皇家别宫显阳苑,大批人冻饿而死,白马令李云直言谏阻被处死，大鸿胪卿陈蕃因救援李云被判罪，一时间，人人震恐，"中外服从，上下屏气"（《后汉书·宦者传序》）。

这年初秋的一天，徐璜忽然心血来潮，说陈留圉那个地方有个叫蔡邕的家伙，弹得一手好琴，何不弄他来给咱哥儿几个弹琴娱乐一番？于是，他们便命令陈留太守，将蔡邕"发遣进京"。所谓"发遣进京"，无异于武装押送的囚徒。

就这样，蔡邕先生祸从天降，莫名其妙就被押解着往京城而来。当时他只有27岁，风华正茂，血气方刚，眼见宦官弄权，国运沦落，忠直之臣遭迫害，穷苦百姓受煎熬，作为一个有良心有血性的艺术家，其抑郁悲愤的情怀，不言自明。他这次进京，不是登仕途，展抱负，救社稷，匡天下，而是作为一个可怜的俳优，被人驱赶着，来为权臣贵宠们弹琴取乐！

"士可杀，不可辱！"

一路上，蔡邕的脑海里翻腾着这句话，气闷填膺。到了偃师县，他就轰然跌倒，一病不起，头晕，恶心，呕吐——反正病得很厉害，于是"称疾而归"；至于是真得了急病，还是他装病弄鬼，天晓得。他的《述行赋》，就是记述这次途中所见，借古刺今，抒发对百姓苦难的同情和志士仁人被压抑的愤慨：

> 余有行于京洛兮，遭淫雨之经时。
> 涂迟遭其塞连兮，潦污滞而为灾。
> 乘马蹯而不进兮，心郁悒而愤思。
> 聊弘虑以存古兮，宣幽情而属词。

我走在去往京城的路上啊，正遭遇一场连绵阴雨，雨落如箭，雨滴如泪，途中泥泞不堪，浊水飞溅，车轮吱呀，行人蹀躞，辕马四蹄腾踏，踟蹰不前，我的心底郁闷如海，忧愤弥漫；就让我暂且思慕远古往事，来纾解满心的伤痕与创痛吧。

夕宿余于大梁兮，诮无忌之称神。

哀晋鄙之无辜兮，忿朱亥之篡军。

历中牟之旧城兮，憎佛肸之不臣。

问宁越之裔胄兮，覍仿佛而无闻……

夜晚我投宿魏国都城大梁，忽然想到了大名鼎鼎的信陵君魏无忌，他的所作所为哪里可以称神啊？可怜大将晋鄙遭到暗算，被信陵君走卒朱亥铁锤击杀啊，留下千古遗恨；走过中牟这个寥落古镇，对县宰佛肸无比憎恨，他本是赵简子的家臣，却投靠了老赵的敌人；还有宁越这个文武双全的良臣，武力足以取胜，文德足以服人，可是你的后代在哪里啊，在遥远的岁月的长河里，却听不见一丝回音……

三

蔡邕（133～192），字伯喈，陈留郡圉（今河南开封圉镇）人，著名文学家、书法家，才女蔡文姬之父，通音律，博经史，善辞赋，工书法，尤精于篆隶，梁武帝萧衍说他"骨气洞达，爽爽如有神力"；其首创"飞白"书体，灵动逸迈，高妙幽绝，张怀瓘《书断》誉之为"妙有绝伦，动合神功"。

《后汉书·蔡邕传》记载：

邕性笃孝，母常滞病三年，邕自非寒暑节变，未尝解襟带，不寝寐者七旬。母卒，庐于冢侧，动静以礼。有菟驯扰其室傍，又木生连理，远近奇之，多往观焉。与叔父从弟同居，三世不分财，乡党高其义。少博学，师事太傅胡广。好辞章、数术、天文，妙操音律。

这段记述，要点有三：其一，蔡邕至孝，母亲卧病三载，他衣带不解，尽心侍奉；母亲故去，他在母亲墓旁筑庐陪伴，野兔在庐边作窝，连理树绕庐生长，成为乡间奇观。其二，蔡邕与家人相处和睦，三世不分家；其三，他的师傅，是东汉著名学术大师胡广。

胡广先生，字伯始，生于穷困，长于艰辛，"谦虚温雅，博物洽闻，探赜穷理，六经典奥，旧章宪式，无所不览"，作《百官箴》四十八篇，有"文典甚美"之誉；他性情圆润，谙熟中庸之道，宦海浮游三十余载，"柔而不犯，文而有礼，忠贞之性，忧公如家"，历事六帝，仕途安然，"凡一履司空，再作司徒，三登太尉，又为太傅"，广有盛誉，京师谚云："万事不理问伯始，天下中庸有胡公。"（《后汉书·胡广传》）。

有师如胡广先生，堪称蔡邕之幸也。在被押解入京奏乐，因病得脱之后，蔡邕闭门不出，"闲居玩古，不交当世"，研摩前辈东方朔、扬雄、班固、崔骃的著述，"龊其是而矫其非"，肯定他们的学说要义，纠正他们的舛漏之处，作了一篇《释诲》，述其所思所见。后来因为才名卓著，被朝廷征召为郎中，参与续写《东观汉记》、刻印《熹平石经》等文事。

这时候，东汉朝廷又经历了一轮更替。永康元年（167），33岁的汉桓帝刘志驾崩，第二年，即建宁元年（168）正月，10岁的汉灵帝刘宏继位。桓灵二帝，是东汉末年最没出息的两个皇帝，耽于享乐，腐朽堕落，导致天下动荡，起义不断，朝廷岌岌可危。汉灵帝喜欢附庸风雅，著《皇羲篇》五十章，引来一群马屁文人，嗡嗡嗡，逞才邀宠，许多人因此跃登高位。

熹平六年（177年），噩兆不断，"时频有雷霆疾风，伤树拔木，地震、陨雹、蝗虫之害"（《后汉书·蔡邕传》）。灵帝害怕，下诏自责，并令群臣上书献策，于是蔡邕上密奏陈说七事，围绕祭祀、昌言、求贤、察奸、取士、褒责、荣宠七事，提出了一系列切实可行的建议。灵帝闻风而动，亲自在京城北郊举行祭祀之礼，又下诏把那些以文邀宠者统统降职，蔡邕由此得罪了一群趋炎附势者，为自己挖下了一个大坑。

第二年，宦官集团投灵帝所好，倡议创办鸿都门学，却意外成为我国，乃至世界上第一所文艺类专科学校，校址设在洛阳之鸿都门，因而得名。"己未，地震。始置鸿都门学生"（《后汉书·灵帝纪》）。凡是具备尺牍、辞赋、书法、绘画天赋者，经考试合格，才能入学，据说，学生最多时近千人。

这一年，灾异之兆频发，且看《后汉书·灵帝纪》之记载："夏四月丙辰，地震。侍中寺雌鸡化为雄……五月壬午，有白衣人入德阳殿门，亡去不获。六月丁丑，有黑气堕所御温德殿庭中。秋七月壬子，青虹见御坐玉堂后殿庭中。八月，有星孛于天市……"

一连串诡异事件，弄得灵帝惶恐不安，咨询蔡邕所谓何来？蔡邕认为，这是妇人、宦官干政导致的恶果，他说："今圣意勤勤，思明邪正。而闻太尉张颢，为玉所进。光禄勋伟璋，有名贪浊。又长水校尉赵玹、屯骑校尉盖升，并叨时幸，荣富优足。宜念小人在位之咎，退思引身避贤之福。"他先把后宫嫔妃与太监归结为"祸乱之源"，得罪了后宫两大势力；又指名道姓弹劾太尉张颢、光禄勋伟璋、长水校尉赵玹、屯骑校尉盖升等人贪赃枉法，为自己树立了一批朝堂劲敌。"章奏，帝览而叹息，因起更衣，曹节于后窃视之，悉宣语左右，事遂漏露。其为邕所裁黜者，皆侧目思报。"（《后汉书·蔡邕传》）

蔡邕真是个书呆子啊！这篇奏章，无疑是把一条条绳索往自己脖子上缠绕呢。奏章送达，灵帝边看边叹息，忽然感觉腹中擂鼓，起身如厕，大太监曹节乘机偷窥奏章，惊得眼珠子差点掉出来，尔后一溜烟跑出宫来，四处宣扬，那些被蔡邕点名裁撤的大佬，一个个咬牙切齿，恨不得生吞活剥了他。此前，他已经得罪了司徒刘郃、将作大匠阳球、中常侍程璜等人，随后遭到报复陷害，灵帝把脸一翻，下令将他与叔父、卫尉蔡质逮捕入狱，若不是"为人清忠奉公"的中常侍吕强尽力救护，差点掉了脑袋。最后，蔡邕被流放朔方，谪居五原郡安阳县。

据《后汉书·吕强传》记载，蔡邕流放朔方，吕强义愤难平，慨然上书为之鸣冤，他说，蔡邕"切言极对，毁刺贵臣，讥呵竖宦"，岂料奏章被泄露，导致他遭到围攻，"群邪项领，膏唇拭舌，竞欲咀嚼，造作飞条"，这些家伙鼓动如簧之舌，极尽谗毁之能事，气势汹汹围攻蔡邕，灵帝不但不肯主持正义，还落井下石，"致邕刑罪，室家徙放，老幼流离，岂不负忠臣哉！"——群邪肆意逞凶，皇帝助纣为虐，忠臣遭到严惩，弄得群臣心惊胆战，噤若寒蝉，"上畏不测之难，下惧剑客之害"，满朝响彻马屁之声，陛下哪里还能够听到逆耳忠言啊！

九个月后，汉灵帝忽然想起了蔡邕的好处，下令赦免其罪，返回京城，五原太守王智为蔡邕设宴践行，岂料他乘酒使性，"拂衣而去"，惹恼王智，于是与其兄、大太监王甫联手，诬指蔡邕"怨于囚放，谤讪朝廷"，蔡邕不敢回京，"乃亡命江海，远迹吴会"，自此流落江南达十二年之久。

　　寻修轨以增举兮，邈悠悠之未央。
　　山风泪以飙涌兮，气憭憭而厉凉。
　　云郁术而四塞兮，雨濛濛而渐唐。
　　仆夫疲而劬瘁兮，我马虺隤以玄黄。
　　格莽丘而税驾兮，阴曀曀而不阳。

眼前的道路蜿蜒向前啊，像蟒蛇一样，似乎飘向天边，看不到尽头；山风像一个暴君一样咆哮嘶吼，天地间的空气战栗而寒冷。黑云像空中的野马从四面涌来，蒙蒙细雨又把凸凹的道路变成了泥滑滑的冰蛇。马车夫气喘吁吁好像要摔倒啦，马也累得像被饿狼狠狠咬了一口，瘫倒在乱草丛生的山冈上，让可怜的老马休息片刻，阴沉沉的天空就像死人的脸色一样……

哀衰周之多故兮，眺漩隈而增感。

怨子带之淫逆兮，喑襄王于坛坎。

悲宠嬖之为梗兮，心恻怆而怀惨。

这段文字，提及了爆发于东周中期的一场动乱，史称"子带之乱"。"子带"，周惠王姬阆的儿子姬带；"坎坛"，古地名，在今河南巩义附近。公元前652年，周惠王薨，太子姬郑与异母弟姬带争夺王位，姬郑胜出继位，是为周襄王，姬带逃亡，他不甘心失败，几次引兵攻周，并与襄王王后隗氏勾结，导致隗氏被废；姬带终于攻陷都城，襄王仓皇出逃，避难于"坎坛"，后来在晋文公重耳武力支援下，又杀回都城，诛杀姬带，平定了这场叛乱。——回想周朝的诸多血腥变故啊，令人不胜悲慨，望见了那片浩渺湿地，更是让人心生哀怜。痛恨子带与隗氏弄妖作乱啊，可怜襄王流落于坛坎之地；君王宠爱的妖冶艳女成了祸害啊，害得天下愁苦百姓遭遇乱离……

四

中平六年（189）八月，大军阀董卓率领他的西凉兵马暴掠京师，肆虐朝堂，淫宫女，废少帝，立献帝，残虐天下，强召蔡邕入朝，蔡邕称病不肯前往，董卓大怒，以灭三族相威胁，他只得前往，董卓一见，转怒为喜，命其为代祭酒，旋即连升三级，历任侍御史、治书御史、尚书，三天之内，遍历三台，后又拜左中郎将，封高阳乡侯。

应当说，董卓虽为奸佞之徒，作恶多端，对蔡邕却很厚待，"卓重邕才学，厚相遇待，每集宴，辄令邕鼓琴赞事，邕亦每存匡益"（《后汉书·蔡邕传》）。言语动静之间，蔡邕也力所能及地劝谏董卓，使他少做恶障，岂料命运弄人，董卓对蔡邕的知遇与礼敬，后来却给他铸成了杀身之祸。

董卓自认为功盖姜太公，欲称"尚父"，征求蔡邕意见，蔡邕以为不妥，劝他从长计议，此议就此拉倒了。这年六月，发生地震，董卓就此咨询蔡邕，蔡邕说是"臣下逾制之所致也"，劝他放弃乘坐青盖金华车，"卓于是改乘皂盖车"。然而，作为残忍苛暴之徒，董卓虎视天下，刚愎自用，对蔡邕的劝谏之言，只当作耳旁风呼呼吹过。蔡邕对堂弟蔡谷说："董公性刚而遂非，终难济也"，他想弃之远走，堂弟说，兄相貌奇特，董太师耳目遍地，你如何跑得掉啊？——"邕乃止"，他这才打消了逃亡的念头。

初平三年（192）四月二十三日清晨，董卓被其义子吕布诛杀，天下喧腾，百姓载歌载舞。司徒王允录尚书事，总理朝政。"允性刚棱疾恶，初惧董卓豺狼，故折节图之。卓既歼灭，自谓无复患难，及在际会，每乏温润之色，杖正持重，不循权宜之计，是以群下不甚附之。"（《后汉书·王允传》）董卓肆虐时刻，王允隐忍苟活，董卓毙命，他大权在握，开始轻飘飘居功自傲，睥睨群伦。一天，蔡邕与王允偶然说起董卓之死，为之悲伤叹息，王允勃然大怒，厉声斥责："今天诛有罪，而反相伤痛，岂不共为逆哉？"于是断然下令，将"董卓余孽"蔡邕收押治罪。蔡邕上表服罪，"乞黥首刖足"，愿意承受刻额染墨、截断双脚之惩罚，像太史公司马迁那样，苟活于世，以求续成汉史。王允嗤之以鼻。

蔡邕落难，士大夫纷纷论救，太尉马日磾对王允说："伯喈旷世逸才，多识汉事，当续成后史，为一代大典，而所坐至微，诛之，无乃失人望乎！"他说，为几句口舌之误，而诛杀旷世奇才蔡邕先生，实在令天下人大失所望啊！岂料王允回答说，从前汉武帝不杀司马迁，使他撰写谤书，留传后世，如今天下动乱，神器不固，你让蔡邕这样的佞臣执笔著史，"复使吾党蒙其讪议"，不是要使吾辈遗臭万年吗？

马日磾出来，顿足叹曰："王公其不长世乎？善人，国之纪也；制作，国之典也。灭纪废典，其能久乎？"他说，王公将不久于人世了吗？善人，是国家的楷模；史著，是国家的经典。诛戮楷模，毁灭经典，如何能长久啊？

不久，蔡邕死于狱中，享年61岁。死讯传出，天下悲伤，"缙绅诸儒莫不流涕"，大学者郑玄叹息说："汉世之事，谁与正之？"

几个月后，马日磾的预言就得到了验证，王允被董卓的老部下李傕、郭汜诛杀。他死得还算壮烈。城陷之时，吕布驻马皇宫青琐门外，招呼王允一起逃命，王允回答说，蒙社稷之灵，上安国家，是我最大的心愿啊，"临难苟免，吾不忍也"。于是慷慨赴死。

蔡邕的惨死，到了罗贯中《三国演义》中，变成了董卓被杀，暴尸街头，蔡邕伏尸大哭，因而触怒王允，惨遭噩运。呵呵！又被罗先生消费了一回。

追想蔡邕一生，吟诵他的《述行赋》，直令人感慨万端也！

乱曰：

跋涉遐路，艰以阻兮。

终其永怀，窘阴雨兮。

历观群都，寻前绪兮。

考之旧闻，厥事举兮。

登高斯赋，义有取兮。

则善戒恶，岂云苟兮？

翩翩独征，无俦与兮。

言旋言复，我心胥兮。

我行走了千万里之长路啊，备尝了人世间的艰难险阻；收卷起弥漫天地的思绪与怀念啊，我的人生浸透了雾霾与阴雨。我一路上看到了那么多的尘世变故，追寻先人们的嶙峋踪迹，感觉了人世之无常；我考察了许多往事啊，验证了许多先辈的功业与辉煌。我挥动羸弱的手臂作了这篇小赋，以纪念这次漫长之旅，以及由此而生的漫天思绪。我曾经发誓要以善为本以恶为戒啊，岂可像蝼蚁一样苟且偷生，只为了谋取一己之私利？从今后我将在世间翩翩独行，傲岸天地，既没有朋友，也没有伴侣——唉！归去吧，归去吧，故乡啊，才是我的灵魂栖息之地！

2019年4月15日

上卷 书海行舟

笼中鹦鹉老祢衡

一

第一次知道祢衡先生,是早年读《三国演义》。那是20世纪70年代初期,我正在老家西凝仁村上小学,大约是四五年级吧,恍惚忘了从哪里得到了这本名著,昏天黑地生吞活剥读起来,曹操、刘备、孙权、诸葛亮、关羽、张飞、赵云等,一个个哇呀呀从古代时空里跳出来,从战火硝烟里杀过来,直搅得天低云暗,雷鸣电闪。当读到第二十三回"祢正平裸衣骂贼 吉太医下毒遭刑",惊讶地张大了嘴巴:狂士祢衡击鼓骂曹,极尽羞辱;太医吉平投毒杀曹,失败被杀。这两人,对一代枭雄曹操该是有多大仇多大恨啊!

其实,祢衡与吉平,是有历史原型的。吉平的原型为东汉末年太医令吉本,《后汉书·孝献帝纪》载:"二十三年春正月甲子,少府耿纪、丞相司直韦晃起兵诛曹操,不克,夷三族。"建安二十三年,即公元218年,太医令吉本与少府耿纪、司直韦晃等人联合起兵,趁夜围攻许都(今河南许昌),欲灭曹操,只是烧了丞相长史王必的宅邸,即被擒获,夷灭三族。《献帝春秋》载,耿纪、韦晃等人即将就戮之际,耿纪大呼曹操名号，骂曰："恨吾不自生意，竟为群儿所误耳！"老耿骂的并不是曹操，而是将他带入鬼门关的"群儿"，也就是自己的同伙。只是，这一声唉骂，实在不够爷们儿。既然敢兴兵举大事，就要愿赌服输，失败了甩锅给同伙，也太毁三观了吧？——既知今日，何必当初嘛。

在这场声势不大的骚乱中，太医令吉本是一个不太起眼的角色，到了《三国演义》中，太医吉平则成了主角，他与王子服、吴子兰、种辑、吴硕、马腾等人密谋为国除奸，乘为曹操治病之机，亲自实施毒杀之计，被擒后遭受残酷拷掠，坚贞不屈，"撞阶而死"。罗贯中赋诗赞曰："汉朝无起色，医国有称平：立誓除奸党，捐躯报圣明。极刑词愈烈，惨死气如生。十指淋漓处，千秋仰异名。"

与吉平的黯淡人生不同，祢衡却是三国时代十分耀亮的人物，且看《三国演义》第二十三回中他对曹操及其麾下战将的嘲戏——

祢衡仰天叹曰："天地虽阔，何无一人也！"

操曰："吾手下有数十人，皆当世英雄，何谓无人？"

衡曰："愿闻。"

操曰："荀彧、荀攸、郭嘉、程昱，机深智远，虽萧何、陈平不及也。张辽、许褚、李典、乐进，勇不可当，虽岑彭、马武不及也。吕虔、满宠为从事，于禁、徐晃为先锋；夏侯惇天下奇才，曹子孝世间福将。安得无人？"

衡笑曰："公言差矣！此等人物，吾尽识之：荀彧可使吊丧问疾，荀攸可使看坟守墓，程昱可使关门闭户，郭嘉可使白词念赋，张辽可使击鼓鸣金，许褚可使牧牛放马，乐进可使取状读招，李典可使传书送檄，吕虔可使磨刀铸剑，满宠可使饮酒食糟，于禁可使负版筑墙，徐晃可使屠猪杀狗；夏侯惇称为完体将军，曹子孝呼为要钱太守。其余皆是衣架、饭囊、酒桶、肉袋耳！"

如此灭尽曹营群雄，虽属小说家言，也是于史有据。《后汉书·祢衡传》称他"少有才辩，而尚气刚傲，好矫时慢物"，关于他嘲戏曹操的桥段，原来是这般"模样"——

> 是时许都新建，贤士大夫四方来集。或问衡曰："盍从陈长文、司马伯达乎？"对曰："吾焉能从屠沽儿耶！"又问："荀文若、赵稚长云何？"衡曰："文若可借面吊丧，稚长可使监厨请客。"唯善鲁国孔融及弘农杨修。常称曰："大儿孔文举，小儿杨德祖。余子碌碌，莫足数也。"融亦深爱其才。

范晔先生这段记载，曹操与祢衡一问一答，风云尽显矣。其中提到了当时六个著名人物：陈群，字长文，乃曹魏重臣，《魏律》和"九品中正制"的主要创始人；司马朗，字伯达，兖州刺史；荀彧，字文若，著名战略家，曹操的左膀右臂；赵融，字稚长，曹魏骁将，封荡寇将军；孔融，字文举，孔子十九世孙；杨修，字德祖，极聪慧，任丞相府主簿。这六个人，都是当世之英才，可是在祢衡眼里，却无足轻重：陈长文、司马伯达，不过是杀猪卖肉之辈，荀文若那张马脸可以去吊丧，赵稚长可以去做个大厨，只有孔文举、杨德祖两人堪称男子汉，还算名副其实；至于其他碌碌众人，何足挂齿耳！

当时，祢衡只有24岁，孔融已经40岁，两人可谓忘年交吧。孔融深爱老祢之才，写了一篇《荐祢衡表》，向曹操推荐祢衡，盛赞他"淑质贞亮，英才卓砾。初涉艺文，升堂睹奥。目所一见，辄诵于口。耳所瞥闻，不忘于心。性与道合，思若有神……忠果正直，志怀霜雪。见善若惊，疾恶若仇……"

应当说，孔融之文，作为文学作品，堪称文采灿烂，作为推荐信，未免太过夸张，拿如此完美的辞藻付之于祢衡，无异于捧杀呀！然而，对于孔融的赞誉，祢衡不但笑纳，还认为远远不够呢，他在《鹦鹉赋》中，将自己比喻为高蹈于尘寰之上的一只"西域灵鸟"——

> 惟西域之灵鸟兮，挺自然之奇姿。
>
> 体全精之妙质兮，合火德之明辉。
>
> 性辩慧而能言兮，才聪明以识机。
>
> 故其嬉游高峻，栖跱幽深。
>
> 飞不妄集，翔必择林。
>
> 绀趾丹嘴，绿衣翠衿。
>
> 采采丽容，咬咬好音。
>
> 虽同族于羽毛，固殊智而异心。
>
> 配鸾皇而等美，焉比德于众禽！

这是一只来自西域的灵鸟呀，秉独特之风姿，顺天然之灵异。洁白的羽毛犹如灵山之冰雪，火红的鸟喙犹如天边之虹霓；本性灵慧一如大自然之万籁开花，聪颖机变仿佛江河之浩流迂回。它喜欢遨游于高山之上啊，栖息于深林与幽谷；它高蹈而独立，从不与群鸟麇集，翱翔时会穿越群山，寻觅宜居之桂树。它的脚趾踏遍万水千山，它的嘴唇吻遍丛林莽野；它碧绿的衣衫缥缈云空，犹如精灵之高翔舞蹈。它的采采丽容，佼佼好音，虽然难免混杂于鸟类同群，而天赋异禀却卓拔于众鸟之上啊，足以与凤凰媲美，与彩虹竞丽，而那些慵懦的凡间鸟雀，当然望尘莫及！

二

这样一只高蹈云外的"西域灵鸟"，当然惹人怜爱。曹操一见孔融的荐表，即命祢衡前来相见，叵耐老祢称病不肯去，曹操恼怒，封之为鼓手，欲辱之，岂料老祢借驴上坡，演绎了一出千古传诵的好戏：《击鼓骂曹》——

下席坐了奸曹操，上席文武众群僚。

狗奸贼传令如山倒，舍死忘生在今朝。

元旦节与贼个不祥兆，假装疯迷耍耍奸曹操。

我把青衣来脱掉，破鞋褴衫摆摆摇，怒气不息往上跑……

鼓打一通天地响，鼓打二通振朝纲。

鼓打三通扫奸党，鼓打四通国泰康。

鼓发一阵连声响，管教你奸贼死无下场。

这出京剧传统剧目《击鼓骂曹》，说是取材于《三国演义》，其实来自《后汉书·祢衡传》相关记载。且看范晔的描述：

操怀忿，而以其才名，不欲杀之。闻衡善击鼓，乃召为鼓史，因大会宾客，阅试音节……次至衡，衡方为《渔阳》参挝，蹀躞而前，容态有异，声节悲壮，听者莫不慷慨。衡进至操前而止，吏呵之曰："鼓史何不改装，而轻敢进乎?"衡曰："诺。"于是先解衵衣，次释余服，裸身而立……

这段描述，极具神采。曹操对祢衡的倨傲虽然怀恨，但碍于他才名卓著，不肯见杀，于是令他做了一名鼓手，并乘宴客之机，以测试为名令其击鼓奏乐，以为羞辱。鼓手须更衣易服，依次登场，从主宾前击鼓而过。祢衡拒绝更衣，径直上场，击鼓演奏《渔阳》之曲，铿锵慷慨，声震云霄，来到曹操面前时，他忽然停下，昂然矗立，有人喊他为何不更衣?老祢叫一声"喏"，唰唰脱下衣服，赤身裸体站在那里，有人蹿上来为老祢披衣遮羞，他淡然一笑，"颜色不怍"，从容击鼓而过。曹操苦笑说："本欲辱衡，衡反辱孤。"

这场"裸体击鼓"闹剧，就在曹操的苦笑声中结束了；倒是孔融过意不去，私下数落老祢，再三强调老曹爱重之意，祢衡虚与委蛇，答应去见曹操。曹操闻之大喜，令门人觑见老祢身影赶紧报告，"衡乃着布单衣、疏巾，手持三尺棁杖，坐大营门，以杖捶地大骂"——看到此情此景，孔融羞得无地自容，老曹恨恨地说："祢衡竖子，孤杀之犹雀鼠耳。顾此人素有虚名，远近将谓孤不能容之，今送与刘表，视当何如？"于是，"遣人骑送之"，派人遣送他前往荆州刘表那里。

曹操之不杀祢衡，历来受到人们的"诡诈"之讥，说他玩的不过是借刀杀人之计。这一点，老曹自己早说了；笔者要说的是，祢衡如此羞辱，老曹终究没有杀他，即使是作秀，那也是需要一点胸襟的吧？

然而，祢衡在曹营的表演，还没有结束呢。众人闻听老祢要被遣送荆州，纷纷起哄架秧子，跑到城南为之摆设送别酒食，并相约老祢来了一律坐在地上，不起身相迎，名为送行，实则羞辱。岂料祢衡见此情景，兀自坐地大号，众人傻了眼，惊问先生因何号哭。他说："坐者为冢，卧者为尸。尸冢之间，能不悲乎！"一干人被骂做"僵尸"，一个个气得大眼儿瞪小眼儿，不知所以。

于是羡芳声之远畅，伟灵表之可嘉。
命虞人于陇坻，诏伯益于流沙，
跨昆仑而播弋，冠云霓而张罗。
虽纲维之备设，终一目之所加。
且其容止闲暇，守植安停。
逼之不惧，抚之不惊。
宁顺从以远害，不违迕以丧身。
故献金者受赏，而伤肌者被刑。

"虞人"，上古官职；"伯益"，上古人物，黄帝六世孙。相传尧帝时设置"虞人"之职，主管山河、苑囿、畋牧等事；舜帝时封伯益为虞官，主管草木、鸟兽等事；"陇坻"，指甘肃南部六盘山附近，六盘山亦称"大陇山"，故称"陇坻"。——它的芳名响亮远播四海啊，它的灵表峻丽慑服凡尘。虞人先生在陇坻地区接到诰命，伯益先生在荒凉大漠接到诏令，他们奉命射出的嗖嗖响箭，穿越昆仑之山，撕裂漫天云霓，犹如布下天罗地网，围剿这只无辜的飞禽。那无所不在的罗网啊密不透风，哪怕有一点小小的疏忽，你就会遭到箭镞穿身的悲惨命运。虽然形势如此严峻，可是它依然高贵而从容，固守心志而笑对苍生，逼之不惧，抚之不惊，它宁愿顺从苍天的旨意而远离戕害，绝不因忤逆天意而萎靡沉沦。因此啊，奉献一只健康美好的鹦鹉会获得奖赏，而那些戕害它的犯罪分子，一定会噩梦不断，万箭穿心！

三

祢衡就在送别的众人目瞪口呆之时，拂袖而去，辗转来到了荆州，归依刘表。刘表开始对他敬重有加，"文章言议，非衡不定"，没有他的大笔斧正，文章就不能定稿，其尊崇可谓至高矣。可是，不过几日，老祢的倨傲之态渐渐暴露出来，"表尝与诸文人共草章奏，并极其才思。时衡出，还见之，开省未周，因毁以抵地。表怅然为骇"。刘表与诸位谋士绞尽脑汁起草了一篇极具文采的奏章，祢衡一见，嫌写得太臭，抓过来扯碎，摔在地上，弄得刘表惊骇莫名。刘表正在愣怔，祢衡却昂然不顾，索笔作文，"须臾立成，辞义可观。表大悦，益重之"（《后汉书·祢衡传》）。

尽管叹赏老祢的烈烈才气，刘表毕竟心意难平。《三国志·刘表传》说他"长八尺余，姿貌甚伟"，少时知名于世，跻身"八俊"之列。虽然由于气量偏狭，刘表一生无大作为，与其子刘琮被世人鄙称为"豚犬"，毕竟有其英雄之本性，对于祢衡一而再、再而三的怠慢与羞辱，不可能长久姑息隐忍，赶紧寻了个理由，将他礼送到江夏太守黄祖帐下，"表耻不能容，以江夏太守黄祖性急，故送衡与之，祖亦善待焉"（《后汉书·祢衡传》）。

应当说，刘表的"送客"之举，与曹操一样，不但有甩锅之意，也是包藏祸心的。他明知黄祖"性急"，故意把祢衡送过去，不过是希望演绎一出"狼吃羊"嘛。老祢初来乍到，颇守规矩，为黄祖作书记，"轻重疏密，各得体宜"，喜得黄祖握着他的手说："处士，此正得祖意，如祖腹中之所欲言也。"先生，您的文字，正是俺老黄肚子里想说的话呀！

一天，黄祖的儿子黄射大宴宾客，有人献上一只玲珑的鹦鹉。黄射举酒敬祢衡，说道："此鸟自远而至，明慧聪善，羽族之可贵，愿先生为之赋，使四座咸共荣观，不宜可乎？"祢衡捉笔在手，一挥而就，文不加点，辞采绮丽。

> 尔乃归穷委命，离群丧侣。
>
> 闭以雕笼，剪其翅羽。
>
> 流飘万里，崎岖重阻。
>
> 逾岷越障，载罹寒暑。
>
> 女辞家而适人，臣出身而事主。
>
> 彼贤哲之逢患，犹栖迟以羁旅。
>
> 矧禽鸟之微物，能驯扰以安处。

亲爱的鹦鹉啊！天命一点也不眷顾你，剥夺了你的家园与伴侣；你被关在一只雕花笼子里，那雕花色彩缤纷，却寒凉而凄迷；你艳丽的翅羽被残忍地剪去，使你失去了翱翔蓝天的勇力。眼看漂流到了万里之外，关山隔阻，嶙峋而崎岖；那座耸入九霄的岷山像一道遮天屏障，一年一年，寒暑交替，迷蒙了千山万水，与人们追求梦想的羽翼。就像女儿辞别家园，流泪远嫁；就像臣子献身于新主，而抛弃了从前的累累功绩。唉！即使是古代大贤，一旦遭遇灾祸，也难免浪迹天涯，飘蓬无依；何况禽鸟这样的卑微之灵物，又怎能不敛翅而立，垂首低眉，在如此乱世希冀得到一份身心之安逸！

四

祢衡在黄射的宴会上写就了名篇《鹦鹉赋》，大放异彩，辉耀后世；而他在黄祖宴会上的乘酒弄痴，出言不逊，竟落得个身首异处，命归黄泉，年仅26岁。哀哉！

客观地说，黄祖之杀祢衡，实在也是情势所逼。当时黄祖在船上大宴宾客，老祢出言不逊，弄得黄祖颜面扫地，厉声呵斥之，岂料祢衡直视着他骂道："死公！云等道？"你这个老家伙，嘴里吐出来的什么屁话？黄祖一听，下令拉出去痛打，祢衡破口大骂，直骂得黄祖咬牙下令杀了他！黄射听到消息，急慌慌赶来营救，可是晚了——此时此刻，老祢衡早已三魂出窍，七魄悠悠，归天而去了。

为了逞一时口舌之快，祢衡就这样魂归黄泉了。惜哉痛哉！惜其才华弥天，无由施展；痛其以口舌丧命，其实何必！人生在世，骋怀驰骛，上穷碧落下黄泉，九天揽月，五洋捉鳖，不过是一腔豪情罢了。许多的时候，对许多人与事，当怀敬畏之心，当怀怵惕之思，敬天畏地，如履薄冰，兢兢业业，方能安然立于世间也。从这个意义上说，我们品读祢衡的《鹦鹉赋》，则是别有一番滋味在心头矣！

感平身之游处，若壎篪之相须。

何今日之两绝，若胡越之异区。

顺笼槛以俯仰，窥户牖以踟蹰。

想昆仑之高岳，思邓林之扶疏。

顾六翮之残毁，虽奋迅其焉如？

心怀归而弗果，徒怨毒于一隅。

苟竭心于所事，敢背惠而忘初！

托轻鄙之微命，委陋贱于薄躯。

期守死以抱德，甘尽辞以效愚。

恃隆恩于既往，庶弥久而不渝。

感念平生同游之友朋啊，曾经像埙篪合奏一般婉转而清丽；岂料今日竟像阻隔了千重山万道水，就像北方大漠上的北胡与南海之畔的南越相距万里。你顺着笼槛出溜溜上下腾跃啊，窥视着窗外的风景而满怀忧伤；你思念着昆仑山上的晶莹积雪啊，想念着在邓林深处晃动的枝繁叶茂的蓊郁树影。倏然间转回头来，看到了自己被强力残毁的羽翼，虽然心底沸腾着遨游太空之壮志，又如何能飞回自己的故乡啊？日夜思归辗转反侧，却徒然面对着冷寂的夜空，只能躲在暗夜的角落里怨恨哭泣。唉唉！暂且忘却心底的万千烦恼吧，回想当年承受阳光雨露生出的美好初心，主人啊，我愿将这微末如草芥的生命交还与您，让我浅陋的躯体沐浴着您的恩德与光辉；我要以死铭刻其忠贞之志，竭尽全身之力来供您驱驰；依仗着您从前的恩深似海，我将来的人生之路，或许能够星辉熠熠！

文章读罢，笔者不免心头怆然：这真是天下之妙文啊！可是，无论文章如何高妙，也解决不了祢衡灵魂深处的难题。他雄心万丈，目空一切，大言盖世，藐视群伦，把世间所有的一切，都最后铸成了自己人生之路上的障碍。祢衡以二十六岁的青春之躯遇害，难说咎由自取，却是事出有因。他的这篇《鹦鹉赋》，只不过是压在磐石之下的几声呻吟而已；呻吟过后，便是血迹……

2019年4月17日

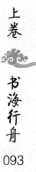

为吊挚友作驴鸣

一

那是1976年春天，我中学毕业之后，在藁城县城和南孟公社漂泊了一阵子，终于又回到了老家，出任我们西凝仁村第九生产队的饲养员，负责喂养队里的一群牲口。那时候队里很穷，养不起马，只有七八头牛，两头毛驴，猪圈里跑着几头猪，还有一头大骆驼。牛和驴拴在饲养棚里，大骆驼散养在外边一棵老枣树下。饲养棚里蚊蝇乱飞，臭气烘烘，铡草，筛草，拌料，起圈，出粪，就成了饲养员先生的日常工作。忙乱之余，我就开始欣赏牲口们的歌唱。老牛的叫声比较憨厚，哞——声音低沉而粗粝，还夹杂着几丝难以名状的忧伤；几只猪就像饿死鬼，整天在圈里乱窜，吱吱哇哇乱叫；大骆驼的两片嘴唇就像抹布一般来回嚅动，弄得满嘴白沫，随着嗷嗷几声，那白沫也箭一般射向四方，有人躲闪不及，被喷得一身一脸，它却得意地摇晃着尾巴；只有毛驴堪称歌唱家，叫起来抑扬顿挫，激昂慷慨，儿啊——儿啊——缭绕回旋，久久不息。

在中篇小说《残秋》中，我曾描写了与一头母驴发生的一场"午夜战争"：

午夜时分，我被一阵儿啊——儿啊——的驴鸣声惊醒，恍然犹在梦中。

就在刚才，逯小娟还在我的梦里笑着，并送给我一枝红红的玫瑰。她说，好长时间不见你了，很想念啊！我把她揽在怀里，正要低下头去吻她红润润的嘴唇，不料那头毛驴在这关键时刻声嘶力竭叫唤起来，愣是把我从美梦中，也从小娟身边扯了回来。我恼怒地跳起来，抄起一把料勺，向那头依然叫个没完的灰毛驴头上砸过去！

"给你娘号丧啊？"

灰毛驴是头母驴，平日与我的关系很好，我们常常无言地交谈些什么。此刻她咽住歌唱，怔怔地望着我，那两只傻而大的驴眼里似乎就有泪水流出来。

"你委屈？你知道我的委屈吗？"

这是我们第九生产队的牲口圈。我和春耕爷是队里的饲养员，与队里的牲口们共同睡在辽阔宽敞的饲养棚里。

饲养棚是60年代末盖起来的青砖架构白灰土坯房，坐北朝南，年代很久远了，墙体上的白灰开始发酥、剥落，看上去一片凋敝。木格窗棂也有些七扭八歪，上边东拉西扯着筛子似的蜘蛛网。屋里的白昼如同长夜；屋梁上不时地有老鼠吱吱叫着跑过，铺在椽子上的苇箔开始发黄泛黑，断头从椽子间耷拉下来，像一根根黑乎乎的上吊绳。左侧牲口槽前，一溜排开拴着五头牛；右侧牲口槽前，则拴着三头牛，两头驴。饲养员的卧榻，就在两列牲口槽中间的一盘土炕上，俨然是牲口司令的"官邸"。土炕左右两侧，各有一个砖砌草料池子，就像城里人家的床头柜，一个盛饲草，一个盛饲料。那饲草俗称"干草"，就是将谷子、玉米之类秸秆，用铡刀切得短短细细的，这是牲口们的主要食品；那饲料就是高粱玉米黑豆什么的，还杂以山药面麸子粉陈米烂谷等等。

在这个夏末的深夜里，我与我的牲口下属，一头灰色母驴，发生了严重的冲突。当然我是胜利者。但随即我就后悔了：唉唉，你个混蛋可真有本事，居然欺负一头毛驴！

我懊恼地走出饲养棚。夜的天空海一般直奔我而来。大地沉睡着；星星们晃动着；天空中似乎有夜莺在歌唱——这是俄罗斯文学中的描写。普希金、托尔斯泰、莱蒙托夫、屠格涅夫、叶赛宁，这些俄罗斯超级文豪都曾经这么写过，我也就这么写了；至于夜莺究竟是什么，我从前还真不知道呢。我只是知道，我已经彻底告别了外面沸腾而悲凉的世界，回到了我的古旧沉寂的小村庄。

二

由于这段经历，我对牲口们的歌唱，尤其是"驴鸣"，一向很感兴趣。据说，毛驴是西汉初年由西域传入中原，体型似马而略小，长耳，长脸，性格温顺，行动灵活，吃苦耐劳，耕田、拉车、骑行皆可，且鸣声悦耳，儿啊——儿啊——很受人们欢迎，甚至还出现了一种很有意思的"驴鸣文化"。

《后汉书·逸民传》载，汉平帝刘衍时期的侍御史戴叔鸾的老娘"喜驴鸣"，他为了讨老娘欢心，"常学之，以娱乐焉"，老戴模仿驴鸣，惟妙惟肖，出神入化，每每逗得老娘开心大笑，一时传为佳话。驴鸣融入孝道，温馨而愉悦。

《三国志·诸葛恪传》讲了一个关于"驴脸"的段子，说诸葛恪的老爹诸葛瑾"面长似驴"，有一天孙权大会群臣，令人牵来一头驴，在驴脸上挂了一个标签：诸葛子瑜。诸葛瑾，字子瑜。诸葛恪眼见主公如此恶搞，跪请一支笔，增加两个字，"恪续其下曰：'之驴'。举座欢笑。权乃以驴赐恪"。诸葛恪在标签上随手添加两个字，"诸葛子瑜之驴"，既接续了主公的幽默戏谑，又疏解了老爹那张驴脸被嘲戏的尴尬，还得到了一头御赐毛驴，实在是妙矣哉。

关于"驴鸣"的文学作品，以柳宗元的寓言《黔之驴》最为有名。可是，当年读了这篇文章，却感觉很不舒服。那只可怜的毛驴，被好事者载入贵州山中，遭遇一头老虎，儿啊——儿啊——一阵鸣叫，吓得老虎战战兢兢，拔腿就跑，"以为且噬己也，甚恐"；然而，老虎"贼心不死"，开始试探调戏之，"稍近，益狎，荡倚冲冒。驴不胜怒，蹄之"。只是这一脚，就暴露了善良羸弱之本性，老虎喜曰："技止此耳！"毛驴随后遭到老虎残杀，"断其喉，尽其肉，乃去"。柳宗元先生叹曰："噫！形之庞也类有德，声之宏也类有能。"唉唉。身形庞大似乎德薄云天，声音嘹亮仿佛才能超群；然而，嗷嗷驴鸣终究难敌吼吼虎啸，毛驴被老虎吞噬，实在也是难以避免呀，悲夫！

作为唐宋八大家之一，柳宗元声誉卓著，与刘禹锡并称"刘柳"，与韩愈并称"韩柳"，与王维、孟浩然、韦应物并称"王孟韦柳"。苏轼说他"外枯而中膏，似淡而实美"；欧阳修赞扬他是天纵之才，"投以空旷地，纵横放天才。山穷与水险，上下极沿洄"。柳宗元的《黔之驴》，笔法老辣，浑然天成，以腾跃生动之形象，揭示深邃刻骨之哲思，堪称一朵古典奇葩。如此妙文，我当初读了为何会感觉不舒服呢？其实，还是对毛驴的不幸命运感觉不平。面对凶猛的老虎，它那么无辜，无助，悲哀地发出几声"驴鸣"，最后被嘎巴嘎巴吞噬，何其悲惨也！

相对于"黔之驴"的绝望悲鸣，南朝刘义庆《世说新语·伤逝》记载的两则"驴鸣送丧"桥段，则令人百感丛生。西晋诗人孙楚，史称"才藻卓绝，爽迈不群"，一向恃才傲物，目空一切，唯独敬重骁骑将军王济，两人互相欣赏，亦师亦友。《晋书·孙楚传》载，孙楚早年打算隐居，与王济倾诉心曲，想说"当欲枕石漱流"，岂料开口说成了"漱石枕流"，王济纠正说："流非可枕，石非可漱。"孙楚款款答曰："所以枕流，欲洗其耳；所以漱石，欲厉其齿。"问答之间，雅意飘逸。那一年，王济去世，名士们纷纷前来吊唁，孙楚望着王济的尸体，泪流满面："王兄您一直喜欢我学驴叫，今天我就叫给你听啊。"说罢，儿啊——儿啊——一阵啼唤，悠长而惨烈，"体似真声，宾客皆笑"。他转过头来，怒怼发笑者："让你们这群人活着，却让他死了，天理何在呀？"自此，人们送给驴子一个雅号："孙楚声"。

与孙楚的驴鸣送丧怒怼众人不同，曹丕演绎的驴鸣送丧，则回旋荡漾着几丝欣悦之情——"王仲宣好驴鸣。既葬，文帝临其丧，顾语同游曰：'王好驴鸣，可各作一声以送之。'赴客皆一作驴鸣。"

文中的"王仲宣"，即著名诗人王粲；"文帝"，即魏文帝曹丕。王粲死了，曹丕前往吊丧，他对前来吊唁的朋友们说："仲宣喜欢驴鸣，咱们各自来一嗓子驴鸣，以为他送行吧！"于是，大家纷纷仰天长啸做驴鸣，以此送别老友。

曹丕"驴鸣送丧"故事，不见于正史，其真实性如何，无从考证。这里有两点需要注意：其一，《世说新语》是杂采众书而成，主要记述东汉晚期至晋宋年间名士先生们的奇闻逸事，凡书中所载名人，均为真实历史人物，但其言行与故事，则多出于坊间传闻，于史并无依据。对这件事的真实性，不必过于穿凿，一笑置之可也。其二，王粲死于建安二十二年（217）初春，曹丕那时的官职是"五官中郎将"，还不是什么"文帝"，甚至还没被老爹曹操确立为接班人，直到这年十月，曹丕才战胜其弟曹植，被立为魏王世子。也就是说，曹丕是以文友身份参加王粲的葬礼，并带领大家学驴鸣为故友送行的。应当说，这是曹丕所能发出的最后一声驴鸣了。此后不久，他就当上了老爹的接班人，并代汉自立，建立魏国，荣登帝位，成了威震天下的"魏文帝"，哪里还可能做驴鸣呢？唉！自此之后，他是再也没有机会展示其人性的这一面了。

对于曹丕的"驴鸣送丧"，以及魏晋时期流行的"驴鸣文化"，当代学者启功先生颇有研究，他在《汉语诗歌的构成及发展》一文中指出：

"注意到汉字有四声，大概是汉魏时期的事。《世说新语》里说王仲宣死了，为他送葬的人因为死者生前喜欢听驴叫，于是大家就大声学驴叫。为什么要学驴叫？我发现，驴有四声，这驴叫有éng、ěng、èng，正好是平、上、去，它还有一种叫是打响鼻，就像是入声了。王仲宣活着的时候为什么爱听驴叫，大概就是那时候发现了字有四声，驴的叫声也像人说话的声调。"

揣摩一下驴鸣之声的音韵流啭，由高到低、由低升高、长调甩腔、高腔大嗓，的确是声情并茂，兼具了平、上、去、入四声之雅韵，呵呵！毛驴呀，堪称动物界的歌唱家啦！

三

尽管于史无据，笔者还是相信，曹丕驴鸣送别老友王粲，是曾经发生的史实。因为，曹丕早年，即在没有被立为魏世子并代汉自立成为魏文帝之前，与"建安七子"诸文友之间的感情，还是很纯粹、很真挚的，彼此之间充满了深厚情谊与江湖义气。他在《典论·论文》中，论人论文，如数家珍："今之文人，鲁国孔融、广陵陈琳、山阳王粲、北海徐幹、陈留阮瑀、汝南应场、东平刘桢，斯七子者，于学无所遗，于辞无所假，咸自以骋骐骥于千里，仰齐足而并驰。粲长于辞赋，幹时有逸气，然非粲匹也。如粲之《初征》《登楼》《槐赋》《征思》，幹之《玄猿》《漏卮》《圆扇》《橘赋》，虽张（张衡）、蔡（蔡邕）不过也，然于他文未能称是。琳、瑀之章表书记，今之俊也。应场和而不壮。刘桢壮而不密。孔融体气高妙，有过人者，然不能持论，理不胜辞，至于杂以嘲戏。及其时有所善，扬（扬雄）、班（班固）之俦也。"

在《论文》中，曹丕开列了"建安七子"名单：孔融、陈琳、王粲、徐幹、阮瑀、应场、刘桢，称誉他们"骋骐骥于千里、仰齐足而并驰"，并对他们的作品进行了精到点评，可谓切中肯綮。王粲一向被视为七子之旌旗，人称"七子之冠冕"，在建安时代的文坛，有着举足轻重的地位。

王粲，字仲宣，山阳郡高平县（今山东微山两城镇）人，出身世家，少有才名，深得大才子蔡邕激赏，《三国志·王粲传》说他"善属文，举笔便成，无所改定，时人常以为宿构；然正复精意覃思，亦不能加也"。他才思敏捷，下笔成文，人们以为他是"宿构"，就是事先构思好"套路"，人前拿出来嘚瑟显摆，这其实是文坛常见的一种沽名钓誉伎俩；王粲的特异之处就在于，他的文章顺笔而出，旁观者再三琢磨推研，也不能增删一字。其精妙如此，令人钦佩有加，就一点也不奇怪了。

兴平元年（194），董卓被杀之后，其部将李傕、郭汜兴兵作乱，王粲在兵荒马乱中南下投靠刘表，却不被重用，随风漂泊，痛感尘世如冰，极度苦闷。建安九年（204）金秋时节，他流落南方已经十三载，倦客思归，百卉愁苦，这一天，他抑郁地登上当阳县（今属湖北宜昌）东南的麦城城楼，举目远眺，百感奔临，写下了历代传颂的名篇《登楼赋》——

> 登兹楼以四望兮，聊暇日以销忧。
>
> 览斯宇之所处兮，实显敞而寡仇。
>
> 挟清漳之通浦兮，倚曲沮之长洲。
>
> 背坟衍之广陆兮，临皋隰之沃流。
>
> 北弥陶牧，西接昭丘。
>
> 华实蔽野，黍稷盈畴。
>
> 虽信美而非吾土兮，曾何足以少留。

登上这座耸入云天的高楼举目四望啊，在闲暇时节暂且忘记心头的万丈烦忧；俯瞰此楼所处的方位，明亮开阔，接天连地，实在是天地之间的一处灵丘。清澈的漳水和沮水从远方涌出了浦口，奔涌的流水沿着迂回的河岸蜿蜒，冲刷着河流中芦苇摇曳的浩渺沙洲；斯楼也，背倚着广袤而苍茫起伏的原野，毗邻着沃野上稼禾遍地绿浪奔腾的浩瀚河流。北边呀，那是陶朱公范蠡放牧的原野，西边呀，那是楚昭王芈轸长眠的陵墓；花果林木遮蔽了苍茫原野，五谷展叶随风俯仰装饰着阡陌田畴。这里虽然百花盛开，万般毓秀，终究不是我的故乡啊，我怎能在此蹉跎岁月长久地逗留？

> 遭纷浊而迁逝兮，漫逾纪以迄今。
> 情眷眷而怀归兮，孰忧思之可任？
> 凭轩槛以遥望兮，向北风而开襟。
> 平原远而极目兮，蔽荆山之高岑。
> 路逶迤而修迥兮，川既漾而济深。
> 悲旧乡之壅隔兮，涕横坠而弗禁。
> 昔尼父之在陈兮，有归欤之叹音。
> 钟仪幽而楚奏兮，庄舄显而越吟，
> 人情同于怀土兮，岂穷达而异心。

我遭逢浊世纷乱而离开我的北国啊，流落江南已经十几个春秋；情思缱绻系念着亲爱的故乡啊，日复一日令人难以忍受！凭栏遥望北方起伏如浪的广袤原野，北风猎猎掀开了我的衣襟；辽阔的平原秋风浮漾，百花灿烂，可是我骋怀送目却望不到边际啊，高耸的荆山犹如利剑，喀喇一声斩断了我思乡的羽翼。那乡间路蜿蜒如蛇在风里蠕动啊，那河水平静无波却令人生出了莫名畏葸。可悲啊，故乡被千山万水阻隔，眼泪呀，就像一万匹情感之马，在脸上纵横交流。当年孔夫子在陈国遭遇围困，无奈发出了连声叹息"归欤归欤"；楚国古琴演奏家钟仪虽然被晋人囚禁，演奏的却依然是楚国乐曲；越国人庄舄在楚国做了大官，嘴里说的却还是越国俚语。自古以来，哪个人不思念自己的故土啊，怎么会因为飞黄腾达而忘乎所以鄙弃故里？

> 惟日月之逾迈兮，俟河清其未极。

冀王道之一平兮，假高衢而骋力。

惧匏瓜之徒悬兮，畏井渫之莫食。

步栖迟以徙倚兮，白日忽其将匿。

风萧瑟而并兴兮，天惨惨而无色。

兽狂顾以求群兮，鸟相鸣而举翼。

原野阒其无人兮，征夫行而未息。

心凄怆以感发兮，意忉怛而憯恻。

循阶除而下降兮，气交愤于胸臆。

夜参半而不寐兮，怅盘桓以反侧。

    时光永在流逝啊，太平之神哪年哪月才会轰然降临？渴盼大王登高一呼灭尽群凶啊，我在太平盛世施展自己的冲天才能。如果像一只葫芦一样悬挂在虚空，犹如清澈明净的井水无人饮用，天地为何赋予我百花一般的灿烂才情？我漫步高冈与漠野啊，忽然感觉大地摇晃，太阳摇摇欲坠；萧瑟寒风像虎狼一样怒号，天色惨然，乌云横空，就像天兵天将角斗，弄得山摇地动；野兽哀号着左冲右突寻找伙伴，鸟雀惨叫着纷纷展翅逃离。原野上骤然间死一般的寂静啊，似乎没有了任何生物，只有天边的一个远行人，在顶着嗷嗷狂风趔趔趄趄奔向自己的家园……我的心啊笼罩着一片凄凉，就像天地之间涨满了感伤，逼得我气喘吁吁，犹如面对世界末日一般绝望！我只好沿着台阶走下来，就像逃离逼人魂魄的刀枪，直到午夜时分还在辗转反侧啊，思考着像我一样的漂泊者，明天的命运究竟将会怎样？

四

    王粲的《登楼赋》，抒发了动乱年代里一个漂泊者的心声；他之回归北方，归附曹操，自是不可避免。建安十八年（213），魏国建立，王粲被任命为侍中，不但受到曹操赏识，也和曹丕、曹植兄弟建立了深厚的友谊，"建安七子"之雏形，也慢慢浮出了江湖。

所谓"建安七子"，其实是"三曹七子"，"七子"之外，矗立着三座雕像：曹操、曹丕、曹植。曹氏父子，都是颇具雄才的文学家，也是建安文学赖以崛起的依托与领袖。曹操的《观沧海》《龟虽寿》《薤露行》《蒿里行》《苦寒行》《步出夏门行》等篇，尽为当时诗歌之英华，"曹公古直，甚有悲凉之句"（《诗品》）；而曹植的弥天才华，更是弥漫四合，堪称建安文学之昆仑，《七哀诗》《白马篇》《赠白马王彪》《洛神赋》《野田黄雀行》等篇，晶莹如玉，浩荡若云，被钟嵘誉为"骨气奇高，词彩华茂。情兼雅怨，体被文质，粲溢今古，卓尔不群"；曹丕才华稍弱，其《燕歌行》《校猎赋》《出妇赋》《登台赋》等篇，别具风姿，陈寿赞扬他"天资文藻，下笔成章，博闻强识，才艺兼该"，他的《典论·论文》是我国最早的文学理论与批评专著，具有独特的意义。刘勰《文心雕龙》概括说："魏武（曹操）以相王之尊，雅爱诗章；文帝（曹丕）以副君之重，妙善辞赋；陈思（曹植）以公子之豪，下笔琳琅；并体貌英逸，故俊才云蒸。"

建安时代前期，曹氏父子与各位才子亦师亦友，交谊深厚，曹操作为一代枭雄，身居相位，当然无法与才子们倾心畅怀，平等交流。曹丕与曹植既是翩翩贵公子，又是才华冲天的文士，自然能与诸位才子"沆瀣一气"；而尽情展露与诸文友深厚情谊的，则是曹丕的《与吴质书》。

吴质，字季重，兖州济阴（今山东菏泽市定陶区）人，著名文学家，曹魏大臣，在曹丕与曹植争夺魏王世子的过程中，他连出奇计，厥功至伟，与司马懿、陈群、朱铄一起，被称为曹丕"四友"。建安二十三年（218），曹丕历经艰苦鏖战，终于在立储之战中胜出，被立为魏王世子，或许是心有千千结，腹藏万重山，他给好友吴质写了一封信，开篇即痛感"岁月易得"，韶光易逝，正如杜甫所云："人生不相见，动如参与商"，偶或一思之，两眼泪汪汪……

昔年疾疫，亲故多离其灾，徐、陈、应、刘，一时俱逝，痛可言邪？昔日游处，行则连舆，止则接席，何曾须臾相失！每至觞酌流行，丝竹并奏，酒酣耳热，仰而赋诗，当此之时，忽然不自知乐也。谓百年己分，可长共相保，何图数年之间，零落略尽，言之伤心。顷撰其遗文，都为一集，观其姓名，已为鬼录。追思昔游，犹在心目，而此诸子，化为粪壤，可复道哉？

曹丕说的"昔年疾疫"，是指建安二十二年（217），曹魏之都邺城（今河北临漳县）爆发的一场莫名其妙的大瘟疫。对这场灾难，史书鲜有记载，《后汉书·孝献帝纪》只说"是岁大疫"；曹植《说疫气》对此的记载是：这一年"疠气流行，家家有僵尸之痛，室室有号泣之哀。或阖门而殪，或覆族而丧"。至于瘟疫暴发的原因，有人以为是鬼神弄妖作怪，他的结论却是："此乃阴阳失位，寒暑错时，是故生疫，而愚民悬符厌之，亦可笑也。"

这场大瘟疫，"徐、陈、应、刘"，同时罹难，王粲也在这一年辞世，此后，邺下文士日见凋零。曹丕感叹说，这场瘟疫，凶猛如虎，吞噬了一干亲爱的弟兄，"痛可言邪"？遥想从前，兄弟们遨游世海，"行则连舆，止则接席"，何其酣畅淋漓也！可是倏忽之间，花谢枝折，"零落略尽，言之伤心"，唉唉！友朋已登鬼录，吾辈伤心如何？所谓人生，所谓奋斗，所谓王霸大业，又有何意义哉？

观古今文人，类不护细行，鲜能以名节自立。而伟长独怀文抱质，恬淡寡欲，有箕山之志，可谓彬彬君子者矣。著《中论》二十余篇，成一家之言，词义典雅，足传于后，此子为不朽矣。德琏常斐然有述作之意，其才学足以著书，美志不遂，良可痛惜。间者历览诸子之文，对之技泪，既痛逝者，行自念也。孔璋章表殊健，微为繁富。公干有逸气，但未遒耳；其五言诗之善者，妙绝时人。元瑜书记翩翩，致足乐也。仲宣独自善于辞赋，惜其体弱，不足起其文，至于所善，古人无以远过。昔伯牙绝弦于钟期，仲尼覆醢于子路，痛知音之难遇，伤门人之莫逮。诸子但为未及古人，自一时之俊也，今之存者，已不逮矣。后生可畏，来者难诬，然恐吾与足下不及见也。

"伟长"，徐幹的字；"德琏"，应玚的字；"孔璋"，陈琳的字；"公干"，刘桢的字；"元瑜"，阮瑀的字；"仲宣"，王粲的字。——曹丕历数着朋友们的名号，一一点评他们的特点：徐幹"词义典雅"，可谓不朽；应玚"美志不遂，良可痛惜"；陈琳"章表殊健，微为繁富"；刘桢"诗之善者，妙绝时人"；阮瑀"书记翩翩，致足乐也"；王粲"善于辞赋"，可惜体弱多病，不足以撑起弥天才华。唉唉！从前钟子期死了，伯牙就不再弹琴；子路被剁成肉酱，孔夫子从此拒食此物，他们都是因为"痛知音之难遇，伤门人之莫逮"啊！人生之至痛、之至悲，莫过于此！曹丕念叨着朋友们的名字，喃喃自语，不禁泪下……

年行已长大，所怀万端，时有所虑，至通夜不瞑，志意何时复类昔日？已成老翁，但未白头耳。光武言："年三十余，在兵中十岁，所更非一。"吾德不及之，而年与之齐矣。以犬羊之质，服虎豹之文，无众星之明，假日月之光，动见瞻观，何时易乎？恐永不复得为昔日游也。少壮真当努力，年一过往，何可攀援，古人思秉烛夜游，良有以也。

曹丕生于公元187年，到218年写此信时，不过而立之年，却有了"老翁"之叹，他想到汉光武帝刘秀这般年纪时，已经建立东汉王朝，与之相比，自己实在渺小如蝼蚁之辈呢。他说自己"以犬羊之质，服虎豹之文，无众星之明，假日月之光"，既是谦辞，也算符合史实。因为，他成为魏文帝之后，并无太大作为，而他施行的两项政举，历史证明都是弊政，其一，他推行"重用异姓，打击同姓"用人政策，将一干曹氏兄弟如曹彰、曹植等打入地狱的同时，也为司马懿等异姓大佬打开了弄权之门，为后来的魏晋易帜埋下了伏笔。其二，他施行"九品中正制"选才政策，虽有其积极意义，却为魏晋之际盛行的豪门政治开了先河，世家大族像枯藤一样缠住了后世政权。更为致命的是，他在病危之际，任命镇军大将军陈群、中军大将军曹真、征东大将军曹休、抚军大将军司马懿受领遗诏，共同辅佐太子曹叡（魏明帝），一举将大野心家司马懿推上了辅政大臣之高位，也为曹魏政权找到了最后的掘墓人。

建安二十二年（217）春，王粲不幸病逝，时年41岁。曹植作《王仲宣诔》，以寄托绵绵哀思，叹王粲之才，"文若春华，思若涌泉，发言可咏，下笔成篇"；哀王粲之死，"哀风兴感，行云徘徊，游鱼失浪，归鸟亡栖，呜呼哀哉！"

与曹植的逞才竞丽不同，曹丕在王粲的葬礼上带领众文友学驴叫，演绎了一出"驴鸣送丧"之情景剧，其真挚与深情，的确胜过了曹植的华美辞藻……

2019年4月20日

人生百年谁能持

一

　　1979年暑假，我从古城保定返回故乡，作为河北大学中文系七七级的一名大二学生，背包里装了两本从学校图书馆借来的文学书籍，一本是法国作家福楼拜的《包法利夫人》，一本是中国古典诗歌集《魏晋南北朝诗选》。每逢放假，我就选两本书带上，闲暇时阅读。

　　那时候，中国农村的人民公社制度还在运行，施行的依然是集体所有制，全县分成若干公社（乡镇），公社辖若干大队（村），大队辖若干小队（生产队）。我回来时，村里依然流行"大呼隆"式的集体劳动，全队社员一起出动，干活挣工分，全天5个工分，早晨1个，上午、下午各2个。我作为一个户口已迁往城市的"外人"，队里是不允许出工干活挣工分的。我就伴着母亲，日日走在夏天的光荫里。家园里有株石榴树，在大太阳照耀下，蔫蔫的有些不精神，我和母亲就拉了水来浇灌，那沥沥清水，如今依然滴滴答答地响着；傍晚来临，暑气渐褪，我和母亲就走出家门，慢慢地说话。她说她年轻时刚强，从来不叫苦喊累；她说人的命天注定，没有什么好抱怨的。她还说："如今，娘知足了。你们小时候，咱家只有三间小土屋，夏天热得要命，你们热得整夜睡不着觉。如今，娘知足了……”

每天黄昏，我陪着母亲，走出院落，来到村外。那时候，太阳落山，牛羊归栏，人们回家。慢悠悠的农家岁月，犹似母亲的脚步，迟缓，沉重，踏实。没有诗也没有歌。土地的梦想，天边的忧郁，都凝结于这双在浮土飞扬的小路上迈动着的一双脚！

“娘，往哪儿去？”

“哪儿都行。”

夏末的田野上，玉米已经半尺高，一个一个麦秸垛，蘑菇似的散落在村子四周。晚霞和着蒸腾的地气，袅袅地在田间浮动。庄稼人，有的匆匆回家，有的悄悄来到麦田里，捡拾几颗遗落的麦穗。小虫子在庄稼枝叶间飞着，蚂蚱夹夹夹地从东飞到西，兰花帽也缓缓地在庄稼和草叶之间游动，还有簸箕虫、担担杖、花大姐、花蝴蝶之类，各自依着自己的生存规律，飞翔，觅食，生息。村南道沟南岸，是队里的一片菜地，韭菜、大葱、茄子、瓠子、北瓜、黄瓜等果蔬，高高低低，举着花花绿绿的小旗子，在大地上显示着自己的美丽与重要。

院落里有一只铁床，铁床上铺着一领草编凉席，凉席上铺着一幅粗布床单。每次从外边回来，母亲就坐在铁床上，絮絮地和我说话。晚饭过后，星星在天上闪烁，夜风在街头流动，母子俩在床边相依。虽说只有半年不见，母亲头上的白发却明显多了，那阔大的嘴巴似有凹痕；这是落了几颗牙形成的。这就是衰老的表征啊。母亲年轻时，多么孔武有力啊！据她说，百来斤的粮袋，一甩就扛到肩上，走起路来嗖嗖嗖一阵风。这些，我当然没有亲眼见过；但我相信。

这个夏天陪着母亲走路，可以说是我一生的幸福时光。许多许多年之后，春光无际也罢，秋光晶莹也罢，冬雪飘潇也罢，我都记得此时此刻走在母亲身边的幸福。唉，人生的需求其实很少啊！母子俩依依的心灵之交流，我清晰地感到了娘的血脉在自己血管里流动，感到了与生俱来的那一丝坚强一丝伤感一丝忧郁的源头。

记得那年初秋，麦收过了，我脱下鞋子，挽起裤脚，跳进自家的猪圈里，舞动着起粪叉（一种农具），开始"起粪"，就是把猪圈里的粪肥，一坨一坨起到地面上来，然后再拉到田野里区，给庄稼追肥。这是乡间最脏、最累的活计之一（农活四大累：打坯，起粪，拉大锯，脱麦粒）。脚下是泥水、尿水、粪水，踩上去咕叽咕叽乱响，臭气熏天，直冲鼻孔。娘说我干不了，我说试试吧。

我跳下猪圈，母亲拿过一个小板凳，坐在不远处，看我猴子似的跳来跳去，一会儿就大汗淋淋了。"快上来歇会儿吧。"她说。

因为从小身体羸弱，我基本上不会干农活儿，这让母亲常常担心：这孩子将来可咋生活啊？

每年的夏天与秋天，我都有两大毛病发生：一是鼻孔流血，是那种无缘无故、没有任何理由的流血，那鼻血忽然之间就下来了，常常弄得手足无措。再一个就是手掌脱皮，先是皮肤泛白，起泡，一撕，白皮就开始脱落。这两样，也是母亲的心病。奇怪的是，上大学之后，我这两大毛病，都不治而愈了。

唉，儿女身上的一丁点儿问题，都是父母心底的痛楚啊！

二

陪着母亲散步之余，我就开始读书。先读《包法利夫人》。这本书，借来已经很久，只是没顾上读，乘着休假恶补一下吧。那时候读书，可以用两个词来形容：囫囵吞枣、生吞活剥；而且，还像模像样拿个笔记本，一边读，一边抄。

居斯塔夫·福楼拜是18世纪中叶法国著名的批判现实主义作家，以笔锋冷峻著称，他对包法利夫人艾玛的爱情悲剧作了抽丝剥茧式的描写。爱玛本是农家女儿，从小接受了贵族式教育，她厌倦了与老实木讷的乡村医

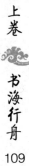

生包法利先生的婚姻生活，日夜渴望着一场惊心动魄的爱情轰然降临，先后与情场老手鲁道尔、文艺青年莱昂展开了两段令人晕菜的婚外恋，最后被炫目的情感之波吞噬了。艾玛与情人莱昂先生在马车里演绎的那场"车震"，被福楼拜写得丝丝入扣——

那一天，莱昂把忸怩作态的艾玛推上了一辆马车，帘子呼啦拉上了。

"先生到哪里去？"马车夫问道。

"随便哪里都行！"莱昂回答。

于是，马车沿着马路，辚辚前行，走下了大桥街，走过艺术广场、拿破仑码头、新桥……马车夫开始犹豫，"往前走！"车子里面的声音催促着……

　　车子掉头往回走；而这一回，既无目标又无方向，只是在随意游荡。只见它先是驶过圣波尔教堂，勒斯居尔，加尔刚山，红塘镇，快活林广场；随后是马拉德尔里街，迪南德里街，圣罗曼塔楼，圣维维安教堂，圣马克洛教堂，圣尼凯兹教堂——再驶过海关——旧城楼，三管道和纪念公墓。车夫不时从车座上朝那些小酒店投去绝望的目光。他不明白车厢里的那二位究竟着了什么魔，居然就是不肯让车停下。他试过好几次，每回都即刻听见身后传来怒气冲冲的喊声。于是他只得狠下心来鞭打那两匹汗涔涔的驽马，任凭车子怎么颠簸，怎么东磕西碰，全都置之度外，他蔫头耷脑，又渴又倦又伤心，差点儿哭了出来。

　　在码头，在货车与车桶之间，在街上，在界石拐角处，城里的那些男男女女都睁大眼睛，惊愕地望着这幕外省难得一见的场景——一辆遮着帘子、比坟墓还密不透风的马车，不停地在眼前晃来晃去，颠簸得像条海船。

　　有一回，中午时分在旷野上，阳光射得镀银旧车灯锃锃发亮的当口，从黄色小窗帘里探出只裸露的手来，把一团碎纸扔出窗外，纸屑像白蝴蝶似的随风飘散，落入远处开满紫红花朵的苜蓿地里。

马车走啊走啊，几乎绕着整个鲁昂城跑了一圈儿。福楼拜将马车经过地点的外部场景，写得栩栩如生，而对于车厢内发生的事情，却不着一字；至于艾玛与莱昂在车上究竟干了些啥，天晓得呀！——直到傍晚六点钟，"马车停进博伏瓦齐纳街区一条小巷，下来一个女人，面纱放得很低，头也不回地往前走去"。

曾有人问福楼拜，包法利夫人的原型是谁？他回答说："包法利夫人就是我自己。"——其实，爱慕虚荣、渴望热烈，最后却被生活的沸腾岩浆吞噬的艾玛女士，不但像似这一经典形象的创造者福楼拜自己，更像我们许多人呢！

三

如果说，读了《包法利夫人》让人洞见了人类心灵深处的某种弱点，而读了曹植的《赠白马王彪》，则霍然看到了人生之冷峻与惨烈。

《赠白马王彪》是《魏晋南北朝诗选》中的一篇，其序曰："黄初四年五月，白马王、任城王与余俱朝京师、会节气。到洛阳，任城王薨。至七月，与白马王还国。后有司以二王归藩，道路宜异宿止，意毒恨之。盖以大别在数日，是用自剖，与王辞焉，愤而成篇。"

黄初四年（223）五月，曹植与白马王曹彪、任城王曹彰，奉命进京朝拜。这次看似例行公事的朝拜之举，对三位王子来说，其实蕴含着巨大危机。因为，魏文帝曹丕代汉自立已经四载，统治基础日渐稳固，开始清算当初的政敌与竞争对手，而对他威胁最大的政敌，无疑就是这三个同胞兄弟了；当初与他激烈竞争魏王世子之位的曹植，更成了他的眼中钉肉中刺。

当上皇帝之后的曹丕，已经蜕尽诗人本色，变成了冷酷无情的政治阴谋家，他先借故诛杀了曹植的好朋友丁仪、丁廙兄弟，不久又杀掉了当初支持曹植的著名围棋国手孔桂与宛城太守杨俊，吓得世人纷纷远离曹植，避之唯恐不及。那些官场上的势利之徒，不但对他恶语相向，还落井下石，乘机诬陷。黄初三年（222），曹植被东郡太守王机、防辅吏仓辑诬告，被索拿到京审讯，他杀鸡宰羊一般力证清白，事后他悲愤地写道："众口可铄金，谗言三至，慈母不亲。愤愤俗间，不辨伪真。"

其实，曹植不明白，到了这个节骨眼儿，世界上哪里还有什么伪与真？人为刀俎，尔为鱼肉，你见过刀俎给鱼肉讲道理的事情吗？——随后，曹植被不断贬黜、迁徙，先贬为安乡侯，相当于一个乡镇，治所在今河北晋州市侯城村；不久改封鄄城侯，辖境在今山东菏泽境内，相当于一个郡县了；再改封雍丘王（今河南杞县）。太和六年（232），曹植被封于陈郡（今河南太康一带），这年十一月，41岁的曹植在这里辞世，按照其遗愿，葬于山东东阿县之鱼山，后人称之为"陈王""陈思王"。

黄初四年，曹植正在雍丘王任上。那时候，由于各种势力的凌逼，尤其是皇帝铁拳的不断打压，他经常感到屠刀在头顶晃动，心中的屈辱、悲愤，早已飞到了爪哇国。死亡的威胁似乎摧毁了他的意志，求生的本能令他像狗一样匍匐在皇帝脚下。他意识到，这次三兄弟奉命进京，肯定凶多吉少。他战战兢兢，想当面向皇帝谢罪，曹丕不许，令他独宿西馆思过。漫漫长夜，幽幽孤灯。曹植惶恐不安，似乎夜空中有一只兀鹰，不时啄击着他可怜的灵魂。几近崩溃的诗人蘸着血泪写下了《责躬诗》，捶胸顿足地表示要痛改前非，立功赎罪，其序云：

臣自抱衅归藩，刻肌刻骨，追思罪戾，昼分而食，夜分而寝。诚以天网不可重罹，圣恩难以再恃。窃感《相鼠》之篇无礼遄死之义，形影相吊，五情愧赧。以罪弃生，则违古贤夕改之劝；忍垢苟全，则犯诗人胡颜之讥。伏唯陛下德象天地，恩隆父母；施畅春风，泽如时雨……

《国风·鄘风·相鼠》是一首意蕴强烈的讽刺诗，"相鼠有皮，人而无仪；人而无仪，不死何为？"老鼠尚有一张"脸"（皮），人却没有丝毫尊严；你如此寡廉鲜耻，还有何颜面活在世间？曹植斥责自己触犯君臣大义，还不如一只老鼠，痛感生无可恋，生不如死！他追思罪戾，"刻肌刻骨"，想以死谢罪，怕有违"古贤夕改之劝"；想隐忍苟活，则自觉颜面尽失、愧对皇上之恩典！——读此序文，令人涕下。不是到了慌不择言的地步，曹植怎么会写出如此混乱的文字？为了苟活，他居然将一母同胞的迫害狂曹丕说成"恩隆父母"！在这首文思错乱的诗中，他颂扬曹丕"受命于天，宁济四方。朱旗所拂，九土披攘"，痛骂自己"恃宠骄盈，举挂时网。作藩作屏，先轨是隳"，应当受到严厉惩罚，"国有典刑，我削我绌。将置于理，元凶是率"，表示自己"仰瞻城阈，俯惟阙庭。长怀永慕，忧心如酲"。母亲卞太后担心曹植自杀，对着曹丕痛哭流涕，曹丕不为所动。第二天，曹植身背砧锧（一种刑具），乱发赤足，来到阙下呜咽请罪。到了此时此刻，才华盖世的曹子建，已经是无路可走了！

尽管如此，曹植的命运，依然比任城王曹彰幸运。曹彰刚毅威猛，骁勇善战，勇冠三军，被老爹曹操称为"黄须儿"。老爹去世后，曹彰对曹丕继位曾有不逊之辞，曹丕怕他起兵谋反，决心除掉他。兄弟俩在母后卞氏宫中下棋，边下棋边吃枣，曹丕暗中令人在枣中下毒，曹彰不明就里，猛吃一通，当场中毒。卞太后到处找水解毒，岂料曹丕已令人捣毁了所有坛坛罐罐，太后披头散发跑到井边，仍无法取水，眼睁睁瞅着心爱的儿子中毒身亡。她号啕痛哭，不停地怒骂曹丕。

在惊恐忧惧中挨到溽热的七月，曹植与白马王曹彪，终于可以离开京城返回封国了。暂时逃脱了魔窟的两个人，缓辔而行，互诉衷肠，唏嘘不已，但随即被皇帝的鹰犬强令分开，不许同行，曹植愤恨难平，激情动荡，写下了千古名篇《赠白马王彪》——

> 谒帝承明庐，逝将归旧疆。
>
> 清晨发皇邑，日夕过首阳。
>
> 伊洛广且深，欲济川无梁。
>
> 泛舟越洪涛，怨彼东路长。
>
> 顾瞻恋城阙，引领情内伤。

在承明庐拜谒了亲爱的皇兄啊，即将返回我的封国，踏上雍丘那片贫瘠的热土。清晨迎着朝霞从都城跃马起程啊，傍晚沐浴着落晖来到了京城东北的首阳；伊水与洛水迷蒙着漫天云雾啊，想要渡过浩荡川流，奈何却寻不见渡河的桥梁；乘着一叶孤舟在大水上飘摇啊，归去的路途是如此的遥远而漫长；回首望见了皇宫的巍峨城阙，实在难以抑制心头汹涌如涛的万般哀伤！

> 太谷何寥廓，山树郁苍苍。
>
> 霖雨泥我涂，流潦浩纵横。
>
> 中逵绝无轨，改辙登高岗。
>
> 修坂造云日，我马玄以黄。

浩荡的太谷关何等空阔啊，山崖上的古木冲天而上，郁郁乎苍苍！暴雨就像暴君的万条皮鞭，噼噼啪啪抽在人的灵魂之上；浑浊的泥流仿佛奔涌的地狱沸水，在天地间肆意地冲荡；途中幽径已经成为乱流之河，由高到低汹涌流淌，我只能跳下马来，攀上虎齿狼牙一般的高岗；长长的斜坡泥滑滑追云逐日，我亲爱的马儿啊，又病歪歪染上了一身玄黄……

四

曹植，字子建，曹操与卞皇后所生第三子，曹丕胞弟，是建安时代的大才子，与其父曹操、其兄曹丕合称"三曹"。南朝大才子谢灵运说："天下才有十斗，曹子建独占八斗，我自己一斗，其余一斗大家去分吧！"其仰慕之情，溢于言表。《三国志·曹植传》说他"性简易，不治威仪，舆马服饰，不尚华丽。每进见难问，应声而对，特见宠爱"。清代学人王士祯将他与李白、苏轼并称"仙才"。

这样一位穿越时空的天赋英才，其绵绵思绪，如日升日落，其脉脉真情，如浩荡江流。他悲伤着人类的悲伤，绝望着天地的绝望，欢乐着凡人的欢乐——"人居天地间，忽若风吹尘。怀此王佐才，慷慨独不群"（《薤露行》）。人世间的一粒微尘，却承载着改天换地的时代重负，承载着表达人类心灵之磨难历程的历史使命。这种强烈的使命感，对于曹植而言，毋宁说是一件终生痛苦的事情。

曹植的四十载人生岁月，被建安与黄初两个时代分割成截然不同的两个世界。建安时代，曹操纵横捭阖，一手遮天，曹植作为才华盖世的贵公子，深得父王赏识，过着斗鸡走马、驰骛游荡、花天酒地的豪奢生活。黄初年间，曹丕即位称帝，曹植沦为皇兄铁拳之下的"笼中鸟、网中鱼"，挣扎在生与死的边缘。而他的作品，也深深地打上了时代的烙印。

单从文章的题目，就能窥见曹植在建安时代的生活轨迹：《斗鸡》《公宴》《游观赋》《节游赋》《娱宾赋》《箜篌引》《大暑赋》《宝刀赋》《迷迭香赋》等，这些作品拈花惹草，骋才竞丽，既有轻浮大言，也有无病呻吟——"嗟羲和之奋迅，怨灵曜之无光。念人生之不永，若春日之微霜。谅遗名之可纪，信天命之无常。愈志荡以淫游，非经国之大纲"（《节游赋》），词句华丽，意蕴轻微；"凉风肃兮白露滋，木感气兮柔叶辞。临渌水兮登重基，折秋华兮采灵芝，寻永归兮赠所思。感离隔兮会无期，伊郁悒兮情不怡"（《离友》），美言纷呈，情绪微漾；而《名都篇》，则集中展示了曹植这一时期的神采——

> 名都多妖女，京洛出少年。
>
> 宝剑值千金，被服丽且鲜。
>
> 斗鸡东郊道，走马长楸间。
>
> 驰骋未能半，双兔过我前。
>
> 揽弓捷鸣镝，长驱上南山。
>
> 左挽因右发，一纵两禽连。
>
> 余巧未及展，仰首接飞鸢。
>
> 观者咸称善，众工归我妍。
>
> 我归宴平乐，美酒斗十千……

然而，若是一味游乐纵肆，陶醉于灯红酒绿，历史上也就不会有伟大诗人曹植了。从少年时代起，在他的心灵深处，就播下了驰骋疆场、建功立业、名留千古之火种。父王的雄图霸业，疆场的淋漓鲜血，国家的生死存亡，个人的扬名立万，铸成了他的志士胸怀，成为他笔下永恒的主题。好友徐幹"独怀文抱质，恬淡寡欲，有箕山之志"，曹植赋诗劝励，希望他有所作为，"志士营世业，小人亦不闲""慷慨有悲心，兴文自成篇"。《白马篇》则是他的自励之作——

> 白马饰金羁，连翩西北驰。
>
> 借问谁家子？幽并游侠儿。
>
> 少小去乡邑，扬声沙漠垂。
>
> 宿昔秉良弓，楛矢何参差。
>
> 控弦破左的，右发摧月支。
>
> 仰手接飞猱，俯身散马蹄。

矫捷过猴猿，勇剽若豹螭。

边城多警急，虏骑数迁移。

羽檄从北来，厉马登高堤。

长驱蹈匈奴，左顾陵鲜卑。

弃身锋刃端，性命安可怀！

父母且不顾，何言子与妻？……

这个"捐躯赴国难，视死忽如归"的"游侠儿"，周身流淌着曹植的"志士之血"，寄托着曹植建功立业的强烈雄心！

然而，曾几何时，曹植在与其兄曹丕的争储斗争中失败了，不但永远失去了统驭天下的机会，而且沦为其皇兄利爪之下的狐兔。死亡的阴影如垂天之云，时常在他眼前晃动。黄初四年的这次京城朝拜，曹丕高擎恶魔般的利斧，向着自己的兄弟砍了过去，"黄须儿"曹彰被害，曹植与曹彪得以苟活，离开京城，却像两片冷风中的秋叶，瑟瑟发抖，悲愤难言……

曹彰死了，死不瞑目。曹植当然知道他因何而死，只是作声不得。兄弟俩自此人天永隔，其悲痛与怀念，如漫漫长夜，永无尽头。曹植与曹彪走在返国的坎坷路上，泪眼相望，百感丛生。可是，转眼之间，兄弟俩又被强令分开了，生离死别，就在眼前，何日再相见？只有天知道。——百转千回的感情波澜与燧石磷火般的思想光彩，交融于《赠白马王彪》的诗行之中，你根本觉察不到什么写作技巧，只能跟着诗人的情绪起伏动荡，随着诗人的笔触感受痛苦如深渊之人生岁月！

玄黄犹能进，我思郁以纡。

郁纡将何念，亲爱在离居。

本图相与偕，中更不克俱。

鸱枭鸣衡轭，豺狼当路衢。

苍蝇间白黑，谗巧令亲疏。

欲还绝无蹊，揽辔止踟蹰。

马儿感染玄黄之疾，脚步踉跄啊，还可以扬鬣奋进；我的哀思啊，却像万千条丝线，撕扯得魂魄迷离。我感觉了阴阳错位神魂颠倒，心底究竟在牵念什么呀，亲爱的兄弟即将别离！我们本来想着一起踏上归程，叵耐利刃割断了流水啊，骨肉不能相伴相依。凶恶的鸱枭嘎嘎怪叫着，阻拦着我们的归途；嗜血的豺狼号叫着横在眼前，龇着獠牙欲吞噬可怜的兄弟；嗡嗡的苍蝇混淆了世间的黑白，无耻的谗言割断了骨肉相连的胞衣。我想要早点归去啊，却找不见路径，手里攥着硬如钢鞭的马缰啊，却不晓得该往哪里去！

踟蹰亦何留？相思无终极。
秋风发微凉，寒蝉鸣我侧。
原野何萧条，白日忽西匿。
归鸟赴乔林，翩翩厉羽翼。
孤兽走索群，衔草不遑食。
感物伤我怀，抚心长太息。

我在天地之间徘徊踟蹰啊，不晓得究竟流连什么？只是骨肉亲情连天接地，无终无极。秋风呼啸着千般思念啊，寒蝉嘶鸣着万般忧郁；眼前的原野白茫茫一片啊，耀眼的太阳倏忽间就没了踪迹；翩翩归鸟飞翔着落入乔木丛林之间，翅膀却煽动着群山的忧思与痛惜；孤单的野兽走在荒原上，嘴里衔着一簇青草，鸣声号唳，奄奄一息；我走在天地之间的大空旷里，抚心太息，像一只受伤的独狼一样，悲噎泣啼！

五

黄初七年（226）6月29日，魏文帝曹丕辞世，享年40岁，其子曹叡登基，是为魏明帝，改元太和。新帝登基，曹植的处境稍有改善，但樊笼依旧。这时候，已经到了曹植人生的晚秋。夕阳下，古道边，孤独的天才，彷徨复流连。即使如此，他依然热血沸腾，屡次上书曹叡，要求冲出樊笼，为国家建功立业——

若使陛下出不世之诏，效臣锥刀之用，使得西属大将军，当一校之队；若东属大司马，统偏师之任。必乘危蹈险，乘舟奋骊，突刃触锋，为士卒先……

——《求自试表》

臣伏自唯省，岂无锥刀之用？及观陛下之所授拔，若以臣为异姓，窃自料度，不后于朝士矣！若得辞远游，戴武弁，解朱组，佩青绂，驸马奉车，趋得一号，安宅京师，执鞭珥笔，出从华盖，入侍辇毂，承答圣问，拾遗左右，乃臣丹情之至愿，不离于梦想者也……

——《求通亲亲表》

类似这样的上书，曹植给明帝曹叡写了不少。可惜，落花有意，逝水无情。曹叡牢记其父曹丕的再三叮嘱，根本不予回应。我们这些后之来者，芸芸之众，根本没有资格嘲笑曹植天真幼稚，不谙世情。因为，如此高洁的心地与情怀，是不容许肆意践踏的！

太息将何为，天命与我违。

奈何念同生，一往形不归。

孤魂翔故域，灵柩寄京师。

存者忽复过，亡殁身自衰。

人生处一世，去若朝露晞。

年在桑榆间，影响不能追。

自顾非金石，咄唶令心悲。

　　可是，太息有什么用处啊？皇天不佑，又能奈何？可怜我那同胞兄长曹彰，已经告别尘世，他孤独的灵魂，依然在故国的上空飞翔啊，他的可怜的灵柩还寄存在京师；我们这些幸存者啊，须臾间也将飞升而去，我们的身体将化为一缕青烟，飞扬在九霄云霓！人生世间，犹如朝露一般短暂啊，而桑榆之年的迟暮之悲，笼罩着苍天与大地；从前那些耀眼的时光啊，又怎能轻易地忘记？——我们都是血肉之躯，生命不会像金石一般久长而碧丽；每想到这一点啊，不禁顿足嗟叹，满怀凄迷！

心悲动我神，弃置莫复陈。

丈夫志四海，万里犹比邻。

恩爱苟不亏，在远分日亲。

何必同衾帱，然后展殷勤。

忧思成疾疢，无乃儿女仁。

仓卒骨肉情，能不怀苦辛？

　　弥天悲愤无边无际啊，令我心神为之恍惚；这种被抛弃在大荒世界的苍凉与哀愁，不必再一一细陈；大丈夫应该胸怀天下志在四海啊，纵然隔阻了千里万里，犹如转身即至之近。如果骨肉亲情不随着岁月而衰减，定会积集如山，广阔无垠；又何必形影相见，同榻共眠，来展现你我的友爱与殷勤？过度的思念就像春蚕吐丝一般啊，容易导致疾病缠身；我们不必沉溺在儿女情长之中，把野马一般的男儿气概束缚囚禁；只是啊，仓促间割舍的兄弟情谊，犹如刮骨利刃，兀地令人不知所措，胸中涨满了愁苦与酸辛！

　　　　苦辛何虑思，天命信可疑。
　　　　虚无求列仙，松子久吾欺。
　　　　变故在斯须，百年谁能持？
　　　　离别永无会，执手将何时？
　　　　王其爱玉体，俱享黄发期。
　　　　收泪即长路，援笔从此辞。

　　此时此刻啊，我援笔在手，却不晓得如何表达心头的万般思虑；那遥远的昊天啊，也显得那般神秘而可疑。向着缥缈众仙寄托一腔心事，太虚真人赤松子笑眯眯向我打着诳语。人生的变故总是在转瞬之间啊，我们又能与谁相约百年之神遇？人啊，一旦永别，便阴阳阻隔，只得寄望来生再见；何时能再次握住兄弟的手啊，或许痴人说梦，只能等待海枯石烂地老天荒之奇迹？亲爱的白马王啊，请珍爱你尊贵的玉体，让我们健康长寿，共享云开雾霁的黄发之期。擦干眼泪，且上路吧，掷笔永诀，就此与君分离！

2019年4月23日

慷慨绝交意如何

一

魏晋之际的大才子嵇康先生，历来被认为是"竹林七贤"的精神领袖，其超迈风姿，参见《晋书·嵇康传》："康早孤，有奇才，远迈不群。身长七尺八寸，美词气，有风仪，而土木形骸，不自藻饰，人以为龙章凤姿，天质自然。恬静寡欲，含垢匿瑕，宽简有大量。学不师受，博览无不该通，长好《老》《庄》。"

这样一位万众瞩目的大才子，在魏晋易代之际的血雨腥风中，像一匹西极天马，昂然独行，飘然世外，引起世人波涛一般的羡慕嫉妒恨，那是必然的。然而，对于世俗的眼光，他都懒得看一眼。因为，在他眼前，兀立着一位顶天立地的"翩翩君子"。他在《释私论》中描摹了"君子"之形状："夫称君子者，心不措乎是非，而行不违乎道者也。何以言之？夫气静神虚者，心不存于矜尚；体亮心达者，情不系于所欲。矜尚不存乎心，故能越名教而任自然；情不系于所欲，故能审贵贱而通物情。"他认为，君子心里不在乎是非，行为不违反道义。何以如此呢？因为，气定神闲者，不会故作高尚；襟怀旷达者，不会做欲望的俘虏。不故作高尚，就能够超越名声教化而顺其自然；超越欲望，就能审视明辨贵贱，从而明白宇宙万物运行之规律，使自己的言行顺乎天地变幻之道。

这样一位天才纵横的旷世君子，最后却死于一场匪夷所思的"冤案"，令天下人泪雨纷飞，令后世无数粉丝痛惜不已。许多人将嵇康之死的原因，归之于司徒钟会的嫉恨，归之于大将军司马昭的残忍，归之于他那个奸险恶毒的损友吕巽，这些当然都不错；然而，最根本的原因，还是他狂放不羁的思想锋芒，像霹雳一样冲破了司马氏政权处心积虑构建起来的思想"防火墙"，招致了司马氏的嫉恨，必欲除之而后快。

嵇康（225～263），字叔夜，谯郡铚（今安徽宿县）人。其父为治书侍御史，早亡，由母亲和哥哥抚养成人，颇受娇纵，自幼任性不羁，疏慵散漫；少负异秉，学不师授，卓然自立，才情纵横，其文酣畅淋漓，其诗峻烈旷逸。他是天才的作曲大师和古琴演奏家，在山泽旷野间，"目送归鸿，手挥五弦"，怡然而歌。他的《广陵散》琴曲，独步当时，堪为稀世之音；他所作琴曲，以《长清》《短清》《长侧》《短侧》四首最有名，被称为"嵇氏四弄"，与蔡邕的"蔡氏五弄"合称"九弄"；其《琴赋》一文，状阳春白雪之雅音，绘高亢飘扬之声线，摹俯仰谛听之奇效，对琴之家世、琴之乐理、琴之神韵，无不曲尽其妙，对后世产生了很大影响，白居易《琵琶行》"大珠小珠落玉盘"之句，就来自《琴赋》。他还是书法与绘画名家，其草书自然飞扬，若高逸之士；其画溪清陵峻，玄远传响，时至唐代，尚有他的两幅作品《巢由洗耳图》《狮子击象图》流传，如今虽失传，据其画名，亦可想象其渺然之神采。

在中国文学史上，嵇康堪称奇士，其风采流逸千年。在"竹林七贤"中，山涛年齿最长，官职最高，阮籍天才傲世，刘伶嗜酒如命，王戎富甲乡里；然而，这个七人集团的核心人物，却是嵇康。嵇康的魅力，冠绝当世。山涛先生说："嵇叔夜之为人也，岩岩若孤松之独立；其醉也，傀俄若玉山之将崩。"（《世说新语·容止》）据说有个叫赵至的少年，在洛阳太学偶然看见嵇康先生泼墨挥毫，为之倾倒，徘徊不能离去；后来嵇康入狱，京城"豪俊皆随康入狱"——其非凡魅力，由此可见也。

此等天才人物，托生在魏晋易代之际的黑暗社会里，犹如珠玉沉埋于腐臭的沼泽地，他不但不能尽展其才华，织就锦绣前程，反而危机四伏，气喘吁吁，时刻都有命归黄泉的危险；加之他崇尚老庄，师法自然，厌恶儒家各种人为的烦琐礼教，使自己置于更尴尬危险之境地。

曹魏时代，嵇康颇受皇室赏识，娶了曹操的曾孙女、魏沛穆王曹林之子曹纬的女儿长乐亭主，成为皇族姻亲，官拜中散大夫，人称嵇中散。随着曹魏势力的逐渐式微，作为曹魏遗臣，嵇康自然知道，自己已经成了司马氏父子的眼中钉、肉中刺；作为一代思想巨子，他锐利深刻的思维触角，更是冲破了封建礼教藩篱的束缚，进入了一重新天地。他高标"越名教而任自然"，非汤武，薄周孔，毫不留情地攻击司马氏鼓吹的虚伪名教，产生了极大的社会影响，已经成为司马氏代魏自立在思想意识领域里的最大障碍。——司马氏政权怎么能容得下他啊！

正始十年（249），"高平陵政变"爆发，太尉司马懿诛杀大将军曹爽，将一干"曹氏余孽"尽数屠戮，司马氏从此独裁天下。嵇康眼见危险日益迫近，索性跳出政坛，放浪于山水之间，或作竹林之游，或赏流泉之乐，时而抚琴抒怀，偶尔引颈狂歌，如神龙一般见首不见尾。《晋书》记载，嵇康在山中云游采药，浩然而歌，峭壁上野花灿烂，悬崖边虬枝如龙，他的身影腾挪闪烁其间，形如麋鹿与虎豹，有个上山砍柴的老乡远远看见，惊得目瞪口呆，以为是神仙降临。这一消息，流传四野，传至京师，引起一片轰动，"京师谓之神人"。

然而，若说这就是嵇康理想中的幸福生活，那就错得天南地北了！

在嵇康的心灵深处，始终有两匹野马不息地奔腾着，只是方向相反：一匹向东，一匹向西。一方面，他以庄周先生为师，"俯仰自得，游心太玄"，戚鱼虾而友麋鹿，绘波涛而摹寒山，追求遗世旷达，诗酒人生；另一方面，他又刚肠疾恶，轻肆直言，左手挥动匕首，直刺虚伪礼教，右手甩动响鞭，鞭笞腐朽没落，遇到人间不平事，动辄拍案而起。——这怎么能为社会所容啊！

嵇康灵魂深处的矛盾哗啵作响，铸就了他的名著《高士传》之傲然风骨。《高士传》亦称《圣贤高士传赞》，由简短传记（传）与精短议论（赞）构成。《隋志·杂传》载，此书由嵇康作"传"，东晋学者周续之点"赞"；《唐志》则认为周续之作"传"，嵇康点"赞"。嵇康之兄嵇喜则说：嵇康"撰录上古以来圣贤隐逸、遁心、遗名者，集为《传赞》，自混沌至于管宁，凡百一十有九人"。按照嵇喜的说法，此书尽为嵇康一人撰著，与他人没一毛钱关系。嵇喜作为嵇康胞兄，其说辞显然更靠谱。此书共三卷，一百一十九篇，可惜散佚许多，仅传世六十余篇，其"反潮流"精神却塞于天地之间。嵇康一反中国传统的圣贤观念，尧、舜、禹、商汤、周文王、周武王、周公、孔子、孟子等，统统"名落孙山"，而巢父、许由、接舆、长沮、桀溺，及老子、庄子、段干木、季札、范蠡等乖异之士，纷纷"金榜题名"。

《高士传》现存篇目之第一篇，是上古道家仙人"广成子"，这位大神修行于西方崆峒山（位于今甘肃平凉市），据说活了1200岁。一天，轩辕黄帝驾临此山，向广成子请教治国之道与养生之术，广成子蹶然而起，侃侃而谈："至道之精，窈窈冥冥，无视无听，抱神以静。我守其一，以处其和……入无穷之间，游无极之野，与日月参光，与天地为常。"

这就是《庄子·在宥》记载的"黄帝问道广成子"桥段。按照庄周的说法，"广成子南首而卧，黄帝顺下风膝行而进"，十分虔诚。广成子告诫黄帝：大道之精髓，在乎邈远无极，幽冥沉寂，深不可测。目不斜视，耳不杂闻，心无杂念，抱宁守静，顺应天地，方可窥知大道之一斑也。在庸常的日子里，封闭所有感官，摒除一切妄念，谨守宇宙恒定之一真，方能使自己的心神飞升入云，游于无穷之间，无极之野，与日月同光，与天地比寿。——黄帝听罢，再拜稽首：广成子之论，像昊天一样邈远啊！

这篇"玄而又玄"的论道之文，既有庄周野马一样奔腾的思绪，更有嵇康纵横寰宇之情怀，堪称《高士传》的"宣言书"，也是嵇康缥缈难匹之襟抱的写照。

庄子与老子，并称"老庄"，其博大精深的哲学思想，影响深远。老子崇尚"无为"，"人法地，地法天，天法道，道法自然"；庄子主张顺从"天道"，摒弃"人为"，人在世间，犹如"游于羿之彀中"，心与道合一，"乘天地之正，而御六气之辩，以游无穷"。《高士传·庄周》讲了一个故事，说齐宣王以千金之币聘请庄周为相，庄周回答说："子不见郊祭之牺牛乎？衣以文绣，食以刍菽，及其牵入太庙，欲为孤豚，其可得乎？"他说，你没看见郊外用来祭祀的牛犊么？穿锦绣，吃草料，可是一旦牵入太庙，宰割祭祀，它再想做一头小猪崽，还有可能吗？庄周说罢，拂袖而去，"遂终身不仕"。而对于老子，嵇康则拿来《史记·老子传》中的话予以评说："良贾深藏，外形若虚。君子盛德，容貌若不足。"善于经商者，惯于藏匿货物，仿佛空无一物；品德高尚者，惯于谦恭处世，貌似迂拙无知。

巢父与许由，是尧舜时代的名士。尧帝欲把帝位让给巢父，他闻讯连夜跑到波涌浪翻的颍河岸边，在一棵大树上筑巢而居，"故人号为巢父"。尧帝又想把帝位传给许由，许由跑来陈说此事，巢父闻言大怒："汝何不隐汝形，藏汝光？非吾友也。"你干吗不隐埋姓名，藏匿光芒？如此贪恋俗务，哪里配做我老巢的朋友？说罢飞起一脚，把许由踢下树去。许由惆怅不已，踟蹰徘徊，"乃遇清泠之水，洗其耳，拭其目，曰：'向者闻言，负吾友。'遂去"。这两个江湖怪杰，此后终生不复相见。究竟是巢父决绝如此，还是嵇康亢烈如斯，有谁说得清？

长沮与桀溺，是两个面朝黄土背朝天的农夫，对前来问路的孔子、子路师徒不屑一顾，并告诫子路："与其从避人之士，岂若从避世之士哉？"所谓"避人之士"，不过是装模作样假清高；而"避世之士"，才是与这个世界彻底决裂的世外高人呢。两个农夫讥笑子路说，你跟着这个假模假式的道学先生有什么意思啊，还不如跟着我们这些世外高人混碗饭吃呢！子路将这话告诉孔夫子，气得圣人破口大骂"鸟兽不可与同群"。

荷蓧丈人是个周身尘烟弥漫的乡下老伯，一天子路与孔子在途中失联，向他咨询："子见夫子乎？"丈人撇着嘴说："四体不勤，五谷不分，孰为夫子？"说罢，"植其杖而耘"，把拐杖插在地上，径直下田锄地去了，弄得子路傻呆呆不知所措。段干木是魏国人，早年混迹市井，贩卖驴马，后来师从孔子大弟子子夏，名动天下，却"守道不仕"，隐匿黄尘之中，魏文侯前来拜访，他跳墙逃避，令堂堂国君哭笑不得；季札是吴国王子，因为躲避王位而远走他乡，导致了国家动乱；范蠡辅佐越王勾践击败吴王夫差，功成身退，与西施小姐泛舟而去，到山东定陶一带经商，成了富可敌国的"陶朱公"……

嵇康对这些古代高士高蹈隐逸、傲视权贵、鄙弃功名之"行状"，赞叹不已，其心志若何，当然不言自明。他为"名士"制定的标准大抵有两条：一曰"高洁"，其行为特征是"不慕荣贵"，不肯与那些脑满肠肥的统治者为伍；二曰"慢世"，其行为特征是"越礼自放"，不屑与那些散发着腐朽味道的礼仪道德共存。

《高士传》的中心思想，大抵有两条，其一，与传统礼教决裂，将孔夫子鼓吹的那些腐朽教条统统抛弃；其二，不与当权者合作，鄙弃之，远离之，且越远越好。如果说，第一条只是在思想领域的"野马奔腾"，是不合时宜的"妄议"，为自己埋下了噩运的"地雷"；那么，第二条则是在行动上的"悖逆"，挖了司马氏政权的墙脚，也为自己挖了一个倾覆大坑。嵇康之危，就在眼前矣！

二

正元二年（255）一月，镇东将军田丘俭与扬州刺史文钦联合起兵，讨伐司马昭，嵇康蠢蠢欲动，被好友山涛劝止。司马昭曾请他出来做官，他不屑一顾，长期隐居山野，采冷露之辉光，品隐逸之美酒，与著名隐逸大师孙登亦师亦友。

《晋书·孙登传》载，孙登先生孑然一身，长年隐居苏门山（位于今河南辉县），以土窟为居，以编草为裳，餐月饮泉，撵狐逐兔，抚琴读《易》，性无喜怒，面对缤纷落英，不禁哗然长啸，其"长啸台"至今犹存。"人或投诸水中，欲观其怒，登既出，便大笑。"有人将孙大师扔进水坑，欲激其发怒，岂料他爬上岸来，哈哈大笑，其襟怀之广阔无垠，由此可见也。嵇康曾跟随孙大师遨游三载，想拜先生为师，被婉拒，临别之际，嵇康咨询人生之道，大师说："子识火乎？火生而有光，而不用其光，果在于用光。人生而有才，而不用其才，而果在于用才。故用光在乎得薪，所以保其耀；用才在乎识真，所以全其年。今子才多识寡，难乎免于今之世矣！"大师说，你了解火吗？火燃烧而生光，但火燃烧本身却不需要光，如何用光才是关键；人生来有才是好事，但才华并非人生之必需，如何运用才华才是根本。所以嘛，要用光，首先要有木柴，才能燃烧出耀亮之火焰；要用才，首先要明白事理，认清时务，识时务者为俊杰嘛。兄弟你呀，才华超群，而见识浅陋，恐怕不会有太完满的结果啊。大师言罢，仰首望天，一丝忧戚，浮上脸颊，"君性烈而才隽，其能免乎！"

其实，大师的担忧，并非杞人忧天。对于自己性情的不合时宜，嵇康也有着清醒的认识。对好友阮籍的"口不臧否人物"，闭口不谈他人之长短，他非常羡慕，却难以做到。他自叹"不识人情，闇于机宜"，遇事不懂得权变，不懂得见机而作，见风使舵，也不懂得保护自己，往往在不知不觉之间，便把自己置于别人的刀剑斧钺之下，成为莫名其妙的受害者。他特别渴望自己能够来一个翻天覆地的变化，易情改性，在这个世界能够活得舒服一些，然而，不过是徒劳而已。俗话说，本性难移嘛。他始终无法改变自己。

景元二年（261），山涛由选曹郎升任从事中郎，成为司马昭的近侍官，得意之余，他记起了好友嵇康，就推荐他顶替自己遗下的空缺。这其实是司马昭拉拢嵇康的一个明确信号。岂料，山涛的举荐，却引发了嵇康对司马氏政权压抑已久的冲天怒火。

这位山涛先生，字巨源，号山公，河内怀（今河南武陟县）人，是"竹林七贤"中的老大，比嵇康大19岁，却多活了21年。《晋书·山涛传》说他早年孤苦，"少有器量，介然不群。性好《庄》《老》，每隐身自晦"。他的从姑母是司马懿的丈母娘，他以此跻身皇亲国戚之列。在局势不明朗的时候，他不肯把自己拴在司马氏的战车上，然而等大局一定，他便率先从竹林里跑出来，投奔他的亲戚去了，自此官运亨通。对山涛的举动，我们其实不必苛责。人各有志么！他的志趣在朝廷而不在山野。山涛出仕后，不光与司马氏兄弟打得火热，和司马氏亲信们的交往也如鱼得水。侍中裴楷说他"如登山临下，悠然深远"；东晋名士孙绰也说他"吏非吏，隐非隐"，难以捉摸。《晋书》赞曰："若夫居官以洁其务，欲以启天下之方，事亲以终其身，将以劝天下之俗，非山公之具美，其孰能与于此者哉！"

一年之前，司马昭将"高贵乡公"曹髦公然弑毙，嵇康极为悲愤，奋笔写下《难自然好学论》，对司马氏鼓吹的虚伪名教予以猛烈批判："六经纷错，百农敏织；开荣利之途，故奔骛而不觉。是以贪生之禽，食园池之粱菽；求安之士，乃诡志以从俗。操笔执觚，足荣苏息；积学明经，以代稼穑。是以困而后学，学以致荣；计而后习，好而习成；有似自然，故令吾子谓之自然耳。"他说，你们弄得六经错乱，百家喧嚣，利禄之门轰然洞开，竞逐之徒禽兽一般裸奔。那些贪婪的禽兽啊，肆意践踏百卉与稻粱；那些苟且偷安的庸人们，纷纷像鬼魅一样取悦世人。文人墨客高举着酒壶酒杯，醉生梦死；那些皓首穷经的学者，代替了耕种稼穑的庄稼人。所以呀，人们身处困境之后，就拼命学经，以谋取荣华富贵；处境改善之后，还继续学经，以追求更多的功名利禄。这些看上去似乎顺理成章，其实这种自然好学呢，不过是为势利之徒打开了另一扇利禄之门！

对司马氏政权的残暴刻毒，嵇康在《太师箴》一文中予以迎头痛斥："下逮德衰，大道沉沦。智惠日用，渐私其亲。惧物乖离，攘臂立仁。名利愈竞，繁礼屡陈。刑教争驰，天性丧真。季世陵迟，继体承资。凭尊恃势，不友不师。宰割天下，以奉其私。故君位益侈，臣路生心。竭智谋国，不吝灰沉。赏罚虽存，莫劝莫禁。若乃骄盈肆志，阻兵擅权。矜威纵虐，祸崇丘山。刑本惩暴，今以胁贤。昔为天下，今为一身……"

检视《太师箴》全文，其态度之亢烈、用词之激烈，令人惊悚。"德衰""沉沦""丧真""陵迟""宰割""肆志""擅权""纵虐""胁贤"，可谓字字惊心；司马氏从"渐私其亲"，鲸吞天下，到"攘臂立仁"，抢着胳膊宣称仁义，再到"骄盈肆志""矜威纵虐"，可谓恶行累累，罄竹难书。

当代史学家侯外庐等认为，《太师箴》一文全是骂司马氏的话："所谓'凭尊恃势，不友不师''下疾其上，君猜其臣'，是指司马氏父子兄弟的不臣；所谓'骄盈肆志，阻兵擅权，矜威纵虐，祸崇丘山'，是指司马氏的把持军政大权，诛戮异己，所谓'刑本惩暴，今以胁贤'，是指司马氏的屡兴大狱，诛锄名士。"他指出："嵇康进一步'轻贱唐虞而笑大禹''非汤武而薄周孔'，把司马氏所信奉的偶像扯下来，使他失掉依据。以先王否定作为手段，来达到后王否定的目的，着眼处是更基本的。"（侯外庐、赵纪彬、杜国庠《中国思想通史·卷三》）

由此不难看出，嵇康之"贱唐虞而笑大禹，非汤武而薄周孔"，就是为了把司马氏所依赖的思想基础刨断，达到彻底否定司马氏政权之目的。对嵇康的"险恶用心"，司马昭当然心知肚明，诛戮嵇康的大斧，已经高举空中，闪烁着凛凛寒光。

对自身面临的危险，嵇康虽有所察觉，但凛然不惧；或者说，刚烈耿直之性情，使他忽略了眼前的幽深陷阱，不管不顾地肆意喷涌着满腔怒火。在见到山涛请他出仕的书函之后，他夜不能寐，挥笔写下了旷世奇文《与山巨源绝交书》，公然宣称："老子、庄周，吾之师也，亲居贱职；柳下惠、东方朔，达人也，安乎卑位，吾岂敢短之哉！"他说，老子、庄子，地位卑微，我拜之为师；柳下惠、东方朔，通达君子，人微言轻，安于贱职，我岂敢随意诉病？"达能兼善而不渝，穷则自得而无闷"，显达时兼善天下而不稍变，失意时独善其身而不郁闷——这正是我追求的人生境界啊，"志气所托，不可夺也！"

嵇康自称，"头面常一月十五日不洗，不大闷痒，不能沐也，每常小便，而忍不起，令胞中略转，乃起耳"。就是这么一个不洗脸，不洗澡，不起床，慵懒腌臜的家伙，竟敢公然与威震天下的大将军司马昭叫板，真是胆大包天也！

嵇康先生像黄河决堤一般，痛陈为官"必不堪者七"——

卧喜晚起，而当关呼之不置，一不堪也。抱琴行吟，弋钓草野，而吏卒守之，不得妄动，二不堪也。危坐一时，痹不得摇，性复多虱，把搔无已，而当裹以章服，揖拜上官，三不堪也。素不便书，又不喜作书，而人间多事，堆案盈几，不相酬答，则犯教伤义，欲自勉强，则不能久，四不堪也。不喜吊丧，而人道以此为重，已为未见恕者作怨，至欲见中伤者。虽瞿然自责，然性不可化，欲降心顺俗，则诡故不情，亦终不能获无咎无誉如此，五不堪也。不喜俗人，而当与之共事，或宾客盈坐，鸣声聒耳，嚣尘臭处，千变百伎，在人目前，六不堪也。心不耐烦，而官事鞅掌，机务缠其心，世故烦其虑，七不堪也……

这一席"七不堪"，直把人读得热辣辣如灌下大碗姜汤，一身臭汗淋漓而下也！高卧不起，不堪长官呼叫；抱琴行吟，不堪吏卒守之；扪虱搔痒，不堪揖拜上官；不喜作书，不堪堆案盈几；不喜吊丧，不堪降心顺俗；不喜俗人，不堪宾客盈坐；心不耐烦，不堪机务缠身——意犹未尽的嵇康先生，紧接着向世人傲然宣示了自己的两大"甚不可"："又每非汤武而薄周孔，在人间不止，此事会显，世教所不容，此甚不可一也。刚肠疾恶，轻肆直言，遇事便发，此甚不可二也。"

他最后表示，自己"但愿守陋巷，教养子孙，时与亲旧叙离阔，陈说平生，浊酒一杯，弹琴一曲，志愿足矣"，若一定逼他做官，"必发狂疾"！

三

《与山巨源绝交书》像一颗炸弹，惊得山涛先生目瞪口呆，气得大将军司马昭暴跳如雷，"吕安事件"一出，司马昭一声令下，嵇康被捕入狱。他的命运，的确是"很不堪"啊！

那是景元四年（263），吕安、吕巽兄弟爆发了一场激烈的争斗，吕安手持利刃，声嘶力竭要捅死哥哥，惹得人们扰扰攘攘瞧热闹。原来，兄长吕巽乃好色之徒，早就垂涎弟媳徐琅的如花美貌，每每寻隙调戏之。一天，吕巽设计将徐氏灌得烂醉，乘机奸污了她。吕安听罢老婆的哭诉，怒火万丈，持刀追杀其兄。冷静下来后，他想了两条计策：一是将哥哥的丑行告官治罪，二是休掉失贞的老婆。他就此咨询嵇康的意见。岂料吕安前脚刚走，吕巽就跌跌撞撞跑进来，请求嵇康出手相救。

吕安、吕巽乃同父异母兄弟，冀州东平（今山东东平县）人，其父吕昭是镇北将军兼冀州牧。关于这位吕将军，史书上仅见一鳞半爪，说当时有名的文学家桓范曾在他手下任职，却长期称病不肯赴任，并宣称："我宁作诸卿，向三公长跪耳，不能为吕子展屈也。"（《三国志·曹爽传》）吕昭之为人为官，由此可见一斑。吕氏兄弟都是嵇康的好友。吕安志量开旷，超凡脱俗，恃才傲物；其兄吕巽则心怀卑琐，诡诈阴狠。吕安与嵇康友情尤深，经常的情形是：偶有相思，便不论白天黑夜，千里命驾，前来拜访，两人谈玄论道，对酒放歌，好不快哉！

有一天，吕安突然驾临嵇府，嵇康不在，他的老哥嵇喜笑嘻嘻拱手相迎，吕安沉吟片刻，索笔在门上写下一个"凤"字，掉头而去。嵇喜欢喜莫名，以为是夸奖自己呢，嵇康回来一看，喟然一声长叹："凤，凡鸟也！"草草一字，既见才华，亦见刻薄。须知，凡鸟也是鸟，也可翔蓝天嘛。

嵇康眼见吕氏兄弟相恨相杀，决定出面斡旋调解，暂时平息了这场风波。岂料时隔不久，吕安之妻徐琅羞愧难当，自缢身亡，吕安号啕痛哭之际，吕巽倒打一耙，诬告吕安虐待老母，诽谤兄长，罪不可赦，将此事闹上了朝廷。

在封建社会，不孝是天大的罪名。三国时代，曹操诛杀孔融，莫须有的罪名就是不孝。当时，吕巽正得宠于司徒钟会，而钟会正得宠于大将军司马昭，结果可想而知。吕安旋即被捕入狱，被判远徙戍边。他指天戳地大呼冤枉，请好友嵇康出面证明自己的清白，以及哥哥对弟媳的奸淫之事——这就将一向不肯与司马氏政权合作的嵇康扯了进来。嵇康义不负心，挺身而出，力证其事，不久也被不明不白牵连入狱。

据《世说心语·文学》记载，钟会未发迹前，曾是嵇康的粉丝，他撰写了一部《四本论》，想请大名士嵇康"斧正"，又怕遭到拒绝。这天，他怀揣大著悄悄来到百家岩嵇康居所门外，心怀忐忑，"怀不敢出，于户外遥掷，便回急走"，他把自己的书扔进嵇康院子里，就惶惶不安地跑了。嵇康一向不把他放在眼里，根本没理睬他与他的书，钟会从此怀恨在心。如今见时机一到，便向司马昭谗毁说："嵇康，卧龙也，不可起。公无忧天下，顾以康为虑耳。"——嵇康的命运，就此逆转，不明不白地锒铛入狱。

此时的嵇康，既愤怒又沉痛。他既为自己交友不慎，曾引人面兽心的吕巽为友而悔恨；又为当初阻止吕安揭发其兄丑行，致使吕安被诬入狱而痛心。为此，他写了《与吕长悌绝交书》，宣布与"包藏祸心"的吕巽永远绝交。这封不事雕琢的书信，语调平静，气度俨然，却包含着极度蔑视与万钧雷霆："昔与足下年时相比，以故数面相亲，足下笃意，遂成大好，由是许足下以至交，虽出处殊途，而欢爱不衰也。"两人见了几次面，便应邀成为"至交"，草率之意在焉；"出处殊途"而"欢爱不衰"，含泪微笑也。嵇康追述吕巽昔日赌咒发誓之种种情形，对照他奸淫弟媳、诬告其弟的无耻之举，悲噎难言——"何意足下苞藏祸心邪？都

（吕安）之含忍足下，实由吾言。今都获罪，吾为负之。吾之负都，由足下之负吾也。怅然失图，复何言哉！若此，无心复与足下交矣。古之君子，绝交不出丑言。从此别矣！临书恨恨。"文中的"都"，指吕安，字仲悌，小字阿都。

意味深长的是，嵇康一生，有两封绝交书传世，《与吕长悌绝交书》语调平静，却终生不复原谅；《与山巨源绝交书》措辞虽然激烈，却非真正绝交。嵇康临终，叮咛其子嵇绍："有山公在，汝不孤矣！"对山涛表示了深切信任。山涛也不负老友所托，一直尽心呵护嵇绍。在山涛举荐下，嵇绍历任汝阴太守、豫章内史、徐州刺史、散骑常侍等要职。如此看来，嵇康与其说是与山涛绝交，不如说是与司马氏政权彻底决裂——难怪司马昭读罢此文，要暴跳如雷了。

在被囚禁的日子里，嵇康面对遥夜弥天，悲郁难禁，写下了著名的《幽愤诗》，回顾坎坷生平，谴责世道昏暗——

　　　　嗟余薄祜，少遭不造。哀茕靡识，越在襁褓。

　　　　母兄鞠育，有慈无威。恃爱肆姐，不训不师。

　　　　爰及冠带，冯宠自放。抗心希古，任其所尚。

　　　　托好老庄，贱物贵身。志在守朴，养素全真……

在这里，"姐"通"怛"，撒娇之意也。在写这首直抒胸臆的诗篇时，嵇康根本没有料到，这就是他的绝笔；他还在幻想着，此后的岁月里，要"采薇山阿，散发岩岫，永啸长吟，颐性养寿"……

钟嵘《诗品》曰：嵇康之诗"过为峻切，讦直露才，伤渊雅之致"。陈祚明《采菽堂古诗选》云："嵇中散诗如独流之泉，临高赴下，其势一往必达，不作曲折漱回，然固澄澈可鉴。"概乎而言，嵇康之诗篇，符合诗性与人性之道。诗性与人性，融为一体；隽永与峻烈，合二为一，铸成了嵇叔夜诗篇之风骨。

景元四年（263）秋天，嵇康被杀，享年39岁。临刑前，洛阳太学的三千莘莘学子联名上书请愿，要求司马昭刀下留人，赦免嵇康，并吁请他到太学任教。如此声势浩大的救援行动，使司马昭深感恐惧，下令急速行刑。

临刑之际，太学师生们汹涌前来，流着眼泪为嵇康送最后一程。天上乌云翻滚，刑场哭声动地。嵇康神情怡然，仰头看看天空中的太阳，挥手辞别众人，尔后索琴，徐徐弹奏《广陵散》。随着他捻动跳动颤动的手指，一曲仙乐幽幽响起，又划然而终。——他掷琴高冈上，发出了最后一声长叹："《广陵散》于今绝矣！"

2019年5月1日

大人先生其奈何

在"竹林七贤"中，有两位有名的酒徒，一个是刘伶，一个是阮籍，刘伶号称"酒龙"，阮籍号称"酒痴"。

刘伶形貌丑陋，性情乖戾，"常以细宇宙齐万物为心"，与俗人不合，"与阮籍、嵇康相遇，欣然神解，携手入林"（《晋书·刘伶传》）。一人独处时，他经常开怀畅饮，纷乱畅想，怅恨天地之间如此狭小，无法骋抒浩然襟抱，喝得酩酊大醉时便脱光衣服，在屋中"裸奔"，高声吟哦，窥见者讥笑之，他说："我以天地为栋宇，以屋室为衣裤，诸君为何钻入我的裤子里？"弄得人们面面相觑。

刘伶常乘着鹿车，携一壶酒，边走边饮，让人拿着一把铁锹跟在车后，叮嘱道："死便埋我！"老妻摔碎酒瓶，砸烂酒杯，流着眼泪劝他戒酒，他装神弄鬼，赋诗跪祷："天生刘伶，以酒为名。一饮一斛，五斗解酲。妇儿之言，慎不可听。"照旧喝酒吃肉，"隗然复醉"。一次，他乘醉与一凶汉吵架，凶汉抡胳膊撸袖子，老拳直杵过来，他说："鸡肋不足以安尊拳。"凶汉哈哈一声笑，得胜而去。在《酒德颂》一文中，他描绘了这样一幅"自画像"——"有大人先生，以天地为一朝，万朝为须臾，日月为扃牖，八荒为庭衢。行无辙迹，居无室庐，幕天席地，纵意所如。止则操卮执觚，动则挈榼提壶，唯酒是务，焉知其余？"

这位嗜酒如命的大人先生，以天地为一朝，以万代为须臾，以日月作门窗，以八荒做庭宇。他狂放不羁，飘行无极，以昊天为帷帐，以大地为枕席；骋怀纵意，无所羁縻。停下时操厄执觚，举酒痛饮；行走时擎杯提壶，嘀哩咣啷。他只晓得饮酒作乐，哪里还肯理会其他事啊？

然而，"唯酒是务"的刘伶，与整天大醉滔滔、装疯卖傻的阮籍相比，可谓小巫见大巫了。《晋书·阮籍传》载，阮籍字嗣宗，陈留尉氏（今河南尉氏县）人，"容貌瑰杰，志气宏放，傲然独得，任性不羁，而喜怒不形于色"。他博览群籍，嗜酒狂放，"当其得意，忽忘形骸，时人多谓之痴"。

阮籍之饮酒，江湖上流传着三大传奇：其一，"借酒逃婚"。那一年，大将军司马昭提出，让他的儿子，即未来的晋武帝司马炎，娶阮籍之女为妻。对这桩人人眼热的政治婚姻，阮籍并不买账，但他不敢拒绝，就昏天黑地猛喝十几天，昏昏大醉了六十余日，弄得司马昭既恼火又不便发作，"不得言而止"，最后不了了之。其二，"借酒避祸"。司马昭的亲信钟会想加害阮籍，几次假惺惺前来拜访，玩弄"引蛇出洞"鬼把戏，"数以时事问之"，引诱他谈论政治，"欲因其可否而致之罪"。阮籍对此洞若观火，总是把自己灌得醉眼迷离，语无伦次，胡诌八扯，就是没一句话涉及时政，不给钟会留下一丝把柄，"皆以酣醉获免"。他成功地在嘴巴上贴了封条，达到"发言玄远，口不臧否人物"的境界，使嵇康先生羡慕不已。其三，"沉溺酒海"。他听说步兵校尉厨房里"贮酒三百斛"，馋涎欲滴，就毛遂自荐要求去当这个蝇头小官儿，整天与刘伶躲在里边痛饮，以至于街上流言四起，说他俩醉死在厨房里了。

其实，阮籍之沉醉酒缸、沉溺酒海，不过是泡在其中躲避尘世间的风刀霜剑罢了。正始十年（249）爆发的"高平陵政变"，犹如一声霹雳，彻底击碎了虚弱的曹魏集团，随之而来的，是大厦崩摧，天下动荡，人头落地。大将军曹爽粉身碎骨，魏帝曹髦呜呼哀哉，末帝曹奂成为新的木偶，司马氏集团成为天下之主宰。阮籍与嵇康、山涛、向秀、刘伶、阮咸、王戎等，面对滴血的屠刀，内心一片惶恐。他们既畏惧刀斧之祸，又倦于人世纷争，便远离政治中心，啸聚于竹林之下，肆意游翱，放达任诞。嵇康雅好老庄，自称"老子庄周，吾之师也"；阮籍著《达庄论》，慕庄周之风，"叙无为之贵"；山涛"性好庄老"，处世圆融；向秀自幼心慕老庄，撰《庄子隐解》，发庄子奇趣，振魏末玄风；刘伶为人沉默寡言，志气放旷，常以宇宙为狭；而阮咸与王戎，年齿最少，也逊色不少。阮咸乃阮籍之侄，因与其姑母的鲜卑侍女私通，为天下笑；王戎生于琅琊王氏家族，是个大庄园主，却贪吝刻薄，家人卖李子，他怕人得到良种，就下令一个个把核钻破。这则"卖李钻核"故事，成为市井笑谈。

政变爆发这一年，阮籍正好40岁，时值不惑，已不复当年登临广武古城，发出"时无英雄，遂使竖子成名"之豪壮矣。他的冲天之志，渐渐地消歇了；他已经被司马氏集团绑上战车，成为一只装饰门面的"花瓶"，先是被逼命为司马懿从事中郎；懿死，继任司马师从事中郎；师死，又成了司马昭的从事中郎。"从事中郎"，古代官名，帝王的随从。司马氏父子拿着一条铁链，把阮籍死死地拴在了身边。他被迫处在血腥的漩涡中，眼见了阴谋毒计，血流成河，其悲郁绝望之感，直如沸水煎心——

> 一日复一日，一夕复一朝。
>
> 颜色改平常，精神自损消。
>
> 胸中怀汤火，变化故相招。
>
> 万事无穷极，知某苦不饶。
>
> 但恐须臾间，魂气随风飘。
>
> 终身履薄冰，谁知我心焦！

都说阮籍诗文晦涩难懂，这首《咏怀诗·三三》却明白如画，一目了然。他的痛苦在于，他是司马氏父子亲自圈定的"特殊人物"，退隐会被视为异端，辞官更会惹来杀身之祸。他既是司马氏父子的座上客，又是司马氏政权的阶下囚。思想上，他追求自由，追求山林野趣，遨游天下；行动上，却必须服从命令听指挥，不能超过当权者所能容忍的最大限度。他必须在大刀刃儿上手舞足蹈乐呵呵，在滚沸的油锅边沿儿轻松自如玩潇洒——这种自由精神与黑暗牢笼的冲突，清高气节与卑劣腥秽的对立，如履薄冰与狂放无忌的交融，时时刻刻撕扯着他的灵魂。

这种思想与行动的严重对立、灵魂与肉体的万般撕扯，几乎令他喘不过气来，也铸成了他日常的种种怪状。阮籍平生，有三大异于常人之行状：一是能啸。啸是中国古代音乐的一种特殊形式，随口发声，曲调不定，类乎嘶声呐喊。《魏氏春秋》记他与人"以啸论道"，哗然长啸，韵响嘹亮。二是能为青白眼。他目光怪异，看见讨厌之人，就拿白眼翻人家。他的母亲死了，嵇康之兄嵇喜来吊丧，阮籍不喜此人，以白眼相对；嵇康闻讯，提着酒挟着琴来了，阮籍自是欢喜，青眼有加。三是饮酒。阮籍之饮酒，真可谓吞江咽海，天下无双，整日醉醺醺酒气冲天，不辨南北，不知今夕何夕也。

那一年，阮籍在苏门山邂逅隐逸大师孙登，与之讨论古代"栖神导气之术"，大师嗒然不应，阮籍长啸而退，走到半山腰处，"闻有声若鸾凤之音，响乎岩谷，乃登之啸也"。呵呵！孙登大师之长啸，隔着云层缥缈而来，嘹亮若鸾凤之鸣，惊得阮籍呆愣片刻，即刻长啸呼应，声震涯谷。归来之后，他写了一篇《大人先生传》，以寄寓自己的人格理想。这位大人先生，不知姓字名谁，也不晓得是何方神圣——

以万里为一步，以千岁为一朝。行不赴而居不处，求乎大道而无所居。先生以应变顺和，天地为家，运去势颓，魁然独存。自以为能足与造化推移，故默探道德，不与世同。自好者非之，无识者怪之，不知其变化神微也。而先生不以世之非怪而易其务也。先生以为中区之在天下，曾不若蝇蚊之着帷，故终不以为事，而极意乎异方奇域，游览观乐非世所见，徘徊无所终极……

阮籍笔下的这位大人先生，与刘伶笔下的那位大人先生，似乎有几分相近呢。其实非也。两位"大人先生"，其实代表着两种完全不同的精神境界。刘伶的大人先生"唯酒是务"，不知其余，不过是一个放荡不羁的酒徒而已；而阮籍塑造的这位大人先生，却是"精骛八极，心游万仞"之典范。他把万里当作一步，把千载当作一天，遨游天下，居无定处，风餐露宿，只为追寻人间大道，以寄托自己的崇高理想。他与时俱进，以天地为家，顺应世事之变幻，傲然独立于尘世间。他乘天时，追造化，探寻天地运行之大道，不苟同俗人之所见，不因为受到讥嘲诽谤而稍有改变。他认为，中原地区相对于天下而言，简直渺小得可怜，还不如苍蝇蚊子在帘幕上嗡嗡嗡嗡所占有的那一丁点地盘；他陶醉在高邈思想营造的奇异世界里，自得其乐，徘徊流连，陶然而歌，畅饮酣眠——那是俗人永远不可能达到、也永远不可能理解的极乐世界啊！

这位飘摇于天地之外的"大人先生"，将那些拘束于名教、自以为是的势利小人讥之为"裈中虱"，予以辛辣的嘲笑与痛斥——

且汝独不见夫虱之处于裈中，逃乎深缝，匿乎坏絮，自以为吉宅也。行不敢离缝际，动不敢出裈裆，自以为得绳墨也。饥则啮人，自以为无穷食也。然炎丘火流，焦邑灭都，群虱死于裈中而不能出。君子之处域内，何异夫虱之处裈中乎？

他说，你难道没看见那些虱子先生躲在裤裆里的情形么？它们藏在裤缝里，匿于烂棉絮中，自以为这就是华美吉宅。它们小心翼翼，出行不敢离开裤缝边沿，活动不敢穿越狭窄裤裆，自以为遵循绳墨之规范，堪比道德楷模；它们闲则磨牙，饿则咬人，自以为美食丰盛，超级享受也。可是忽然有一天，火山爆发，岩浆滚滚，天地间一片火焰，城邑毁灭，虱子先生们统统死在了裤子里，哪个也休想逃出生天！——你们这些君子啊，与藏在裤裆里的那群虱子，又有什么不同呢？

然而，一旦沉静下来，"大人先生"便开始冥想他的理想世界：没有君臣之别，没有强弱之分，大家都能顺其自然，尽其天年，"明者不以智胜，暗者不以愚败；弱者不以迫畏，强者不以力尽。盖无君而庶物定，无臣而万事理。保身修性，不违其纪，惟兹若然，固能长久"。

这位经纬天地的"大人先生"，周身仙气缭绕，犹如域外高人，他鬓发飞扬如波浪，目光如电扫寰宇，穿一件八卦衣，系一条金光灿灿的锦带，"含奇芝，嚼甘华，吸浮雾，餐霄霞，兴朝云，扬春风"，举手投足之间，"惘然而思，怅尔若忘"，慨然而歌曰：

> 呜呼！时不若岁，岁不若天，天不若道，道不若神。神者，自然之根也。彼勾勾者自以为贵夫世矣，而恶知夫世之贱乎兹哉？故与世争贵，贵不足尊；与世争富，富不足先。必超世而绝群，遗俗而独往，登乎太始之前，览乎忽漠之初，虑周流于无外，志浩荡而自舒，飘摇于四运，翻翱翔乎八隅……

唉唉！人生短促，岁月如流，大道通天，神化无极也。神乃大自然之根本，可以洞悉世间万物，凸显一切美与丑、贵与贱。那些行为苟且自以为贵震天下的家伙，哪里晓得这个世界已经堕落到他们可以忘乎所以、为所欲为的地步了呢？所以嘛，竞逐高贵，一点儿也不值得尊敬，毋宁说是势利之徒，徒然令人唾弃；追逐豪阔，看上去捷足先登，其实不过是把自己的脚丫子踩到了恶俗之上，趋近垃圾堆矣。人生世间啊，要远离世俗，超越凡尘，独行天地，登临仙界，神游原始时代之云空，才可以窥见大自然之本真，寻见万物运行之浩渺大道，志气浩荡，神灵飞扬，飘摇于天地四级之外，翱翔于宇宙八荒之上……

"大人先生"言罢，腾空而起，"驾八龙，曜日月，载云旗"，飘然而去，消逝于天地之间。"若先生者，以天地为卵耳。如小物细人欲论其长短，议其是非，岂不哀也哉！"——像先生这样高蹈云端的人物，不过把天地当作一个大肉球罢了。那些等而下之的宵小之徒不知天高地厚，还想议论其长短，评判其是非，不是太可悲了吗？

唉唉！阮籍先生啊，思绪驰骛天地，举止超迈绝伦，自身却被捆绑了绳索，难逾囚笼半步。他面临的现实困境，可谓悲天地而泣鬼神，令人无限同情。青少年时代，正逢曹魏鼎盛时期，阮籍交游于宗室名流之间，既濡染了建安风骨之豪壮，也沾染了宗室戚属之浮华；进入司马氏时代，他沦为了司马氏权柄上的一朵花，司马氏父子希望他像一只乖巧的鹦鹉与八哥，唱颂歌，拍马屁，叵耐他志在天地间，思如高山，情如江海，如何能够压缩筋骨，收拢思绪，蜷回时代哲人的锋芒与利剑，做一只巧舌如簧的鹦鹉、油嘴滑舌的八哥啊？——除了酗酒买醉，号啕痛饮，昏天黑地，将息度日，他还能做什么呢？

那一年，阮籍对司马昭说，自己曾游东平国（今山东东平县），乐其风土。司马昭以为他想为自己效力了，命其出任东平太守。阮籍骑了一头毛驴来到官衙，先把围墙拆掉，然后便整日喝酒。可只过了十几天，司马昭又将他弄回了身边，牢牢攥在手心儿里，"恒与谈戏，任其所欲"，两人谈天说地，但就是不谈"工作"。阮籍也顺水推舟，时常仗着酒色盖脸，装疯卖傻，肆意弄鬼，即使在司马昭的宴会上，别人紧张得连大气儿都不敢出，阮籍坐在那里，谈笑自若，酣放自如，一会儿侧歪着身子饮酒，一会儿捏着嗓子啸歌，其放浪之状，举座皆惊。

阮籍自视极高，认定自己是一只高蹈九垓的凤凰："清朝饮醴泉，日夕栖山岗。高鸣彻九州，延颈望八荒"（《咏凤凰》）。这是一只多么高洁无瑕、顾盼自雄的神鸟啊！然而，司马昭的天罗地网，紧紧缠住了神鸟的翅膀，将其变成了一只随波上下的凫鹥："天网弥四野，六翮掩不舒。随波纷纶客，泛泛若凫鹥！"（《咏怀诗·四一》）。

在如此严酷的形势逼迫下，阮籍应对司马氏骚扰的"技艺"，几达炉火纯青。得意之时，他忽忘形骸，摇头摆尾，世人谓之"痴"，与傻子无异；低回之时，他暴饮暴食，无所顾忌，行状乖张而怪异，引得世人纷纷撇嘴。有人以礼规劝之，他翻着白眼说："礼岂是为我辈所设耶？"

在一次司马昭出席的宴会上，有人偶尔讲到儿子杀老母之事，阮籍说："嘻！杀父乃可，至杀母乎！"人们怪他胡扯，司马昭也耷拉着一张马脸诘问他："杀父，天下之极恶，而以为可乎？"阮籍答道："禽兽知母而不知父，杀父，禽兽之类也；杀母，禽兽不若。"

满桌子封建卫道士们，被阮籍戏弄一番，气得翘胡子瞪眼。司马昭尽管窝火，可阮籍已经喝得大醉，开始胡言乱语起来，只得拉倒了。而阮籍平日行为之怪异，更为卫道士们所侧目。

——老母死了，临葬，阮籍蒸一肥豚，饮酒二斗，然后与老母诀别，高叫一声："完了！"吐血数升，躺在地上，很久很久起不来。

——有一家的女孩儿，才色双绝，没出嫁就死了。阮籍并不认识这位美女，也不熟悉其家人，却径直来到灵前，号啕痛哭。哭罢，一言不发，扭头就走了。

——邻居老婆长得姿色撩人，当街卖酒。阮籍经常到她那里喝酒。一次，他喝得酩酊大醉，就躺在美妇身边，酣然入睡了。邻居起初怀疑他揩老婆之"油"，经多方侦察，发现他并无淫意……

——某日，阮籍与本家子弟共饮，以大瓮盛酒，大醉滔滔，有群猪来饮，片刻之间，人豚同醉……

以上"事迹"，见于《世说新语·任诞》与《晋书·阮籍传》。《晋书》评论说，此类行为，"其外坦荡而内淳至"。这一论断，真乃人性之至论。其狂放行为掩饰下的内心之淳至，是一种拔俗出尘、瑰丽若霞的"超越形质之美"。在《清思赋》中，阮籍将精神遨游与虚幻之美熔为一炉，表达了他对超越形质之美的无限向往——

　　余以为形之可见，非色之美；音之可闻，非声之善。昔黄
帝登仙于荆山之上，振《咸池》于南岳之冈，鬼神其幽，而夔牙

不闻其章。女娃耀容于东海之滨，而翩翩于洪西之旁，林石之阴从，而瑶台不照其光。是以微妙无形，寂寞无听，然后乃可以睹窈窕而淑清……

这篇《清思赋》，表现出了一种宏大强烈的超越意志。阮籍认为，形象之美，并非色彩之美；音乐之美，并非声音之美。形象与音乐之美，既需要色彩与音乐，更超乎色彩与声音之上。黄帝荆山登仙，而诵《咸池》于南岳；女娲翱翔东海，而瑶台不照其光——文中的"黄帝""女娲""荆山""咸池""南岳""东海""瑶台"等，已经不是现实之具象，而是一种饱蘸激情的超乎现实、超越人类的玄妙意象与稀世大音。阮籍用斑斓文字创造出来的宏大意境，其实是一种弥漫天地的净化肉体、升华生命的缥缈气象，"夫清虚寥廓，则神物来集；飘飘恍惚，则洞幽其冥；冰心玉质，则檄洁思存；恬淡无欲，则泰志适情"。清虚无欲，神物翔集；恍兮惚兮，洞幽天地；冰心玉质，心系情愫，臻于心灵的净化与生命的升华……

然而，追求"超越形质之美"的阮籍，面对着黑暗现实的包围，一生注定痛苦深重。他只有沉溺酒海，以求得心灵的解脱。可是，酒只能让人麻醉于一时，酒醒时分的孤独，最难将息。《晋书》著者无限同情地描述道：阮籍"时率意独驾，不由径路，车迹所穷，辄痛哭而反"。

阮籍先生的这一声穷途之哭，哀哀号号，在中国的天空里，已经回荡了许多许多年了。这是他作为一个清醒的知识分子，面对无情的环境压迫和无尽的心灵折磨，所能发出的最强烈，也最软弱的抗议。

我们似乎看见，阮籍哭完了，像个孩子似的抽泣着，拿衣袖擦干眼泪，慢慢爬上他的马车，慢慢回城里去了。因为，司马昭和他那帮锦衣玉食的喽啰们，还在等着他哩。

这时候，已经是景元四年（263），司马昭平定了又一次反叛之后，因为功劳至大至伟，进封晋公，并加"九锡"。这自然是代魏自立的前奏。群臣纷纷上书劝进。司空郑冲派人找到阮籍，请他代写劝进书。阮籍故伎重演，一连几天喝得烂醉如泥，可郑冲揪住不放，几次派人催逼，阮籍无奈，乘酒挥笔，草草写罢。这就是引起后人诟病的《为郑冲劝晋王笺》。老郑一见，大喜过望，大加赞赏，称之为"神笔"。这哪里是文章写得好啊，分明是老郑利用他的才华拍司马昭的马屁，司马昭则利用他的名声来招摇天下。

此事对阮籍的伤害极深。这是他一生的耻辱。有的后世论者，据此认为他是卖身投靠了司马氏，宋人叶梦得甚至刻薄地说，阮籍写《劝晋王笺》，充分暴露了他自己不过是个"裈中虱"而已。唉，天才一落笔，便成千古恨啊！这年冬天，他就悄悄离开了人间，享年53岁。

2019年5月3日

祸从口出覆兰舟

一

大约是去年8月中旬的一天早晨，燥热异常，感到心思芜杂，于是一笔一画抄写心经，并作了一首顺口溜《挥汗习心经》，其序曰："久不习心经，颇感疏离。今晨续写，时值戊戌盛夏，挥汗如雨，佛意飘荡矣。"

> 挥汗如雨写心经，菩提尽在缥缈中。
>
> 汗水滚滚如瓢波，墨渍淋漓起涛声。
>
> 墨海催舟犁烟波，禅意触发响晚钟。
>
> 曾悔三月空浪掷，复忆长夜望星空。
>
> 不倦心旅如长卷，不言因由谓自明。
>
> 莫说墨字空嗟叹，落笔便感心潮涌。
>
> 孤鹜起落凤凰影，尘事无非笑谈中。
>
> 暂栖纸页聆秋风，秋气纵横野马腾。
>
> 寒蛩时作阶前语，月色如水蕴空灵。
>
> 一篇墨字几多情，不如江湖作钓翁！

我之作诗，一向自称"顺口溜"，疏于平仄，古风而已。格律是个好东西，但我更喜欢自由，笔墨不羁，顺其自然，自娱自乐而已。

　　写罢心经，唱罢古风，于是上网浏览，忽然看到一篇古文，题曰《口铭》：

　　　　神以感通，心由口宣。福生有兆，祸来有端。情莫多妄，口莫多言。蚁孔溃河，溜穴倾山。病从口入，祸从口出。存亡之机，开阖之术。口与心谋，安危之源。枢机之发，荣辱存焉。

　　这是一篇关于"口"的宣言。当读到"病从口入，祸从口出"这两句时，我愣住了。一直以为这不过是两句民间俗语，岂料白纸黑字写在这篇《口铭》之中。在为自己的孤陋寡闻惭愧之余，开始关注作者傅玄先生。

　　傅玄（217~278），字休奕，北地郡泥阳县（今陕西铜川市耀州区）人，西晋名臣，文学家、思想家，政务之余，勤于笔耕，著述丰硕，有《傅子》数十万言传世。刘勰《文心雕龙·才略》云："傅玄篇章，义多规镜；长虞笔奏，世执刚中；并桢干之实才，非群华之韡萼也。""长虞"，傅玄之子傅咸，字长虞；"桢干"，坚硬之木柱；"韡萼"，浮华之花朵。刘勰赞扬说，傅玄之文，多有劝诫之意；其子傅咸所作奏书，大有刚直不阿之风骨。傅氏父子都是拥有真才实学的人，就像两根耸云之高木，不似那些浮华艳丽之花萼啊！

　　这篇《口铭》，原题《拟金人铭作口铭》。《金人铭》据传是《黄帝铭》六篇之一。《黄帝铭》大部失传，只有《金人铭》《巾几铭》传世。西汉大学者刘向《说苑·敬慎篇》记载了《金人铭》之来历："孔子之周，观于太庙右陛之前，有金人焉，三缄其口而铭其背曰：'古之慎言人也，戒之哉！无多言，多言多败；无多事，多事多患。安乐以戒，无行所悔'……"这是一篇劝世铭文，通篇教人谨言慎行，趋利避祸——"人皆趋彼，我独守此；众人惑之，我独不从；内藏我知，不与人论技；我虽尊高，人莫害我。夫江河长百谷者，以其卑下也；天道无亲，常与善人；戒之哉！戒之哉！"

孔夫子读罢，叮嘱弟子们："记之，此言虽鄙，而中事情。诗曰：'战战兢兢，如临深渊，如履薄冰。'行身如此，岂以口遇祸哉！"

傅玄先生作《口铭》，直言"病从口入，祸从口出"，特意注明是受《金人铭》之启发，既是事实，也是托词。他跻身宦海数十年，因为直言肇祸，遭遇诸多磨难，其深入骨髓之感受，无由表达，只好闭口不言，乃作《口铭》，以宣泄郁闷，劝诫世人，而已。

关于傅玄的身世，《晋书·傅玄传》说他是东汉汉阳太守傅燮之孙，曹魏扶风太守傅干之子，正宗"官二代"。《后汉书·傅燮传》载，老傅性情刚烈，义薄云天，担任议郎时，怒怼司徒崔烈，坚拒中常侍赵忠，遭到朝臣嫉恨，"权贵亦多疾之，是以不得留，出为汉阳太守"。中平四年（187），凉州汉军发生叛乱，十余万人围攻汉阳城（今甘肃礼县），城中兵微将寡，处境险峻，傅燮下令固守，伺机反扑，"时北地胡骑数千随贼攻郡，皆凤怀燮恩，共于城外叩头，求送燮归乡里"。13岁的傅干劝老爹顺势而为，被当头痛斥："世乱不能养浩然之志，食禄又欲避其难乎？吾行何之，必死如此。汝有才智，勉之勉之。"傅干望着老爹决绝的面容，哽咽难言，众人痛哭流涕，傅燮断然下令出击，壮烈牺牲，谥曰"壮节侯"。

老子亢烈如此，儿子似乎较为黯淡，傅干建安年间出任丞相参军、仓曹属，曹魏年间出任扶风太守。《三国志·钟繇传》载，傅干曾于建安七年（202）劝说自号"合众将军"的马腾迷途知返，联合钟繇进攻袁绍之子袁尚，取得大胜；《武帝纪》载，建安十九年（214），傅干谏阻曹操出征孙权，建议"按甲寝兵，息军养士，分土定封，论功行赏"，被拒绝，"公不从，军遂无功"。至于傅干的人生结局，陈寿只有简单一句："终于丞相仓曹属。有子曰玄。"到了《晋书·傅玄传》中，似乎透露着他的晚景凄凉："玄少孤贫，博学善属文，解钟律"，"玄少时避难于河内"。傅玄"少孤贫""避难于河内"，显然没有享受老爹之余荫，或许傅幹官场蹭蹬，受到惩罚，落魄还乡，黯然辞世，导致家境衰落，儿子饱受饥寒困扰，也未可知。

尽管如此，傅玄依然"博学善属文，解钟律"，学识渊博，才华横溢，妙解音律，进入官场之后，颇有其祖父傅燮之亢烈风骨，"性刚劲亮直，不能容人之短"。

> 飞尘秽清流，朝云蔽日光。
> 秋兰岂不芬，鲍肆乱其芳。
> 河决溃金堤，一手不能障。

这首《飞尘篇》将作者的高洁情怀与冷酷现实融为一体，昂扬与悲哀，自负与叹息，萦绕字里行间，令人一时无语。空中的缥缈飞尘啊，污秽了世间浩荡之清流；清晨湿漉漉的云气啊，遮蔽了旭日东升喷涌而出的万丈光芒。秋日里的兰花啊，哪里会改变芬芳之本真？只是很不幸啊，被那些腥秽之物暂时湮灭了辉煌。溃决的长堤呼啦啦冲毁了金色的河滩啊，哪里是一只擎天巨手可以阻挡？

二

在傅玄先生的宦海生涯里，曾经屡经挫折，在波峰浪谷间几起几落，其肇祸根源，就是两个字：多嘴。在他血管里奔流的，似乎不是父亲傅幹的平和与中庸，而是祖父傅燮的亢直与刚烈。

他在曹魏时期初入官场，出任北地郡"计吏"，负责考察官吏，相当于基层监察官员，特立独行，峥嵘初露，被举为孝廉，不就；太尉府征召，不去。后来被州里举为秀才，出任郎中，接着被朝廷选为著作郎，这才姗姗赴任，奉命编纂《魏书》。不久，转任温县令，再迁弘农（今河南三门峡市）太守，领典农校尉，"所居称职，数上书陈便宜，多所匡正"（《晋书》本传）。一个地方官员，屡屡上书朝廷，指陈利弊，进献治国之策，且"多所匡正"，实在是锋芒太露，不懂得韬光养晦之官场潜规则也。

傅玄屡屡多嘴言事，当时赢得了晋王司马炎的好感，任命他为散骑常侍，成为晋王随从。咸熙二年（266）二月，司马炎代魏自立，建立西晋，史称晋武帝，进封傅玄为鹑觚子，加驸马都尉，与散骑常侍皇甫陶共掌"谏职"。

那时候，晋武帝初登帝位，"广纳直言，开不讳之路"，傅玄率先上书，建议撤除冗官、划分阶层、尊儒尚学、贵农贱商等。武帝批示说："凡关言于人主，人臣之所至难。而人主若不能虚心听纳，自古忠臣直士之所慷慨，至使杜口结舌。每念于此，未尝不叹息也。"他说，大臣上书指点皇帝，是天下最难的事，如果皇帝不能虚心纳谏，忠臣直士就会"杜口结舌"，不再说话。每当想到这一点，我就忍不住叹息啊！

随着武帝的一声叹息，傅玄青云直上，被擢拔为侍中，其职权近似于宰相了。他心头的感激之波，汹涌如潮，决心不辜负圣上的信任，直言无忌，献计献策。这一时期，晋武帝励精图治，广纳谏言，傅玄殚精竭虑，屡进良言，"玄应对所问，陈事切直，虽不尽施行，而常见优容"（《晋书》本传）。

傅玄不断建言献策，武帝龙心大悦，那注视着傅玄的目光，既有欣悦，也有叹赏，朝臣人人艳羡。然而，一场突如其来的"骂架事件"，像啸天飓风一样，将这一切一扫而光，使他一下子跌落深渊里。原来，傅玄当初推荐皇甫陶一起出掌谏官，成了自己的同僚，岂料两人政见不尽相同，因为一件事产生分歧，居然在朝堂上激烈争吵起来，两个人互不相让，争得脸红脖子粗，至于粗口谩骂起来，一时间人人侧目，武帝的脸色，也开始由黄转绿。有关官员乘机弹劾，说他们妄自尊大目无圣上，应予严惩。皇帝诏命随后下达，两人同时被罢官。这个结局，正应了一条官场潜规则：互相补台都上台，互相拆台都下台。呵呵！

傅玄意外跌落，回到了政坛原点，其郁闷万丈、抟转生烟，化作了一首《何当行》："同声自相应，同心自相知。外合不由中，虽固终必离。管鲍不世出，结交安可为。"他在诗中感叹，人生在世，同声相应，同心相知，同气相合，自是幸运，可遇而不可求也。自古道人心隔肚皮，鬼神难测，貌合神离、若即若离、口是心非、王顾左右而言他，乃人生之常态也，更遑论那些口蜜腹剑、笑里藏刀、台上握手、台下踢脚的奸猾之徒了；像管仲与鲍叔牙那样的绝世之交，即使祈祷千年，能否遇到，依然是个未知数吧？

管仲与鲍叔牙，堪称古代交友之典范。两人是发小，管仲早年落魄，鲍叔牙经常慷慨解囊接济他，后来鲍叔牙辅助齐桓公夺得王位，并推荐管仲出任齐相。《史记·管晏列传》记述了管仲的一席肺腑之言："吾始困时，尝与鲍叔贾，分财利多自与，鲍叔不以我为贪，知我贫也。吾尝为鲍叔谋事而更穷困，鲍叔不以我为愚，知时有不利也。吾尝三仕三见逐于君，鲍叔不以我为不肖，知我不遭时也。公子纠败，召忽死之，吾幽囚受辱，鲍叔不以我为无耻，知我不羞小节而耻功名不显于天下也。"两人合伙经商，管仲中饱私囊，可谓恶劣，鲍叔牙却说他为贫困所逼；帮人办事越办越糟糕，鲍叔牙却说他运气不顺；屡次见逐于君王，惶惶然一如丧家之犬，鲍叔牙却说他时机未到；主公惨败，同伙儿丧命，自己身陷囹圄，鲍叔牙却说他志在扬名天下。鲍叔牙之于管仲，可谓不计前嫌、无怨无悔、鞠躬尽瘁，难怪管仲感叹："生我者父母，知我者鲍子也。"

傅玄怫然慨叹，今世已经没有管仲与鲍叔牙，还能与谁交往啊？——蹉跎两载，到了泰始四年（268），或许是武帝珍惜傅玄的直言极谏吧，起用他为御史中丞，负责纠弹百官。履任不久，他直言如故，上书提出了有名的"五条政见"，围绕耕牛使用、农田开垦、河堤维修、田税补益、边郡管理等五项国事，提出合理化建议。武帝揽奏，表扬说："所论皆善，深知乃心，广思诸宜，动静以闻也。"傅爱卿所说都很好，深知我心啊，希望妥善研究，加以落实，我等着听好消息哪！

第二年，傅玄升任太仆，转司隶校尉，成为朝廷九卿之一。司隶校尉是朝廷监察官，犹如皇帝架在众臣头上的一把刀，寒光熠熠，人人畏惧。然而，得意之余的一次大嘴骂架，又为他招来祸端，被弹劾罢免了。

咸宁四年（278）六月，晋景帝司马师之妻、弘训太后羊徽瑜驾崩，羊太后是东汉大才子蔡邕的外孙女，聪慧贤德，淑慎慈爱，她辞世后，举国悲痛，武帝下令在她生前寝殿弘训宫设位哀悼。就在这个庄严肃穆的场合，傅玄居然因故大吵大闹，给自己挖下了一个倾覆大坑，从此一蹶不振。

原来，因为司隶校尉职权的特殊性，其在不同场合的座位，大有讲究。按照朝廷规制，在皇宫端门之外参加活动时，司隶校尉必须单独设座，以利于行使权威，监督百官；一旦进入内廷大殿，司隶校尉就要按照官爵次序排位，坐于众卿之下。那天祭悼羊太后时，负责安排座位的官员认为弘训宫位于内廷，就把傅玄的座位设在卿位之下，岂料傅玄一见，勃然大怒，斥责他破坏皇家规矩，该当何罪？官员十分惶恐，说自己是奉尚书之命作此安排，傅玄转脸大骂尚书，并愤然离席而去，弄得祭悼活动不欢而散，武帝气得脸色铁青，御史中丞庾纯随后上书，弹劾傅玄"大不敬"，武帝当即照准，傅玄再次被撵出朝堂，他的政坛好运气，至此消耗殆尽了。

> 闲夜微风起，明月照高台。
>
> 清响呼不应，玄景招不来。
>
> 厨人进藿茹，有酒不盈杯。
>
> 安贫福所与，富贵为祸媒。
>
> 金玉虽高堂，于我贱蒿莱。

这首《杂诗》，应该是傅玄被免职后，面对纷纭乱世，以及自己的宦海沉浮，而生出的幽情与感触。清凉的夜晚啊，微风抚着夜幕轻轻吹拂；晃晃明月啊，照耀着空中丘山一般的云彩。寂静的清响啊，千呼万唤也没有回音；幽渺的夜影啊，在四周窸窣飘动却召之不来。大厨知道俺老傅的口味啊，买回来了一筐蔬菜；我端着一杯老酒在长夜里徘徊，不时啜饮一口，感到了心底的万般无奈。唉唉！安贫乐道是人生的幸福之源啊，金钱富贵却会招来无妄之灾。看他金玉满堂，看他荣华富贵，不过像荒坡上的凌乱杂草，在冷风里摇曳着一片片凄凉与悲哀……

三

傅玄"闹丧罢官"事件，发生在咸宁四年（278）六月，正值酷暑，天地间一片蒸腾，他虽然宣称"金玉虽高堂，于我贱蒿莱"，毕竟心意难平，义愤填膺，导致健康每况愈下，到当年晚秋，就随着秋风之呼啸，而黯然辞世，享年62岁，谥曰"刚"，追封清泉侯。

对于傅玄之死，武帝做何感想，因史无载，不得而知；《晋书》本传云："玄天性峻急，不能有所容；每有奏劾，或值日暮，捧白简，整簪带，竦踊不寐，坐而待旦。于是贵游慑伏，台阁生风。"傅玄天性峻烈急躁，眼里揉不得沙子，遇事不能宽容，每当弹劾朝官时，他就像上战场一般，手捧白简，头戴簪带，彻夜不眠，等待上朝，满朝王公贵族，一个个畏之如虎。他如此作为，虽然台阁之间清风荡漾，却为自己埋下了仇恨的种子。他的死讯传出，朝臣尽管不敢弹冠相庆，背地里偷着乐是绝对必然的吧？

与朝臣们的"偷着乐"不同，《晋书》著者之论赞则公允得多："傅玄体强直之姿，怀匪躬之操，抗辞正色，补阙弼违，谔谔当朝，不忝其职者矣。"傅玄先生挺直腰杆做官，鞠躬尽瘁为臣，言辞亢烈，为人正直，匡补君王之缺失，纠正朝政之舛漏，声震朝堂，实在是一名恪尽职守的好官啊！"然而惟此褊心，乏弘雅之度，骤闻竞爽，为物议所讥，惜哉！"由于他性情峻烈，迹近偏狭，缺少恢宏气度，遇事毫不容情，争强斗狠，肯定得罪了很多人，难免受到舆论围攻，可惜呀！

然而，若说傅玄整天金刚怒目，不遑其他，也就错了。他还是个笔耕不辍的业余作家，著述丰硕，政论、史传、诗赋，样样了得。其诗歌今存六十余首，多为乐府诗，《豫章行·苦相篇》《秦女休行》《秋胡行》《墙上难为趋》《西长安行》《车遥遥》等篇，均为精品，"音节激扬，古质健劲"（《采菽堂古诗选》）。《隋书·经籍志》载"晋司隶校尉《傅玄集》十五卷"，可惜失传；《四库全书》收录其大量诗文，今版《汉魏六朝诗选》《汉魏六朝散文选》等选本，均收录其不少诗文。

《晋书》本传记载，傅玄小时候随着家人逃难，"专心诵学，后虽显贵，而著述不废"。当初，傅玄刚写出《傅子》内篇，其子将文稿拿给当朝司空王沈审阅，王沈是历史学家，"好书，善属文""才经文武，早尸人爵"（《晋书·王沈传》）。王沈读罢文稿，给老傅写信说，大作"言富理济，经纶政体，存重儒教，足以塞杨、墨之流遁，齐孙、孟于往代。每开卷，未尝不叹息也。'不见贾生，自以过之，乃今不及'，信矣！"王沈将傅玄与杨朱、墨翟、荀况、孟轲四位先贤并列，并把汉文帝称赞大才子贾谊的话拿来颂扬之，其推重之意，无以复加也。

傅玄传世之作《傅子》，分为内、中、外三篇，是其哲学思想的集中体现，其宗旨是三个字：利天下。"傅子曰，利天下者，天下亦利。害天下者，天下亦害之。利则利，害则害，无有幽深隐微，无不报也。仁人在位，常在天下所归者，无他也，盖善为天下兴利而已。"不必一二三四罗列其绵邈哲思，也不必甲乙丙丁摘录其警世金句，管窥其文字，便可见一斑也。

他论举贤——"贤者，圣人所与共治天下者也，故先王以举贤为急。举贤之本，无大于正身而壹其德，身不正，听不壹，则贤者不至，虽至不为之用矣。古人明君，简天下之良材，举天下之贤人，岂家至而户闭之乎？"举贤之本，在于正其身，立其德，上下同心，霸业可期，"齐恒之霸，管仲为之谋；秦孝之强，商君佐之以法。欲王则王佐至，欲霸则霸臣出。欲富国强兵，则富国强兵之人往，求无不得，唱无不和，是以天下不乏贤也，欲求与不求耳，何愁天下之无人乎！"

他论择人——"夫裁径尺之帛，刊方寸之木，不任左右，只求良工者，裁帛刊木非左右之所能故也。径尺之帛、方寸之木，薄物也，非良工不能裁之，况帝王之佐。经国之任，可不审择其人乎？"择人之要，在于眼光独到，拣选栋梁，"非独屋有栋梁，国家亦然，大德为宰相，此为国家之栋梁也。审其栋梁，则经国之本立矣。"

他论节欲——"天下之害，莫甚于女饰，上之人不节其耳目之欲，殚生民之巧，以极天下之变。一首之饰，盈千金之价；婢妾之服，兼天下之珍。"节欲之要，在于自上而下，防微杜渐，"上欲无节，众下肆情，淫奢并兴，而百姓受其殃毒矣"。

他论崇仁——"圣人之崇仁也，将以兴天下之利也。利或不兴，须仁以济。天下有不得其所，若己推而委之以沟壑，然夫仁者盖推己以及人也。故己不欲，无施于人。推己所欲以及天下，推己孝心以及天下，则天下之为人子者，则不失其事亲之道矣。"推仁之要，在于将心比心，由己及人，"推己心有乐于妻子及天下，则天下之为人父者不失其室家之欢矣。推己之不忍于饥寒及天下之心，含生无冻馁之忧矣"。

他论教育——"虎至猛也，可畏而服；鹿至粗也，可教而使；木至劲也，可柔而屈；石至坚也，可消而用；况人含五常之性，有善可因，有恶可改者乎。"教育之要，在于率先垂范，以身作则，"人之所重，莫重乎身，贵教之道理行。士有伏节成义，死而不顾者矣。此先王因善教义，因义而立礼者也。因善教义，故义成而教行；因义立礼，故礼设而义通"。

他论立德——"立德之本，莫乎于正心，心正而后身正，身正而后左右正，左右正而后朝廷正，朝廷正而后国家正，国家正而后天下正。"立德之要，在于正心，心正而影从，"心者，神明之主，万理之统，动而不失正，天地可感，而况于人乎!况于万物乎!夫有正心必有正德，以正德临民，犹树表望影，不令而行"。

他论圣人之治——"天地至神，不能同道而生万物；圣人至明，不能一检而治百姓，故以异致同者，天地之道也。因物制宜者，圣人之治也，既得其道，虽有诡常之变，相害之物，不伤乎治体矣。水火之性，相灭也，善之用者，陈釜鼎乎其间，爨之煮之，而能两用其尽，不相害也。五味以调，百品以成，天下之物为水火者多矣，若施夫釜鼎乎其间，则何忧乎相害，何患乎不尽其用也。"

读其书，洞其情，诵其《歌》，感其肺腑之动荡也——"天时泰兮昭以阳，清风起兮景云翔。仰观兮辰象，日月兮运周。俯视兮河海，百川兮东流。"

2019年5月24日

安知荣辱之所如

一

西晋年间，一个衣衫褴褛的乡下放羊娃，居然因为作文歌咏一只小鸟，受到一位大名士激赏，从此享誉天下，后来在嚣嚣乱世成为泰山北斗一样的存在，的确令人大跌眼镜。这个天才放羊娃，就是西晋政治家、文学家张华。

张华（232～300），字茂先，范阳方城（今河北固安）人，据说是西汉留侯张良的十六世孙，唐朝名相张九龄的十四世祖，前承张良之余脉，后启张九龄之辉煌，可谓承前启后之杰才也。尽管血胤非凡，张华的身世却很凄凉，老爹张平曾任渔阳郡（今北京密云县）太守，可惜很早就死了，"华少孤贫，自牧羊，同郡卢钦见而器之。乡人刘放亦奇其才，以女妻焉"（《晋书·张华传》）。

老爹张平辞世，少年张华孤苦无依，只能靠给人家放羊来混碗饭吃；至于其兄弟姊妹，因史无载，不得而知。遥想隆冬飞雪，酷夏烈焰，一个食不果腹的乡下穷孩子，抡着一杆羊鞭，驱赶着一群咩咩叫的老羊，在荒坡野岭之间游移觅食。这份孤苦与辛劳，可推而想之。幸运的是，在艰难谋生的岁月里，他却遇到了两大贵人：一个是"同郡卢钦"，一个是"乡人刘放"。

卢钦，字子若，出身于世族豪门"范阳卢氏"，东汉名儒卢植之孙、曹魏司空卢毓之子。史载，卢植"性刚毅有大节，常怀济世之志"（《后汉书·卢植传》）；卢毓"心在利民，躬自临视，择居美田，百姓赖之"（《三国志·卢毓传》）。有父祖如此，卢钦堪称基因优良，《晋书·卢钦传》说他"清淡有远识，笃志经史"，是曹魏至西晋时期的重臣与将领，官至尚书仆射、奉车都尉、吏部尚书，以举荐人才著称于世。卢钦偶遇少年张华，"见而器之"，正如《传奇》唱的那样："只是因为在人群中多看了你一眼，再也没能忘掉你容颜"，日后极力举荐，使他进入了官场快车道。刘放，字子弃，张华同乡，也是曹魏重臣，历任秘书郎、中书监、给事中，赐爵关内侯，执掌朝廷中枢机要，深谙宦海之道，"既善承顺主上，又未尝显言得失"（《三国志·刘放传》），这样一位当世大佬，也对张华一见倾心，"以女妻焉"，将宝贝女儿嫁给他为妻。

卢钦、刘放两大权贵，为什么都对张华青眼有加呢？《晋书》本传总结说："华学业优博，辞藻温丽，朗赡多通，图纬方伎之书莫不详览。少自修谨，造次必以礼度。勇于赴义，笃于周急。器识弘旷，时人罕能测之。"概括而言，大约有三：其一，学识渊博，文采绮丽，博览群书；其二，修为深远，谨言慎行，一言一行，必合乎礼度；其三，见义勇为，扶危济困，且气度恢宏，胆识过人，世人难以蠡测。

尽管如此，令张华声誉鹊起、进而闻名天下的，并非卢钦与刘放，而是一篇发奋之作《鹪鹩赋》。其序云：鹪鹩是一种棕褐色微型鸣禽，"生于蒿莱之间，长于藩篱之下，翔集寻常之内"，与百物为善，兀自生机勃发；它身形渺小，处境卑微，看似百无一用，却族类繁盛，悠游四方，翩翩舞蹈于平凡人间，而自得其乐。那些傲视天下的秃鹫、兀鹫、鹏鹗等猛禽，以及眩光耀眼的孔雀、翡翠等神鹊，"或凌赤霄之际，或托绝垠之外"，强悍而凌厉，或一飞冲天，或一笑惑人，却纷纷成了猎人弓箭之下的牺牲品，铩羽跌落，束手就擒，被进献给皇宫，沦为了装饰皇家宫廷的吉祥物，可悲乎？可怜乎？——天晓得也！

何造化之多端兮，播群形于万类。惟鹪鹩之微禽兮，亦摄生而受气。育翩翾之陋体，无玄黄以自贵。毛弗施于器用，肉弗登于俎味。鹰鹯过犹俄翼，尚何惧于罿罻。翳荟蒙笼，是焉游集。飞不飘扬，翔不翕习。其居易容，其求易给。巢林不过一枝，每食不过数粒。栖无所滞，游无所盘。匪陋荆棘，匪荣茝兰。动翼而逸，投足而安。委命顺理，与物无患。

为什么大自然变幻万端，浩浩霜天万类竞逐，姿彩各异？只有鹪鹩这种小鸟，汲取天地之精华，浑身散发着勃勃生气！它的肢体轻巧而单薄，也没有神乎其神的传说来夸耀自己；它的羽毛色彩黯淡，不能拿来装饰物器；它的肌肉平淡无奇，不能堂而皇之登上祭祀之礼器。老鹰鹯子等猛禽追逐鸟雀，对它也不曾留意，那无处不在的天罗地网啊，也不把它放在眼里。它隐身于幽暗草丛，成群嬉戏，起飞时低调而从容，翱翔时也不会忘乎所以。它的居处简单随意，只是为了遮蔽风雨。它筑巢于渺渺春枝，果腹只需几颗米粒；它既不留恋老巢，也不贪恋故地。遭遇荆棘，不嫌其丑陋，而是从中寻觅乐趣；邂逅茝兰，不贪其香气，而是心底有所禁忌。它轻轻抖动翅膀，在云间梳理羽毛，便感觉了神灵安逸；它知天达命，顺其自然，与物无争，万事顺意！

张华挥毫作赋，感身世之凄凉，味世情之冷暖，察人生之兴衰，兀自百感奔临，人生的大与小，成与败，有用与无用，有谁说得清楚？这篇《鹪鹩赋》一出来，尽管墨渍淋漓，却是读者寥寥，知音渺茫。作为一个乡下牧羊娃的一篇习作，灿烂文采淹没于荒草丛中，傲然志气飞翔于九霄云外，有谁会正眼瞧一眼呢？不必顾影自怜，哀婉叹息，痛惜世态炎凉，其实，这不过是人生之常态罢了。

一天，《鹪鹩赋》文稿辗转来到了大名士阮籍眼前，阮大才子一看之下，叹赏不已："王佐之才也！"哎呀呀，这个作者，具有辅佐君王的非凡才能呀！"由是声名始著。"张华的文名，从此传扬开来。

二

阮籍赞叹张华具有"王佐之才"，证之后来的史实，果然不谬也。在西晋王朝两次重大历史转折关头，张华都发挥了举足轻重的作用：其一，西晋王朝初立，他力排众议，推动武力吞灭东吴，统一大江南北；其二，八王之乱初起，他身居宰辅之位，力挽狂澜，直至为之献身。

张华早年宦海浮游，可谓顺风顺水。曹魏时期，渔阳郡守鲜于嗣推荐他出任太常博士，掌管朝廷祭祀之事；范阳豪门卢钦向魏文帝曹丕举荐他出任河南尹丞，官职相当于河南省副省长，未及赴任，即转任佐著作郎，擢升中书郎，成为编修国史的最高官员。泰始元年（265），晋武帝司马炎代魏自立，建立西晋，张华官拜黄门侍郎，封关内侯，从此进入朝廷重臣之列。"华强记默识，四海之内，若指诸掌。"（《晋书·张华传》）他记忆力超群，博古通今，对世间万物了如指掌，成了西晋朝廷之"文胆"。一次，武帝向他咨询汉朝宫室制度等事，他应对如流，边讲解，边画图，令左右听众目瞪口呆，"帝甚异之，时人比之子产"。

子产，春秋时期郑国名相，执政期间厉行改革。他铸刑书于鼎，推动法治建设；他"不毁乡校"，虚心听取群众呼声，进而调整执政方略。他辞世后，举国悲悼，孔夫子闻讯，哀伤流涕，说他是"古之遗爱也"（《左传·昭公二十年》）。张华赢得"当世子产"之美誉，足见其能力之卓越，政绩之显赫，数年之后，晋升中书令，加散骑常侍，成为武帝的左膀右臂，即使老母辞世，他按规定丁忧回乡守丧，武帝也打破惯例，指令他回朝处理政务，"中诏勉励，逼令摄事"。

那时候，魏蜀吴三足鼎立早已不存，蜀汉后主刘禅投降，被押往魏都洛阳，封为安乐县公。西晋耸立中原，犹如旭日东升，东吴兀立江南，一如落日西沉。剿灭东吴，统一天下，重大历史机遇就在眼前，晋武帝踌躇满志，与中军将军羊祜秘密谋划出兵伐吴，叵耐满朝文武，嗡嗡嘤嘤，一片反对之声，只有度支尚书杜预、中书令张华等少数人鼎力支持。

羊祜，字叔子，泰山南城（今山东新泰）人，著名战略家、政治家，《晋书·羊祜传》说他"博学能属文，身长七尺三寸，美须眉，善谈论"；晋武帝称赞他"执德清劭，忠亮纯茂，经纬文武，謇謇正直"。武帝立志灭吴，任命羊祜出任前线总指挥，都督荆州诸军事，"祜率营兵出镇南夏，开设庠序，绥怀远近，甚得江汉之心"。有名的大忽悠王衍是羊祜的堂外甥，满口老子庄子，以玄谈博得名利，一次他来前线拜见老舅，口若悬河，滔滔不绝，忽悠得云山雾罩，羊祜脸色由黄转绿，拂衣而起，王衍十分难堪，只得讪讪而去，羊祜望着他的背影，鄙夷地说：这家伙以忽悠起家，谋得高位，"然败俗伤化，必此人也！"

羊祜在前线积极备战，并再三请求出兵，却屡屡遭到权臣贾充、荀勖、冯紞等人阻挠，武帝一时间难以决断，蹉跎十载。羊统帅望着浩荡长江水，喟然而叹："天下不如意，恒十居七八，故有当断不断。天与不取，岂非更事者恨于后时哉！"他说，天下不如意事总是十有八九，当断不断，反受其乱啊！天赐之物不肯拿取，岂不是要给后世有识之士留下千古遗恨吗？

咸宁四年（278）八月，羊祜染病，并日渐沉重，武帝指派张华前去咨询灭吴方略，羊祜握着张华的手，老泪纵横："成吾志者，子也。"这年十一月，羊祜含恨而逝，享年58岁。"帝素服哭之，甚哀。是日大寒，帝涕泪沾须鬓，皆为冰焉。"斯人已去，晋武帝号啼不已，他或许因为自己犹豫不决，丧失了灭吴大好时机，而无限悲伤。张华望着羊统帅的遗容，泪如雨下，深切感受到了"出师未捷身先死"的悲哀与凄凉。

第二年，武帝终于痛下决断，出兵大举伐吴，并任命张华出任度支尚书，负责大军的后勤供应。这是一项艰巨的任务。他上蹿下跳，前后奔波，粮草源源不断运往前线，贾充等人却在背后施放冷箭，说盲目出兵劳民伤财，奏请腰斩张华。武帝揽奏，气得脸都绿了，断然驳回："此是吾意，华但与吾同耳。"他说，伐吴是朕的主意，张华不过与朕意见一致罢了。皇帝如此发话，才压住了满朝嚣嚣不绝的喊杀之声。唉，西晋朝堂的衮衮诸公，在如此重大的历史关头，居然像墙头草一样跟着贾充等人鼓噪，反对统一大业，可悲也哉！

太康元年（280），吴国灭亡，天下一统，武帝下诏褒奖张华，说他与羊祜共创大计，"典掌军事，部分诸方，算定权略，运筹决胜，有谋谟之勋"，封他为广武县侯，增加食邑万户，封其一子为亭侯，食邑一千五百户，赐绢一万匹。

这时候，张华的声望如日中天，万民仰视，武帝将朝廷诸多事务交给他处置，"当时诏诰皆所草定，声誉益盛，有台辅之望焉"（《晋书》本传）。所谓"台辅"，宰相也。张华出任宰相，已是人心之所向，大势之所趋。当此时也，他遭遇了两个卑鄙小人的暗算，两支冷箭嗖嗖射向了他，导致他政坛沉沦，成了一个无足轻重的看客，终武帝一朝，仅以列侯身份忝列朝堂。

张华遭遇的第一个小人，就是尚书令荀勖。荀勖先生是西晋开国功臣，博学多才，颇有作为，堪称官场老油条，"勖久管机密，有才思，探得人主微旨，不犯颜忤争，故得始终全其宠禄"（《晋书·荀勖传》）。他的为官之道，就是"精致利己"，残贤害善。武帝怀疑白痴太子司马衷愚钝，难以继承大位，令荀勖与中书令和峤出面考察，和峤说太子暗弱如故，荀勖却大赞太子有德，"时议以勖倾国害时"。武帝欲废太子妃贾南风，荀勖说贾妃纯良贤惠、貌美如花。后来，白痴太子登基，酷虐贾妃弄权，导致了惨烈的八王之乱。荀勖之罪，可谓大矣！

这样一个祸害天下的家伙，因为善于投机，深受武帝宠信，他眼见张华德薄云天，嫉恨不已，必欲除之而后快，屡进谗言，终于将张华赶出朝堂，出任安北将军，都督幽州诸军事。张华二话不说，前往幽州履任。他广施仁政，抚纳新旧，招抚远近，将从前不肯臣服的二十多个边远地区少数民族政权收拢到麾下，遣使朝贡拜服，"于是远夷宾服，四境无虞，频岁丰稔，士马强盛"（《晋书》本传）。

张华遭遇的第二个小人，就是左卫将军冯紞。《晋书·冯紞传》说他"少博涉经史，识悟机辩""外骋戚施，内穷狙诈"。在西晋政坛，冯紞历来是贾充、荀勖之流的帮凶，反对伐吴、维护白痴太子、为贾后固位，为虎作伥，不一而足，"初谋伐吴，紞与贾充、荀勖同共苦谏不可。吴平，紞内怀惭惧，疾张华如雠"。

张华被排挤出朝，大有作为，朝野呼唤他的回归，主持朝政，冯紞见此情形，利用武帝的宠信，屡次构陷张华，"紞从容侍帝，论晋魏故事，因讽帝，言华不可授以重任，帝默然而止"。冯紞拐弯抹角，旁敲侧击，说张华就是魏将钟会那样的野心家，将来必为国家之祸患，提醒武帝"宜思坚冰之渐，无使如会之徒复致覆丧"。

钟会，字士季，颍川长社（今河南长葛市）人，魏国军事家、书法家，生于颍川豪门钟氏，乃太傅钟繇之幼子，"少敏惠夙成""有才数技艺，而博学精练名理，以夜续昼，由是获声誉"（《三国志·钟会传》）。后来出仕魏国，效忠司马氏政权，跟随司马师讨平镇东将军毌丘俭叛乱，助力司马昭击溃魏帝曹髦进攻，在一连串残酷屠戮中，他屡出奇谋，时人称为"张良"，官拜黄门侍郎，封东武亭侯。景元四年（263），魏军兵分三路伐蜀：征西将军邓艾率兵三万，由狄道（今甘肃临洮）进军，以牵制驻扎在沓中（今甘肃舟曲西北）的蜀将姜维；雍州刺史诸葛绪率军三万，进攻武都（今甘肃成县西北），以切断姜维退路；镇西将军钟会率主力十万，欲乘虚袭取汉中，直捣成都。三路大军呼啸而进，刘禅投降，蜀汉灭亡。钟会自以为功盖天下，野心膨胀，于是诬告邓艾谋反，再与蜀将姜维联手，图谋据蜀自立，随后矫诏讨伐司马昭，导致军心大乱，钟会与姜维被乱军所杀，终年40岁。对这样一位乱世叛贼，司马氏当然恨之入骨。冯紞以钟会比喻张华，其险恶用心昭然若揭。武帝听了他的谗言，默不作声，却从此对张华深怀戒惧，再不肯重用了。

不久，张华回朝，被任命为太常，主掌宗庙礼仪，后来因为太庙屋梁折断，武帝乘机罢免了他的官职。堂堂统一功臣，从此忝为列侯，被晾在了一边。

伊兹禽之无知，何处身之似智。不怀宝以贾害，不饰表以招累。
静守约而不矜，动因循以简易。任自然以为资，无诱慕于世伪。
雕鹗介其觜距，鹄鹭轶于云际。雉鸡窜于幽险，孔翠生乎遐裔。
彼晨凫与归雁，又矫翼而增逝。咸美羽而丰肌，故无罪而皆毙。
徒衔芦以避缴，终为戮于此世。苍鹰鸷而受谮，鹦鹉惠而入笼。
屈猛志以服养，块幽絷于九重。变音声以顺旨，思摧翮而为庸。
恋钟岱之林野，慕陇坻之高松。虽蒙幸于今日，未若畴昔之从容。

唉唉！鹡鸰本为无知之禽鸟啊，为何看上去貌似智慧玲珑？因为没有无价之宝物，不会轻易惹来刀光剑影；也没有绝世之美貌，何必幻想什么情有独钟？简朴谦逊，处身守静；循规蹈矩，与世不争。崇尚天然啊，方为立身之资本；不慕虚荣啊，远离尘世之薄幸。看！老雕铁喙如钩啊勇于格斗，鹄鹭翱翔九霄啊横绝云空；瞧！雉鸡奔窜于僻绝幽险之地，孔雀舞蹈于邈远遐荒之中；野鸭戏水池塘，归雁展翅凌空——它们啊，羽翼美丽，体态丰盈，悠游尘世，却横遭戕害，魂魄飞升！它们啊，身姿矫健，文武贯通，本想依靠自身优势，躲避风雨刀剑之霸凌，岂料不过是白日做梦，箭如飞蝗，祸不旋踵！苍鹰因为矫捷威猛而被缚，鹦鹉因为花言巧语而入笼。呵呵！天低云暗，宇宙雷鸣；江河呜咽，万物惊悚！从此啊，收拢不屈之猛志，低眉顺眼，叩拜圣君于九重；改变不羁之腔调，俯首帖耳，将高山之志向化为谷地之平庸。那些峰岭之上的莽莽林野啊，那些傲然入云的幽幽苍松，从此只能装饰我的寥落残梦；我祈祷万事平安啊，就像一只驯服老犬苟活于乱世，脸上还要露出一丝丝淡定与从容……

三

永熙元年（290），晋武帝驾崩，白痴太子司马衷继位，是为晋惠帝，此君痴愚呆傻，至于不辨寒暑与冷暖。《晋书·惠帝纪》载，惠帝在华林园玩耍，忽然听见蛤蟆叫，就问身边小太监："此鸣者为官乎，私乎？"小太监糊弄说："在官地为官，在私地为私。"天下荒乱，百姓纷纷饿死，惠帝好生奇怪，天真地问道："何不食肉糜？"其蒙蔽如此，成为千古笑谈。

白痴皇帝登基，皇权羸弱不堪，各路妖怪横生，西晋王朝从此陷入动荡中，"政出群下，纲纪大坏，货赂公行，势位之家，以贵陵物，忠贤路绝，谗邪得志"。先是太尉杨骏利用其女、武帝皇后杨芷的裙带关系，独揽大权，刚愎自用，任意诛戮；惠帝皇后贾南风密谋诛杀杨骏，饿毙皇太后杨芷，并授意楚王司马玮诛杀汝南王司马亮、太保卫瓘等，掀开了八王之乱之一角，导致京城一片混乱，"内外兵扰，朝廷大恐，计无所出"。张华向惠帝献计，派遣殿中将军出面宣读圣旨，宣布司马玮是矫诏作乱，致使乱军作鸟兽散，司马玮随后被处死，年仅21岁。张华因为首谋有功，官拜右光禄大夫、侍中、中书监，佩戴金印紫绶。

那时的西晋朝堂，已经沦为贾后任意割剥的牧场，且看《晋书》对她的记述："妃性酷虐，尝手杀数人""后暴戾日甚""后遂荒淫放恣，与太医令程据等乱彰内外"。尽管如此，她也需要树立一面大旗，来稳定局势；而她选定的"旗帜"，就是张华。《晋书·张华传》载："贾谧与后共谋，以华庶族，儒雅有筹略，进无逼上之嫌，退为众望所依，欲倚以朝纲，访以政事。"在贾后看来，张华出身庶族，没啥根基，既不会威胁皇位，又能够团结民众，可以出面维持大局。贾后令从侄贾谧前往征求光禄大夫裴𫖮的意见。裴𫖮是著名哲学家，正直无私，胸襟开阔，博古通今，他一向看重张华，深赞其事。此后，张华开始主理朝政——"华遂尽忠匡

165

辅，弥缝补阙，虽当暗主虐后之朝，而海内晏然，华之功也。"

在如此波谲云诡的局势下，张华力所能及地矫正弊政，减少损失，尽力挽救颤颤欲崩之大厦，可谓难能可贵也。贾后虽然骄悍凶妒，对张华还是怀有几分敬重。为劝诫贾后，他作了一篇《女史箴》，以为讽喻。"女史"，宫廷妇女；"箴"，规劝之意。《女史箴》以历代贤惠后妃故事为镜鉴，倡妇德，戒丑陋，有"苦口陈箴、庄言警世"之誉，其词曰："妇德尚柔，含章贞吉；婉嫕淑慎，正位居室；施衿结褵，虔恭中馈；肃慎尔仪，式瞻清懿……"

在张华精心运筹之下，国家局势得到了暂时稳定，转眼间八载过去，貌似平静的海面下，却蕴藏着凛凛杀机。贾南风格杀的目标，锁定了愍怀太子司马遹。愍怀太子的身世，说来令人啼笑皆非。当初惠帝做太子时，到了婚配年龄，武帝担心傻儿子不晓得床笫之事，指派自己宠幸的才人谢玖到东宫侍寝，岂料白痴太子一炮而中，谢才人由此怀孕，因担心遭到贾后戕害，连忙跑回武帝身边，生下了儿子司马遹。

对这个不期而至的愍怀太子，贾南风一直恨之入骨，必欲除之而后快。元康九年（299），贾后决定除掉太子，先是授意著名诗人潘岳起草了一篇祈祷文字，内含要求惠帝退位之意，然后令人把太子灌得烂醉如泥，逼令他乘醉抄写，由于身瘫手抖，太子只抄了一半，其余由贾后亲自模拟补完，成为太子"谋反"罪证，呈送惠帝，白痴皇帝随即在式乾殿召集群臣，下令处死太子。群臣喏喏无声，只有张华亢声反对，裴𬱟予以支持，最后，太子勉强保住了性命，被废为庶人，囚禁于洛阳郊外之金墉城，不久被毒杀，时年23岁。

贾后谋废太子，太子左卫率刘卞极为愤恨，鼓动昔日恩公张华当机立断，扶立太子夺位，岂料张华义正词严地说："今天子当阳，太子，人子也，吾又不受阿衡之命，忽相与行此，是无其君父，而以不孝示天下也。虽能有成，犹不免罪，况权戚满朝，威柄不一，而可以安乎！"他说，太子是陛下之子，我无诏令而行废立，是目无君父，以不孝示天下，即使侥幸成功，也必然获罪，何况外戚权臣满朝，怎么可能平安无事呢？

古语云：螳螂捕蝉，黄雀在后。这边厢，贾后刚收拾完愍怀太子，斑斑血迹，鲜艳耀眼；那边厢，赵王司马伦与其谋士孙秀，已经拔剑在手，伺机出击了。司马伦当时是太子太傅，一向为贾南风所信任，掌握着皇宫禁军。《晋书·赵王伦传》说他不学无术，"素庸下，无智策"；他麾下谋士孙秀，乃五斗米道之道徒，善于谄媚，心胸逼狭，"以狡黠小才，贪淫昧利。所共立事者，皆邪佞之徒，惟竞荣利，无深谋远略"。

此后，赵王司马伦联合齐王司马冏，伪造惠帝诏书，以"谋害太子"之罪名，起兵收捕贾后、贾谧及一干喽啰。当齐王率领士兵前去捉拿贾后时，她厉声喊道："谁让你来到这里的？"齐王回答："有诏抓你！"她理直气壮地责问道："诏令当从我出，你哪里来的诏命？"——这个到了鬼门关依然执迷不悟的女人，最后步了愍怀太子的后尘，被迫喝下金屑酒，结束了丑恶的一生。

随着贾后的毙命，一场旷古未有的权力争夺大战，就此拉开了序幕。这就是中国历史上空前惨烈的"八王之乱"。西晋王朝宗室的八王之中，除了被贾后杀掉的汝南王司马亮、楚王司马玮之外，赵王司马伦、齐王司马冏、河间王司马颙、成都王司马颖、长沙王司马乂、东海王司马越，一个个粉墨登场，各自率领麾下兵马，进行了一场场灭绝人性的连环大屠杀，绵延达16年之久。

在捕杀贾后之前，司马伦指派随从司马雅前往拜见德高望重的张华，游说他联手起事，被严词拒绝，司马雅恨恨地说："刃将加颈，而吐言如此！"张华拒绝合作，也就将自己推上了断头台。不久，张华与裴頠、潘岳、石崇、欧阳建等人一起被捕杀。临刑之际，他回想自己的前世今生，无限感慨："臣先帝老臣，中心如丹。臣不怕死，只怕王室之难，祸不可测也。"随后在前殿马道南侧被杀，并夷三族，终年69岁。

张华在乱世洪流中主持西晋朝廷大局，呕心沥血，竭尽所能，希望挽狂澜于既倒，扶大厦之将倾，不过是白日做梦。一个奄奄欲灭的王朝，哪里是独臂可以擎起来的呢？他不可避免地沦为了坍塌大厦之下的一个著名的殉葬品。悲哉！

张华被杀后，"朝野莫不悲痛之"，天下人痛哭流涕，悲悼这位泰山北斗一样的时代英华。其实，归根结底，他不过是一个有良知的文人——"华性好人物，诱进不倦，至于穷贱侯门之士有一介之善者，便咨嗟称咏，为之延誉。"身为文坛泰斗，他尽心竭力提携后进，蜀国历史学家、《三国志》著者陈寿，东吴著名诗人陆机、陆云兄弟，在国破家亡之际流落到魏国都城洛阳，都曾得到过张华的帮助。

当年，蜀国陷落，张华初见陈寿，大为欣赏，说应该请他撰写《晋书》，并举荐他出任中书郎。东吴灭亡，张华一见陆氏兄弟，十分开心："伐吴之役，利获二俊。"似乎西晋发动一场惊天动地的灭吴战争，不过是为了得到陆氏兄弟呢！对陆机的浩瀚才华，他不吝赞叹之词："人之为文，常恨才少，而子更患其多。"呵呵！其叹赏如此，夫复何言？——对于前辈恩师张华，陆机没齿难忘，"钦华德范，如师资之礼焉"。张华死后，陆机含泪撰写《咏德赋》，以为悼念。

> 海鸟鹢鹠，避风而至。条枝巨雀，逾岭自致。提挈万里，飘飘逼畏。夫唯体大妨物，而形瑰足玮也。阴阳陶蒸，万品一区。巨细外错，种繁类殊。鹪螟巢于蚊睫，大鹏弥乎天隅。将以上方不足，而下比有余。普天壤以遐观，吾又安知大小之所如？

海鸟鹢鹠啊，貌似凤凰，旷荡而纵逸，叵耐狂风骤雨，隐入云中而暂避；条枝巨雀啊，横绝峰岭，冲天而飏逸，奈何天地辽阔，跌落琼枝而小憩。鲲鹏展翅，扶摇万里，难免为风霜之所凌逼。身形之大啊犹如云翳，足髁瑰玮啊摩天接地。阴阳交合，滋生万物，就像巧匠烧制陶器，五彩缤纷，形神各异。其大如山巅，其小如米粒，其色如彩虹，其德如美玉。东海有小虫啊，名曰鹪螟，在蚊子睫毛上筑巢，蚊子飞翔而不为所惊；北溟有大鱼啊，化而为鹏，怒而飞腾，苍茫天宇不过一只酒盅。若论天地之大啊，无边无际，总有其不足之处；若论蚊睫之短啊，微乎其微，总有其绵延之长，直至无穷。站在天地边缘，冷观寰宇之轮转，我哪里敢轻易论断谁大谁小呢？

读罢《鹠鹋赋》，忽然想到了两个古人，与两句古语。庄子《秋水》曰："以差观之，因其所大而大之，则万物莫不大。因其所小而小之，则万物莫不小。"庄周先生向来思绪奔腾如野马，超乎于尘世之上，其论大与小，毕竟眼中有"物"，心中有"尺"。东汉著名天文学家张衡身在宦海，心逐田园，思归不已，恍兮惚兮，"谅天道之微昧，追渔父以同嬉"，仲春二月，他来到田野，听龙吟方泽，虎啸山丘，"仰飞纤缴，俯钓长流"，作《归田赋》以抒襟抱："苟纵心于物外，安知荣辱之所如？"

是啊！眼中无"物"，心底无"尺"，哪里还晓得什么尘世之荣辱呢？

2019年5月16日

洛阳纸贵《三都赋》

一

　　一个男人，因为相貌丑陋，而发愤图强，绞尽脑汁、呕心沥血撰著三卷皇皇大赋，造就"洛阳纸贵"之奇迹，传诵至今。这个其貌不扬的家伙，就是西晋著名文学家左思。

　　左思（约250～305），字太冲，齐国临淄（今山东淄博）人，《晋书·左思传》说他"貌寝，口讷，而辞藻壮丽。不好交游，惟以闲居为事"。"貌寝"，貌丑，身形短小；"口讷"，口吃，说话结巴。虽然号称生于儒学世家，左思的家境却十分贫寒。其父左熹，字彦雍，"起于小吏"，凭借自己的努力，一步步做到了殿中侍御史、太原相、弋阳太守等。殿中侍御史是个从七品官员，负责纠察朝廷供奉之仪式，相当于皇家的政风政纪督察员。在大佬如云的西晋朝堂，左熹先生实在是个微不足道的角色，后来外放鄱阳郡弋阳（今江西弋阳县）太守，"县治在弋水之阳，曰弋者，以水形横斜似弋也"（吕式斌《今县释名》）。虽然稍显遥远，毕竟贵为一方主官，家资应该充盈嘛，不知道他是否因为遭遇了宦海动荡，受到"双开"之类惩罚，被废为庶人，才导致了家境衰落？因史无明载，姑且算揣测吧。

像许多望子成龙的父亲一样，左熹对儿子左思寄予了厚望，一心想让他成为东汉末年"楷书鼻祖"钟繇先生那样的大书法家，并请来名师进行辅导，叵耐左思不谙此道，常常弄得墨汁乱流，纸上墨渍淋漓，涂抹得满手满脸。左熹见此情形，急忙转舵，让儿子练习敲钟与鼓琴，岂料左思对此毫无兴趣，钟声哐哐像犬吠，琴韵嗷嗷如驴鸣，左熹无可奈何，连连摇头："唉唉！这孩子，比我小时候差得远啦！"

然而，老爹的一声叹息，却激起了左思心底的巨大波澜。作为一个形貌丑陋、沉默寡言、屡遭世人鄙视的孩子，左思自幼形成了自惭形秽之心结。他只想远离人群，遗世独立，在一己心灵的王国里，驰骋其冲天才华，放荡其不羁性情。然而，俗人的白眼，尘世的风霜，却时时压迫逼凌着他，使他无端产生了一种喘不过气来的强烈压抑。才华如江，心雄万丈，志欲掀天揭地；压抑如海，跌落深渊，溺于死水一般的绝望。这种情绪的轮转动荡，常常弄得他神思恍惚，坐立不宁，不辨今夕是何夕也。

恍惚记得，那年秋天，呼啸的秋风掀起了他的万般心潮，他只感觉五内鼎沸，热血奔涌，手足无措，却不晓得应该做些啥，来排解海潮一般的冲动，于是，他开始刻镂一副中国象棋。他略通棋道，喜欢琢磨棋理，老帅困于孤城，孤掌难鸣；老象翅如飞轮，飞跃田野；大炮隔山呼啸，总需炮架；小卒横冲直撞，无所顾忌，所谓"马走日，象走田，车走直路炮翻山，士走斜线护将边，小卒一去不回还"，各有各的招数。他拿来一根木棍，截成一截一截扁而圆的棋子，然后在砖石上打磨，擦呀，磨呀，直到棋子圆溜溜成型，然后拿来一把小刀，一笔一画，刻呀镂呀，"车""卒""马""炮""帅"，一一凸显出来……

然而，随着秋风刮过，秋叶飘落，左思对象棋的兴趣也渐渐淡漠，于是他开始琢磨文字。东汉许慎《〈说文解字〉叙》云："仓颉之初作书也，盖依类象形，故谓之文，其后形声相益，即谓之字。"传说，仓颉大师是黄帝时代的左史官，留心观察自然界禽兽奔腾、百鸟飞翔之奇观，描摹之，图画之，形成了最初的"文"（纹理、花纹之意）；随后又根据兽奔鸟鸣之意蕴，造出了形声会意之"字"（字，子也，生孩子之意）——"盖依类象形，故谓之文；其后形声相益，即谓之字。"文与字相得益彰，即为记录思想、组成语言之符号。文字之间不同的排列组合、交织变幻，形成了千姿百态的语言组合，这便是赖以承载千古脉续的文章了。左思追思仓颉大师造字之神功，无限仰慕；俯视自己面临的苍茫现实，满怀凄迷，实在不晓得自己此生究竟应该怎样度过。百无聊赖间，他开始排列组合文字，就像用砖石等材料建筑高楼，一砖一石，一字一词，一笔一画，一撇一捺，排列，毁弃；再排列，再毁弃……

转眼间一年逝去，春风炎夏，秋霜冬雪，他终于写出了一篇《齐都赋》。齐都，即齐国都城临淄，地处鲁中丘陵与鲁北平原交接地带，淄河、乌河恍如两条玉带蜿蜒境内，浇灌着两岸肥沃的土地。夏代之前，这里是爽鸠氏族部落聚居地，夏代则是季萴氏族部落聚居地。"爽鸠氏"，是一个以"爽鸠"（猎鹰）为图腾的部族；"季萴氏"，是一个以"萴"（乌鸦嘴）为图腾的部族。公元前1046年，周武王姬发消灭商纣王，推翻商朝，建立周朝，封太公姜子牙于齐地，建立齐国，都城营丘（今临淄）。左思作为齐国之子民，对这里情有独钟是自然的。其词曰："燕山观迹于旧墟，问事于长老，万分未得其一斑。察其始终，考其兴衰，齐之人文，渊源流长。然一国之兴，在于农工商虞，农不出则乏其食，工不出则乏其事，商不出则三宝绝，虞不出则财匮少。无农不稳，无工不富，无商不活，古今一理！"——在这篇赋作中，左思提出了"无农不稳，无工不富，无商不活"的理念，堪称千古名言。可惜的是，此文已经散佚，只留了一些片段在《水经注》《太平御览》等古籍中。

秋风何冽冽，白露为朝霜。

柔条旦夕劲，绿叶日夜黄。

明月出云崖，皦皦流素光。

披轩临前庭，嗷嗷晨雁翔。

高志局四海，块然守空堂。

壮齿不恒居，岁暮常慨慷。

这首《杂诗》，是左思早年蹉跎岁月的真实写照。秋风凛冽如刀啊，白露也化为了清晨之寒霜；柔润绵软的枝条一天天瘦硬如虬枝，晃悠悠的绿叶也一天天颓变成了苍黄。明月寒瑟瑟从天边山崖探出头来，皎洁的月光也像一条条赤练蛇，在天地之间游动惚恍。我彻夜难眠啊凭窗遥望，仿佛听见了远空里的大雁嗷嗷飞翔；我老左志如高山啊命如薄冰，局促于尘世间的一汪潋滟水塘，不晓得哪一天才能启程远航？万般无奈困守陋室啊，总是梦想拽着自己的头发飘摇直上，穿越云空飞向月亮。唉！少年岁月，犹如江海之波涛啊，汹涌流淌，揭示着时不我待之穷窘时光；眼瞅着暮雪已经降临，天地迷蒙而昏黄，无论是痛哭流涕也罢，还是悲叹伤怀也罢，只不过是面对着韶华不再的残酷现实，心底涌起的海涛一样的万般悲伤！

二

《齐都赋》写罢，左思似乎吐出了几许堵塞胸口之块垒，他的嘴角，不经意间划过一脉嘚瑟之渺渺光波。然而，世俗的风刀霜剑，依然像无处不在的冷眼，在他的周围闪烁。他在暗夜里高声吟哦，在秋雨中低声吟诵，在飞雪中升腾自己的绚烂梦想，却不敢把这些寥落文字拿给人们看；他害怕人们的讥讽与白眼。他卑怯地认为，自己纵然才华齐天，犹如鼍龙腾海，却既不能充饥解饿，又不能卖钱换酒，又有什么用处呢？

想到此，一股嗤嗤冷气，从心底涌出，直贯头顶。他把文稿胡乱塞进抽屉里，转身来到郊外，望着落日发呆。残阳如血，江山如画，归鸿缥缈。这里纵然肥沃深厚，终究有些寂寥，有些无奈；这里虽然是故乡，却

不是自己的心灵之家园。一生终老于此，总是让人心有不甘，怅恨不已。然而，那一叶梦想中的诺亚之舟，究竟在哪里呢？

这时候，时光已经来到泰始八年（272），一个爆炸性新闻传遍了临淄：左思的老妹左棻，已被晋武帝司马炎选中，纳入后宫，拜为修仪啦！

左棻，左思胞妹，《晋书》作"左芬"，出土墓志作"左棻"，字兰芝，文思锦绣，文字靡丽，才华超逸，是远近闻名的才女，著有诗、赋、颂、赞、诔等多篇，其《离思赋》最为著名，曾有文集，可惜已失传。《晋书·后妃传》载："芬少好学，善缀文，名亚于思，武帝闻而纳之。泰始八年，拜修仪。"

《晋书》说左棻"名亚于思"，名声似乎比哥哥左思稍逊一筹，其作用却有天壤之别——左思才名高如泰山，困守临淄古城，郁闷得近乎炸裂；左棻才名绚丽如虹，被晋武帝一眼相中，得以入宫，先拜修仪，再封贵嫔，成为令人艳羡的后宫佳丽；并且，她还一举改变了左氏家族的社会地位，全家由此迁入京城洛阳，成为名副其实的皇亲国戚。

入京之前，左思正在悄悄搜集资料，准备撰写《三都赋》，岂料忽悠一下，拽着老妹的裙裾进入了京城，"复欲赋三都，会妹芬入宫，移家京师"（《晋书·左思传》）。左思进入京城，就像鱼游大海，虎啸山林，其天高地迥之感，可推而想之。而左棻入宫后的感受，却迥然不同。其实，武帝欣赏的是她的绮丽才思，而不是她的嬛陋容貌。且看《晋书·后妃传》之记载："后为贵嫔，姿陋无宠，以才德见礼"，"帝重芬词藻，每有方物异宝，必诏为赋颂，以是屡获恩赐焉。"

左贵嫔文采弥漫，姿貌不佳，以才德打动武帝，每每令她挥毫作文，颂圣恩，扬圣德，昭天下，如此而已。而她的处境，实在并不美妙，"体羸多患，常居薄室，帝每游华林，辄回辇过之。言及文义，辞对清华，左右侍听，莫不称美"。左棻身体羸弱，居住在一间简陋椒房里，孤灯长夜，形影相吊。武帝常常在游玩归来时，路过她的寝宫，进来小坐，与之谈论诗词歌赋，清词丽句，每当这时候，她便神采飞扬，妙语连珠，直把皇帝左右侍从听得大眼儿瞪小眼儿，皇帝也乐得咧嘴大笑不已，满室荡漾着快乐与祥和之气。

然而，武帝调笑罢了，满足而去，左贵嫔怔怔地坐在榻上，空对凄凉与落寞，一滴清泪，潸潸而落，其《离思赋》的凄切词句，蜂拥而出："生蓬户之侧陋兮，不闲习于文符。不见图画之妙像兮，不闻先哲之典谟。既愚陋而寡识兮，谬忝厕于紫庐。非草苗之所处兮，恒怵惕以忧惧。"她感叹道，妾生于蓬户之家呀，自幼不喜欢官家文书；既没有如花之美颜，也不懂先哲之经典；如此孤陋寡闻呀，却意外入居皇家之圣殿。这里哪是草民该待的地方啊，我整天为此恐惧而忧心忡忡！——忧惧之余，便是无限悲伤，"嗟隐忧之沈积兮，独郁结而靡诉。意惨愤而无聊兮，思缠绵以增慕。夜耿耿而不寐兮，魂憧憧而至曙。风骚骚而四起兮，霜皑皑而依庭。日晻暧而无光兮，气懔栗以洌清。怀愁戚之多感兮，患涕泪之自零"……隐忧，郁结，惨愤，缠绵，愁戚，涕泪，一串字眼，一串清泪。一个孤弱女子，面临此情此景，其心境之凄楚，不言自明。她回想从前，思念家人，愁肠百转，寝食难安，"悼今日之乖隔兮，奄与家为参辰。岂相去之云远兮，曾不盈乎数寻……况骨肉之相于兮，永缅邈而两绝。长含哀而抱戚兮，仰苍天而泣血。"

一个仰天泣血的深宫女子，却必须强颜欢笑，吟诗作赋，以博取皇帝欢心。武帝女儿万年公主死了，"帝痛悼不已，诏芬为诔，其文甚丽"，其词曰："茕茕稚魂，飘飘遐翔。於戏何辜，痛兹不福。生而何晚，殁而何速"；杨皇后死了，她为之献诔："赫赫元后，出自有杨。奕世朱轮，耀彼华阳。惟岳降神，显兹祯祥"；武帝新纳美女一枚，她奉命作颂："万国齐欢，六合同欣。坤神抃舞，天人载悦。兴瑞降祥，表精日月……"

深宫之内，左棻曲意承欢，涕泪与笑颜齐飞；深宫之外，左思遨游世海，清高与势利并举。到了这时候，左思彻底摒弃了丑陋才子天性中的羞怯，开始了尘世竞逐，"自以所见不博，求为秘书郎"，他认为自己阅世有年，见识广博，于是开始跑官要官，挤进了朝廷秘书省，做了一名主管图书经籍的秘书郎。元康年间，晋武帝驾崩，晋惠帝登基，惠帝皇后贾南风权倾天下，其从侄贾谧炙手可热，号称"鲁公"，天下文士趋之若鹜，环绕着贾谧组成了一个"鲁公二十四友"小集团，其主要成员，包括著名诗人潘岳、陆机、刘琨、左思，以及大富豪石崇等人。这个"鲁公二十四友"集团，从某种程度上说，是西晋文学的一个怪胎，其成员大都是轻躁竞进、攀龙附凤之辈。据《晋书》记载，潘岳年龄最长，"性轻躁，趋世利"，以攀龙附凤著称；陆机"好游权门，与贾谧亲善，以进趣获讥"；刘琨"素奢豪，嗜声色，虽暂自矫励，而辄复纵逸"；大富豪石崇"颖悟有才气，而任侠无行检"，早年靠拦路劫掠往来客商致富，奢靡无度。潘岳与石崇，这两个文坛大佬，先后演绎了一出对贾谧"望尘而拜"之丑剧，在大街上望着贾谧乘坐的软轿跪拜，成为千古笑谈。这些大名鼎鼎的西晋文士麋聚在一起，虽然也搞了些诸如"金谷雅集"之类文学集会，可惜成绩平平，而他们那些溜须拍马之作，却肉麻得令人作呕。

　　左思忝列"二十四友"大名单，总算挤进了"时代英华"之行列，他的自得与自傲，自不待言，他满腔热情地为贾谧讲解《汉书》，为之解疑释惑，似乎前景辉煌。可惜好景不长。元康末年，八王乱起，贾南风、贾谧同时被戮，"鲁公二十四友"灰飞烟灭，其成员也随着时局之变幻，继续自己的人生。潘岳、石崇、陆机等人，命丧八王之乱；刘琨则跳出血海，被八王之乱最后一个登台者、东海王司马越任命为并州刺史、振威将军，出镇晋阳（今山西太原），立志抗击匈奴，收复中原，他安抚流民，发展生产，使千疮百孔的晋阳城很快恢复生机，成为矗立在中原大地上的一个坚强堡垒，危急时刻，他登上城头吹奏胡笳，演绎了一出"吹笳退敌"之活剧，成为千古佳话。可惜他"善于怀抚，而短于控御"，加之势单力薄，壮志难酬，被匈奴征东大将军石勒击溃，只身投奔幽州刺史、辽西鲜卑左贤王段匹磾，遭遇暗算，于太兴元年（318）五月初八被缢杀，时年48岁。

左思幸运地躲过了八王之乱的刀斧，退居宜春里居所，闭门著述，齐王司马冏请他出任记室督，负责王府文秘工作，他推说有病，不肯出山，全身心投入写作中，"遂构思十年，门庭藩溷，皆著笔纸，遇得一句，即便疏之"。他的写作生涯，可谓蚀魂磨骨，煎心入肌，他在门庭和篱笆边、厕所旁，都放上纸和笔，每当灵感骤然来临，或脑际偶尔涌出丽词妙句，便抓起纸笔，唰唰记下，如此长达十年之久，涓滴成海，垒石成山，终于写成了一部《三都赋》。当他在纸上画下最后一个句号时，不禁泪如泉涌，难以自已。唉，十载心血，赋就寥寥纸页，价值究竟几何？——天晓得也！

> 皓天舒白日，灵景耀神州。
> 列宅紫宫里，飞宇若云浮。
> 峨峨高门内，蔼蔼皆王侯。
> 自非攀龙客，何为欻来游。
> 被褐出阊阖，高步追许由。
> 振衣千仞冈，濯足万里流。

这首《咏史·其五》，回荡着他京城贵游之豪壮与艳羡，困窘与无奈。浩瀚的天空啊，太阳当头照耀；浩渺的神州啊，胜景联翩飞升九霄。京城里的豪华宫阙连绵不绝啊，高飏的檐牙如彩云浮动归棹。在巍峨壮丽的城墙内啊，衮衮王侯嚼金食玉，大醉滔滔。我不是攀龙附凤之辈啊，为何忽然跑到趋炎附势的人群里来凑热闹？唉唉，穿上我的粗布衣，逃离京城之浮躁，跟着高人许由先生，亦步亦趋远离尘嚣。我登上千仞之高冈啊，抖一抖衣服上残留的世俗灰尘；我跳进浩浩之大江啊，用滚滚江水洗净脚丫子上沾染的污垢与残萝！

三

美女扮靓，素有"撞衫"之说，双方颇觉尴尬；才子作文，也有"撞车"之议，双方的感觉究竟如何呢？——且看左思与陆机"撞车"之史迹：

> 初，陆机入洛，欲为此赋，闻思作之，抚掌而笑，与弟云书曰："此间有伧父，欲作《三都赋》，须其成，当以覆酒瓮耳。"及思赋出，机绝叹伏，以为不能加也，遂辍笔焉。

《晋书·左思传》这段记载，意味深长。当年东吴覆亡，著名诗人陆机与弟弟陆云来到魏都洛阳，陆机慷慨悲切之余，想撰写一部《三都赋》，他听说左思正在写作此赋，不由得拊掌而笑，给弟弟陆云写信说："听说这里有个粗鄙的北方佬，不自量力想写《三都赋》，等出版了，咱正好拿来盖酒瓮嘛。"呵呵！其不屑之情，溢于言表。可是等左思的赋作出笼，"机绝叹伏"，陆机一读之下，叹服膜拜，认为再不能增删一字，就此搁笔不写了。

所谓"三都"，即魏国都城邺城、蜀国都城成都、吴国都城建业（南京），在三国归一的西晋时代，这绝对是热门话题，许多才子跃跃欲试，准备抒写这一时代命题。对于自己的《三都赋》，左思超级自信，他在总序中指出："相如赋上林而引'卢橘夏熟'，扬雄赋甘泉而陈'玉树青葱'，班固赋西都而叹以出比目，张衡赋西京而述以游海若。"他说，司马相如《上林赋》罗列"卢橘夏熟"之自然现状，扬雄《甘泉赋》铺陈"玉树青葱"之山水风貌，班固《西都赋》描摹"揄文竿，出比目"之怪状，张衡《西京赋》描绘"海若游于玄渚，鲸宜失流而蹉跎"之缥缈……

左思批评说，司马相如、扬雄、班固、张衡这些辞赋大师，"假称珍怪，以为润色，若斯之类，匪啻于兹"。大师们浓墨重彩绘声绘色描述这些珍怪之物，其意义若何，实在难说，诸如此类，不胜枚举也。"考之果木，则生非其壤；校之神物，则出非其所。于辞则易为藻饰，于义则虚而无徵。"他们的文字，有些匪夷所思，考察一下树木之生长，并非其土壤；观察一番幽灵之出没，也非其幻境。前辈们的大作啊，文采华丽近乎藻饰，义理飘忽近似虚伪，实在有些南辕北辙的味道。左思先生对先贤的抨击，堪称尖锐犀利。

品读《三都赋》，犹如检阅一排排文字之兵阵，大有夺目骇神之功效。《魏都赋》通过"魏国先生"之口，向"吴蜀二客"夸耀魏都之连绵壮丽——

> 且魏地者，毕昴之所应，虞夏之余人。先王之桑梓，列圣之遗尘。考之四隈，则八埏之中；测之寒暑，则霜露所均。卜偃前识而赏其隆，吴札听歌而美其风。虽则衰世，而盛德形于管弦；虽逾千祀，而怀旧蕴于遐年。尔其疆域，则旁极齐秦，结凑冀道。开胸殷卫，跨蹑燕赵。山林幽峡，川泽回缭……

这段文字，典故纷呈，意蕴杂沓。"毕昴"，毕星与昴星，凌晨现于东方，预示天近黎明；"虞夏"，虞代与夏代，两个上古王朝；"八埏"，即"八殥"，八方边远之地；"卜偃"，即郭偃，春秋时期晋国卜官；"吴札"，春秋时期吴国公子季札，以贤明著称，为躲避父王禅让王位，漂泊各国，遍赏各地音乐；"殷卫"，殷商与卫国，均为古国名，地处中原。

"魏国先生"话语滚滚如长江，滔滔不绝，其辞藻铺排连天，其形态状如积木，僻字磊磊蕴含山川壮丽，大言炎炎倾动排山倒海，惊心动魄，气荡神迷，直惊得吴蜀两位客人一脸憎懂，勃然变色，"矍焉相顾，倏焉失所。有腼瞢容，神形茹"。"神形茹"，唐人吕向注云："形屈曰蕊，物之自死曰茹，言心死也。"左思先生的结论，是借用诸葛亮的一句话：

"日不双丽，世不两帝。天经地纬，理有大归。安得齐给守其小辩也。"天上不能有两个太阳，世上不能有两个帝王，这是天经地义之大理呀，哪里还用磨叽啰唆个没完呢！

《吴都赋》开篇，"东吴王孙"兀自哈哈一笑，"辊然而咍"，诘问道："子独未闻大吴之巨丽乎？且有吴之开国也，造自太伯，宣於延陵。盖端委之所彰，高节之所兴。建至德以创洪业，世无得而显称。由克让以立风俗，轻脱鶵於千乘。若率土而论都，则非列国之所觖望也。""太伯"，即姬泰伯，吴国第一代君主；"延陵"，为春秋吴邑，季札所居之封邑。"鶵"，人面龙身之神；"觖望"，抱怨。——我堂堂东吴，发端于吴太伯，兴起于吴公子，先祖开疆拓土，艰苦创业，显耀于天下，可咏可叹也。这里风俗纯良，人神共舞，如此辉煌之都，列国除了羡慕嫉妒，哪有资格抱怨呢！至于东吴山水形胜之美，自不待言："其竹则篔筜箖箊，桂箭射筒。柚梧有篁，篠簜有丛。苞笋抽节，往往萦结。绿叶翠茎，冒霜停雪。楸蓲森萃，蓊茸萧瑟。檀栾蝉蜎，玉润碧鲜……"

总结历史经验，"东吴王孙"不免连声嗟叹："耳目之所不该，足趾之所不蹈。侗傥之极异，诡诡之殊事，藏理于终古，而未瘳于前觉也。若吾子之所传，孟浪之遗言，略举其梗概，而未得其要妙也。"——放纵其耳目之欲而无所顾忌，驰骋其野蛮征伐而无所防备；离经叛道肆意横行，行为诡异人神瞠目，欲将义理传之久远，却既不懂经世之道，又不能先知先觉，正如先生您所说，那些鲁莽轻率之言，略述其梗概而已，终究难窥其奥妙、登其堂奥也！

《蜀都赋》开篇，"西蜀公子"怒怼"东吴王孙"："盖闻天以日月为纲，地以四海为纪。九土星分，万国错跱。崤函有帝皇之宅，河洛为王者之里。吾子岂亦曾闻蜀都之事欤？""九土"，即九州；"崤函"，古代地名，崤山与函谷关之合称；"河洛"，黄河与洛水。——"西蜀公子"大言喳嗒：我听说昊天以日月为纲，大地以四海为纪，九州如星散荒野，万国如群峰错耸。崤山与函谷，乃皇帝之豪宅；黄河与洛水，是王侯之故里。先生您大约还不晓得俺们蜀都之宏大巍峨吧?

于是,他鼓动三寸不烂之舌,开始陈说蜀都之美妙:"夫蜀都者,盖兆基于上世,开国于中古。廓灵关以为门,包玉垒而为宇。带二江之双流,抗峨眉之重阻。水陆所凑,兼六合而交会焉;丰蔚所盛,茂八区而庵蔼焉。""灵关",即灵关山,位于成都西南汉寿界;"玉垒",即玉垒山,在成都西北岷山界;"二江",即郫江与流江,"二江者,郫江、流江也"(任豫《益州记》);"八区",四方四隅也。——他说,煌煌蜀都,奠基于上古时期,开国于中古时期,开阔灵关山,作为蜀都之大门;包举玉垒山,作为蜀都之庭宇。郫江与流江,犹如两条玉带,盘绕山川岭壑;峨眉山"云鬟凝翠,鬈黛遥妆"(《峨眉郡志》),铸成重重险阻。水陆交叠错落,与天地宇宙交会;天地之间,四方四隅,蓬勃而繁茂,灿烂而辉耀,虽万千赞颂而无愧也!

而蜀国最后灭亡,也是天下大势之所趋也,"一人守隘,万夫莫向。公孙跃马而称帝,刘宗下辇而自王。由此言之,天下孰尚?故虽兼诸夏之富有,犹未若兹都之无量也。"他说,蜀国山高林密,险峻崎岖,当年公孙述跃马而称帝,国号成家,刘玄德下辇而称王,建立蜀汉。蜀地号称天府之国,"兼诸夏之富有",可是,天下之大势啊,究竟去向何方呢?唉唉!三国鼎立,蜀国先亡,兴败之至理,实在令人捉摸不透啊!

《三都赋》的写作,是一个痛苦欣快交织的漫长过程,也是一项崔巍险峻并存的浩大工程。竣工之日,左思长叹一声,"自以其作不谢班张,恐以人废言,安定皇甫谧有高誉,思造而示之。谧称善,为其赋序"(《晋书》本传)。他认为,自己的大著丝毫不逊于班固《两都赋》与张衡《两京赋》,可是因为籍籍无名,担心以人废言,于是拿着文稿前往拜访著名医学家、史学家皇甫谧,请求"斧正"。史称,皇甫先生"沈静履素,守学好古,与流俗异趣",老先生审读文稿,并为之作序曰:"作者先为吴蜀二客,盛称其本土险阻瑰琦,可以偏王,而却为魏主,述其都畿,弘敞丰丽,奄有诸华之意。"并赞扬作者"因客主之辞,正之以魏都，折之以王道，其物土所出，可得披图而校。体国经制，可得案记而验，岂诬也哉！"

应当说，左思的毛遂自荐大获成功，皇甫先生的一纸序文，引起西晋读书界热烈回应，著作郎张载、中书郎刘逵、尚书郎卫权等一干文坛大佬，纷纷为之作注、作序，"自是之后，盛重于时"，司空张华赞扬左思堪与班固、张衡比肩而立，"使读之者尽而有余，久而更新"。于是，"豪贵之家竞相传写，洛阳为之纸贵"。所谓"洛阳纸贵"，由此而来也！

纵观《三都赋》，堪称"四有"：其一，有文采。全篇文采绚烂，文气横逸，可谓弥漫天地也。其二，有见识。作者摒弃陈腐旧说，融坎坷经历于跌宕文字，汇人生体悟于山川形胜，可谓真知灼见也。其三，有思想。作者将心底之悲、切身之痛，与三国兴亡共驰骋，描绘出天下归一之历史发展大趋势，可谓时代之最强音也。其四，有局限。作为晋人之赋，《三都赋》的局限性显而易见，其僻字罗列、大肆铺排、逞才炫耀、空洞无物等"文字积木"之特点，霍然在目，与司马相如《上林赋》并无二致，无论当时如何"洛阳纸贵"，如今也是令人难以卒读了，其流传性几乎丧失殆尽，就像枚乘、司马相如、扬雄等汉赋大师的作品一样，只具备"文学符号"之意义了。

弱冠弄柔翰，卓荦观群书。

著论准过秦，作赋拟子虚。

边城苦鸣镝，羽檄飞京都。

虽非甲胄士，畴昔览穰苴。

长啸激清风，志若无东吴。

铅刀贵一割，梦想骋良图。

左眄澄江湘，右盼定羌胡。

功成不受爵，长揖归田庐。

这首意气昂扬的《咏史·其一》，抒发了左思早年的雄心壮志。那时候，东吴孤悬江南，灭吴战争一触即发，西晋一群热血青年纷纷摩拳擦掌，跃跃欲试。左思宣称，俺老左二十岁开始舞文弄墨，博览群书，才华纵横，奔腾不羁，著论比肩贾谊《过秦论》，作赋媲美司马相如《子虚赋》。如今长江两岸波浪滔天，战云密布，老左虽非军中骁将，毕竟饱览兵书，谙熟《司马穰苴兵法》，只要皇上一声令下，即可率军出征，一举扫平东吴！即使是一把钝刀，也想着宰割天下，老左虽然不敢说是削铁如泥的莫邪之剑，也梦想着降妖除魔，澄清寰宇——吞灭东南之东吴，平定西北之羌胡，尔后，华丽转身，回归田园，颐养天年！

只是，诗人的慷慨豪壮，纵然倾动江河，毕竟难以改变残酷的现实。太安二年（303），八王之乱肆虐方烈，河间王司马颙的部将张方率7万兵马自函谷关出发，进攻京城洛阳，一时间京城人心惶惶，百姓纷纷逃难，左思被逃难人群挟裹着，来到冀州一带避难，数年后病逝，《晋书·左思传》的记载是："数岁，以疾终。"

2019年5月20日

蓬莱仙踪何处寻

一

在两晋时期，郭璞是个神奇的存在。其一，他是大诗人，一生诗文著作多达百卷，数十万言，有《郭弘农集》传世，其《游仙诗》传扬古今。钟嵘《诗品》称他"始变永嘉平淡之体，故称中兴第一"；刘勰《文心雕龙》说他"足冠中兴，《郊赋》既穆穆以大观，《仙诗》亦飘飘而凌云矣"。其二，他是训诂学家，曾注释《周易》《山海经》《穆天子传》《楚辞》《方言》等古代典籍，今本《辞海》《辞源》上，他的注释粲然可见。其三，他是风水大师，精通天文、历算、卜筮，擅长预卜先知与奇异方术。

郭璞（276～324），字景纯，河东郡闻喜县（今山西闻喜县）人，"好经术，博学有高才，而讷于言论，词赋为中兴之冠。好古文奇字，妙于阴阳算历"（《晋书·郭璞传》）。他的老爹郭瑗，官至西晋建平太守，他也算个根正苗红的"官二代"了。然而，他似乎志不在官场，而在乎风月山水之间也。他早年拜风水大师郭公为师，研读卜筮之术，郭公送他《青囊中书》九卷，"由是遂洞五行、天文、卜筮之术，禳灾转祸，通致无方"。所谓"青囊"，是古代风水师用来装书的黑袋子，民间常以"青囊"代称风水术。陈子昂诗云："游人献书去，薄暮返灵台。传道寻仙友，青囊卖卜来"（《酬田逸人游岩见寻不遇题隐居里壁》）。郭璞的风水卜筮之术由此奠基。后来，郭璞的门人赵载偷走了师父这本神秘兮兮的"青囊"，还没来得及读呢，就毁于一场突发火灾，从此江湖上只留下了一堆青烟袅袅的灰烬，与一段扑朔迷离的传说。

其实，郭璞治学，是有家学渊源的。其父郭瑗早年曾任尚书都令史，与有名的将军学者杜预时有争论。杜预是魏晋时期著名政治家、军事家，也是西晋剿灭东吴、统一天下的统帅之一。他学识渊博，多有建树，著有《春秋左氏传集解》《春秋释例》《律本》《丧服要集》《女记》等专著。郭瑗时常驳难、纠正杜预著作中的瑕疵，颇受时人称许。郭璞继承了老爹的学问，精研各种学说，后来成为正一道之道徒。"正一道"，亦称"五斗米道"，由东汉天师张道陵创立。按教规，弟子每年要给师父奉上五斗米，故称"五斗米道"。《崆峒问答》曰："何谓正一？正者不邪，一者不杂。正一之心则万法归一，故曰正一。"

郭璞的仕宦生涯，看上去十分简单。西晋末年，他初入官场，出任宣城（今安徽宣城市）太守殷祐的参军，至于作为如何，史无明载，不得而知。晋元帝司马睿时期，拜为著作郎，与史学家王隐一起撰写《晋史》。

《晋书·王隐传》载，王隐早年，与祖逖之兄、军谘祭酒祖纳"雅相知重"，祖纳醉心围棋，自称"忘忧"，王隐批评说："盖古人遭时，则以功达其道；不遇，则以言达其才，故否泰不穷也。"他说，古人躬逢盛世，就建功立业以教化世人；遭遇厄运，则著书立说来展现才智。所以嘛，无论遇与不遇，他们都会有所作为。他鼓励祖纳奋发著述，并以应劭作《风俗通》、崔寔作《政论》、蔡邕作《劝学篇》、史游作《急就章》等事迹，来激励祖纳自强不息，祖纳听罢，喟然叹曰："先生言之有理，可是我能力不足呀！"

这位志在以文字抒展襟抱的王隐先生，东晋初年与郭璞一起被晋元帝

上卷 书海行舟

招入中书省，联袂撰写《晋史》九十三卷，成为唐贞观年间魏徵等人编纂《晋书》的重要参考，可惜后来散佚了。

此后，郭璞出任大将军王敦的记室参军，负责掌管文书。岂料他走上的，却是一条不归路。

王敦，字处仲，小字阿黑，出身于著名豪族"琅琊王氏"，与堂弟王导一同辅佐晋元帝建立东晋，担任大将军、江州牧，封汉安侯，时有"王与马，共天下"之说。《晋书·王敦传》说他"务自矫厉，雅尚清谈，口不言财色。既素有重名，又立大功于江左，专任阃外，手控强兵，群从贵显，威权莫贰，遂欲专制朝廷，有问鼎之心"。野心勃勃的王敦，残忍暴虐，冷酷如铁。一次，晋武帝的老舅王恺设宴，王敦、王导兄弟与大富豪石崇在座，"有女伎吹笛小失声韵，恺便驱杀之，一坐改容，敦神色自若"。几天后，王敦又造访王恺，"恺使美人行酒，以客饮不尽，辄杀之"。在王恺虎狼逼视下，"美人悲惧失色，而敦傲然不视"，美人吓得心惊胆战，花容失色，王敦傲然不接，睬都不睬，王导一见，怕美女被杀，赶紧咬牙一口饮尽，回来感叹说："处仲若当世，心怀刚忍，非令终也。"太子洗马潘滔见了王敦，望着他说："处仲蜂目已露，但豺声未振，若不噬人，亦当为人所噬。"你这家伙，蜂目凶光，声如豺狼，要么吃人，要么被吃，反正没啥好结果。

这个"心怀刚忍""蜂目豺声"的大野心家王敦，最后举兵谋反，攻陷京城建康，盘踞朝堂，权倾天下。他在谋反之前，令郭璞占卜吉凶，郭璞以"卜筮不吉"予以谏阻，惨遭杀害，年仅48岁。而这时候，郭璞的《游仙诗》，已经传扬天下。

> 京华游侠窟，山林隐遁栖。
> 朱门何足荣，未若托蓬莱。
> 临源挹清波，陵冈掇丹荑。
> 灵溪可潜盘，安事登云梯。

漆园有傲吏，莱氏有逸妻。

进则保龙见，退为触藩羝。

高蹈风尘下，长揖谢夷齐。

京城啊，市井繁华，却是游侠豪士的聚居之地；山林啊，峰岭错落，也是隐逸之士的栖身之所。人生在世啊，你纵然富甲天下，豪宅连云，又有什么值得炫耀呢？还不如那些栖身于江湖草泽的世外高人安然自在。他们临清泉，赏游鱼，掬一杯清冽之波，登上山冈捡拾一朵朵灿灿丹芝，那该是怎样的妙不可言！恍惚之间，灵溪之波潺湲而下，回旋潜泳，清气缭绕，哪里还用攀登云梯爬上高位，以驰骋其霍霍野心呢？——当年，漆园小吏庄周不肯去楚国为相，宁愿终老林泉；老莱子之妻为避乱世，与老公一起逃至蒙山之阳，躬耕度日。那些寄身宦海的人们啊，别看一个个耀武扬威，却是吉凶莫测，时刻有倾覆之危，他们进一步则入朝为相，成为皇帝随从；退一步则坠身云雾，流落于荆莽之间。而那些高蹈云端的隐士先生们啊，却早已顺着大道肆意遨游，怡然而歌，以不食周粟的商末孤竹国遗民伯夷、叔齐为榜样，悠游人间！

二

尽管《游仙诗》风靡一时，然而郭璞行走江湖的看家本事，却是占卜与风水，《晋书·郭璞传》记载了许多他的卜筮之"神迹"。

西晋末年，乱象纷呈，河东地区（今山西西南部）首先受到鲜卑势力侵扰，郭璞为此卜卦，大惊："嗟乎！黔黎将湮于异类，桑梓其翦为龙荒乎！"天啊！汉民百姓将要被异类灭绝，大好河山也要变为荒芜啊！于是他便前往东南避祸，来到将军赵固的地盘，恰巧赵固的乘马死了，老赵为之伤心，不肯接见，于是，郭璞演绎了一出"活马"神剧——"得健夫二三十人，皆持长竿，东行三十里，有丘林社庙者，便以竿打拍，当得一物，宜急持归。得此，马活矣。"赵固如法炮制，大见奇效，"顷之马起，奋迅嘶鸣，食如常，不复见向物。固奇之，厚加资给"。

著者绘声绘色，活灵活现，"活马"之法，端的令人莞尔也。而郭璞作法智赚美女之举，更加奇妙。话说东晋初年，他来到庐江（今安徽庐江县），庐江太守胡孟康被朝廷任命为军谘祭酒，他无心南渡，为之烦恼，郭璞为之卜卦曰："败"。胡太守将信将疑，郭璞却觑眼看上了太守身边的一个美艳婢女，于是兴妖作法，"乃取小豆三斗，绕主人宅散之。主人晨见赤衣人数千围其家，就视则灭，甚恶之，请璞为卦"。郭璞说，此婢女身上有妖气，不宜久留，宜贱卖之，"慎勿争价，则此妖可除也"。于是，郭璞令人低价买下婢女，携之而去，"后数旬而庐江陷"。

郭璞后来出任宣城太守殷祐麾下参军，"时有物大如水牛，灰色卑脚，脚类象，胸前尾上皆白，大力而迟钝，来到城下，众咸异焉"。众人聚在城头围观，大声喧嚷，殷祐令人取回，令郭璞卜卦，郭璞说："按卦名之，是为驴鼠。"有人要杀了吃肉，他说："此是邸亭驴山君鼠，使诣荆山，暂来过我，不须触之。"著者感叹说："其精妙如此！"

当初，司马睿初镇建邺（南京），令郭璞卜卦，老郭说："东北郡县有'武'名者，当出铎，以著受命之符。西南郡县有'阳'名者，井当沸。"不久，晋陵武进（今江苏常州市武进区）有人从田野掘得铜铎（乐器）五枚，历阳县（今安徽和县）有古井沸腾，"经日乃止"。司马睿晋身为晋王，再令郭璞卜卦，老郭说："会稽当出钟，以告成功，上有勒铭，应在人家井泥中得之。"司马睿变身晋元帝，会稽剡县（今浙江嵊州市）有人从井中得到一只钟，"长七寸二分，口径四寸半，上有古文奇书十八字，云'会稽岳命'，余字时人莫识之"。郭璞说："盖王者之作，必有灵符，塞天人之心，与神物合契，然后可以言受命矣。"

郭璞卜筮之术精妙如此，引得世人纷纷翘首仰望，也引起了最高领导的瞩目，"帝甚重之"，晋元帝任命他为著作佐郎。

然而，若说郭璞一味装神弄鬼拍马屁，那也就错了。他上任不久，就上书元帝，先是称颂元帝"祥灵表瑞，人鬼献谋，应天顺时"，跟着笔锋一转，连声诘问："陛下即位以来，中兴之化未阐，虽躬综万机，劳逾日昃，玄泽未加于群生，声教未被乎宇宙，臣主未宁于上，黔细未辑于下，《鸿雁》之咏不兴，康哉之歌不作者，何也？"在此，他指出了元帝的六大问题：一、中兴大业并未真正实现；二、皇帝恩泽未能遍施群生；三、声教未能遍布宇内；四、君主未能宁静于上；五、百姓未能安定于下；六、《鸿雁》《康哉之歌》这样的颂圣歌谣也没能传唱起来。这一切，究竟是为什么呢？

郭璞指出，这是因为——"杖道之情未著，而任刑之风先彰，经国之略未震，而轨物之迹屡迁。夫法令不一则人情惑，职次数改则觊觎生，官方不审则弊政作，惩劝不明则善恶浑，此有国者之所慎也。臣窃为陛下惜之。"他说，皇上对百姓的恩德还未显现，而严刑峻法已经泛滥开来；治国方略还未齐备，而约束民众的法规却多如牛毛，变化不定，且愈来愈严。法令不统一，就会使民众无所适从；而官高位显、腐败横行，引得一些野心家挖空心思投机钻营。朝廷对此不予明察，采取必要措施，就会导致弊政丛生；而奖惩机制不健全、落实措施不得当，就会出现善恶混淆、黑白颠倒的丑恶现象——这些都是治国者需要慎重处理的重大问题，老郭不由得为陛下暗暗担忧啊！

晋元帝看了郭璞的上书，"优诏报之"，表扬他讲得很好。至于是否采取措施落实，只有天晓得也。

青溪千余仞，中有一道士。

云生梁栋间，风出窗户里。

借问此何谁，云是鬼谷子。

翘迹企颍阳，临河思洗耳。

阊阖西南来，潜波涣鳞起。

灵妃顾我笑，粲然启玉齿。

蹇修时不存，要之将谁使。

文中的"鬼谷子"，战国时道家人物，名王诩，号玄微子，因隐居河南鹤壁云梦山之鬼谷，自称鬼谷先生，乃纵横家之鼻祖，创建鬼谷学派；"颍阳"，位于河南登封市西部，辖境内有一条颍河，古称颍水；"阊阖"，指西风；"灵妃"，即宓妃，传说中的洛水之神；"蹇修"，语出《楚辞·离骚》："解佩纕以结言兮，吾令蹇修以为理。"蹇修，传说是伏羲氏的贤臣，自称曾经邂逅洛水女神宓妃。屈子诗曰：我解下佩带扎好书信，吁请贤者蹇修前往拜见宓妃为我做媒求婚。

溪山啊，耸高千仞，缥缈入云；道士啊，兀立其间，流风吹尘。白云环绕仙廊栋宇而舒卷，飘悠悠缱绻如龙；仙风在窗棂上吹拂，忽沓沓回旋歌吟。请问这位道士是谁啊？人们说他叫鬼谷子。鬼谷先生神思高邈，在云空里蹀躞徘徊，藐视群伦。我前往拜访隐于颍川之阳的许由先生，追慕其猎猎仙风；转身又来到颍水之畔，掬一捧清凌河水，像许由那样冲洗一下耳中污痕；西风毕毕剥剥刮过来，水波縠纹荡漾，犹如散乱之鱼鳞；洛水女神宓妃瞅着我咯咯娇笑，细密的牙齿粲如玉鳞；贤者蹇修先生已经永远消失了，欲向宓妃求婚，哪个还有资格去做月下老人?

三

如果说，郭璞作为一位著名学者，注释了许多古籍，功德无量；作为著名诗人，其《游仙诗》仙波荡漾，余响缭绕至今；而他赖以起家、名重当时、进而可以大言不惭指点皇帝的资本，却是另一个身份：他是一位精通卜筮之术、灵验无比的风水大师。他的一生行迹，可以用八个字来概括：成也卜筮，败也卜筮。

或许是卜筮之术大行其道吧，郭璞后来升任尚书郎，"数言便宜，多研匡益"，屡次向皇帝建言献策，对朝廷弊政多有匡正。然而，他因为性情率意不拘，"不修威仪，嗜酒好色，时或过度"，他的同事干宝规劝说："此非适性之道也。"老郭啊，自古女色如刀，不可以任性而行啊！岂料他慨然回答："吾所受有本限，用之恒恐不得尽，卿乃忧酒色之为患乎！"他说，生命短促啊，咱抓紧享受还怕达不到命数呢，老哥你还要把酒色当作祸患吗？干宝竟无言以对。呵呵！

郭璞的卜筮之术，名传江湖，却受到世祖豪门之士的讥笑嘲讽，他为此写了一篇《客傲》，予以回击：

> 玉以兼城为宝，士以知名为贤。明月不妄映，兰葩岂虚鲜。今足下既以拔文秀于丛荟，荫弱根于庆云，陵扶摇而竦翮，挥清澜以濯鳞，而响不彻于一皋，价不登乎千金。傲岸荣悴之际，颉颃龙鱼之间，进不为谐隐，退不为放言，无沈冥之韵，而希风乎严先，徒费思于赞味，摹《洞林》乎《连山》，尚何名乎！夫攀骊龙之髯，抚翠禽之毛，而不得绝霞肆、跨天津者，未之前闻也。

他说，美玉以价值连城为宝，名士以闻名于世为贤。明月不会收敛光明，不照耀大地；兰花不会自动凋谢，失去鲜艳美色。如今傲客郭先生因为才华冲天而傲立于杂草丛中，犹如一株幼苗被九天祥云所笼罩，明天就可以驾着祥云扶摇而上，翱翔云霄，像一只巨鲸一样翻江倒海！虽然你的声音传之不远，你的价值也达不到千金之多，你的身躯傲岸于荣耀与憔悴之间，混淆于苍龙和游鱼之中，进身不为归隐，退居不为放言，本无隐身修道之神韵，却仰慕严子陵大师之高名，绞尽脑汁去钻研体味《洞林》《连山》等卜筮之书，还真不知道是为了得到什么名声！人啊，妄想拽着骊龙的飘飘长髯横绝云天，抚摸着翠凤的邈邈羽毛穿越天河，那岂不是像白日做梦一样荒谬可笑吗？

郭璞奇文《葬经》，堪称中国风水文化之宗。他以灵异文字，对地气之魅与风水之诡作了玄妙阐述："夫阴阳之气，噫而为风，升而为云，降而为雨，行乎地中则为生气。夫土者气之体，有土斯有气，气者水之母，有气斯有水。经曰：土形气行，物因以生。夫气行乎地中，发而生乎万物。其行也，因地之势。其聚也，因势之止。"

他说，所谓阴阳之气，就是《周易》"太极生两仪"之两仪，阴阳二气纠结争斗，噫而成风，呼啸千里；升而为云，遮天蔽日；降而为雨，冲荡寰宇。风、云、雨，行乎地中，即为生气。土者乃气之载体。气在土中酝酿发酵，生发万物；而气在土中的运行轨迹，则因地而行，因势而止。

《葬经》对五气运行及其变化、穴之三吉、葬之六凶等神秘玄异问题，均有精彩描述，还对穴位之不同形状，作了形象推测——"形如覆釜，其巅可富。形如植冠，永昌且欢。形如投算，百事昏乱。形如乱衣，妒女淫妻。形如灰囊，灾舍焚仓。形如覆舟，女病男囚。形如横几，子灭孙死。形如卧剑，诛夷逼僭。形如仰刀，凶祸伏逃。牛卧马驰，鸾舞凤飞，腾蛇委蛇，鼋鼍鳖龟，以水别之……"

如果说，《葬经》是一篇关于阴阳风水的经典之作，那么，《江赋》则是一篇关于长江的磅礴宏文。全赋以万里长江为抒写对象，笔墨饱蘸激情，描绘了一幅无边无际的山水长卷，谱写了一曲音韵铿锵流啭的交响乐章，声势若雷，排山倒海，光影错落，奇景迭现，表现了作者广阔无垠、包容万物之浩渺胸襟。

> 咨五才之并用，实水德之灵长。惟岷山之导江，初发源乎滥觞。聿经始于洛沬，拢万川乎巴梁。冲巫峡以迅激，跻江津而起涨。极泓量而海运，状滔天以森茫。总括汉泗，兼包淮湘。并吞沅澧，汲引沮漳。源二分于崌崃，流九派乎浔阳。鼓洪涛于赤岸，沧余波乎柴桑……

呜呼！天地之间，金木水火土各擅胜场，而水之宏德实在是灵秀绵长。岷山导引了滚滚长江，江水发源之处波澜细微，仿佛有只酒杯在水面上浮漾；江流滔滔，流经洛水和沫水，汇流万川浩浩乎涌向巴梁；大水轰隆隆冲过巫峡，漫过江津，水势猛然暴涨，犹如蛟龙腾海，激起阵阵惊涛骇浪，天地间一片云雾苍茫！它总括了汉水、泗水，包容了淮水、湘江，鲸吞了沅江、澧水，还汲入了沮水、漳水两条巨蟒；岷山、峡山劈开浩荡江水，犹见九大支流纵横交错，冉冉浮起了古城浔阳；赤岸上下，巨浪翻滚；柴桑附近，微波荡漾……

面对浩浩长江水，郭璞先生万感奔流，江流渺绝天地，时空无边无际，作为一介渺小的人类，与一只蝼蚁、一只鸟雀、一条游鱼，又有何异哉？蝼蚁幽藏地下，可以啃噬千里之长堤；鸟雀翻飞田野，可以啄食阡陌之谷粒；游鱼潜泳水底，可以劈开深渊之浊流；而人胜于它们的，则是具灵性，生百感，"经纪天地，错综人术，妙不可尽之于言，事不可穷之于笔"，沿着长江踟蹰而行，思绪随着江水起伏动荡，"悲灵均之任石，叹渔父之棹歌。想周穆之济师，驱八骏于鼋鼍"，悲哀屈原怀石自投汨罗而死，叹息渔夫驾船唱起《渔父》之歌，遥想周穆王当年乘着八骏御驾西征，遭遇大水滔天，喝令海底鼋龙架起了一座浮桥，銮驾浩荡凌波……

纵然大水滔天，浮想联翩，终究还要面对无情现实。东晋太兴四年（321），率军北伐的奋威将军、豫州刺史祖逖黯然辞世，身为荆州刺史的当朝大佬王敦闻讯大喜，认为从此再没有人能够在军事上威胁到他了，决意举兵作乱，令郭璞占卜吉凶，卜曰："无成。"王敦让他算一下自己寿命几何？老郭说："根据卦意，明公若起兵，就会大祸临头。若安居现状，寿命不可限量。"王敦闻言大怒："你的寿命如何你知道吗？"老郭淡定地说："我会死在今天中午。"王敦随即下令，收捕郭璞，押往南冈斩之。

郭璞即将押赴刑场，淡定地问行刑者往哪里去？回答说去南冈头。他说，那里肯定是在两棵柏树之间吧。到了那里，果然如此。他说树上有个喜鹊窝，众人遍寻不见，"璞更令寻觅，果于枝间得一大鹊巢，密叶蔽之"。早年间，郭璞曾经在越城（位于今南京秦淮区西南部）偶遇一人，欲将衣服赠之，被婉拒，他说："拿去无妨，后会有期。"人家这才勉强接受了。真是造化弄人啊！今天这位行刑者，正是当初那位受衣人！

想来，郭璞那时的赠衣之举，是在为自己预备寿衣呢。灵异也哉！就这样，郭璞成了王敦之乱的一个著名牺牲品。祸乱平定之后，被追封为弘农太守。

> 逸翮思拂霄，迅足羡远游。
> 清源无增澜，安得运吞舟。
> 圭璋虽特达，明月难暗投。
> 潜颖怨青阳，陵苕哀素秋，
> 悲来恻丹心，零泪缘缨流。

善飞之鹏鸟啊，总想着展翅万里，翱翔九霄；善驰之行者啊，总想着疾步如飞，避开浊世，远游天涯海角。可是，清澈见底的泉水啊，没有起伏动荡的重重波浪，如何能催动吞舟之巨鲸呢？人啊，一旦具备了圭璋一样的高贵品德，就可以获得昊天之神助；明月之珠纵然光彩熠熠，也不可以自贬身价明珠暗投。人们啊，因为处境各异而感慨不已，有的怨恨春光忽悠悠遥遥漫长，有的悲哀风霜唰啦啦逼凌素秋；唉唉！伤悲总是像深渊一般隐藏在一片丹田之内，飘零的珠泪啊，犹如秋天的露水一样，沿着冠带潸潸而流……

这几滴潸潸而落的晶莹珠泪，当然属于郭璞先生；同时，也属于许多后之来者，譬如，你，与我。

2019年5月6日

"抱朴之士"葛仙翁

一

在拙著《王母山史记》中，有一个"西王母家宴"桥段，宴请的嘉宾是：东汉"五斗米道"创立者张道陵、东晋著名炼丹家葛洪、北宋宣和年间仙姑曹文逸，以及生活在三清幻境菩提净土中的上古大神东华帝君。西王母与其侍女王子登作为主人，热情待客。

第一个抵达王母山的嘉宾，是来自东汉年间的张道陵老先生。他的坐骑是一头须髯如戟的白虎，通身雪白，只有尾巴尖上飘着一团漆黑。只听得空中一声虎啸，张天师驾临了，王子登与众仙女列队两旁，鼓掌欢迎。天师跨下白虎，摇着一把虎尾扇，口中念念有词："道可道，非常道；名可名，非常名——老夫来也！"

随后抵达的，是来自东晋年间的道学家葛洪。葛先生常年在罗浮山修道炼丹，乃中国历史上最著名的炼丹家，号称葛仙翁。他早年砍柴读书，被讥为"抱朴之士"，索性自号"抱朴子"。他从云头徐徐降下，左手擎着一本书，乃其名著《抱朴子》，右手托着一颗仙丹，一见西王母，连忙鞠躬施礼："谢谢圣仙邀请，来而不往非礼也。这颗仙丹，是在下亲手炼制的千年神丹，请圣仙笑纳。"

几位嘉宾陆续赶来，闲聊中谈到了王母山与鹤鸣山之比较，张道陵大赞鹤鸣山气势雄伟，林木繁茂，双涧环抱，形如展翅欲飞之孤鹤，直令人羽化登仙不复还也。王母笑曰："您老德高望重，常年在那里修行，呼风唤雨，撒豆成兵，远近闻名嘛。老妹敢请仙兄来王母山驻锡修道否？"

"不中！不中！"张道陵大脑袋摇得像个拨浪鼓，"这里太小啦，容不下老夫的一只脚呢。"

"瞎说！您老的脚丫子多大呀？"

王子登忍不住在旁边叫起来；王母连忙喝住："不得无礼！"

"呵呵。木事木事。这丫头，嘴巴倒像一把杀猪刀啊！"

张道陵呵呵笑着，摇着虎尾扇开始忽悠："流水趋低，苍鹰飞高，皆本性使然也。扬流水于高岗，则散成云雾；抑苍鹰于深渊，轻则翅膀折断，重则其命休矣。依老夫观之，世人莫不贪恋尘世之欢乐，所以不能超脱凡俗，更需要奉行老夫倡导的'真道'，谨守'道诫'，将'积善'与'积精'相结合，以达到'仙寿天福'之化境。诸位呀！说得直白一些，就是要掌握炼气养精之法术，来控制引导男女闺房之秘事，再配以草本之精华，即可长命百岁矣！"

张天师不愧江湖大嘴巴，由流水苍鹰而论及"真道"，再论及"男女闺房之秘事"，堪称神逻辑也。

这时，葛洪先生站起身来，先转着圈子抱拳作揖行礼，开始驳难张天师："天师真乃大德，导人以长命百岁，功德无量，抱朴子不胜钦佩之至也！至于在何处修行，在下以为，重在其内心而非外物也。以在下炼丹之经历而言，罗浮山浮动万方，集聚道光，有时未免空阔，孤寒落寞，在下后来到漳浦县深土镇灶山之上炼丹，此处层峦叠嶂，怪石嶙峋，石碾碎尘，石棋行云，开灶炼丹，真乃人间绝圣之处。罗浮山之漂浮与灶山之踏实，迥然有别，各领其妙也。王母山奋发初兴，道气洋溢，一石屋，一捧柴，一盘炉，燃火炼丹，未尝不可嘛。譬如人在世间，色不均而皆艳，音不同而咸悲，香非一而并芳，味不等而悉美，所谓春华秋月，各擅胜场，姹紫嫣红，皆领风骚也！进而言之，天下的荣位势利，譬如寄客，既非常物，又其去不可得留也。隆隆者绝，赫赫者灭，有若春华，须臾凋落。得之不喜，失之安悲？悔吝百端，忧惧兢战，不可胜言，不足为矣！"

张道陵脸上，浮现出几丝讪讪之色："葛仙弟说的尽管有道理，可是毕竟难称大道。所谓道理，只管一般事务；唯有大道，才是天地间之永恒啊！"

"我倒要请教天师了：没有道理，何来大道？"东华帝君实在忍无可忍，开始驳难张道陵，"譬如天上之七色彩虹，由赤橙黄绿青蓝紫交织而成，缺少了一种，就不能称之为彩虹；譬如地上之浩瀚流水，江河千条纵横，终归要汇流入大海。俗话说，每一滴水都能反映出太阳的光辉。天上的每一种颜色，地上的每一条河流，不都蕴涵着大道么？"

可能是由于激动，东华帝君嗓音有些嘶哑，王子登连忙给他递上一杯千年古茶。

"呵呵！东君说的一点不错。按照您的逻辑，天上的每一种颜色，地上的每一条河流，都蕴涵着大道。的确如此。可是，那只是'蕴涵'大道，却不是大道本身，唯有老夫的'真道'，才能承载大道嘛！"

"天师这是大道在我，别无分店呗！"

曹仙姑站起身来，先调侃了一句张天师，旋即嫣然一笑，倾动四方，她一开口，犹如露滴圆荷，风吹竹叶："诸位前辈，诸位老师，文逸笨口拙舌，不善言辞，更不会驳难，我想念诵一段拙著《灵源大道歌》，以向诸位请教，然否？"

> 我为诸君说端的，命蒂从来在真息。
> 照体长生空不空，灵鉴涵天容万物。
> 太极布妙人得一，得一善持谨勿失。
> 宫室虚闲神自居，灵府煎熬枯血液。

一悲一喜一思虑，一纵一劳形蛊弊。

朝伤暮损迷不知，丧乱精神无所据。

细细消磨渐渐衰，耗竭元气神乃去。

只道行禅坐亦禅，圣可如斯凡不然。

萌芽脆嫩须含蓄，根识昏迷易变迁。

磋跎不解去荆棘，未闻美稼出荒田。

九年功满火候足，应物无心神化速。

无心心即是真心，动静两忘为离欲。

神是性兮气是命，神不外驰气自定……

曹仙姑话音未落，东华帝君就啪啪啪忘情鼓掌，看众人一脸惊讶地瞅着自己，兀自回过神儿来："唔唔……对不起，打扰诸位了。"

二

这个"西王母家宴"桥段，虽属虚构，应邀赴宴的几位大神，却是很有来历的，譬如，来自东晋年间的葛洪先生，就是一位古今瞩目的人物。

葛洪（284～364），字稚川，自号抱朴子，丹阳郡句容（今江苏句容县）人，东晋著名道学家、炼丹家、医学家，世称"葛仙翁"，著有《抱朴子》七十卷、《神仙传》十卷、《隐逸传》十卷，以及医学著作《金匮药方》一百卷、《肘后备急方》四卷等，可惜多所亡佚，《正统道藏》《万历续道藏》共收录其著作十三种。

关于葛氏的来历，《抱朴子·自叙》云："其先葛天氏，盖古之有天下者也。后降为列国，因以为姓焉。""葛天氏"，上古部落名，乃编布织衣始祖，且能歌善舞，操牛尾，踢脚丫，发明"葛天氏之乐"，事见《吕氏春秋·古乐篇》："昔葛天氏之乐，三人操牛尾，投足以歌八阕：一曰'载民'，二曰'玄鸟'，三曰'遂草木'，四曰'奋五谷'，五曰'敬天常'，六曰'建帝功'，七曰'依地德'，八曰'总禽兽之极'。"这样一个欢乐的部族，当然英才辈出。葛洪的祖父葛系，极富才略，"学无不涉，究测精微，文艺之高，一时莫伦"，历任东吴庐陵（今江西吉安市）太守、吏部尚书、太子少傅、大鸿胪等要职。葛洪的老爹葛悌，更是出类拔萃，"以孝友闻，行为士表，方册所载，罔不穷览"，东吴时曾任中书郎、廷尉、平中护军、会稽太守等，西晋灭吴，葛悌以护军身份随东吴末帝孙皓同赴洛阳，历任大中正、肥乡县令，恪尽职守，政绩显耀，"举州最治，德化尤异，恩洽刑清，野有颂声，路无奸迹……秋毫之赠，不入于门；纸笔之用，皆出于私财。刑厝而禁止，不言而化行"。葛悌施政有方，以德化民，廉洁从政，一尘不染，治下风正气清，不用刑罚而百姓自治，受到广泛称颂，后来迁任邵陵（今湖南邵阳市）太守，死于任所。

葛洪先生这段自述，颇有点王婆卖瓜的味道：其一，其先祖出自远古豪族"葛天氏"，血胤辉煌；其二，其祖才略超群，历任要职；其三，其父德薄云天，堪称政坛典范。而《晋书·葛洪传》，对其先祖只有简单一句话："祖系，吴大鸿胪。父悌，吴平后入晋，为邵陵太守。"

葛洪是老爹葛悌的第三子，从小颇受娇宠，13岁那年，老爹不幸辞世，葛家陷入困境，他在《抱朴子·自叙》中回忆说，自己早年"夙失庭训，饥寒困瘁，躬执耕穑，承星履草，密勿畴襄。又累遭兵火，先人典籍荡荆农隙之暇无所读，乃负笈徒步行借"。少年失怙，饥寒交迫，每天披星戴月辛勤耕作，加之遭逢兵乱（八王之乱），到处战火纷飞，要想读书，不过是白日做梦，有时候遥望长空，他那颗渴望读书的心灵，便翱翔云天。没有书，他就跑到街坊邻居家去借，有时难免遭人白眼；没有纸笔，他背着筐子到山上砍柴，卖几个小钱去换取，"伐薪以给纸笔，就营田园处，以柴火写书……常乏纸，每所写，反复有字，人鲜能读也"。他时常拿起一截柴火棍，在土墙上一笔一画练习，或者把从前写满字的练习本折过背面再用，两面字迹重叠像蚂蚁乱爬，除了他自己，没人能看清楚呢。

　　老实说，这位靠卖柴以换取纸笔、用柴火在土墙上画字、一张纸两面写字的葛洪先生，其早年经历，不但没有丝毫仙气，而且在字里行间荡漾着刻苦自励、峻拔成才的傲然之气。《晋书》本传说他"性寡欲，无所爱玩，不知棋局几道，摴蒱齿名。为人木讷，不好荣利，闭门却扫，未尝交游。""摴蒱"，一种古代游戏。他清心寡欲，为人木讷，不喜交游，恍如书呆子一枚。他在《自叙》中也说自己"禀性尪羸，兼之多疾，贫无车马，不堪徒行，行亦性所不好"。"尪羸"，身体瘦弱，一副病歪歪模样。这样一个身体羸弱性情狷介的家伙，在尘世间兀自游荡，舍本逐末，"抚笔闲居，守静荜门而无趋从之所，至于权豪之徒，虽在密迹，而莫或相识焉"。他静守蓬门，不慕虚荣，视权豪之徒如粪土，堪称遗世而独立。他为自己作了一幅自画像："性钝口讷，形貌丑陋，而终不辩自矜饰也。冠履垢弊，衣或褴褛，而或不耻焉。"自己性情愚钝，形貌丑陋，鞋帽破旧，衣衫褴褛，不以为耻，反而自得其乐，不断花样翻新，"或忽广领而大带，或促身而修袖，或长裾曳地，或短不蔽脚"——如此奇装异服，他却昂然独行，"言则率实，杜绝嘲戏，不得其人，终日默然"，人们撇着嘴称他为"抱朴之士"，他索性以此为号，"抱朴子"的大名，由此传扬千古了。

　　而他的人生境况，却是悲凉与昂扬兼具、颓唐与放达共翔："衣不辟寒，室不免漏，食不充虚，名不出户，不能忧也。贫无僮仆，篱落顿决，荆棘丛于庭宇，蓬莠塞乎阶溜，披榛出门，排草入室，论者以为意远忽近，而不怒其乏役也。"衣破不御寒，室陋不遮雨，食乏不充饥，名微不出户，我却乐而无忧；贫困无依，篱笆破败，杂草丛生，蓬蒿塞路，我却往来自如，扒开蓬蒿出门，分开杂草入室，呵呵！这是怎样的一副放达任诞之情形啊！他扶篱笆，披蓬蒿，望明月，昂然宣称："洪之为人，信心而行，毁誉皆置于不闻。"

　　如果只是这样一味放达任诞，世上也就不会有什么"葛仙翁"了。

其实，他是伯祖父葛玄的再传弟子。葛玄是三国时代著名高士，道教灵宝派祖师，世称"太极仙翁"，与天师道创始人张道陵、净明派祖师许逊、玄风永振天尊萨守坚并称"四大天师"，曾跟随闻名江湖的"乌角先生"左慈学道，习练《太清丹经》《金液丹经》等，著有《灵宝经诰》。左慈字元放，东汉末年著名方士，洞明五经，兼通星纬，他眼见汉祚将尽，天下动乱频仍，乃喟然叹息曰："值此衰运，官高者危，财多者死，当世荣华，不足贪矣。"于是避居于安徽天柱山中，潜心修道，据说能役使鬼神，伏虎幻龙，翻云作雨。在那个遥远的年代里，葛玄得左慈之真传，其道行修为当然天下无二，成为炼丹大家也是顺理成章，后来他将独创的炼丹秘籍传给了自己的嫡传弟子郑隐。

郑隐，字思远，早年为儒生，拜师葛玄门下，精研《正一法文》《九鼎丹经》等道学典籍。据说他收藏极富，举凡道教之经、记、符、图、文、篆、律、仪、法、言等，悉数收入囊中。年逾八旬时，依旧健步如飞。太安元年（302），他掐指一算，说天下大祸来临，八王之乱即将爆发，于是率领门下弟子前往霍山（天柱山）修道，不知所终。

对这段传承关系，且看《晋书·葛洪传》之记载："从祖玄，吴时学道得仙，号曰葛仙公，以其炼丹秘术授弟子郑隐。洪就隐学，悉得其法焉。"葛洪16岁时拜郑隐为师，潜心向学，深得器重，郑隐的遁世思想，对葛洪一生影响很大，他后来归隐罗浮山，炼丹修道，著书立说，乃是其师郑隐当年归隐之余响也。葛洪在《自叙》中并未提及这段经历，只说自己从16岁开始读古籍，"贫乏无以远寻师友，孤陋寡闻，明浅思短，大义多所不能通，但贪广览，于众书乃无不暗诵精持。曾所披涉，自正经、诸史、百家之言，下至短杂文章，近万卷"。

三

太安元年（302），正是西晋王朝剧烈动荡之时，晋武帝司马炎墓木已拱，晋惠帝司马衷傻乎乎盘踞皇位，听凭老婆贾南风肆意弄权，诛杀太傅杨骏，饿毙皇太后杨芷，残害太宰司马亮，谋害愍怀太子司马遹，"八王之乱"汹涌而起，国家陷入极度混乱中。郑隐先生眼见天下大难降临，率领弟子们前往深山避难，却唯独把葛洪留在了丹阳（今江苏丹阳市）。一直魂游世外的葛洪先生，面对乱世红尘中的兵燹战火，身不由己，加入了吴兴太守顾秘的军队，出任将兵都尉，因作战有功，被封为"伏波将军"，与东汉开国功臣、著名军事家马援职衔相当。造化弄人，至于斯也。

对于这段军旅生涯，葛洪颇为自豪，他在《抱朴子·自叙》中追忆，自己曾率领部下配合友军攻陷敌营，城破之日，"钱帛山积，珍玩蔽地，诸军莫不放兵收拾财物，继毂连担。洪独约令所领，不得妄离行阵。士有摭得众者，洪即斩之以徇，于是无敢委杖"。各路将领纵兵大肆抢掠，只有葛洪严令麾下不得轻举妄动，有个士兵参与抢夺，他下令砍头，吓得众人惊悚不已，哪个也不敢放下手中兵器参与掳掠了。诸军凯旋出城，岂料遭遇埋伏，兵士们财物缠腰，"人马负重，无复战心，遂致惊乱，死伤狼藉，殆欲不振"，各路兵马被打得丢盔卸甲，只有葛洪军轻装上阵，英勇杀敌，"以救诸军之大崩，洪有力焉"。

战事告一段落，葛洪"投戈释甲，径诣洛阳，欲广寻异书"，他想到京城洛阳搜寻奇书，由于兵荒马乱，不得入京，只得投奔老友、广州刺史嵇含，不料嵇含遭遇仇家谋杀，他失去依靠，漂泊乱世，邂逅了南海太守鲍靓。鲍靓，字太玄，山西长治人，据说5岁时曾告诉父母："我本曲阳李家子，9岁坠井而亡。"父母寻访李氏，果有此事。他博览群书，亦官亦道，儒道兼通。鲍靓与葛洪邂逅江湖，志趣相投，由此开启师徒之缘。鲍太守将女儿鲍姑许配葛洪，翁婿二人闲暇切磋道术，倒也其乐融融，"洪传玄业，兼综练医术，凡所著撰，皆精核是非，而才章富赡"（《晋书》本传）。追述这段岁月，葛洪感慨万千："荣位势利，譬如寄客，既非常物，又其去不可得留也。隆隆者绝，赫赫者灭，有若春华，须臾凋落，

得之不喜，失之安悲？悔吝百端，忧惧兢战，不可胜言。"（《自叙》）

后来，以及后来之后来，葛洪身处乱世，载沉载浮，权臣王导招他出任麾下主簿，转司徒掾，迁咨议参军；老友干宝举荐他为散骑常侍，领大著作，他固辞不就。直到咸和二年（327），他听闻交趾郡（今越南北部）盛产丹砂，便上书皇帝请求出任勾漏（今广西北流县）令，不久便南行赴任，路过广州时，拜访时任广州刺史邓岳。邓刺史告诉他，其辖境内有座罗浮山，号称"神仙洞府"，秦代"北极真人"安期生曾在此修行，服食九节菖蒲而羽化升天，驾鹤仙游，世称"千岁公"。葛洪听罢，心驰神往，当即决定不再前行，从此隐居罗浮山，在朱明洞前修建南庵，修行炼丹，撰著《抱朴子》。谈及写作之辛苦，他在《自叙》中慨叹："天才未必为增也，直所览差广，而觉妍媸之别……他人文成，便呼快意，余才钝思迟，实不能尔。作文章每一更字，辄自转胜，但患懒，又所作多不能数省之耳。"字斟句酌，推敲再三，增删无定，删除再添上，添上再删除——写作过程中的忐忑徘徊，犹豫不决，时常弄得他心神不宁，寝食难安……

《抱朴子》分内外两篇，内篇二十卷，论述炼丹、神仙、符箓等"仙事"，眩光异彩流溢；外篇五十卷，论述时政得失、时人兴衰等"人事"，尘世风烟飘漾。"抱朴"乃道教术语，语出《道德经》"见素抱朴，少私寡欲"。其序曰：

> 洪体乏进趣之才，偶好无为之业。假令奋翅则能陵厉玄霄，骋足则能追风蹑景，犹欲戢劲翮于鹪鹩之群，藏逸迹于跛驴之伍，岂况大块禀我以寻常之短羽，造化假我以至驽之蹇足？自卜者审，不能者止，又岂敢力苍蝇而慕冲天之举，策跛鳖而追飞兔之轨……故权贵之家，虽咫尺弗从也；知道之士，虽艰远必造也。考览奇书，既不少矣，率多隐语，难可卒解，自非至精不能寻究，自非笃勤不能悉见也。

他说，我葛某不是天纵之才，只是闲暇偶尔为之。如果我展开翅膀即可飞上九霄云端，迈开双腿即可踏上万仞之巅，我哪里会收翅敛翼，屈身俯就，就像苍鹰混迹于鹪鹩之群，猛虎隐迹于跛驴之间？可叹啊！造物主只给了我一对普通的胳膊，和一双拙笨的脚丫子。我必须有自知之明，哪敢凭着苍蝇一般微不足道的能力，而追慕别人一飞冲天；哪敢骑着一头跛脚老鳖，而追赶腾云驾雾的空中飞兔……因此，我对于权贵豪奢之家，避之唯恐不远；对于贤明有道之士，再远也要前往拜访。我博览奇书，邂逅许多隐喻，难以准确诠释，必须全力以赴，精审慎思，刻苦钻研，方能有所开释也。

管窥《抱朴子》之特点，大体有三：一，恢宏庞杂，精深博议。著者将儒学与道学、俗世与仙踪融为一体，思绪接天连地，玄奥迷离古今，可谓博大精深也；二，思接两界，神游八荒。著者将神学与玄学、炼丹与方术熔于一炉，"神"中有"玄"，"丹"中寓"术"，神思缥缈，仙迹罗列，可谓神形兼备也；三，涵盖尘寰，浮沉兴衰。著者透过一己之独特视角，追思历代兴衰，精议六经思缕，訾议横生，神谕纷飞，谈兴亡，说正道，堪称神道交融、仙俗共翔也。

至于《抱朴子》的恢宏思绪与斑斓文采，可谓浩渺难匹，追踪其奔腾文脉，管窥其缭乱哲思，以及独具神采的表述方式，实在是一件乐事。有三点感想，陈述如下，冀望诸位方家指教。

其一，诠释《庄子》之"碎用"，满篇珠玉罗列，引人入胜。庄周先生之文思，犹如天马横空，难以羁縻，葛洪对其论说方式很是神往，《抱朴子·释滞》说周庄"寓言譬喻，犹有可采，以供给碎用，充御卒乏"。所谓"碎用"，即语言丰富、形象生动，犹如喷珠溅玉，将系统理论予以碎片化表达，令人喜闻乐见。检视《抱朴子》之目录，可见一斑——《畅玄》《论仙》《对俗》《金丹》《塞难》《仙药》《辨问》《极言》；其行文风格，时见庄周野马尘埃之风闪烁其间，且看第一篇《畅玄》："玄者，自然之始祖，而万殊之大宗也。眇昧乎其深也，故称微焉。绵邈乎其远也，故称妙焉。其高则冠盖乎九霄，其旷则笼罩乎八隅。光乎日月，迅乎电驰。或倏烁而景逝，或飘滭而星流，或滉漾于渊澄，或雾霏而云福，因兆类而为有，托潜寂而为无……"

葛洪所说之"玄"，玄妙旷远，神妙难辨，与庄周所论之"道"，庶几相近，且看《庄子·大宗师》所云："夫道，有情有信，无为无形；可传而不可受，可得而不可见……在太极之先而不为高，在六极之下而不为深，先天地生而不为久，长于上古而不为老。"

其二，提升庄子之"道"，至于"玄"之化境，谓之"玄道"。在《抱朴子》诸多篇章中，谈到了"道"与"玄"的微妙关系。《畅玄》曰："夫玄道者，得之乎内，守之者外，用之者神，忘之者器，此思玄道之要言也。"《道意》曰："道者涵乾括坤，其本无名。论其无，则影响犹为有焉；论其有，则万物尚为无焉……以言乎迩，则周流秋毫而有余焉；以言乎远，则弥纶太虚而不足焉。为声之声，为响之响，为形之形，为影之影，方者得之而静，圆者得之而动，降者得之而俯，升者得之以仰，强名为道，已失其真，况复乃千割百判，亿分万析，使其姓号至于无垠，去道辽辽，不亦远哉？"《明本》曰："道者，儒之本也；儒者，道之末也。先以为阴阳之术，众於忌讳，使人拘畏；而儒者博而寡要，劳而少功；墨者俭而难遵，不可遍循；法者严而少恩，伤破仁义。唯道家之教，使人精神专一，动合无形，包儒墨之善，总名法之要，与时迁移，应物变化，指约而易明，事少而功多，务在全大宗之朴，守真正之源者也。"

葛洪关于"道"的诠释，与《庄子》的表述如出一辙，不同之处在于，葛洪以"玄"喻"道"，既包括了老庄思想与儒家经义中的"玄学"之"玄"，也融进了《庄子》关于"气"的理念。《庄子·至乐》云："察其始而本无生；非徒无生也而本无形；非徒无形也而本无气。杂乎芒芴之间，变而有气，气变而有形，形变而有生。"庄周认为，人间万物依存于形体，而形体依存于"气"，所谓"气"，生于"芒芴之间"，无边无际，无始无终，变幻不定，"形变而有生"，因不断运动而产生生命。《抱朴子·塞难》云："命之修短，实由所值，受气结胎，各有星宿。天道无为，任物自然，无亲无疏，无彼无此也。"所谓"受气结胎"，运动之必然结果也。至于"气"之运动，"浑茫剖判，清浊以陈，或升而动，或降而静，彼天地犹不知所以然也。万物感气，并亦自然，与彼天地，各为一物，但成有先后，体有巨细耳"——这个运动过程，蕴含万物之灵，充塞天地之气，可谓包涵无极也。

其三，提升"齐死生"为"向死而生"，为生命注入光与亮。《抱朴子·释滞》云："世之谓一言之善，贵于千金然，盖亦军国之得失，行己之臧否耳。"至于告人以长生之诀，授之以不死之方，非特若彼常人之善言也，则奚徒千金而已乎？设使有困病垂死，而有能救之得愈者，莫不谓之为宏恩重施矣。今若按仙经，飞九丹，水金玉，则天下皆可令不死，其惠非但活一人之功也。黄老之德，固无量矣，而莫之克识，谓为妄诞之言，可叹者也。"

他说，人们常说良言一句，贵于千金，那毕竟不是军国大事，不过是一个人立身行事而已。至于传授给人家长生之诀、不死之方，那可不是良言可比，而是比千金重得多啦。假如有人生命垂危，而能救他起死回生，当然是恩重如山。如今如果经常念诵《九丹金液经》等仙经，天上飞九丹，水底浮金玉，则天下人都可以不死而长生，其大德如天，浩荡无垠啊！而黄老之学哺育学子，自然功德无量，可是对不死之术却不甚了解，说那是一堆虚妄不实的胡话，真是令人叹息呀！

葛洪先生不赞成道家"齐死生"之论："学仙之士，独洁其身而忘大伦之乱，背世主而有不臣之慢，余恐长生无成功，而罪罟将见及也。"那些学仙之士，孜孜以求"得道成仙"，只怕杂念丛生，妖妄弊目，不但难以成仙，到头来还会祸及自身。"末学者或不别作者之浅深，其于名为道家之言，便写取累箱盈筐，尽心思索其中。是探燕巢而求凤卵，搜井底而捕鳝鱼，虽加至勤，非其所有也，不得必可施用，无故消弃日月，空有疲困之劳，了无锱铢之益也。"他说，那些貌似读书其实不善学习的人，还没弄明白作者究竟在说啥，只看标签上有"道家之言"四字，便成筐垒叠地抄录，揣摩，这就像到燕窝里寻找凰卵，到井底捕捉鳝鱼，无论下多大工夫，也是竹篮子打水一场空，空耗岁月，疲劳身心，没一点儿收获啊。

"至于文子、庄子、关令尹喜之徒，其属文笔，虽祖述黄老，宪章玄虚，但演其大旨，永无至言。或复齐死生，谓无异以存活为徭役，以殂殁为休息，其去神仙，已千亿里矣，岂足耽玩哉？"——至于文子、庄子、关令尹喜之流，虽然言必称黄老，不过是故弄玄虚，考察其要言宗旨，却没啥真知灼见，说什么"齐死生"，不过是以生在世间为服劳役，以魂归西天为长眠休息，与他们所说的"神仙"，还差着十万八千里呢！

在这里，葛洪对先贤文子、庄子、关令尹喜，有所议论与评骘。文子是大贤老子的弟子，道家祖师，著有《文子》一书，据说曾传授范蠡七条妙计，范蠡只用其五，便帮助勾践诛灭吴王夫差。关令尹喜是周朝大夫，任函谷关令，当年老子出关，关令尹喜逼迫他写出《道德经》才予以放行，《道德经》也因此而传扬后世。

《庄子·秋水》记述了一则"曳尾泥涂"桥段，提出了一个关于生与死的千古命题。有一天，庄子在濮水钓鱼，楚国国王派两位近臣去请他做官，庄子自顾甩钩钓鱼，一边与来者唠嗑：我听说楚国有一只神龟，死时已经三千岁，"王巾笥而藏之庙堂之上"，国王将它用锦缎包裹好安放于锦匣之中，珍藏于宗庙神龛之上，您二位说，这只神龟呀，"宁其死为留骨而贵乎，宁其生而曳尾于涂中乎？"它是宁愿死去留下骨头让人珍藏呢，还是情愿活着在烂泥里摇晃尾巴呢？意即：你是要死，还是要活？两人面面相觑，连声说当然要活着，庄子哈哈大笑："往矣！吾将曳尾于涂中。"——两位请回吧，我要在烂泥里摇尾巴啦！

庄子的这个回答，被称为"贵生之论"。葛洪批评说："老子以长生久视为业，而庄周贵于摇尾涂中，不为被网之龟，被绣之牛，饿而求粟于河侯，以此知其不能齐死生也。晚学不能考校虚实，偏据一句，不亦谬乎？"他说，老子追求长生，而庄子则活得很世俗，很通透，宁肯在泥淖中摇尾乞怜，也不肯成为"被网之龟、被绣之牛"，饿了就向人乞讨食物，因为他明白，他庄周根本就不可能"齐死生"啊！那些后来的批评者，还没弄明白庄子所言为何，便揪住一句话来痛贬一顿，实属浅陋之见也。

其实，在葛洪的灵魂深处，纠缠着一个难以解开的悖论：一方面，他宣扬道家全身保命的"贵生"思想，另一方面，他又排斥其"齐死生"意识，以子之矛，攻子之盾，无由化解，最终，必然会走向神仙之信仰。神也仙矣，冉冉飞升，荡然无存，无极无终，无边无涯，正如《庄子·列御寇》所云："庄子将死，弟子欲厚葬之。庄子曰：'吾以天地为棺椁，以日月为连璧，星辰为珠玑，万物为赍送。吾葬具岂不备邪！何以加此！'"

《抱朴子·论仙》是一篇关于神仙的诡异之论，开篇即讨论神仙之有无，他说："虽有至明，而有形者不可毕见焉。虽禀极聪，而有声者不可尽闻焉。"你纵然目极千里，洞明世事，也不可能纤毫毕显，总有些东西是你看不见的；你纵然耳听八方，明辨声色，也不可能万籁俱闻，总有些声音是你听不到的；"万物云云，何所不有，况列仙之人，盈乎竹素矣。不死之道，曷为无之？"世间万物，奇迹无处不在，何况列位仙人，古代典籍上记载了那么多得道成仙之事迹，谁能断然否定其存在呢？"不死之道，曷为无之？"——他的结论，至此水落石出：通向不死之途，哪个说没有呢？言外之意，你懂得嘛。呵呵！

正是在此番理论基础之上，葛洪进一步推论说，人可以凭借丹药与神仙之术，求得长生不老，肉身成仙，"若夫仙人，以药物养身，以术数延命，使内疾不生，外患不入，虽久视不死，而旧身不改，苟有其道，无以为难也"。那些仙人啊，以神药养身，以道术延命，体内不生病，外患难侵入，久视不死，肉身长久，"无以为难也"，不是不可能的啊！"而浅识之徒，拘俗守常，咸曰世闲不见仙人，便云天下必无此事。夫目之所曾见，当何足言哉？天地之间，无外之大，其中殊奇，岂遽有限，诣老戴天，而无知其上，终身履地，而莫识其下……况乎神仙之远理，道德之幽玄，仗其短浅之耳目，以断微妙之有无，岂不悲哉？"

　　葛洪先生振振有词地批评那些"浅识之徒"，说他们拘于常规，自己没见过仙人，便下结论说世上绝无仙人，实在是孤陋寡闻也。天地之间，浩渺无穷，其间的神奇之事与神奇之人，哪里是可以穷尽的啊？何况神仙之杳渺踪迹，世事之变幻莫测，哪里是这些偏狭之人所能理解的啊？——他们幻想用自己的浅陋见识，来论断神仙之有与无，岂不是太可悲了吗？

2019年5月28日

下卷

史海夜航

魏文侯与西河学派

一

公元前430年，为了变法图强，称雄天下，魏国缔造者魏文侯魏斯先生，把魏国都城从安邑（今山西夏县）迁到了魏郡洹水（今河北魏县），并以邺城（今河北临漳县）作为陪都。

魏国是战国时期的诸侯国，战国七雄之一，其领土包括今山西南部、河南北部，以及陕西、河北部分地区，西邻秦国，南接楚国，北连赵国，西南与韩国毗邻，东隔淮水、颍水与齐国、宋国隔河相望。魏国之先祖，乃是周文王第十五子毕公高的后代毕万，因其封国在毕地而得姓。

毕公高本名姬高，是周武王姬发的异母弟，跻身周初四圣，与周公旦、召公奭、姜太公并肩而立。公元前1046年，周武王在牧野之战中击败商纣王，毕公高与周公旦、召公奭、姜太公等开国功臣一起，护卫武王进入商都朝歌（今河南淇县），祭告天地，建立周朝，史称西周。武王甫登王位，高擎权杖，论功行赏，将十五弟姬高封于毕原，建立毕国，史称"毕公""毕公高"。毕原，亦称毕陌、毕地，位于今陕西宝鸡市扶风、岐山交界处，是周朝祖陵所在地，《史记·周本纪》："九年，武王祭于毕。"《竹书纪年》："周文王葬于毕，毕西于丰三十里。"

周成王驾崩，周康王继位，由于毕公、召公等全力辅佐，四十余年未动刑戮，天下大治，国泰民安，史称"成康之治"。《尚书·周书·毕命》颂扬说："惟公懋德，克勤小物，弼亮四世，正色率下，罔不祗师言。嘉绩多于先王，予小子垂拱仰成。"周康王姬钊毕恭毕敬地说：毕公盛德繁茂如江河流布，勤于小事，勇于大任，统率下属，辅佐四代，天下人无不仰望啊！您的巍巍功德，为先王所推崇，晚辈我只有垂衣拱手，如仰望日月，渴盼再续辉煌啦！

日夜轮转，时光如逝。西周末期，毕国被少数民族政权西戎吞没，其国灭，其民奴，毕公高后裔毕万沦为庶民。毕万不甘心祖业沦落，投奔晋献公诡诸，颇受重用，渐渐浮出江湖，晋升为大夫。前661年，晋献公悍然发动兼并战争，令赵夙为主帅、毕万为副帅，吞并霍（今山西霍州）、耿（今山西河津市）、魏（今山西夏县）三地，以耿地封赵夙，以魏地封毕万。魏氏由此而得姓。魏氏初立，著名卜师郭偃赞曰："毕万之后必大矣。万，满数也；魏，大名也。以是始赏，天开之矣。天子曰兆民，诸侯曰万民。今命之大，以从满数，其必有众。"（《史记·魏世家》）

魏国正式开国，始于公元前403年，魏文侯被周威烈王册封为诸侯，至公元前225年为秦所灭，国祚绵延179年。

魏文侯（前472～前396），名斯，晋国六卿之一魏桓子魏驹之孙，魏国开国君主，是一位富有远见卓识的政治家。他与韩康子之孙韩景侯韩虔、赵襄子之侄孙赵烈侯赵籍，三强联手，绞杀晋国，晋身诸侯，推动历史巨轮隆隆转动，埋葬春秋，迎来战国。

正如俗语所云：几家欢乐几家愁。在周威烈王为祖传江山分崩离析而暗自饮泣的时候，韩景侯韩虔、赵烈侯赵籍、魏文侯魏斯，三位新晋诸侯王，纷纷弹冠相庆。随着魏国一跃成为诸侯国，魏斯也就此奠定了作为魏国缔造者的地位，史称"魏文侯"。

刘向《新序》记载了一则魏文侯"反裘负薪"故事，颇为有趣。说有一天文侯出游，看见一个路人反穿皮裘，背着一捆柴火行走，就问他为何如此着装。那时候人们穿皮草，流行皮毛朝外。那人回答说怕磨得掉毛。文侯说，皮磨没了，毛如何存在呀？桓宽《盐铁论·非鞅》就此议论说："反裘而负薪，爱其毛，不知其皮尽也。"这则"反裘负薪"故事，演化成了一句俗语：皮之不存，毛将焉附？

如果说，"反裘负薪"表现了他的见微知著，那么《资治通鉴·周纪一》记载的"文侯从谏"桥段，则表现了他的睿智洞达。公元前408年，魏文侯派乐羊攻打中山国，令太子魏击随军出征，历经两年艰苦鏖战，攻陷中山国首都顾城（今河北定州市），吞并中山全境，乐羊因功封于灵寿（今河北灵寿县西北），太子魏击封为中山君。在一次宫廷宴会上，文侯有些嘚瑟地问在座诸臣：我是咋样的君主啊？众人纷纷颂扬他是仁君，岂料谋士任座亢声说道：您不把中山赏给弟弟，却封给自己的儿子，仁从何来呢？文侯勃然大怒，满脸通红，老任随即离席而去，文侯转脸询问相国翟璜，翟璜淡定地说：您当然是仁君啦。文侯追问，何以见得？翟璜回答："臣闻君仁则臣直。向者任座之言直，臣是以知之。"老翟说，自古道君王仁义，臣子刚直。刚才任座如此慷慨直言，您不以为忤，当然是仁义之君啊！文侯听了十分高兴，下令请任座回来，并亲自下堂迎接，恭请老任在贵宾席就座。

一件皮裘之反正，不但领略了毛皮之相互依存，还洞鉴了君臣之相辅相成；一句直言之喜怒，不但印证了君权至上，还反衬了君臣关系之冷暖。颖悟如此，洞明如此，当然是魏国之福音。文侯在位五十余年，运筹帷幄，选贤任能，内修德政，外治武功，西击强秦，攻占河西地区，北略赵地，伐灭中山国，长剑东指，屡挫齐军，开拓大片疆土，使魏国一跃成为中原霸主。《史记·魏世家》载，魏文侯二十五年，秦欲伐魏，有人告诫秦灵公："魏君贤人是礼，国人称仁，上下和合，未可图也。"秦君于是打消了伐魏之念，文侯由此享誉于天下。

公元前396年，魏文侯去世，太子魏击继位，史称"魏武侯"，他子承父业，早期南征北战，还算有所作为，叵耐他控御无道，老臣或病亡，或出走，致使人才流失，星辉黯淡，国运日渐驰糜。朱元璋《明太祖宝训》曰："昔楚庄王谋事而当，群臣莫能逮，朝而有忧色。魏武侯谋事而当，群臣莫能逮，朝而有喜色。夫一喜一忧，得失判焉。以此见武侯之不如楚庄也。夫喜者矜其所长，忧者忧其不足。矜其所长则志满，志满则骄，骄则淫佚，败日至矣；忧其不足者则志下，志下必能虚心以受人，则人孰不乐告以善道？"

朱元璋以楚庄王熊旅与魏武侯魏击为例，来比较君王的"控御之道"。他说，两人智略相当，驭下有术，结果却背道而驰——楚庄王之谋，群臣莫测，他面露忧色，"忧其不足"；魏武侯之谋，群臣莫测，他兀自窃喜，"矜其所长"。窃喜者志得意满，淫逸相随，"败日至矣"；忧戚者虚心纳谏，"虚心受人"，群臣进良言，献良策，焉有不胜之理乎？

二

史入战国，七雄争霸，魏文侯一马当先，跃居时代潮头，其兴盛之理，成功之道，当然值得后世借鉴。透过历史烟雨，我们恍然看到，魏文侯即位之后实施"三大战略"，即人才战略、改革战略、文化战略，彰显了他高屋建瓴的战略思维，引领了那个遥远的时代。

魏文侯登基不久，首先实施"人才战略"，他在魏国别都洹水大张旗鼓修筑了一座礼贤台，以招揽天下英才。礼贤台亦称"魏台"，明代正德《大名府志·古迹》云："魏县魏台，相传魏文侯所筑。"礼贤台高耸入云，八方英才纷纷来归，魏成子、翟璜、李悝、吴起、乐羊、西门豹、李克等，高贤云集，争奇斗艳，其中，魏成子与翟璜，更是举足轻重。

魏成子，亦称季成，魏文侯的弟弟，以贤明著称。翟璜是一位富有韬略的政治家，以善于识拔人才著称，为相30余年，推荐吴起为将，屡破秦军，尽得秦国河西之地；推荐自家门客乐羊为帅，铁骑踏灭中山国，一战成名；推荐李克镇守中山，确保邦国平安；推荐西门豹为邺令，演绎"治邺"传奇，邺城从此成为魏之重镇；推荐屈侯鲋为太子师傅，助其健康成长。

翟璜先生举贤若渴，举国称颂，可是，谁能料到，在他出任国相之前，还曾受到过李克的严词批评呢。

《史记·魏世家》载，当初魏文侯遴选相国，在弟弟魏成子与心腹大臣翟璜之间犹豫不决，便请教李克先生，李克说："居视其所亲，富视其所与，达视其所举，穷视其所不为，贫视其所不取，五者足以定之矣，何待克哉！"平常时看他亲近哪些人，富有时看他结交哪些人，显贵时看他举荐哪些人，失意时看他不做哪些事，贫困时看他舍弃哪些东西——李克先生的这"五条标准"，可谓洞悉人性之幽微与宦海之微澜也。

按照以上"五条标准"，李克举荐魏成子为相，尔后径直来到翟璜家里通报此事，岂料翟璜勃然变色，历数自己举荐吴起、乐羊、西门豹、屈侯鲋，以及李克本人的"辉煌业绩"，质问李克："你说我哪一点比不上魏成子？"李克正色道："您当初向君王举荐我，难道就是为了结党营私谋取相国高位吗？"如此一剑封喉，翟璜哑口无言，李克历数成子的种种贤明之举，奚落说："您拿什么跟成子比呢？"翟璜听罢，纳头便拜："璜，鄙人也，失对，原卒为弟子。"俺老翟是粗人一枚，胡言乱语，愿终生拜先生为师！

这位李克先生，是魏国早期政治家，颇富韬略，翟璜曾推荐他出任中山相国，有人将他与改革家李悝混为一人，不确。太史公这段记载，李克先生凌厉，率直，恰切，不负举荐之恩；翟璜始怒之，后敬之，并当场认错道歉，魏国官场之风气，由此可见一斑。

检视一下翟璜先生推荐的两位帅才，乐羊与吴起，却是古代两位令人嗟叹的"残忍之人"。

乐羊起初是翟璜的一介门客，《战国策·中山策》载，公元前408

年，翟璜举荐乐羊为帅，率军进攻中山国，"其子时在中山，中山君烹之，作羹致于乐羊，乐羊食之"。两军对垒之际，乐羊之子乐舒正在中山国为将，中山国君姬窟为阻止魏军，下令诛杀乐舒，煮成肉羹，送给乐羊"享用"。乐羊端坐大帐内，大口吞下肉羹，尔后断然下令进兵，三军奋勇杀敌，连连奏凯，直至荡平中山国。魏文侯奖赏乐羊的赫赫战功，将其封在灵寿，私下却认为他过于残忍，缺少骨肉之情，"乐羊食子以自信，明害父以求法"。"乐羊啜羹"，从此成为"残忍"之史例。

吴起是卫国左氏（今山东曹县）人，兵家代表人物，一生历仕鲁、魏、楚三国，通晓兵家、法家、儒家三家思想。他早年在鲁国时，正逢鲁国与齐国开战，鲁国打算起用他为统帅，"鲁欲将吴起，吴起取（娶）齐女为妻，而鲁疑之"（《史记·孙子吴起列传》），吴起"遂杀其妻，以明不与齐也"。他杀死亲爱的老婆，以解除鲁人的疑虑，这才得以出任统帅，虽然击溃齐军，却受到鲁人恶评："起之为人，猜忍人也。"

后来，吴起听说魏文侯贤明，便前往效命。文侯为此咨询李克，李克说，吴起贪婪好色，"然用兵司马穰苴不能过也"。司马穰苴是春秋末期大军事家，史称"文能附众，武能威敌"，李克说吴起军事才能超过司马穰苴，评价甚高，文侯随后拜吴起为将。吴起与士卒同甘共苦，同吃同住，"卧不设席，行不骑乘，亲裹赢粮，与士卒分劳苦。卒有病疽者，起为吮之"。他的"吮疽"之举，惹得士兵老母号啕大哭，说当年吴大帅曾"吮"其夫，夫为之战死，今又"吮"其子，我儿命休矣！

公元前409年，吴起奉命率军西征，一举攻克秦国西河地区（今山西、陕西之间黄河南段以西），占领临晋（今陕西大荔县东南）、元里（今陕西澄城县东南）。次年，吴起再次出击，攻克洛阴（今陕西大荔县西南）、郃阳（今陕西合阳县东南），加上此前占领的繁庞（今陕西韩城东南），魏国全部拥有了西河地区，设立西河郡，由吴起担任郡守。

据《吴子兵法》记载，在担任西河郡守期间，吴起与各路诸侯大战76次，大胜64次，其余不分胜负。是否自吹自擂，不得而知，但胜多负少，是可以肯定的。

《史记·孙子吴起列传》载，吴起官居西河郡守许多年，名震天下，可是，魏王在遴选丞相时，没有任用战功累累的吴起，却选中了逃亡而来的齐国贵族田文，即孟尝君，有名的"战国四公子"之一，此举引起了吴起的极大愤怒，他气呼呼找到孟尝君，两人作了如下一番对话——

起曰："请与子论功，可乎？"

（请与先生讨论一下功劳，可以吗？）

文曰："可。"

（当然可以。）

起曰："将三军，使士卒乐死，敌国不敢谋，子孰与起？"

（统率三军，士卒奋勇，敌人不敢进犯，先生与吴起何如？）

文曰："不如子。"

（我当然不如先生。）

起曰："治百官，亲万民，实府库，子孰与起？"

（治理百官，亲近百姓，充实国库，先生与吴起何如？）

文曰："不如子。"

（我当然不如先生。）

起曰："守西河而秦兵不敢东乡，韩赵宾从，子孰与起？"

（镇守河西，秦兵不敢东下，韩国赵国彬彬致礼，先生与吴起何如？）

文曰："不如子。"

（我当然不如先生。）

起曰："此三者，子皆出吾下，而位加吾上，何也？"

（这三条，先生均在吴起之下，而官居吴起之上，究竟为嘛呢？）

文曰："主少国疑，大臣未附，百姓不信，方是之时，属之于子乎？属之于我乎？"

（君主年少，国家大局未定，大臣猜忌，百姓涣散，在这样的时候，应该谁来维持大局呢？是您，还是我？）

起曰："属之子矣。"

（当然应该是您啊。）

孟尝君与吴起的这番对话，值得玩味；将帅与相国，需要的格局是大不相同的。至于任用孟尝君为相的究竟是哪个魏王，似乎十分朦胧。《史记·孙子吴起列传》只说"魏置相，相田文，吴起不悦"；到了《孟尝君列传》中，太史公则给出了答案："齐湣王灭宋，益骄，欲去孟尝君。孟尝君恐，乃如魏。魏昭王以为相，西合于秦、赵，与燕共伐破齐。齐湣王亡在莒，遂死焉。"

这场围攻齐国的战争，爆发于公元前284年，史称"五国伐齐"。齐湣王在消灭宋国之后，利令智昏，骄横跋扈，想除掉时任丞相孟尝君，孟尝君闻讯，连夜逃到魏国，被魏昭王任命为丞相，随后联合秦国、赵国、燕国、韩国，联合讨伐齐国，赵国廉颇、燕国乐毅、魏国晋鄙等时代名将，纷纷高擎帅旗，率大军杀奔齐国而来，齐湣王遭遇惨败，最后逃到莒地（今山东莒县），死于此地。

这里的问题是，太史公之记载，似乎自己与自己在掐架。魏昭王魏遫是魏国第五代国君，其生年不详，终年却很清晰：他死于公元前277年；吴起生于前440年，卒于前381年。就是说，吴起比魏昭王早死104年，两人根本就没有交集空间。孟尝君生年不详，卒于前279年，比魏昭王早死2年，吴起比孟尝君早死102年，两人之间，似乎也不搭界。按时间推断，昭王任用孟尝君应该是史实，而吴起与孟尝君之间因为相位之争而"互怼"，应该就是传说，或曰"戏说"了。

三

魏国的"人才战略"取得极大成功,天下英才云集,魏文侯乘势而上,任用改革家李悝,实施"改革战略"。李悝是魏都安邑(今山西夏县)人,法家代表人物,他反对礼制,崇尚法制,认为世人"好利恶害",主张"不法古,不循今",实行商鞅之"法"(健全法制)、申不害之"术"(驾驭群臣)、慎到之"势"(因势利导)相交融的改革方略,政治上,废除世卿世禄特权制度,实行论功行赏,奖励有功之臣;经济上,推行"尽地力""善平籴"新政,鼓励农民精耕细作,提高粮食产量。随着改革推行,国家政局日趋稳定,经济日趋繁荣,《史记·平准书》:"魏用李悝,尽地力,为强君。"

李悝著有《法经》,这是我国古代第一部比较完整的法典。《唐律疏议》云:"魏文侯师于李悝,集诸国法典,造《法经》六篇。"即《盗法》《贼法》《囚法》《捕法》《杂法》《具法》。李悝认为,"王者之政莫急于盗贼",所以将《盗法》《贼法》两篇列为法典之首。这部法典虽已失传,余绪犹绵绵不绝,对后世法制建设产生了重大影响。

"人才战略"与"改革战略"的实施,使西河地区出现了一片莺歌燕舞的可喜局面,为实施"文化战略"创造了必要条件,催生了在中国文化史上影响巨大的"西河学派"的诞生。

略其地,毁其城,灭其族,乃古代战争之"三部曲"。诛戮杀伐,惨烈暴虐,自古皆然。魏文侯的不凡之处,就是占领西河地区之后,上演了"武力维稳、政策攻心、文化渗透"连番好戏。他首先下令把魏国各项便民政策带到西河,造福百姓,博取民心,稳固政权,然后进行文化渗透,拜大儒子夏为师,使"西河学派"雏形乍现。

子夏(前507~?),姓卜,名商,字子夏,晋国温(今河南温县)人,"孔门十哲"之一,比孔子小44岁。他是一位思维特异、神采绚丽、翩然若孤鸿的古代思想家。《大戴礼记·卫将军文子》记子贡论子夏：
"学以深，厉以断，送迎必敬，上友下交，银手如断，是卜商之行也。"
子夏对其师孔子倡导的"克己复礼"不甚感冒，喜欢卓尔不群，遗世独
立，他提出"仕而优则学，学而优则仕"的思想，主张"做官取信于民，
然后才能使民效劳"。

史载，子夏生而贫困，饱尝艰辛，如悬崖之虬枝，寒凉而不萧瑟；对
于尘世波涛，默察之，神思之，炙烤之。贫寒如鸿，高飞九天，其翼若垂
天之云，笼盖八荒。《说苑·杂言》说他"甚短于财"；《荀子·大略》
则说"子夏家贫，衣若悬鹑"。鹑，神鸟也。《山海经》："有鸟焉，其
名曰鹑鸟，是司帝之百服。"《禽经》："赤凤谓之鹑。"赤凤之飞，其
翼翻腾。子夏穿着一身满是褶皱、迎风飘飞的破衣裳，兀自神采飞扬。对
于贫困，他安之若素，并为之自豪："君子渐于饥寒，而志不僻；铸于五
兵，而辞不慑；临大事，不忘昔席之言。"有人劝他做官发财，他嗤之以
鼻，说君子怎么可以跟跳蚤一样，"争利如蚤甲而丧其掌"。对于芸芸尘
世，碌碌世人，他公然宣称："诸侯之骄我者，吾不为臣；大夫之骄我
者，吾不复见。"在他眼里，诸侯与大夫，如粪土矣。

《晏子春秋》是记叙春秋时期齐国政治家、思想家晏婴之行迹的一
部书，生动可读。晏婴，史称"晏子"，夷维（今山东高密市）人，是齐
国上大夫，位高权重，历任灵公、庄公、景公三朝，辅政长达半个世纪之
久，以远见卓识、机智善辩闻名当世，他对几位孔门弟子的评论，别具一
格："臣闻仲尼居处情倦，廉隅不正，则季次、原宪侍；气郁而疾，意志
不通，则仲由、卜商侍；德不盛，行不厚，则颜回、骞、雍侍。"意译一
下，他说，与季次、原宪在一起，可以振奋精神，清廉自守；与颜回等人
在一起，可以积德行善，修为敦厚；与子路、子夏在一起，则可以舒筋活
血，免于"气郁而疾，意志不通"——子夏之胸襟，由此可见也。

魏文侯继位不久，其弟魏成子向他举荐卜子夏、田子方、段干木三
位大咖，文侯立即行动，拜访三位大师，"师卜子夏，友田子方，礼段干

木，国治身逸"（《吕氏春秋·察贤》）。吕不韦先生对此感叹说："天下之贤主，岂必苦形愁虑哉！执其要而已矣。雪霜雨露时，则万物育矣，人民修矣，疾病妖厉去矣。"不韦先生说，天下的贤明君主，何苦非要殚精竭虑忧劳身心，只要掌握治国之道就可以了，就像冰霜雨雪顺应四时之变幻，万物就会蓬勃生长，百姓安乐，病邪逃窜，灾祸不生，天下晏然矣！

　　遗憾的是，这时的子夏先生，已经年届百岁，长髯如雪，且由于老年丧子，号啕不止，哭瞎了双眼。羸弱如此，何以为师？可是，魏文侯固请再三，其诚恳之情如山岳，实在难却，子夏只得推荐弟子段干木代替自己出山，叵耐老段颇肖其师，不愿出山，待文侯乘着月色前来拜见时，他遵从"不为臣不见君"之古训，竟然从屋后跳过墙头逃走了，"段干木逾垣而避之"（孟子语）。

　　段干木（约前475～前396），姓李，名克，是否是魏文侯屡次请教的那位"李克先生"，史无明载，不得而知。他封于段地，为干木大夫，故称"段干木"。杜佑《通典·州郡》云：秦州上邽县（今甘肃清水县）有段谷水，段地大约在这一带，魏国大将邓艾曾在这里击败蜀汉大将姜维。段干木早年曾为牲畜交易经纪人，谙于市侩，后来投师子夏门下，日夜精进，"声驰千里"；他的数名好友先后出仕，只有他隐居云霄间，不肯出山，"官之则不肯，禄之则不受"（《吕氏春秋·下贤》）。魏文侯月夜拜访扑空，并不气馁，每次车驾从段干木家门前走过，他就站在车上，扶轼致敬，以示其诚。《淮南子·修务训》载，文侯的车夫不屑地说，老段不过是个布衣之士，君王每每致敬，太过了吧？文侯说："段干木不趋势利，怀君子之道，隐处穷巷，声施千里，寡人敢勿轼乎？段干木光于德，寡人光于势；段干木富于义，寡人富于财。势不若德尊，财不若义高。干木虽已易寡人不为，吾日悠悠惭于影，子何以轻之哉？"文侯说，段干木"光于德""富于义"，而我"光于势""富于财"，"势"轻于"德"，"财"逊于"义"，我每天都自惭形秽，你小子怎么敢轻视他呢？——成语"干木富义"，由此而生也。

田子方，姓田，名无择，字子方，孔子弟子子贡的学生，其缥缈气度，犹如高天云岚。《庄子·田子方》载，一次，文侯与子方对坐，询问子方的老师是谁，他不提子贡，却说是东郭顺子，"其为人也真，人貌而天虚，缘而葆真，清而容物。物无道，正容以悟之，使人之意也消。无择何足以称之？"东郭顺子高邈入云，田子方不敢提及姓名，令文侯惭愧不已，"吾闻子方之师，吾形解而不欲动，口钳而不欲言。吾所学者直土梗耳，夫魏真为我累耳！"他说，我听了东郭顺子之作为，浑身麻酥酥不敢动，口齿慢吞吞不敢言，我学的那些劳什子啊，不过是一些不值钱的土坷垃，魏国要为我的无知所连累啦！

后来，也许是被文侯的弥天之诚打动，也许是被"帝王之师"的弥天高帽撼动，子夏像一片远古祥云，飘飘悠悠来到西河，做了魏文侯的老师，并在这里开坛讲学，引得无数粉丝呼啦啦涌来。此后，他的一干弟子，段干木、公羊高、谷梁俶，先后出仕，鬼谷子的门徒公孙衍、庞涓等人，也纷纷慕名前来，一时之间，西河地区云蒸霞蔚，英才云集——华夏文化之中心，由此实现了一次大转移，从孔夫子的老家鲁国曲阜，悄悄转移到了魏国西河地区，形成了我国历史上著名的"西河学派"。

那时候，尽管子夏先生垂垂老矣，双目失明，依然精神矍铄，蓬勃如昂扬之秋草；段干木、田子方、公羊高、谷梁俶等才俊，英姿勃发，轮流登台授课。

概括"西河学派"之特点，其一，无贵贱之分，彰平民意识。在河西讲坛上，平民出生的士子得到了足够的重视，譬如，乐羊、西门豹、公孙衍、庞涓是来自魏国的平民，吴起、李悝是来自卫国的平民，翟璜则出身西部少数民族戎狄部落，他们从五湖四海来到这里，在西河学堂上聆听先辈教导，日后都成了叱咤风云的人物。其二，传承儒学，弘扬"六艺"，即礼、乐、射、御、书、数。正如《周礼·保氏》所云："养国子以道，乃教之六艺：一曰五礼，二曰六乐，三曰五射，四曰五御，五曰六书，六曰九数。"公羊高与谷梁俶，皆精于研磨《春秋》，只是角度不同，公羊高着重阐释《春秋》之"微言"与"大义",著成《春秋公羊传》,亦称《公羊春秋》或《公羊传》。谷梁俶侧重《春秋》之"义理",论事较为平正,客观,著成《春秋谷梁传》,亦称《谷梁春秋》或《谷梁传》。这两部古籍,均为今文经学的重要典籍,其成书过程,也大体相近,开始只是口口相传,直到很久之后的西汉时代,才"著于竹帛",传之后世。他们两人都注重孝道,培养的是以重礼重孝为代表的"掌礼之儒",其弟子不以经世济用为特长,在各国官僚体系中地位不高。其三,谋求仕进,推动发展,各国士子蜂拥而来,谋求以知识做敲门砖,叩开巍峨王宫,飞黄腾达,如此一来,就促使"济用之儒"跃上潮头,为魏国进一步发展壮大培养、储备了大批官员。

应当说,当时集聚在西河地区的这批士子,都是中国古代学界的代表性人物。段干木、田子方两位,与文侯亦师亦友;段干木由于早年的市井经历,沾染了商人奸猾狡诈的坏习气,《吕氏春秋》把他与颜涿、子石、索庐参、子张等"污点人物"相提并论,斥为"刑戮死辱之人"。由于这段"非凡经历",他传授的学问极具功利主义色彩,将学问与官位、市场价值融为一体,既经济,又实惠,成为所谓"经世济用之学",培养了一批官员,如公叔痤、公子卬等,后来都成为魏国官场中的佼佼者。田子方传授的不仅包括儒学"六艺",还包括子贡的学说,以及纵横之术与经商之道。公孙衍和庞涓等受鬼谷文化影响较深,后来成了鬼谷学派的代表性人物;战将吴起对公羊高、谷梁俶的春秋学说颇为不屑,认为他们是腐儒之见,他根据自己的战争经历,写了一本阐发《左氏春秋传》要义的专著,与两位大佬抗衡,叵耐魏文侯虽然欣赏他的军功,却不喜欢他的学问,导致公羊与谷梁两派一直占据上风,令吴起感到十分郁闷,却也无可奈何。

　　蔼蔼夕阳晚,西河落霞辉;
　　万物随流水,孤鹜何处飞?

2019年3月23日

稷下学宫润桑梓

一

在战国时期，齐鲁大地上就出现了一座官办高等学府——稷下学宫，引得四方士子汹涌而来，在这里读书朝圣。

稷下学宫，亦称"稷下之学"，由田齐国王齐桓公田午创办。齐桓公田午（前400～前357），妫姓，田氏，名午，谥曰"齐桓公"，因与"春秋五霸"之一的齐桓公小白称谓相同，史称"田齐桓公"或"齐桓公午"。其父田和是田齐创建者，史称"齐太公"，亦称"田齐太公"；其兄田剡是田齐的第二任国王，史称"齐废公"。《史记·田敬仲完世家》并未提及田剡及其生平事迹，是资料缺失，还是粗疏遗漏，不得而知；《竹书纪年》则记载了兄弟俩为争夺王位展开的一场血腥杀戮："齐康公五年，田侯午生。二十二年，田侯剡立。后十年，齐田午弑其君及孺子喜而为公。""齐康公五年"，即公元前400年；"孺子喜"，田剡之子田喜。按照《竹书记年》的说法，田剡于齐康公二十二年（前383）继位，在位十年，田午于前374年弑杀其兄田剡和侄子田喜，兀自登上王位，成为田氏齐国的第三任国君。

按照历史传承序列，田氏齐国脱胎于姜太公当年创建的姜姓齐国，或者说，田氏齐国是姜姓齐国的第二阶段。大约在公元前1046年，姜子牙辅佐周武王推翻商朝，建立周朝，因功受封于营丘（今山东临淄）建国，国名为齐，因国君姓姜，史称"姜姓齐国"，传至齐桓公时，已经是富甲天下的大国，被《左传》《国语》《史记》评为"春秋四强国"之一，齐桓公也成为"春秋五霸"之首。叵耐齐桓公晚年昏聩，重用易牙、竖刁、公子开方等奸佞之徒，导致齐国剧烈动荡，霸业随之崩溃，齐桓公的后代子孙，一个个像枯枝败叶，可怜兮兮飘摇于风暴之中，齐孝公、齐昭公、齐懿公、齐惠公、齐顷公、齐灵公、齐庄公、齐景公、齐悼公、齐简公……

　　直到公元前481年，齐国权臣田成子发动政变，诛杀齐简公吕壬，扶立齐平公吕骜，自任相国，田氏家族开始专权，历平公、宣公、康公三代，前391年，齐康公吕贷被田成子的四世孙田和放逐到海岛上，"使食一城，以奉其先祀"（《资治通鉴·周纪一》），田和自立为国君。前386年，田和被周安王姬骄列为诸侯，田氏齐国正式取代姜姓齐国，世称"田齐"。前379年，齐康公死，姜太公至此绝嗣。这次重大变故，史称"田氏代齐"。世人对此似乎并不以为忤，史家也少有"篡齐"之讥，正如大贤庄子所云："彼窃钩者诛；窃国者为诸侯，诸侯之门而仁义存焉。"（《庄子·胠箧》）

　　齐桓公田午在位十八年，令他留名青史的，是两件大相径庭的事件：一是讳疾忌医，自取灭亡；二是创建稷下学宫，流誉千古。

　　《史记·扁鹊仓公列传》记载，大约公元前357年，扁鹊路过齐国，齐桓公田午（齐桓侯）请他入宫做客，扁鹊望着桓公，说他有病在"腠理"（皮腠），桓公说："寡人无疾。"过了五天，扁鹊复见，说他的病已入血脉，桓公又说："寡人无疾。"又过了五天，扁鹊复见，说他的病已进入肠胃，桓侯很不高兴，置之不理。又过了五天，扁鹊又来了，远远望见桓公，转身就走，桓公派人追问，他说："疾之居腠理也，汤熨之所及也；在血脉，针石之所及也；其在肠胃，酒醪之所及也；其在骨髓，虽司命无奈之何。今在骨髓，臣是以无请也。"他说，病在"腠理"，或血脉，或肠胃，尚有药可治，一旦进入骨髓，神仙也救不了他啦！又过了五天，桓公病入膏肓，派人去请扁鹊，扁鹊早已离去了，"桓侯遂死"。

田午先生"讳疾忌医"，导致"病入膏肓"，很快呜呼哀哉，传为笑柄了。就是这样一位愚昧颠顶的国君，居然创立了中国第一所官办大学堂——稷下学宫，引领了当时的时代风潮，促进了学术发展与百家争鸣，着实有几丝不可思议，难怪后世对此产生了纷争呢。

关于稷下学宫创建于何时，目前有两种说法，一说创建于田午晚年，一说创建于他的儿子、齐威王田齐早期。"田午说"出于曹魏"建安七子"之一徐幹的《中论·亡国篇》："齐桓公立稷下之宫，设大夫之号，招致贤人而尊宠之，自孟轲之徒皆游于齐。"《中论》是一部随笔集，其主旨"大都阐发义理，原本经训，而归之于圣贤之道"（《中论·序》），曹丕称赞此书"成一家之言，辞义典雅，足传于后"（《与吴质书》）。在这部杂著中，徐幹闲闲一笔，记下了田午创建稷下学宫的历史功绩，却也引起了后世的争议。明代陈士元《孟子杂记》云："孟子，齐宣王时人。徐幹称桓公，误。"按年齿计算，田午卒于前357年，孟子生于前372年，就是说，田午死时，孟子才15岁，尚未在江湖扬名立万，两人大约是"擦肩而过"了。徐幹文中的这个"时间差"，给后人带来了困惑。钱穆先生认为，"《中论》以外无言者"（《先秦诸子系年·稷下通考》），徐幹之说就此一家，没有旁证，即为"孤证"。郭沫若《十批判书·稷下黄老学派的批判》指出，徐幹《中论》中的"齐桓公"应为"齐威王"，他说，徐幹此文不是专论稷下学宫起于何时，而是"顺便"提及此事而已，出现笔误也是不足为怪的。真相究竟如何，实在难以论定，姑且存疑吧。

稷下学宫之名称，颇有来历。山东临淄城西南有一座稷山，据元代于钦《齐乘》记载，山上有一座后稷祠，因此得名。后稷乃周朝始祖，被后人奉为"五谷之神"；山顶还有一座夫子庙，以纪念孔子曾"到此一游"，当地百姓称之为"夫子山"。齐国都城临淄有一处城门，名曰稷门；田午在稷门附近设立学宫，故名曰"稷下学宫"。初创时期的稷下学宫，设施薄弱，学子零散，影响力也有限，到了齐威王、齐宣王时代，随着国势日益强盛，才得以蓬勃发展，逐渐进入了鼎盛时期，直到田齐末代君主齐废王田建投降秦国，学宫才与田齐政权一起，退出了历史舞台。

二

稷下学宫的鼎盛时期，是齐威王、齐宣王时代。那时候，学宫规模宏大，"为开第康庄之衢，高门大屋"（《史记·孟子荀卿列传》），逐渐成为当时百家争鸣的学术交流中心，为百家争鸣时代的兴起推波助澜。

先贤们总结当初稷下学宫的办学宗旨，大体有三条：其一，"不任职而论国事"（桓宽语），不在其位，而论其政，旁观者清；其二，"不治而议论"（司马迁语），不任职，而发议论，大胆无忌；其三，"无官守，无言责"（孟子语），无官职，无言责，畅所欲言。学宫之内，思想自由，学派并存，兼收并蓄，言路洞开，交流、讨论、争论的热烈场面，随时随处可见。思想犹如鸿鹄之飞，无拘无束，畅达无极；交锋仿佛万川归海，浩流纵横，无际无涯。统治者通达开明，不嗫嚅，不倨傲，不凌驾万方，"趋士"（礼贤下士）、"贵士"（尊重贤士）、"好士"（爱护人才），成一时之风尚。这里的莘莘学子，受到世人广泛尊敬，被称为"稷下先生"或"稷下学士"。就像阳光洒遍了广袤原野，四方游士、各国学者摩肩接踵，纷至沓来。在学宫之内徜徉的，既有王室钦定的黄老道家之学者，也有儒、名、法、墨、阴阳、小说、纵横、兵家、农家等各路精英，譬如荀况、申不害、鲁仲连、接子、季真、环渊、驺奭、彭蒙、尹文、田巴、儿说等，诸家流派耕云播雨，各家学说汪洋恣肆。一向以保守著称的宋代史学家司马光，满怀激情地写了一篇《稷下赋》，歌颂这个美好时代——"齐王乐五帝之风，嘉三王之茂，致千里之奇士，总百家之伟说。于是筑钜馆,临康衢,盛处士之游,壮学者之居,美矣哉!高门横闶,夏屋长檐,樽杏鹊啄,几杖清严。尔乃杂佩华缨,净冠素履,端居危坐,规行矩止。相与奋髯横议,投袂高谈,下论孔墨,上述羲炎。树同拔异,辨是分非,荣誉樵株,为之蓊蔚,訾毁美,化为瑕疵。譬若兰芷蒿莎,布于云梦之汭;鸿鹄秋鸟仓鸟,鼓舞于渤獬之涯……"

司马老先生咏叹的"五帝",指上古五帝少昊、颛顼、帝喾、尧、舜;"三王",指夏、商、周三代开国君主夏禹、商汤、周武王。五帝之浩浩德风吹遍天涯,三王之巍巍勋业高标云空,引得天下奇士趋之若鹜,汇百家学说蔚为时代之洪流。远眺学宫,"高门横闶,夏屋长檐",学子们"杂佩华缨,净冠素履",切磋争论,互不相让,"奋髯横议,投袂高谈""树同拔异,辨是分非",其恢宏缥缈犹如云梦之泽,振翼高翔仿佛鸿鹄横绝天水浩荡……

战国末期儒学大师荀卿先生,曾经先后三次出任学宫"祭酒"(主管),被称为"稷下学宫的最后一个大师"。《荀子》传世32篇,大多由本人撰写。他尊王道,论霸道,述礼义,讲法治,其主张却与传统儒学大异其趣。孔子说"法先王",他主张"法后王";孟子提出"性善论",他主张"性恶论";他反对"生死有命""富贵在天"的宿命论,提出人定胜天,万物遵循自然规律。他的"帝王之术",神秘莫测,吸引了一批野心勃勃的青年学子。荀卿的所谓"帝王之术",就是站在帝王的视角,来观察世界,习练权术,治理国家,统御天下——这既是高屋建瓴的治国兴邦之术,也是驾驭臣属的阴险诡诈手段。如此鲜明的"两重性",就决定了其高尚与卑污、光明与阴暗兼具的特点,"治"(治国)与"术"(治人)并存,"举"(重用)与"毁"(诛戮)同列,"血"(严酷)与"火"(温暖)同在。表现出来的,譬如胆大包天,杀人嗜血;只讲结果,不论手段;恩威并重,神秘莫测;哥们义气,笼络人心;无耻无赖,委曲求全;鸟尽弓藏,屠戮功臣;平衡两端,稳坐钓鱼船,等等,其间的转转变化,昏暝交织,哪里是吾等凡夫俗子可以洞悉的啊!

据《史记·李斯列传》载,李斯"乃从荀卿学帝王之术",然后跑到秦国,以王霸之道辅佐秦王嬴政,扫强寇,灭六国,统一天下,推行峻法治国,焚书坑儒,钳制舆论,最后与赵高、胡亥同流合污,发动沙丘宫政变,落得个粉身碎骨的悲惨下场。李斯践行其师荀卿先生的"帝王之术",可谓大显神通,其历史意义却像一张印刷品,正反两面都写满了字迹。北宋大才子苏轼《荀卿论》批判说:"荀卿者,喜为异说而不让,敢为高论而不顾者也。其言愚人之所惊,小人之所喜也";"荀卿明王道,述礼乐,而李斯以其学乱天下,其高谈异论有以激之也"。

苏大才子的"批判之词",可谓凌厉,然而并不恰切。其一,他批评荀卿好为"异端邪说",标新立异,旁若无人,没有丝毫谦卑之心,似乎倒是史实;其二,他将欣赏荀子的人称为"愚人""小人",显然是偏激之论;其三,他将"统一六国"与"沙丘宫政变"来个"一锅烩",斥为"乱天下",既不客观公允,也与历史发展规律背道而驰;其四,他将李斯的历史作用归结为受了荀卿"奇谈怪论"所激发,显然属于夸大之词,李斯的势利本性,才导致了他的个人悲剧,只要读一下《史记》的相关记载,就可以看到李斯的一颗勃勃野心,时刻在怦怦跳动,这样一个势利而野心勃勃的政治家,其最后的惨烈归宿,当然是不可避免的。

三

将老爹创立的稷下学宫发扬光大的齐威王田齐,当然不是等闲之辈,《史记·田敬仲完世家》记载了他的几则为政桥段,令人感佩。

其一,威王论宝。那一年,齐威王与魏惠王魏罃讨论何为"宝",魏惠王吹嘘自己拥有许多"径寸之珠宝",光彩熠熠,价值连城,齐威王回答说,我有良将檀子、能臣盼子、良吏黔夫、贤臣有种,他们恪尽职守,确保国家长治久安,这才是我的无价之宝啊!魏惠王闻言,十分尴尬,"不怿而去"。威王如此"论宝",尽管惹得魏惠王很不高兴,拂袖而去，却是至理名言，值得汲取。

其二，烹杀谄谀者。那一年，威王召见即墨大夫，说自从你到了即墨（今山东青岛即墨区），"毁言日至"，很多人骂你惰政害民，我派人去巡查，却见那里"田野辟，民人给，官无留事，东方以宁"，一派欣欣向荣景象。为何反差如此之大呢？"是子不事吾左右以求誉也"，是你不向我的左右行贿而求得好名声啊！于是当场予以重奖，"封之万家"。威王随后召来阿城大夫，说自从你到了阿城（今山东阳谷县阿城镇），"誉言日闻"，好多人说你勤政爱民劳苦功高，可是我派人去巡查，却见那里田地荒废，百姓啼饥号寒，还耽误了好几件朝廷大事，既然如此，为何好多人不厌其烦地称颂你呢？"是子以币厚吾左右以求誉也"，是你贿赂我的左右以求得好名声嘛。于是断然下令，"烹阿大夫，及左右尝誉者皆并烹之"。威王将阿城大夫和那群为他吹喇叭抬轿子的马屁精一并烹杀，用刑虽然残酷，旗帜却很鲜明，奖功罚罪，刚烈而果决，不为残忍吧。

其三，鼓琴识音声。一次，威王弹琴，音乐家驺忌先生连声赞叹，威王勃然不悦，说您刚来，咋晓得我琴艺如何呢？告诫他不要乱拍马屁。岂料驺忌论琴识音，精到恰切，威王称赞他精通音律，驺忌却慨然而言道：何止音律，治国安民也可以从琴音里省察出来嘛。威王闻言脸色一变，说弹琴与治国何干？驺忌侃侃说出一番道理来："夫大弦浊以春温者，君也；小弦廉折以清者，相也；攫之深而舍之愉者，政令也；钧谐以鸣，大小相益，回邪而不相害者，四时也。夫复而不乱者，所以治昌也；连而径者，所以存亡也：故曰琴音调而天下治。"——由琴音高低错落之变化，而论及治国安民，大弦春温似君意，小弦廉折若相音，深而愉悦乃政令，琴音调，四时序，政令顺，百姓安，而天下治。驺忌先生之论，可谓精彩独异，威王心悦诚服，只说了一个字："善。"

这三个"桥段"，均见于《史记》，太史公为之心折不已。齐威王之不同凡响，由此可见，稷下学宫在他的任期内发扬光大，进入鼎盛时期，也就不奇怪了。一个以人为本，以良臣为宝，以功过论赏罚，以传播文化知识为己任的君王，庶几可以称为家国之福音呢。而他的继任者，齐宣王田辟疆，虽然难称英明领袖，在历史上并无太大作为，毕竟将稷下学宫进一步推向了繁荣，"宣王喜文学游说之士，自如驺衍、淳于髡、田骈、接予、慎到、环渊之徒七十六人，皆赐列第，为上大夫，不治而议论。是以齐稷下学士复盛，且数百千人"（《史记·田敬仲完世家》）。

历史地看，齐宣王对稷下学宫七十六名佼佼学子大加封赏，"皆赐列第，为上大夫"，赐予宅邸，封为上大夫，可谓尊崇备至；而他"不治而议论"的方针，也是兼容并蓄之典范，在他任内，稷下学宫的学子达到了上千人，可谓蔚为大观。然而，《韩非子·内储说上》记载的一则"滥竽充数"故事，差点颠覆了宣王的正面形象："齐宣王使人吹竽，必三百人。南郭处士请为王吹竽，宣王说（悦）之，廪食以数百人。宣王死，湣王立，好一一听之，处士逃。"说是宣王喜欢吹竽，且必须是三百人的大合奏，南郭先生滥竽充数混迹其中，宣王对此浑然不觉，陶然而乐之，王宫供养了数百名乐手，且奖赏不断。宣王死了，其子田地继任，史称"齐湣王"，湣王不喜欢合奏，只喜欢独奏，南郭先生再难浑水摸鱼，只好逃之夭夭了。

这则"滥竽充数"故事，历来被视为齐宣王的污点与笑柄，广泛流传；其真实性究竟如何，尚且不论，如果换一个角度审视一下，谁说这不是齐宣王兼容并包的一个例证呢？当然，兼容至于糊涂昏庸，并包至于不分良莠，那当然也是无可辩驳的臭毛病，必须予以批判。

回望稷下学宫之兴衰，历览齐桓公田午、齐威王田齐、齐宣王田辟疆之作为，田氏父子前赴后继，兴学布道，引领了一个百花齐放百家争鸣的绚烂时代，后人咏叹之，铭记之，那是自然的。郭沫若《十批评书·稷下黄老学派的批判》评论说："这稷下之学的设置，在中国文化史上实在有划时代的意义……发展到能够以学术思想为自由研究的对象，这是社会的进步，不用说也就促进了学术思想的进步。""周秦诸子的盛况是在这儿形成一个最高峰的。"

《汉武内传》炫迷离

一

　　大约是2013年夏天，我应老友李金魁先生之约，在平山县王母山上暂住了一段时间，作了一部亦真亦幻、亦实亦虚的《王母山史记》，梳理王母神话，皴染峻拔山川，其中谈到了记载西王母与汉武帝故事的一部古籍《汉武帝内传》：

　　中国人对西王母的信仰与崇拜，可以说古已有之，源远流长，到了西汉时期，已经开始在社会上盛行起来，渐渐抟转成势，且愈演愈烈。如果考察一下弥漫有汉一代的"西王母崇拜"，就会发现两种传播途径：其一，从书斋到乡野，由文人墨客案头到民间口头传播，以大学者刘向、刘歆父子整理勘定古典神话《山海经》为标志，西王母神话已经完成了从高雅书斋进入苍茫乡野的历程；其二，从宫廷到民间，无论是封建皇帝，还是草民百姓，纷纷对王母娘娘趋之若鹜，以汉武帝刘彻、汉哀帝刘欣等先后拜倒在西王母的石榴裙下为标志，西汉诸帝，实际上成

了"西王母崇拜"的强有力推动者。在西汉诸帝中，汉武帝刘彻
与西王母的交往际遇，情形殊异，姿彩独具，端赖江湖上流传的
一部缥缈之作——《汉武帝内传》。

追溯起来，西汉早期诸帝，高帝刘邦、文帝刘恒、景帝刘启，刘邦
以二流子形象打遍天下无敌手，文帝以勤政廉政广受称颂，景帝虽然较为
逊色，也还算有所作为，延续了"文景之治"之余晖，到了汉武帝刘彻横
空出世，堪称雄才大略，威猛盖世。可是，这样一位铁血汉皇，却是西王
母的超级粉丝，到了晚年，武帝更是五迷三道，痴迷西王母，不惜任何代
价寻求"不死之药"，导致全国仙士横行，妖怪丛生。方士栾大忽悠武
帝说，贫道曾在昆仑山上拜王母娘娘为师，得其真传，法力无边，能筑
炉炼丹，治病救人，堵决长江黄河，治理天下水患云云。武帝听罢，咧嘴
大笑，喝问，不死之药何在？栾大说神药被深海鲨鱼精劫夺而去，须入海
寻找，武帝随口封他为五利将军、天士将军、地士将军、大通将军、乐通
侯，赐黄金万斤，令其入海追寻鲨鱼精，夺回"不死之药"，自然是竹篮
子打水一场空。武帝腰斩栾大，对王母娘娘却痴迷依旧，弄得朝堂乌烟瘴
气，危害惨烈的"巫蛊之祸"，正是他这种愚昧意念招来的重大灾难。

传说一天深夜，武帝辗转反侧，难以入眠，尽管有美人侍寝，温香软
玉抱满怀，依然如坐针毡。后半夜，迷迷糊糊地睡去了，却噩梦不断……
他恍惚间梦见被数千桐木人追打，随后就病倒了，怀疑是臣民诅咒所致，
便任命其宠臣、水衡都尉江充为司隶校尉，率领一干兵马，大张旗鼓地
"治巫蛊"，史称"巫蛊之祸"。据《汉书·江充传》记载，江充指挥一
帮兵卒和巫婆神汉，在京师进行大搜捕，掘地三尺寻找所谓"桐木人"，
"捕蛊及夜祠，视鬼，染污令有处，辄收捕验治，烧铁钳灼，强服之"，
酷刑之下，肢残骨折，数万人死于非命，包括丞相公孙贺、武帝亲女诸邑
公主、阳石公主等。江充与皇太子刘据夙有矛盾，便乘机落井下石，陷害
太子，他声称"宫中有蛊气"，于是，"先治后宫，希幸夫人，以次及皇

后，遂掘蛊于太子宫，得桐木人"。武帝闻听在太子宫中掘得桐木人，勃然震怒，下令严惩。太子有口难辩，孤注一掷起兵谋反，诛杀了恶贯满盈的江充，最后却被颟顸平庸的丞相刘屈氂率军击败，太子集团几乎被一网打尽，只留下了一个孙子刘病已，九死一生长大成人，这就是后来颇有作为的汉宣帝刘询。

或许是出于对汉武帝痴迷西王母的戏谑，对他制造"巫蛊之祸"的痛恨，后人才拿他开涮，整出了一部匪夷所思的《汉武帝内传》，让他屡屡跪倒在西王母脚下，老老实实聆听指示与教诲。

《汉武帝内传》，又名《汉武内传》，共一卷，作者不详，有说是西汉历史学家班固，有说是东晋道学大师葛洪。以班固为文之拘谨，为人之严谨，断无可能；葛洪耽于玄幻，长于炼丹，并不擅忽悠，似无可能。《隋书·经籍志》著录此书，却不注撰者；《宋史·艺文志》则称，不晓得作者是谁。《四库全书总目》认为，此书乃魏晋年间士人所作，清代《守山阁丛书》集辑者钱熙祚猜测，此书应是东晋后期文士所作。总之，此书作者，至今存疑。

《汉武帝内传》从汉武帝刘彻出生写起，直至死后殡葬事宜，概述其一生行迹，然而，对于武帝那些彪炳史册的军政大事，基本无从涉及，而对于他痴迷求仙问道，尤其西王母自昆仑山降旨会武帝之事迹，却绘声绘色，极尽渲染铺排，其文字错采镂丽，摇曳生姿，汉赋排偶如天阶，仙迹雕镂如浮铜，追风攀月，豹吼虎啸，噬噬生烟，极具文学性。且看武帝出生时之情形——

> 汉武帝，汉孝武皇帝，景帝子也。未生之时，景帝梦一赤彘从云中下，直入崇芳阁，景帝觉而坐阁下。果有赤龙如雾，来蔽户牖。宫内嫔御，望阁上有丹霞蓊蔚而起。霞灭，见赤龙盘回栋间。景帝召占者姚翁以问之。翁曰："吉祥也，此阁必生命世之人，攘夷狄而获嘉瑞，为刘宗盛主也。然亦大妖。"景帝使王

夫人移居崇芳阁，欲以顺姚翁之言也，乃改崇芳阁为猗兰殿。旬余，景帝梦神女捧日以授王夫人，夫人吞之，十四月而生武帝。

景帝先梦见赤彘，乃一猪也；再看见赤龙，不过妖雾也；最后才是"神女捧日"，王夫人怀孕，孕育十四月之久，武帝这才轰然降生——这一连串神乎其神的变幻，恍兮惚兮，令人摸不着头脑。景帝说："吾梦赤气化为赤龙，占者以为吉，可名之吉。"三岁时，景帝抱于膝上把玩，知其心藏洞彻，问他，乐意做天子不？小家伙回答说：此事由天不由儿呀，"愿每日居宫垣，在陛下前戏弄，亦不敢逸豫，以失子道"。过了几天，景帝抱着他来到书案前，问他喜欢哪本书，小家伙瞅着皇帝老爹，"乃诵伏羲以来，群圣所录，阴阳诊候，及龙图龟策数万言，无一字遗落"。如此伶牙俐齿，且学问高深，不但通晓"群圣所录"（圣贤语录），而且懂得"阴阳诊候"（八卦治病）、"龙图龟策"（河图洛书），令景帝十分满意，"至七岁，圣彻过人，景帝令改名彻"。

二

对于西王母的闪亮登场，作者大费笔墨，极尽铺排。那是元封元年（前110）四月戊辰日，武帝与东方朔、董仲舒在皇宫承华殿聊天，忽见一名青衣女子飘然而至，自称"墉宫玉女王子登"，乃王母贴身侍女小妖怪王子登也，她今日奉王母之命，特意从昆仑山下来向武帝降旨传话："闻子轻四海之禄，寻道求生，降帝王之位，而屡祷山岳，勤哉有似可教者也。从今日清斋，不闲人事，至七月七日，王母暂来也。"

王母说，我听说刘彻你贵为皇帝，轻四海之禄寻道求生，"勤哉有似可教者也"。演绎一下，就是：刘彻呀，你这等作为，好像孺子可教啊！对西王母如此居高临下的口吻，武帝如闻天籁，"下席跪诺"。堂堂大汉皇帝，如此跪拜听令，堪称古今罕有。

到了七月七日，武帝传令迎接西王母，"以紫罗荐地，燔百和之香，张云锦之帏，燃九光之灯，列玉门之枣，酌蒲萄之醴"，武帝盛装立于陛下，恭候王母圣驾，直到半夜时分，忽闻云中仙乐阵阵，箫鼓齐鸣，王母与麾下众神仙驾到，"或驾龙虎，或乘白麟，或乘白鹤，或乘轩车，或乘天马，群仙数千，光耀庭宇"——

王母唯挟二侍女上殿，侍女年可十六七，服青绫之褂，容眸流盼，神姿清发，真美人也。王母上殿东向坐，著黄金褡襹，文采鲜明，光仪淑穆。带灵飞大绶，腰佩分景之剑，头上太华之髻，戴太真晨婴之冠，履玄璃凤文之舄。视之可年三十许，修短得中，天姿掩蔼，容颜绝世，真灵人也。

眼前的西王母，端庄雍容，天姿绝世，腰间佩"分景之剑"，头上耸"太华之髻"，戴一顶"太真晨婴之冠"，足踏"玄璃凤文之舄（鞋子）"，炫目生辉，俨然女皇也！武帝仰视片刻，惊为天人，深感惊悚，于是轰然跪拜。王母摆摆手，说声罢了一起坐吧！邀请武帝升座，然后自设天厨，"丰珍上果，芳华百味；紫芝萎蕤，芬芳填樏；清香之酒，非地上所有，香气殊绝，帝不能名也"。"樏"，古代盛食物之器具，如圆盘，中间有隔挡，方便分类置之。

王母随后传令，将仙桃摆上来，侍女王子登应声而出，端了一个圆如月轮之玉盘，盛着仙桃七颗，大如鸭卵，形圆色青，香气袭人，"母以四颗与帝，三颗自食。桃味甘美，口有盈味。帝食辄收其核，王母问帝，帝曰：'欲种之。'母曰：'此桃三千年一生，中夏地薄，种之不生。'帝乃止。"

王母呕心沥血培植的昆仑仙桃——蟠桃，第一次惊艳亮相，就震惊了天界与人间，武帝拿了几颗桃核，打算自己种植，王母告诉他，这仙桃三千年才熟一回，他那里土地贫瘠，种不活呢。武帝只得作罢。食罢仙桃，观赏仙乐，"乃命侍女王子登弹八琅之璈，又命侍女董双成吹云和之笙，石公子击昆庭之金，许飞琼鼓震灵之簧，婉凌华拊五灵之石，范成君击湘阴之磬，段安香作九天之钧"。

这一番仙乐表演，可谓十八般武艺齐出：王子登的"八琅之璈"，董双成的"云和之笙"，石公子的"昆庭之金"，许飞琼的"震灵之簧"，婉凌华的"五灵之石"，范成君的"湘阴之磬"，段安香的"九天之钧"——如此精妙灵妙绝妙的一席仙乐，把一干听众听得如醉如痴，武帝兀自呆愣了好久，心底不禁暗自嘀咕：神仙之乐，居然如此动听？——望着痴痴迷迷的武帝，王母轻启朱唇，开始对他进行教育：

夫欲修身，当营其气，《太仙真经》所谓行"益易之道"。"益"者益精；"易"者易形。能益能易，名上仙籍；不益不易，不离死厄。行益易者，谓常思"灵宝"也。"灵"者神也；"宝"者精也。子但爱精握固，闭气吞液，气化为血，血化为精，精化为神，神化为液，液化为骨。行之不倦，神精充溢。为之一年易气，二年易血，三年易精，四年易脉，五年易髓，六年易骨，七年易筋，八年易发，九年易形。"形易"则变化，变化则成道，成道则为仙人。吐纳六气，口中甘香。欲食灵芝，存得其味，微息揖吞，从心所适。气者水也，无所不成，至柔之物，通至神精矣。

王母的这番"益易之道"，由"易气""易血""易精""易脉""易髓""易骨""易筋""易发"，到最后"易形"，即得道成仙，"从心所适"，化为"至柔之物""通至神精"，堪称由俗入仙、玄远妙绝之道也。王母言罢，"驾龙严车欲去，帝下席叩头，请留殷勤，王母乃止"，于是派遣侍女郭蜜香，前往邀请已经四千年不见的闺蜜、上元夫人阿环，前来闲话叙旧。

上元夫人阿环，乃是居住在三重天宫中的上元之官，统管着天界里的十万玉女。随着一阵云中箫鼓之声，上元夫人婀娜而来，只见她二十余岁，"天姿精耀，灵眸绝朗，服青霜之袍，云彩乱色，非锦非绣，不可名字。头作三角髻，余发散垂至腰，戴九云夜光之冠，曳六出火玉之珮，垂凤文林华之绶，腰流黄挥精之剑"，上殿拜见王母……

西王母与上元夫人，两个色彩缤纷神采奕奕的仙界圣女，一唱一和，训示武帝，时而耳提面命，时而循循善诱。上元夫人指出，武帝"招方术，祭山岳，祠灵神，祷河川"，十分殷勤，却收效甚微，为什么呢？因为其"胎性"所致；所谓"胎性"，天性而已——"汝胎性暴，胎性淫，胎性奢，胎性酷，胎性贼"，你刘彻有此"五性"，暴、淫、奢、酷、贼，可谓"五毒俱全"，虽有良药，也实在难以消解，"暴则使气奔而攻神，是故神扰而气竭；淫则使精漏而魄疲，是故精竭而魂消；奢则使真离而魄秽，是故命逝而灵失；酷则使丧仁而自攻，是故失仁而眼乱；贼则使心斗而口干，是故内战而外绝"。这五桩丑陋习性，可谓人生路上之"五难"，犹如"截身之刀锯，刳命之斧斤"，你尽管是一棵参天大树，可是架不住刀锯截身，斧钺夺命呀！

武帝闻言，下席跪谢："臣受性凶顽，生长乱浊，面墙不启，无由开达。然贪生畏死，奉灵敬神。今日受教，此乃天意也。"

王母宽慰说："此子勤心已久，而不遇良师，遂欲毁其正志，当疑天下必无仙人。是故我发阊宫，暂舍尘浊，既欲坚其仙志，又欲令向化不惑也。"她说，刘彻这伢子心意殷勤，可惜没遇到良师，致使正志倾斜，行为放诞，我因此而离开仙居，下临尘世，就是为了矫正他的志向，使他走上正途啊！——王母抚着武帝后背叮嘱说："汝用上元夫人至言，必得长生，可不勖勉耶？"你听从上元夫人的金玉良言，一定能获得长生，还不为此而努力奋斗么？

上元夫人应王母之邀，传授给刘彻"五帝六甲左右灵飞之符""太阴六丁通真逐灵玉女之箓""太阳六戊招神天光策精之书""六已石精金光藏景化形之方"等十二卷秘术。王母授予武帝一部锦囊之书《灵光经》，并说此书是一卷"五岳真形图"，形成于仙界诸神与天界诸流之交融——

"水则碧黑俱流，波则震荡群精。诸仙玉女，聚居沧溟，其名难测，其实分明。乃因山源之规矩，睹河岳之盘曲，陵回阜转，山高陇长，周旋逶迤，形似书字，是故因象制名，定实之号。书形秘于玄台，而出为灵真之信，诸仙佩之，皆如传章；道士执之，经行山川，百神群灵，尊奉亲近。"

王母将这样一部宝贵典籍赠予武帝，可谓用心良苦，她说："欣子有心，今以相与。当深奉慎，如事君父。泄示凡夫，必祸及也。"

对两位女神的馈赠，武帝视若珍宝，一再叩头拜谢："彻下土浊民，不识清真，今日闻道，是生命会遇。圣母今当赐以真形，修以度世……既蒙启发，弘益无量，唯愿告诲，济臣饥渴，使已枯之木，蒙灵阳之润，焦炎之草，幸甘雨之溉，不敢多陈。"枯木逢春，恰遇阳光照耀；枯草欲绝，恰逢天降甘霖，武帝之感激涕零，可想而知也。对于王母所赠之宝典《灵光经》，他当然奉若神明，"奉以黄金之箱，封以白玉之函，以珊瑚为轴，紫锦为囊，安著柏梁台上"。

至此，这次绮丽炫目的"王母武帝七夕会"，圆满落下了帷幕——"王母与上元夫人同乘而去，人马龙虎，导从音乐如初，而时云彩郁勃，尽为香气，极望西南，良久乃绝。"

三

文章至此，本该结束了，然而作者意犹未尽，其情感跌宕骤然爆发，行文也由绚烂转为哀戚，谈到了武帝之死——

至元狩二年二月，帝病，行周至西，憩五柞宫。丁卯，帝崩，入殡未央宫前殿；三月，葬茂陵。是夕，帝棺自动，而有声闻宫外，如此数遍，又有芳香异常。陵毕，坟埏间大雾，门柱坏，雾经一月许日。

　　文中的"元狩二年"，即公元前121年；"五柞宫"，汉武帝时宫殿，位于今陕西省周至县集贤镇，因宫内有棵五柞树（一说为梧桐树），树冠广阔笼盖数亩，故称五柞宫。"茂陵"，汉武帝的陵寝，位于今陕西省兴平市，是汉代帝王陵墓中规模最大、修造时间最长、陪葬品最丰富的一座帝陵，有"中国金字塔"之称。武帝下葬之后，灵异频现，"帝棺自动，而有声闻宫外，如此数遍，又有芳香异常"，棺椁咔咔晃动，声闻宫外，四周异香缭绕，大雾弥漫，门柱崩坏，令人惊悚。

　　书中记载，武帝墓茔中有一只玉箱，一支玉杖，乃西胡康渠王所献之宝物，"帝甚爱之，故入梓宫中"。"西胡"，汉代至唐代对西域各族人的通称。四年之后，有人在扶风市场上购得此二物，一个当年武帝的侍者见了，连忙报告官府，官府查明，购买者是一个从关外来的商人，从一条小巷中购得此物，花了青布三十匹、钱九万，并不知卖者姓名，其结果是：商人放行，宝物没收，交付太庙。正是：宝物归陵寝，黄叶犹飘忽；魂归知何处，至今酹皇图！

　　该书还记载，武帝驾崩时，"遗诏以杂经三十余卷，常读玩之，使随身敛"，遗命将这些珍贵经书随葬。到了汉宣帝元康二年（前64），河东功曹李友深入上党抱犊山中采药，在一个深山岩穴中意外"邂逅"了这些经书，只见经书藏于一个尘封的金匣之中，展开经卷，见卷后题有收藏者姓名与收藏日期，这是武帝时期的一个收藏家的藏品。李友不敢私匿，连夜进献给河东太守张纯，张太守将经匣进献汉宣帝刘询。宣帝询问几位前朝老臣，众卿哪个识得此物？——典书中郎冉登先生目睹此遗物，不禁流涕，说："此孝武皇帝殡殓时物也，臣当时以著梓宫中，不知何缘得出？"宣帝闻言，怆然涕下，下令交付武帝庙中。

　　这位冉登先生，显然是当年为汉武帝装殓送殡者之一，他并亲手将经卷等宝物置入武帝梓宫中。如今得见此物，睹物思人，黯然神伤，当然是人之常情啊。

2019年3月29日

"淮南鸿烈"今安在

一

在我的意象里,《淮南子》是一部充满了神秘色彩的古代典籍。因为,中国一些神秘兮兮的古代传说,都是靠这本书才得以流传的,譬如,女娲补天、后羿射日、嫦娥奔月、精卫填海、鲧禹治水、塞翁失马、共工怒触不周山,等等。然而,尽管这些神话人们耳熟能详,万口传诵,《淮南子》究竟是一本什么样的书,却是一团模糊。至少,许多年来,我自己是这样的。

第一次接触这本书,是在那年省会文化广场金秋书市上。

那是一个秋高气爽的假日,独自彳亍,来到这里。广场上,只见万头攒动,人声喧嚷。西边是杂耍区域,各种新鲜玩意儿肆意绽放;中部是房展区,各式豪华洋房流光溢彩;东部的下沉圆形广场,才是书展区域。在杂耍区看看,在房展区瞧瞧,最后落脚在书展区域。在这里,书价日渐凋零,人们摩肩接踵,买书似乎也成了节日里的一种高雅行为。

在一溜书摊前,看到了一溜"中国历代文化丛书",华龄出版社出版。麦黄色封皮,装帧简洁,朴素无华,且价格低廉,5元一本。我当下团购了一堆，其中一本，就是《淮南子》。洁雅的封面上，是一幅菱形古画，只见一个银髯飘拂、衣带飘飘的古代学者，乘着一叶扁舟，在江海之上缓缓航行；天空里，乱云飞渡，佛意高悬。瘦硬的书脊上，印着"全本"二字。

懒洋洋地翻开这本书，浏览第一卷《原道训》，立刻就被那灿烂的文采、缜密的逻辑、吻合天地运行之道的哲理给镇住了——

夫道者，覆天载地，廓四方，柝八极；高不可际，深不可测；包裹天地，禀授无形。源流泉浡，冲而徐盈；混混滑滑，浊而徐清。故植之而塞于天地，横之而弥于四海，施之无穷而无所朝夕；舒之幎于六合，卷之不盈于一握。约而能张，幽而能明；弱而能强，柔而能刚；横四维而含阴阳，纮宇宙而章三光；甚淖而滒，甚纤而微。山以之高，渊以之深；兽以之走，鸟以之飞；日月以之明，星历以之行；麟以之游，凤以之翔……

二

《淮南子》，又名《淮南鸿烈》。《汉书·艺文志》载："淮南内二十一篇，外二十三篇"；颜师古注云："内篇论道，外篇杂说"。流传至今的二十一篇，大概都属于传说中的内篇部分。全书以道家思想为经纬，糅合了诸子百家之学说，进而融会贯通，编织以刘安先生为首的"淮南学派"思想体系，成为自战国至汉初时期黄老之学的集大成者。在用华美文字阐述哲理的同时，该书还以奇物异类、鬼神灵怪为例，生动活泼地佐证自己的理念，因此保存了一批中国古代神话之"活化石"。东汉学者高诱《淮南叙目》说，所谓"淮南鸿烈"，"鸿"乃广大，"烈"乃光明，"其旨近《老子》，淡泊无为，蹈虚守静，出入经道……然其大较归之于道，号曰《鸿烈》"。

在《淮南子》所记载的诸多神话传说中，"嫦娥奔月"无疑是历史上最具影响力的神话之一。关于"嫦娥奔月"，《淮南子·览冥训》的记载是："羿请不死之药于西王母，姮娥窃以奔月，怅然有丧，无以续之。何则？不知不死之药所由生也。是故乞火不若取燧，寄汲不若凿井。"

高诱《淮南子注》曰："姮娥，羿妻；羿请不死药于西王母，未及服之，姮娥盗食之，得仙，奔入月中，为月精也。"这条记载说明，那时候，西王母与她的"不死之药"，已经成了人人向往的灵丹妙药。循着这条记载，人们似乎发现了，原来嫦娥与老公后羿早已同床异梦，于是她盗取后羿千辛万苦弄来的"不死之药"，独自吞食，升天而去，留下可怜的后羿在人间跺脚号啕。嫦娥的这个形象，当然一点也不美好。可是，到了《淮南子·外八篇》里，嫦娥则完全是另外一种形象：

　　昔者，羿狩猎山中，遇姮娥于月桂树下。遂以月桂为证，成天作之合。羿请不死之药于西王母，托与姮娥。逢蒙往而窃之，窃之不成，欲加害姮娥，娥无以为计，吞不死药以升天。然不忍离羿而去，滞留月宫。广寒寂寥，怅然有丧，无以继之，遂催吴刚伐桂，玉兔捣药，欲配飞升之药，重回人间焉。羿闻娥奔月而去，痛不欲生。月母感念其诚，允娥于月圆之日与羿会于月桂之下。民间有闻其窃窃私语者众焉。

这段记载，完整精彩，情节跌宕，情深意长。嫦娥与后羿在月桂树下"成天作之合"，异常恩爱，叵耐后羿从王母那里请来不死之药，种下祸根，后羿的徒弟逢蒙前来盗药，被嫦娥逮个正着。逢蒙盗药不成，凶相毕露，要加害嫦娥，危急之际，嫦娥吞药升天，滞留月宫，为了重回人间与夫君团聚，他令吴刚伐桂，玉兔捣药，欲配飞升之药重回人间。多么情深意长呀！

这段情景交融的文字，情感深挚，色彩绚丽，嫦娥奔月、吴刚伐桂、玉兔捣药、天作之合、无以为计、痛不欲生、窃窃私语，一连串的典故与成语，千古传诵。追溯起来，嫦娥与后羿天地阻隔悲剧的制造者，正是王母娘娘。她的"不死之药"，原本是造福人类的"至善之果"，最后却变成了割裂人间真情的"肇祸之根"，对这个令人啼笑皆非的结果，恐怕是西王母没有料到的吧？

逢蒙，亦称"逄蒙"，上古帝尧时期一个射箭能手，只是品行不端，成为祸患。且看《荀子·正论篇》："羿、逢蒙者，天下之善射者也。"荀卿把逢蒙与后羿并列，说两人射箭功夫都很了得。而《孟子·离娄下》则演绎了一出惨烈的嗜血故事："逢蒙学射于羿，尽羿之道，思天下唯羿愈己，杀羿。"逢蒙跟着后羿学射箭之术，学成之后，心生歹念，欲独霸天下，就把后羿残杀了。

亚圣孟轲先生一向是段子高手，他讲的这个逢蒙残杀后羿故事，与《列子·汤问》篇中"纪昌飞卫故事"颇有几分神似，不过前者以悲剧收场，后者以喜剧结束。说是纪昌学射于飞卫，飞卫让他死盯着一个目标练习，于是纪昌"以牦悬虱于牖，南面而望之。旬日之间，浸大也"，纪昌用牦牛尾巴的羽毛把虱子挂在窗户上，每天注视，虱子渐渐变大，如车轮，如山丘，"乃以燕角之弧、朔蓬之竿射之，贯虱之心，而悬不绝"，纪昌张弓搭箭射虱子，一箭洞穿虱子之心，悬挂虱子的羽毛却完好无损，飞卫喜曰：你成功啦！——箭术成功之日，师徒反目之时。看着洞穿虱身而过的渺渺箭矢，纪昌歹念顿生，"纪昌既尽卫之术，计天下之敌己者，一人而已，乃谋杀飞卫"。一天，师徒俩野外相遇，纪昌飞箭射其师，飞卫绝地反击，"二人交射，中路矢锋相触，坠于地，而尘不扬"……

这场惨烈战斗，堪称箭术灿烂，只听得空中嗖嗖震响，箭如飞蝗，飞卫箭矢射光，纪昌独留一支，"既发，飞卫以棘刺之端扞之，而无差焉"，纪昌最后一支箭矢射出，飞卫以荆棘击之，噼啪一声，箭矢坠地，于是，二人相拥而泣，发誓互为父子，绝技再不传人。

关于《淮南子》的作者，传统的说法是淮南王刘安与其宾客共同撰写，但刘安作为统揽全书的主笔与最后定稿者，应该没有疑问；至于哪些篇什是他的手笔，则无从考证了。

刘安（前179～前122），汉高祖刘邦之孙，淮南厉王刘长之子，"为人好读书鼓琴，不喜弋猎狗马驰骋，亦欲以行阴德拊循百姓，流誉天下"（《史记·淮南衡山列传》）。刘安好读书，善鼓琴，文采飞扬，颇有德政，是西汉著名的思想家、文学家，著有《淮南王赋》八十二篇、《群臣赋》四十四篇、《淮南歌诗》四篇、《淮南杂星子》十九卷，以及一部关于物理化学各种变化的重要著作《淮南万毕术》，内容涉及政治学、哲学、伦理学、经济学、天文地理、农业水利、医学养生等领域。这些著作，集中体现了他的道家思想。在《淮南万毕术》中，就有"曾青得铁则化为铜"的记载。据考证，"曾青"是指铜的化合物，也有学者认为是铜绿，此处存疑。他奉汉武帝之命撰写的《离骚体》，是最早对屈原及其《离骚》做出高度评价的著作。

当时的淮南国，辖九江、衡山、庐江、豫章四郡。史载，刘安爱才若渴，礼贤下士，淮南国都城寿春（今安徽寿县）成了当时文人荟萃的文化中心。他召集了近千名宾客，在寿春城郊的北山上筑炉炼丹制药，最著名的有苏非、李尚、田由、雷被、伍被、晋昌、毛被、左吴，号称"八公"。炼丹过程中，歪打正着，偶成豆腐，他因此被尊为中国豆腐之鼻祖，"八公山"也因此而得名。传说，他还是世界上最早尝试热气球升空的实践者，具体操作方法是：将鸡蛋去汁，以艾叶燃烧取热气，令蛋壳升浮起来。虽然属于超级小儿科，毕竟也显示了他的探索精神。

由以上种种形状，我们可以得出一个基本结论：刘安一定是他那个时代里的一个极不安分、灵魂时常骚动、富有开拓创新精神的弄潮儿。谓之"淮南鸿烈"，名副其实也。

然而，纵观西汉初年的往事，一个令人悲哀的历史事实是：汉武帝刘彻雄才大略，强力推行思想统治之术，"罢黜百家，独尊儒术"，搞得天下一时间百卉凋零。而刘安是个融通百家思想的奇士，推崇"无为而

"治"的道家学说，与圣上的执政方略，可谓南辕北辙；加之其父刘长因为绝食而死，也始终是他内心深处解不开的一道"心结"。这就铸成了他与统治者汉武帝极其深刻的矛盾。他俩之间，或许没有多少个人的恩怨与冲突，但人与人之矛盾，思想观念的隔阂与冲突，却是其大如天，不可调和的。随着时间的推移，西汉王朝日渐繁荣，刘安的不臣之心，也日渐沸腾起来，君臣之间的矛盾，逐步加深了，终于到了爆发的一天。引爆的具体原因，先是他身边的"八公"成员雷被向皇上举报淮安王谋反。汉武帝将信将疑之际，刘安的孙子刘建又跳了出来，跑到京城长安告状，说自己的爷爷想谋夺天下。汉武帝雷霆震怒，淮安王危在旦夕。元符元年（前122），汉武帝刘彻以刘安"阴结宾客，拊循百姓，为叛逆事"之罪名，派大兵进入淮南，包围淮南王府，搜出了一些准备用于谋反的器械，以及玉玺金印。刘安自知罪无可赦，被迫自杀，与他串通一气的弟弟、衡山王刘赐也随之自杀身亡。

一代才子与枭雄，就这样灰飞烟灭了。然而，他率领宾客们编撰的《淮南子》一书，却长留人间，不绝如缕。当这本书来到我的案头的时候，冥冥中我似乎听闻了刘安的叹息与思考，无奈与痛楚，嘶吼与嚎叫！

是故大丈夫恬然无思，澹然无虑；以天为盖，以地为舆，四时为马，阴阳为御；乘云凌霄，与造化者俱；纵志舒节，以驰大区；可以步而步，可以骤而骤；令雨师洒道，使风伯扫尘；以电为鞭策，以雷为车轮；上游于霄雿之野，下出于无垠之门……

三

说起刘安之遭戕害，不能不谈及西汉初年残酷无情的政治斗争。

西汉王朝的开创者、汉高祖刘邦共生有八个儿子，刘安的父亲刘长是其最小的儿子。那时候，汉朝大业初定，江山数度颠簸，异姓诸侯王不断举兵叛乱。公元前196年七月，淮南王英布举兵叛乱，刘邦抱病亲率大军迎击。历经几番血火较量，终于诛灭英布。此后，刘邦总结天下动荡的根本原因，竟然是——各路诸侯王不姓"刘"！于是，他开始大封刘姓子弟为王。刘安的老爹刘长被封为淮南王，都城寿春。

论起刘长的身世，就不能不提赵王张敖。因为，刘长的生母，当初就是赵王张敖王府里的一个美人——赵姬。

张敖是外黄（今河南民权县）人，赵王张耳之子，娶了刘邦独女鲁元公主为妻，其女张嫣后来成为汉惠帝刘盈的皇后，而他与岳丈大人刘邦的关系，却令人啼笑皆非。《史记·张耳陈馀列传》载，高祖七年（前200），刘邦前往雁门郡平成县（今山西大同），路过赵国，赵王张敖十分殷勤，跑前跑后侍候老丈人，忙得满头大汗，刘邦却摆出一副臭架子，"箕踞詈，甚慢易之"，像簸箕一样席地而坐，厉声责骂，张敖不以为意，跑前跑后，恭谨有加，赵国丞相贯高、赵午等人却气得七窍生烟，纷纷表示"请为王杀之"，张敖大惊失色，"啮其指出血"，以示忠诚，这才制止了麾下众人的骚动。

第二年，刘邦视察东垣县（故城在河北石家庄市东古城村）归来，再次路过赵国，张敖为表忠心，将美艳绝伦能歌善舞的赵姬献给岳父，刘邦一边饮酒，一边色眯眯地觑着柔若无骨的美人，灵魂早已飞到了爪哇国，一番云雨之后，赵姬居然怀上了龙种——这就是后来的淮南王刘长。此后，贯高等人的谋反阴谋暴露，赵王张敖等一干人被捕入狱，押送长安，受到严厉审讯。贯高铁嘴钢牙，一口咬定是自己所为，"独吾属为之，王实不知"，一肩扛起了所有罪责。郎中田叔、孟舒等人，也纷纷剃光头发，拿铁圈锁住脖颈，扮作赵王家奴跟着进京，力证赵王之清白，再加上吕后暗中保护女婿，张敖最后平安出狱，被封为宣平侯，与鲁元公主继续咿呀恩爱去了。贯高在得知赵王平安获释后，喜不自禁，说，我之所以饱受酷刑而不死，就是为了证明赵王的清白啊，"今王已出，吾责已塞，死不恨矣！"于是，自断咽喉而死。刘邦闻讯大赞："壮士！"那些以家奴身份跟随赵王进京者，一律得到重赏，并越级提拔，一个个官至诸侯、卿相、郡守。

然而，皇帝的这些恩赏，却与赵姬没一毛钱关系了。她当初受到牵连，被捕下狱，在生下刘长不久，就愤而自杀了。一缕芳魂，凄绝而去，留下了儿子刘长，独对尘世风雨，唉，可怜呀！

刘长生得身材壮硕，力能扛鼎，却因为身世凄惨，性情乖戾，喜怒无常，常怀愤恨之气。在被封为淮南王后，更是横暴异常，鱼肉百姓。到了汉文帝刘恒时代，刘邦的亲骨肉大都灰飞烟灭，只留下了文帝刘恒与淮南王刘长在世，"淮南王自以为最亲，骄蹇，数不奉法。上以亲故，常宽赦之"（《史记·淮南衡山列传》）。刘长骄横跋扈，苛虐暴戾，屡屡违法乱纪，文帝总以兄弟之情予以宽恕。可是，随着时间的推移，他竟渐渐滋生了叛逆之心。然而，以他的才能平庸，恩德寡淡，怎么能够主导一场推翻文帝的叛乱呢？——他的自取灭亡，实在是咎由自取。阴谋败露之后，汉文帝念他是唯一在世的弟弟，不肯可加以杀戮，下令将他流放到蜀郡（今四川成都一带）。刘长愤恨难消，于途中绝食而死，年仅25岁，谥号"淮南厉王"。

刘长死后第二年，文帝时常想起这个不争气的异母弟，不免心有戚戚然，于是下诏，将淮南国一分为三，分封给刘长的三个儿子。16岁的刘安以长子身份袭封为淮南王。这对刘安来说，本来是一个成就功业的天赐良机，叵耐他又步了老爹的后尘，心生叛逆，被迫自杀身亡。

论及刘安被门下宾客告发的旧事，足以令人长叹息矣！"八公"之一的雷被先生，是一位武艺超群的剑客，淮南王太子刘迁经常与之切磋剑术。有一次，两人又开始搏击，只见刀剑翻飞，剑影缭绕。刘迁步步紧逼，雷被一再礼让。这本来是他俩切磋的"潜规则"。可是，这一次，雷被失手刺伤太子，闯了大祸。刘迁不依不饶，声称要"以血还血"，弄得他在淮南国无法容身，只得眼泪汪汪跑到刘安跟前，请求大王开恩，派他去随大将军卫青攻打匈奴，戴罪立功。刘安一听，勃然变色，认为他心怀叵测，当场下令免职。这下雷被彻底绝望了，连夜出逃，潜入京城，状告淮南王阴谋发动叛乱。——这是刘安为自己"培养"的第一个掘墓人。

"八公"中的另一个"叛徒",是伍被先生。刘安预谋反叛,令伍被参与其谋,伍被认为此举是以卵击石,必败无疑,于是多次苦口婆心进行劝谏,刘安嗤之以鼻,说自己就像秦朝末年的陈胜、吴广,陈胜、吴广不过一农夫耳,犹能大旗一举,天下影从,吾乃天潢贵胄,难道还不如他们么?一席话,弄得伍被先生哑口无言。刘安并下令抓捕伍被的父母为人质,逼他参与起事。伍被无奈,为之出谋划策。元狩元年(前122),刘安谋反事泄,伍被一看大事不妙,跑到官府自首。——这是刘安为自己"培养"的第二个掘墓人。

这时候的当朝皇帝,是汉武帝刘彻。他非常欣赏刘安的才华,对他的叛逆之举,将信将疑,正在举棋不定,刘安的孙子刘建也跳将起来,告发自己的爷爷谋反!——这是刘安为自己"培养"的第三个掘墓人。

这个不肖之孙刘建的愚蠢行为,实在令人啼笑皆非。原来,他的老爹,也就是刘安的儿子刘不害,因为是庶出,很少得到父王的宠爱,不免心存怨望,对王太子刘迁更是恨之入骨,他平日里的一些恨恨之词,自然影响了自己的儿子刘建。刘建堪称呆瓜,或许是脑子里进水,他以为告发爷爷,就会祸及太子,太子一朝完蛋,自己的老爹就会顺理成章当上王太子。岂料,正是他最后的告状,使汉武帝下定了诛灭刘安集团的决心。这个呆瓜刘建,与他的老爹刘不害,当然也在武帝的诛灭之列。

历史上的一些偶然事件,虽然有其必然,也足以令人扼腕而三叹息也!

> 天下有三危:少德而多宠,一危也;才下而位高,二危也;身无大功而受厚禄,三危也。故物或损之而益,或益之而损……

四

《淮南子》一书的文体特点有二:其一是张扬着呼啸的汉赋神髓,其二是闪烁着明艳的骈文风采。

汉赋是汉代最流行的一种文体，其特点是散韵结合，专事铺叙，文采华美，铺排扬厉，犹似天梯攀空，排山倒海。其代表人物，就是汉代著名文豪司马相如、班固、扬雄等人。在两汉四百年间，文人墨客们大都陶醉于这种文体的气势磅礴，因而盛极一时。骈文也称"骈体文""骈俪文"，因其常用四字、六字句，也称"四六文"或"骈四俪六"。这是魏晋以后产生的一种文体，到南北朝时期，最为繁盛，其代表作是刘勰的《文心雕龙》、庾信的《哀江南赋》等等。《淮南子》一书的骈文风格，文气畅达，文脉纵横，灿然可观。

《淮南子》一书，汲取了《老子》《庄子》《黄老帛书》等历史文献的滋养，第一次对道、天、人、形、神等诸多玄妙问题，做了精微的系统论述。它兼采各家学说，以道家为统领，构筑了自己独特恢弘的思想体系。翻开此书，只见百卉芬芳，百鸟鸣啭，百味杂陈，堪称一部古奇深邃的社会百科全书。

其一，《淮南子》宣扬了道家之宇宙观念，指出"道始于虚廓"，认为在天地形成之前，整个宇宙浑然一体，是混沌未分之"虚廓"。《原道训》云："所谓无形者，一之谓也；所谓一者，无匹于天下者也。卓然独立，块然独处，上通九天，下贯九野，圆不中规，方不中矩，大浑而如一。"《天文训》指出，"道始于一，一而不生，故分而阴阳。阴阳和合而万物生，故曰：一生二，二生三，三生万物"，认为宇宙之气"清阳者薄靡而为天，重浊者凝滞而为地"，阳为日，阴为月，阴阳分化为四体。这里的宇宙构成之论，弥漫着神秘而又清晰的辩证之思、泫然之想。

其二，《淮南子》诠释了老庄"无为而治"的哲学思想，指出所谓"无为"，不是简单的无所作为，而是因势利导的主动行为。《修务训》批评了无为者"寂然无声，漠然不动，引之不来，推之不往"的消极处世态度，指出历史上那些圣贤都是积极有为的，譬如神农氏教民播种五谷，采药治病，实惠百姓；尧帝致力于安邦治国，"西教沃民，东至黑齿，北抚幽郡，南到交趾，放兜于崇山，窜三苗于三危，流共工于幽州，殛鲧于羽山"；舜帝"辟地树谷，南征三苗，道死苍梧"；商汤夙兴夜寐，勤于政务，开辟鸿业——"圣人忧民如此其明也，而称为无为，岂不悖哉！"

其三，《淮南子》弘扬了儒家"仁者爱人"之"人性"学说，《主述训》说："国之所以存者，仁义是也……遍知万物而不知人道，不可谓智；遍爱群生而不爱人类，不可谓仁。忍者爱其类也，智者不可惑也。"在这本书里，朴素的民本思想，洋溢出靓丽的色彩，"治国有常，而利民为本"（《把论训》），"食者，民之本也；民者，国之本也；国者，君之本也"（《主述训》），"所谓仁者，爱人也；所谓知者，知人也，爱人则无虐刑矣。治由文理，则无悖谬之事矣。刑不侵淫，则无暴虐之行矣"（《泰族训》）。这些论述，无疑是对孔孟"德政""仁政"学说的进一步阐释。作者主张人性本善，"人之性有仁义之资"，作者进一步指出，天生本善，尚需教化，才能臻于完善，"故无其性，不可教训；有其性无其养，不能遵道。茧之性为丝，然非得二女煮以热汤而抽其统纪，则不能成丝；卵之化为雏，非呕暖覆伏累日积久，则不能为雏。人之性有仁义之资，非圣人为之法度而教导之，则不可使向方。"翻译一下，就是：性善是内在根据，教育是后天条件，只有两者结合，才能成人之善。这些论说，似乎有些毛泽东"内因外因"之说的味道。毛泽东在《矛盾论》中指出，世界上一切事物都是发展变化的，"外因是变化的条件，内因是变化的根据，外因通过内因而起作用"。

其四，《淮南子》深化了法家的历史进化之观念，指出社会生活是不断变迁的，其法令制度也应随着时代变迁而更改，即使是先王之道，也要经过检验，"不宜则废之"。在这里荡漾的唯物主义因子，至今还在天地之间弥漫，令人怃然间想起了20世纪80年代那场震动九州的"实践是检验真理的唯一标准"的大讨论。《记论训》说："圣人制礼乐而不制于礼乐。治国有常，而利民为本。政教有经，而令行为上，苟利于民，不必法古；苟周于事，不必循旧"；"法与时变，礼与俗化。衣服器械，各便其用。法度制令，各因其宜。故变古未可非，而循俗未足是也"——这些言论，与商鞅、韩非子等著名法家人物的变革意识，何其相似乃尔？其倡导变革之脉绪，越千年而依旧沸腾如潮也！

闲暇时节，得读是书，心游八荒，神入无极，如登山临水，赏鲜花，逐白云，友鱼虾也。《淮南子》之博大精深，历代皆有概述。唐代史学家刘知几《史通》指出："其书牢笼天地，博古及今，上自太公，下至商鞅。其错综经纬，自谓兼于数家，无遗力矣。"宋代史论家高似孙在其所著《子略》中评论说："淮南，天下奇才也！《淮南》之奇，出于《离骚》；《淮南》之放，得于庄列；《淮南》之议论，出于不韦之流；其精好者，又如《玉杯》《繁露》之书。"高似孙先生此论，指出了《淮南子》的几个来处：神奇玄幻出自屈原；雄放豪迈出自庄子、列子；雄辩滔滔出自吕不韦；天命人性出自董仲舒——堪称精华凝聚，脉续古今也。近人梁启超慨叹："《淮南鸿烈》为西汉道家言之渊府，其书博大而有条贯，汉人著述中第一流也。"

传说，当年朝廷大军合围寿春北山，聚集在山上的"八公"，除告密者雷被一人外，其余均被诛杀。恍见刘安吞服丹药，与八公笑嘻嘻携手升天而去，剩余的丹药被鸡犬啄食，鸡犬亦随之升天。从此，此山改称"八公山"，"一人得道，鸡犬升天"之神话，传扬天下。

2010年10月3日

石渠阁与白虎观

一

汉武帝元光元年（前134），武帝下诏征求治国方略，著名儒学大师董仲舒以"贤良"身份应诏进京，回答皇帝的提问，成为轰动朝野的大事，史称"贤良对策"，亦称"天人三策"。他在三次对答中，系统阐述了"天人相应"学说，论证了神权与君权之关系，主张实行"大一统"，加强君权专制，提出了"罢黜百家，独尊儒术"的建议。武帝一听，正中下怀，随后下令实行，导致天下出现了万马齐喑的局面。

此后，儒家学说取得了正统地位，由此急速膨胀，立五经博士七家：《齐诗》《鲁诗》《韩诗》《欧阳尚书》《侯氏礼》《杨氏易》《公羊春秋》。《汉书·儒林传》赞曰："自武帝立五经博士，开弟子员，设科射策，劝以官禄。讫于元始，百有余年，传业者寝盛，支叶藩滋，一经说至百余万言，大师众至千余人，盖利禄之路然也。"天下派系林立，大师盛行，杂说喧嚣，导致思想学术界一片混乱。

到了甘露三年（前51），汉宣帝刘询眼见学界纷争不断，故事迭出，弄得鸡犬不宁，就将各派经学大师召集到皇家图书馆石渠阁开会，令他们自陈主张，然后亲自裁决，"论定五经"，史称"石渠阁奏议"。

石渠阁，亦称"石渠""石阁"，中国古代著名建筑，位于西汉京城长安皇宫内未央宫之北侧，是朝廷开展学术交流的主要活动场所，也是我国最早的国家档案馆和图书馆。

汉高祖七年（前200），刘邦自觉统治日趋稳定，便令丞相萧何亲自出马，在秦代章台宫遗址基础上监造一座堂皇大殿——未央宫。未央宫坐落在京城地势最高的西南角龙首原上，规模宏大，气象峥嵘，总体呈长方形，四面筑有围墙，总面积是北京紫禁城的六倍，殿阁嶙峋，亭台起伏，池苑飞瀑，异彩纷呈，其匠心独具的建筑风格，对后世皇宫建筑产生了很大影响。建造未央宫的同时，还在北侧修建了两座附属建筑，即天禄阁与石渠阁。石渠阁位于东，天禄阁位于西，两阁相距520米，东西相望，气息相通，均为皇家文化活动中心。石渠阁因"石渠"而得名。所谓"石渠"，就是用石头构建一道石渠，事见《三辅黄图》卷六《阁》："石渠阁，萧何造，其下砻石为渠以导水，若今御沟，因为阁名。所藏入关所得秦之图籍。至成帝，又于此藏秘书焉。""砻"，木制农具，用以脱稻壳，形状如磨；"砻石"，动词，垒砌石头建渠沟，即下水道，官称"御沟"。"石渠阁"之名，由此而来也。

《三辅黄图》亦称《西京黄图》，是一部谜一样的古代地理典籍，历来有三个"说不清楚"：一是作者说不清楚，不知何人所作；二是时代说不清楚，不知何时所写；三是原著为何失传、今本何人编纂说不清楚。尽管簸簸书页上笼罩着片片浓重疑云，这部书却是研究西汉都城长安、秦朝都城咸阳，以及西部地区风物的重要典籍。

秦朝末年，沛公刘邦率军攻入咸阳，掀翻秦朝，萧何率领麾下一溜烟冲入皇宫，不抢金银财宝，不掠嫔妃宫娥，只是一股脑搜集皇家图书典籍和历史档案，然后统统运回长安，妥善保存，后来收藏于天禄阁与石渠阁中。

遥想当年天地动荡，战火纷飞，百兽奔窜，秦廷土崩瓦解，萧何掠得秦代馆藏典籍，使许多宝贵典籍躲过了后来项羽焚毁秦宫的熊熊火焰，得以留传后世，堪称厥功至伟矣。西汉大学者刘向曾在天禄阁整理典籍，著书立说；太史公司马迁为撰写《史记》，也经常在这里流连，查资料，寻线索，追踪先人足迹与历史风云。

二

历史的车轮隆隆转动，历史进入公元前 51 年，汉宣帝刘询在位。

刘询原名刘病已，是汉武帝刘彻曾孙，戾太子刘据之孙，史皇孙刘进之子，虽属天潢贵胄，早年命运却很悲惨。汉武帝末年，"巫蛊之祸"爆发，襁褓中的刘病已被抛进血泊之中，其祖父刘据、父亲刘进同时被杀，其余家人尽遭屠戮，嗷嗷待哺的刘病已也被关进京郊监狱中，幸得监狱长丙吉百般照拂，九死一生活了下来。元平元年（前74），权臣霍光废除昌邑王刘贺，扶立18岁的刘病已即皇帝位，是为汉宣帝。他承六世之基业，励精图治，轻徭薄赋，惩治贪腐，振兴百业，开创了经济繁荣、四夷宾服、民生富庶之新局，使西汉进入鼎盛时期，史称"孝宣之治"，亦称"孝宣中兴"，《汉书》颂扬他"功光祖宗，业垂后嗣，可谓中兴"。

这样一位"中兴之主"，还做了两件对中国文化影响深远的大事：一是颁行《史记》，二是召开"石渠阁奏议"，论定"五经正义"。

《史记》告竣后，司马迁自知不合时宜，自称要"藏之名山，副在京师，以俟后世圣君"。汉武帝拿来审阅，见书中对老爹汉景帝刘启和自己多有批评之语，勃然大怒，下令删削，流传下来的《史记》，"景帝（刘启）本纪"与"今上（刘彻）本纪"只存篇目，内文已不知去向。司马迁的女儿司马英成年后嫁给了御史大夫杨敞，两人育有二子，大儿子杨忠，小儿子杨恽。杨恽较有作为，宣帝时担任左曹，后因告发霍光子孙谋反有功，封平通侯，升任中郎将，他开始向宣帝陈述外祖父司马迁的著作，得到宣帝支持，《史记》得以公开传布。对这件事，《汉书·司马迁传》的记载是——"宣帝时，迁外孙平通侯杨恽祖述其书，遂宣布焉。"

在古代，一部书能否流传，当然取决于当权者恩准与否。像《史记》这样对汉朝历代统治者直言讥刺批评的"谤书"，被扼杀于摇篮，一点也不奇怪；何况，此书曾经触怒宣帝之祖汉武帝，武帝下令删削之余，扣下来不令传播，也是史实。在这样的背景之下，汉宣帝下决心为《史记》"解禁"，把这部巨著从"囚笼"里释放了出来，并公开出版发行，也是难能可贵了。

甘露三年（前51），面对天下大师林立、纷争不断造成的思想混乱，汉宣帝为了统一思想，加强统治，诏令在石渠阁召开儒家经学会议，解决意识形态面临的混乱局面。刘向、萧望之、戴圣、施雠、韦玄成、周堪、薛广德、林尊、张山拊、梁丘临等23位儒林士子，应诏赴会。

这份与会者名单，囊括了当时的博学鸿儒，两位龙头老大，谏议大夫刘向与太子太傅萧望之，更是学识渊博，各逞异彩。刘向乃楚元王刘交之后裔，以著作宏富闻名，《战国策》《列仙传》《列女传》《新序》《说苑》广泛流传，影响深远。萧望之以清拔高洁著称，那一年，大将军霍光秉政，丞相丙吉推荐他与王仲翁等儒生为官，霍光一一召见，进见者都要露体搜身，由侍卫左右挟持而入，萧望之深感屈辱，转身就走，霍光闻声召见他，老萧昂然而入，劈头盖脸一顿批评，说将军您以功德辅佐幼主，天下之士翘首膜拜，岂料受到如此对待，恐怕要大失人望啊！霍光默然，心底的恼火滋滋燃烧，于是弃之不用。王仲翁被补录为大将军史，三年后升任光禄大夫给事中，萧望之被分配看守皇宫小苑东门。王仲翁每每前呼后拥出入此门，趾高气扬地喊他："老萧自命清高，看守大门，大材小用啦！"望之淡然一笑："哈哈！人各有志，小心马失前蹄啊！"

这次会议的记录，汇集成《石渠议奏》一书，亦称《石渠论》，共一百五十五篇，可惜失传，唐代杜佑《通典》收录若干片断，譬如，关于"宗子孤为殇"、关于"请射告主人者"、关于"父卒母嫁，为之何服"、关于"君子犹大夫也"，诸如此类玄而又玄的问题，都在会上展开热烈讨论，宣帝不时插话，以引导舆论。且看《通典·石渠礼议》关于"宗子孤为殇"的记载，可以略窥当时之情形——

《经》云："宗子孤为殇。"言"孤"何也？

太子舍人闻人通汉说："孤者，师傅曰'因殇而见孤也'，男二十冠而不为殇，亦不为孤，故因殇而见之。"

（后苍师傅说，男子过了二十岁而亡，就不算早夭（殇），当然不能称"孤"。关键在于是否早夭。）

博士戴圣说："凡为宗子者，无父乃得为宗子，然为人后者，父虽在，得为宗子，故称孤。"

（老爹死了，才能称为宗子。老爹尚在，得为宗子，当然可以称"孤"。）

宣帝质问通汉说："因殇而见孤，冠则不为孤者。《曲礼》曰：'孤子当室，冠衣不纯采。'此孤而言冠，何也？"

（早夭可称"孤"，年过弱冠则不为"孤"，可是《曲礼》说父母死去，孤子当家，他的衣冠应该素洁，以寄托哀思，不应过于鲜艳。这里既有"孤"，也有"冠"，为什么呢？）

通汉回答："孝子未曾忘亲，有父母、无父母，衣服辄异。《记》曰：'父母存，冠衣不纯素；父母殁，冠衣不纯采。'故言孤。言孤者，别衣冠也。"

（孝子怀念父母，人之常情也。父母在与不在，衣服颜色肯定不一样。《礼记》也说了，父母在，衣冠应鲜艳活泼一些；父母亡，衣冠应该雅静肃穆一些。这里所说的"孤"与"冠"，主要是指父母之存亡与衣冠之区别。）

宣帝又问："然则子无父母，年且百岁，犹称孤不断，何也？"

（然而有的人父母早已亡故，自己也年近百岁，还一再称

"孤"，为什么呢？）

通汉回答："二十而冠不为孤，父母之丧，年虽老，犹称孤。"

（虽说年过弱冠就不算"孤"了，然而一个人父丧母亡，无论多大年龄，都很孤独啊，称之为"孤"，怜惜之意在焉。）

这番关于"殇"与"孤"与"冠"的对话，尽管晦涩艰深，玄而又玄，仔细咀嚼，却十分有趣。文中所谓"《经》云"，语出《仪礼·丧服》："宗子孤为殇，大功衰，小功衰，皆三月。"（宗子是孤儿，又未成年，去世后族人为他服大功丧服或小功丧服，都是三个月。）"《曲礼》"，即《礼记·曲礼》；所谓"《记》曰"，大约是《礼记·曲礼》之逸文。闻人通汉口中所说的"师傅"，指西汉经学家后苍先生，山东郯城县人，精通五经，武帝时立为经学博士，官职为少府，徒弟众多，参加石渠阁会议的戴德、戴圣、萧望之等人，都是其弟子。

这段议论的主题，是《仪礼·丧服》中的一句话："宗子孤为殇"，即宗子（嫡长子）是个孤儿，还未成年就死了，其"孤"乃何意？——这其实是个很八卦的设问，通汉先生先把师傅后苍拉出来，岂料遭到同门学子戴圣的反驳，汉宣帝也不时诘问，形成了一个争论不休，却永远也整不明白的经学怪圈儿。

这样一次重要的学术会议，堪称"神仙会"，各路大神先陈述自己的意见，然后经过讨论，争论，辩论，驳论，进而达成共识。宣帝于百忙中亲临石渠阁，与各位展开对话，并发表了高瞻远瞩的重要讲话，为天下儒学指明了前进方向；与会者一致表示，要紧密地团结在伟大领袖汉宣帝周围，统一思想，明确目标，协调一致，沿着宣帝指引的金光大道，奋勇前进！

会议"论定"的结果，据《汉书·艺文志》记载，有《五经杂议》十八篇，《书议奏》四十二篇，《礼议奏》三十八篇，成为我国封建社会第一套完整的法典。当初，汉武帝喜欢读《公羊传》，亦称《春秋公羊传》，就诏令太子刘据研习这部经典，此事风传开，《公羊传》一时风行天下。刘据后来却喜欢《谷梁传》，亦即《春秋谷梁传》，私下悄悄学习，宣帝听说祖父喜欢这部经典，于是大力推荐。萧望之刘向等人经过反复讨论，辨析《公羊》《谷梁》之异同，大家纷纷倾向于《谷梁传》，这部古籍由此胜出，国家专门设立了研究这部经典的学官，所传讲的"微言大义"，自此流播天下。据说，《谷梁传》在战国时代一直是口耳相传，最初的传授者名叫谷梁俶，曾师从孔子弟子子夏，但目前学界对此说尚有争论。

历史地看，所谓"石渠阁奏议"，是一次团结圆满的会议，也是在宽松包容的政治气氛下召开的一次民主和谐的会议，经过大家共同讨论，各抒己见，达成了共识，形成了有汉一代的思想意识，堪称后世之范也。

三

一个世纪之后，历史进入东汉章帝刘炟时代，儒学又产生了许多分歧，纷争不断。其一，今古之争。西汉末年，大学者刘歆在皇家图书馆密室发现了古体《春秋左氏传》《毛诗》《易礼》等古籍，打破了董仲舒倡导的今文经学的垄断地位，开启了古文经学研究新途径，也同时引爆了今古经学两派论争，自此以后，今古两大学派激烈争斗，互相怒怼，难分高下。其二，谶纬勃兴。汉光武帝刘秀建立东汉后，早期为政清明，经济繁荣，同时大兴儒学，推崇气节，开创了"风化最美、儒学最盛"的"光武中兴"新时代；然而，他像许多封建统治者一样，晚期刚愎昏庸，痴迷谶纬之学，并于中元元年（56），正式把谶纬之学确立为皇朝的主导思想。儒学与谶纬媾和，结出的，必然是一枚不伦不类之妖果，引起了天下思潮的极大混乱。

建初四年（79），校书郎杨终上书汉章帝刘炟，建议依照汉宣帝时代的"石渠阁故事"，再续前朝之议，以达到思想统一。他说："宣帝博征群儒，论定五经于石渠阁。方今天下少事，学者得成其业，而章句之徒，破坏大体。宜如石渠故事，永为后世则。"（《后汉书·杨终传》）

在东汉诸帝中，继光武帝刘秀、汉明帝刘庄之后登基的汉章帝刘炟，政声颇佳，他实行"与民休息"的政策，重农桑，兴水利，轻徭薄役，"事从宽""好儒术""体之以忠恕，文之以礼乐"，与其老爹汉明帝刘庄共铸辉煌，史称"明章之治"。然而，他无原则地宠信皇后窦氏，放纵外戚，为后来的外戚专权和宦官专政埋下了祸根。章帝驾崩后，窦太后开始垂帘听政，窦氏外戚势力恶性膨胀，导致东汉王朝急转直下。

这样一位颇有作为的皇帝，当然不会允许天下思潮浩流纵横，就像百鸟齐飞，迟早有一天会飞向天涯，剩下皇帝老儿孤家寡人跳独脚舞嘛。他一见杨终奏疏，实在切中肯綮，立即下旨，召集各路大神到白虎观开会，"诏诸儒于白虎观论考同异焉"，讨论五经之异同，由章帝亲自裁决。

据记载，白虎观在洛阳皇宫北宫的白虎门内，是当时重要的学术活动交流中心。这次会议于这年十一月召开，寒冬腊月，漫天飞雪。会议由章帝亲自主持，与会者有魏应、贾逵、班固、淳于恭、杨终等。蹊跷的是，会议即将开始之际，会议的倡导者杨终先生却始终不见踪影，众人面面相觑，不明所以。对此咄咄怪事，《后汉书·杨终传》只有简单一句："会终坐事系狱。"杨终先生因为"坐事"，被羁押在狱中，至于他因何事、于何时入狱，不得而知。范晔先生一个马虎眼，后世也就只好跟着马虎下去吧——杨终先生当时正在狱中，与会的班固、赵博等人轮番上表陈情，章帝勉强点头，他这才伤痕累累地走出大狱，惴惴不安地来到了会场上……

其实，这位杨终留名青史的，并非建议召开"白虎观会议"，而是他奉皇命删削太史公的历史巨著《史记》。《后汉书·杨终传》有一句话十分扎眼：杨终"后受诏删《太史公书》为十万余言。"《史记》初稿煌煌五十万言，被他大笔一挥，删削为十余万言，对这部古籍来说，无异于一场浩劫；作为帝国钳制舆论的一道"防火墙"，杨终如此戕害史籍，堪称罪行累累罄竹难书啊！

白虎观会议要解决的中心问题，一是五经章句烦琐，必须删繁就简；二是派系众多，门户相讧，需要"共正经义"，统一理论。会议的形式十分独特，由五官中郎将魏应先生遵照皇帝之旨意，现场发问，由侍中骑都尉淳于恭先生代表诸儒，一一作答，最后由章帝裁决。这次会议，连续开了一个多月，班固以史官兼会议记录的身份与会，并奉命把讨论结果整理成书，这就是著名的《白虎通德论》，又称《白虎通义》《白虎通》，作为官方钦定经典刊布于世。这次会议之核心，就是充分肯定了"三纲六纪"的指导地位，"三纲"，即"君为臣纲，父为子纲，夫为妻纲"；"六纪"，即"诸父有善，诸舅有义，族人有序，昆弟有亲，师长有尊，朋友有旧"。会议将"君为臣纲"列为三纲之首，将皇帝老儿抬上云端，化身为神；将当时流行的谶纬迷信与儒家经典杂糅，使传统儒学趋近缥缈神学，"圣经"成了白云缭绕之"天书"，孔子成了呼风唤雨之"神人"，当然就更具诱惑力与迷惑性啦！

作为会议记录的《白虎通》一书，共有四卷，其间杂说纷纭，清浊并流。譬如，关于天地万物之生成："太初者，气之始也；太始者，形之始也；太素者，质之始也；阳唱阴和，男行女随也。"关于阴阳五行："天之为言镇也，居高临下，为人镇也"；"元气之所生，万物之祖也"；"言行者，欲言为天行气之义也，地之承天，犹妻之事夫，臣之事君也。其位卑，卑者亲事，故自周于行，尊于天也"，等等。

《白虎通》第一篇，题目曰"爵"。第一个问题是："天子者，爵称也。爵所以称天子何？王者父天母地，为天之子也。"意译一下，就是：什么叫天子？答曰：皇帝把天作为父亲，地作为母亲，所以称为天子。又问：历代的帝王，德行有好有坏，为什么都称为天子？答曰：因为他们都是天所任命的，所以统称为天子。逻辑如此强悍，令人无语也。当代著名学者任继愈先生认为，该书是"一部简明扼要的经学法典"，"是一种制度化了的思想，起着法典的作用"。

从西汉到东汉，日升月落，朝代轮换；从石渠阁到白虎观，春秋寒暑，阴晴交替。历史虽然轮回，但并非简单重复。正是在这一时期，班固写出了著名的《两都赋》。两都，指西汉都城长安与东汉都城洛阳。刘秀建立东汉，定都洛阳，西汉遗老们认为，西京长安乃先帝旧京，皇脉隆盛，呼吁迁都长安，直到汉章帝晚期，迁都的呼声还一度甚嚣尘上，人们为此争论不休。班固不赞成迁都之议，《两都赋》的创作，在于表述一个重大政治问题上的个人见解，甚至是为了参与一场事关重大的论争。《西都赋》将长安城之壮丽宏大、宫殿之华美奇伟熔于一炉，作者的恢宏才华与古都的城阙霞辉共驰骋；《东都赋》则宣扬洛阳"宫室光明，阙庭神丽，奢不可逾，俭不能侈"。此赋音韵犹似庄严步武，雅丽雍容，仿佛浸染了中兴东京与古老西京的帝王之气。

作为后之来者，吾辈西望石渠阁，遥见汉宣帝之"孝宣之治"；东眺白虎观，恍见汉章帝之"明章之治"，唉！千万里追寻，不过是为了圆一场繁华之梦！

2019年3月22日

东观与《东观汉记》

一

在东汉年间，有一座天下读书人趋之若鹜的殿宇，那就是位于洛阳南宫的皇家藏书室与史学馆——东观。这是一栋高大雄伟的建筑，四周殿阁飞檐翘首，绿树蓊郁成荫，环境寂静幽美，其具体建筑年代已不可考，其缥缈魅影却兀立于青史之中，成为一代王朝的文化与历史之缩影。东汉史学家李尤曾为之作赋勒铭，"上承重阁，下属周廊；步西藩以徙倚，好绿树之成行。历东崖之敞坐，庇蔽茅之甘棠"（《东观赋》）；"房闼内布，疏绮内陈，升降三除，贯启七门"（《东观铭》）。

其实，东观只是南宫的一座附属建筑。南宫是一座古老宫殿，始建于西周初年，秦相吕不韦获封洛阳十万户侯，在此遗址上大兴土木，使这座宏伟的古代宫殿重现辉煌，楼阁耸云，仰接星雨，壮观绮丽。西汉初年，汉高祖刘邦曾在这里演绎了三起"南宫故事"，传扬古今。

其一，"汉初三杰"。《史记·高祖本纪》载，公元前202年二月，汉高祖刘邦击败项羽，在汜水之阳的定陶（今山东菏泽定陶区）称帝，建立西汉，定都洛阳，"天下大定。高祖都雒阳（洛阳），诸侯皆臣属"。

一天，刘邦在南宫宴请群臣，请大家畅所欲言：我刘邦为什么能得天下，项羽又为什么失了天下呢？高起、王陵回答说："陛下慢而侮人，项羽仁而爱人。然陛下使人攻城略地，所降下者因以予之，与天下同利也。项羽妒贤嫉能，有功者害之，贤者疑之，战胜而不予人功，得地而不予人利，此所以失天下也。"这个回答，比较客观。刘邦傲慢轻侮他人，却能够与麾下分享胜利果实，奖赏有功者，赢得万众归心；项羽虽然颇有仁爱之心，却嫉贤妒能，戕害有功者，猜忌有才者，打了胜仗不予奖赏，夺了城池不分红利，导致人心丧尽，怎么能不失败呢？

刘邦说："公知其一，未知其二。夫运筹帷幄之中，决胜千里之外，吾不如子房；镇国家，抚百姓，给饷馈，不绝粮道，吾不如萧何；连百万之众，战必胜，攻必取，吾不如韩信。三者皆人杰，吾能用之，此吾所以取天下者也。项羽有一范增而不用，此所以为我所擒也。"——这就是著名的"汉初三杰论"。刘邦老老实实地承认，自己比张良、萧何、韩信三位杰出天才差远了，可是自己能让三位尽展雄才，犹如凤凰展翅，蛟龙腾海，所以才夺得了楚汉战争的最后胜利。其气魄与胸襟，哪里是项羽可以匹敌的啊！

其二，"田横刎别"。《史记·田儋列传》载，刘邦定都洛阳，齐国贵族田横拥兵自立，不肯称臣，"而与其徒属五百余人入海，居岛中"，刘邦派人招降说："田横来，大者王，小者乃侯耳；不来，且举兵加诛焉。"田横无奈，率领部下前来归附，走到洛阳城外三十里处，忽然勒马不前，对刘邦派来迎接的使者说："横始与汉王俱南面称孤，今汉王为天子，而横乃为亡虏而北面事之，其耻固已甚矣。"他说，我当初与刘邦一样，呼风唤雨，南面称王，如今他老刘贵为天子，我老田却要北面称臣，三叩九拜，那简直太可耻啦！"陛下所以欲见我者，不过欲一见吾面貌耳。今陛下在洛阳，今斩吾头，驰三十里间，形容尚未能败，犹可观也。"——皇上说想见我，不过是为了一睹老田衰容而已，我割下头来，你疾驰三十里，献给刘邦，我依然面貌如生，足可一观嘛！说罢拔剑自列。众人痛哭流涕，使者目瞪口呆。刘邦一见田横遗容，惊呼痛哉，泪如雨下，"发卒二千人，以王者礼葬田横"。

其三，"娄敬赐姓"。《史记·刘敬叔孙通列传》载，公元前202年，齐国兵卒娄敬随军前往陇西驻守边塞，路过洛阳时，他脱下拉车的绳套，穿着老羊皮袄，对领队首长说要去见高祖说些事情，首长劝他换一身新衣服，他说："臣衣帛，衣帛见；衣褐，衣褐见：终不敢易衣。"他嘿嘿笑着说，老汉身上穿着绸缎，还是穿着粗布破衣，一个样嘛，不必费劲巴力捯饬啦！刘邦闻报，颇感惊奇，于是传旨召见，并请他吃饭。娄敬也不客气，一边唔噜唔噜大嚼美食，一边侃侃而谈，告诫刘邦"有德则易以王，无德则易以亡"，强烈建议迁都长安。刘邦嗯嗯点头，不置可否，后来咨询张良意见，获得支持，于是决定迁都，"即日车驾西都关中"，车驾浩浩荡荡，前往新都长安，刘邦同时下令赏赐娄敬，"赐姓刘氏，拜为郎中，号为奉春君"。从此，长安成为西汉永久都城，直至覆亡。

史入东汉，汉光武帝刘秀定都洛阳，他驾临的第一座宫殿，也是南宫。《后汉书·光武帝纪》："冬十月癸丑，车驾入洛阳，幸南宫却非殿，遂定都焉。"他的儿子、汉明帝刘庄继位后，开始营建北宫，与南宫相对。两宫之间，以复道相连。所谓"复道"，即三道并列，中间是皇帝的专用御道，两侧是臣僚们通行的便道，"两宫遥相望，双阙百余尺"（佚名《青青陵上柏》），整个宫城平面，形似一个"吕"字。东观是否于此时开工建造，史无明载，不得而知。到了汉章帝与汉和帝时代，东观已经渺然浮出江湖，成为皇家收藏图书档案的重要处所，藏有各类古代典籍，卷帙浩繁，磊磊如山。同时，天下才子们也开始云集于此，修撰史书，习读经典。

永元十三年（101）春天，汉和帝刘肇前往东观视察，"帝幸东观，览书林，阅篇籍，博选术艺之士以充其官"（《后汉书·孝和孝殇帝纪》）。在此前后，班固、邓康、马融、李胜等人，多次进驻东观，"典校秘书"。延熹二年（159），汉桓帝刘志诏令设立秘书监，隶属朝廷五寺之一太常寺，负责东观之内堆积如山的典籍整理与著录工作，"后汉图书在东观，桓帝延熹二年，始置秘书监一人，掌典图书古今文字，考合同异，属太常"（杜佑《通典·职官》）。

比杜佑稍早的唐代史家刘知几在《史通·曲笔》中，对东汉所谓"中兴之史"有所批评："将作者曲笔阿时，独成光武之美；谀言媚主，用雪伯升之怨也。且中兴之史，出自东观，或明皇所定，或马后攸刊，而炎祚灵长，简书莫改，遂使他姓追选，空传伪录者矣。"

刘知几这里提及的，是东汉早期的几桩"公案"。"伯升之怨"，汉光武帝刘秀的哥哥刘縯，字伯升，早年被更始帝刘玄借故诛杀，铸成了一大冤案；"明皇"，即刘秀之子、汉明帝刘庄，庙号显宗，曾亲自为老爹刘秀作传；"马后"，汉明帝的皇后马氏，伏波将军马援之女，曾亲自撰写《显宗起居注》，删削史实，曲意美化皇帝老公。刘知几讥讽说，史家曲笔奉迎，才成就了光武之美；媚言饰恶，才洗白了刘伯升之怨；史家的许多篇章，或由汉明帝敲定，或由马皇后删改，说是福祚绵长，实事实录，其实有些不过是"伪录"，不大靠谱啊！刘知几尽管言辞峻厉，未必客观公允，却指明了一个史实——"中兴之史，出自东观"。

东汉晚期，由于太后临朝、宦官专权、党锢之祸三大痼疾肆虐，弄得朝政动荡不已，诸帝也羸弱不堪，卖官鬻爵，不甚成器，却喜欢"整理国故"，搜集典籍，终东汉一朝，大规模整理典籍主要有四次。

第一次，钦定《白虎通》。建初四年（79），鉴于儒学各派别分歧日重，纷争不断，汉章帝刘炟接受大臣杨终的建议，在洛阳皇宫之北宫白虎观举行会议，史称"白虎观会议"，召集学界各派大佬，各陈己见，校订五经，厘清杂说，最后由章帝裁决，"共正经义"，统一思想。班固以史官兼会议记录的身份与会，并奉命把讨论结果整理成《白虎通》一书，作为官方钦定经典予以颁布。

第二次，纂成《汉礼》。章和元年（87）正月，汉章帝下诏，批评号称"汉家儒宗"的叔孙通，以及他撰著的《汉仪》十二篇"多不合经"，诏令博士曹褒与班固等学者，齐集南宫之东观，"依礼条正，使可施行"，并为此制定规则，"次序礼事，依准旧典，杂以五经谶记之文，撰次天子至于庶人冠婚吉凶终始制度"（《后汉书·曹褒传》），纂成《汉礼》150篇。章帝驾崩，和帝继位，曹褒连番升迁，先升监羽林左骑，再升射声校尉，引起朝臣嫉恨，太尉张酺、尚书张敏等人上书控告他"擅制《汉礼》，破乱圣术，宜加刑诛"，和帝虽然将奏书留中不发，《汉礼》却从此湮灭不传。

第三次，校定东观书。永初四年（110），临朝称制的太后邓绥以汉安帝刘祜的名义发布诏命，令谒者仆射刘珍与校书刘騊骎、马融及五经博士等，"校定东观五经、诸子、传记、百家艺术，整齐脱误，是正文字"（《后汉书·孝安帝纪》）。这次校订，校正舛漏，补齐脱漏，改正文字，很下了一番功夫。

第四次，镌刻《熹平石经》。熹平四年（175），汉灵帝刘宏诏令大学者蔡邕领衔，召集诸儒，校订儒家七经（《尚书》《春秋》《论语》《周易》《公羊传》《仪礼》《鲁诗》），以一家校本为主，逐一校正，各作校记一篇，20多万字，并由蔡邕等执刀勒石，镌刻46通石碑，碑高一丈，宽四尺，均用隶书刻成，立于太学讲堂前，世称《太学石经》，亦称《熹平石经》。

应当说，东观的丰富收藏，为东汉一代儒学之传承，史籍之修纂，创造了极其优越的条件，班固、刘珍、李尤、刘毅、边韶、崔寔、伏无忌、蔡邕等东汉学者，先后奉诏于东观编纂国史，时间长达百余年，历览典籍，批阅档案，皓首穷经，泼墨挥毫，陆续撰成《汉记》一百四十三篇，史称《东观汉记》。

二

《东观汉记》是一部断代史，记载了东汉王朝从汉光武帝刘秀至汉灵帝刘宏年间的史实，因修纂于洛阳南宫之东观而得名。应当说，这是东汉几代史学家集体智慧的结晶，他们经过多年艰苦努力，薪火相传，才最后成就了这部史学巨著。该书问世后，影响巨大，与《史记》《汉书》并列，世称"三史"。可惜后来随着范晔《后汉书》的异军突起，此书被挤出"三史"之列，日渐沉沦，至于被世人忽视、遗忘，最后竟消逝于史海烟云里，令人痛惜。

追溯《东观汉记》的撰写过程，大体经历了四个历史阶段。

第一，班固奠基，雏形隐现。这是一次阴差阳错的修史传奇。遥想当年，班固的老爹班彪崇拜司马迁，酷爱《史记》，既痛心于司马迁遭受宫刑，又痛惜于《史记》只写到汉武帝时期便戛然而止，且汉景帝、汉武帝两代本纪遭到删削，此后的史实，便付阙如。班彪立志站在巨人肩头，续写《史记》，经过数年努力，写成《史记后传》六十五篇，可惜天不假年，班彪于建武三十年（55）因病辞世，终年52岁；23岁的班固决心继承父业，在老爹遗稿基础上撰写《汉书》，岂料被人诬告"私自改作国史"，被投入长安大狱，其弟班超快马加鞭赶往京城洛阳，"诣阙上书"，奏明其事，汉明帝刘庄审阅书稿，惊叹班固是个奇才，不但文笔静美，而且史识卓越，立刻下令放人，任命他为"兰台令史"，掌管书刻奏疏。

班固由囚徒一跃成为朝官的奇迹，轰动一时，这既是他的幸运，也是青史脉续传承之定数。那时候的汉明帝雄心万里，"垂精游神，包举艺文"，立志"绷万嗣，炀洪晖，奋景炎，扇遗风，播芳烈"，他对班固的欣赏与任用，既为班固提供了一个施展才华的舞台，也为自己赢得了举贤之美名，堪称千古佳话。班固在续写《汉书》之余，又奉明帝之命，开始撰写新的篇章，"与前睢阳令陈宗、长陵令尹敏、司隶从事孟异共成《世祖本纪》……又撰功臣及新市、平林、公孙述事，作列传、载记二十八篇，奏之"（《后汉书·班固传》）。这些篇章，成了《东观汉记》的奠基之作；汉光武帝刘秀庙号世祖，班固所作《世祖本纪》，即光武帝刘秀之本纪。

第二，太后临朝，规模初具。永宁元年（120），邓太后诏令谒者仆射刘珍、谏议大夫李尤、刘騊駼、刘毅等人，纂修"中兴以下名臣列士传"，为光武中兴的名臣良将立传，并制作了从光武帝建武年间至汉安帝永初年间的"纪"与"表"，使《东观汉记》初步具备了国史规模。

邓太后芳名邓绥，是东汉开国功臣、"云台二十八将"之首邓禹的孙女，汉和帝刘肇的皇后，15岁入宫，22岁被册封为皇后，在和帝于元兴元年（105）驾崩之后，25岁的她临朝称制，独掌天下，先后扶立殇帝、安帝两个小皇帝，她勤勉为政，刚柔兼济，减轻赋税，救济灾民，政绩颇为显耀，《后汉书·后妃传》说她"姿颜姝丽，绝异于众"，"孝悌慈仁，允恭节约"，"正位内朝，流化四海"。邓太后威震朝堂，邓氏家族纷纷鸡犬升天，"凡侯者二十九人，公二人，大将军以下十三人，中二千石十四人，列校二十二人，州牧、郡守四十八人，其余侍中、将、大夫、郎、谒者不可胜数"。范晔批评说："邓后称制终身，号令自出，术谢前政之良，身阙明辟之义，至使嗣主侧目，敛衽于虚器，直生怀懑，悬书于象魏。借之仪者，殆其惑哉！"永宁二年（121）二月，邓太后辞世，享年41岁，她尸骨未寒，诸兄弟便尽遭屠戮……

邓太后重视修史，主张把功臣良将书之竹帛，以教化子孙。刘珍等人去世后，她又诏令侍中伏无忌、谏议大夫黄景继等人，续写诸王、王子、功臣、恩泽侯表，南单于、西羌传，以及地理志等篇，使该书得以进一步完善。

第三，国运衰败，史书渐丰。元嘉元年（151），桓帝刘志诏令太中大夫边韶、大将军司马崔寔、议郎朱穆、曹寿等人续写《汉记》，补写孝穆皇帝刘开、孝崇皇帝刘翼、顺烈皇后梁妠三传，将安思皇后阎姬补入《外戚传》，将王莽末期文士崔篆等补入《儒林传》，并制作《百官表》；还增写了孙程、郭镇、郑众、蔡伦等人的传记。

桓帝时期，著名的"跋扈将军"梁冀专权，此人"少为贵戚，逸游自恣。性嗜酒，能挽满、弹棋、格五、六博、蹴鞠、意钱之戏，又好臂鹰走狗，骋马斗鸡"（《后汉书·梁冀传》）。他的一个妹妹是皇太后，一个是皇后，他执掌国柄，威福震主，汉桓帝借助宦官势力谋诛梁冀，一举粉碎梁氏家族，岂料刚逃出狼窝，又落入虎口，大太监单超、徐璜、具瑗、左悺、唐衡五人同时封侯，世称"五侯"，从此权归宦官，"五邪嗣虐，流衍四方"，朝政日益糜烂，一如顽石坠落山崖……

尽管如此，桓帝依然惦记补缀修史，也算难能可贵。这次补录的人物，除了两个皇帝、一个皇后，以及功臣孙程、郭镇，经学家郑众、造纸术发明者蔡伦，还有一位性情亢烈的文士崔篆。他是新莽末期人物，有篇佚名之作《崔篆平反》，说老崔为郡守时，王莽改制，酷刑峻法，杀戮无辜，老崔眼见治下监狱关满犯人，不禁泪流："嗟乎，刑法酷烈，乃至于斯！此皆何罪！"于是下令释放了狱中两千余人，狱吏叩头阻止，说他会后悔，他决绝地说："纵杀吾而赎二千人，何悔之有？"

第四，汉祚将尽，续书告竣。东汉灵帝、献帝时期，对《汉记》作了最后一次续修。《史通·古今正史》载，汉灵帝熹平年间，光禄大夫马日䃅、议郎蔡邕、杨彪、卢植先后来到东观，"接续纪传之可成者，而蔡邕别作朝会、车服二志。后坐事徙朔方，上书求还，续成十志"。

汉灵帝刘宏是东汉一代最没出息的皇帝，以卖官鬻爵闻名青史；汉献帝刘协已经沦为汉末军阀手中的玩物，自身难保，何谈掌控天下？然而，两人对续成《汉记》尽了最大努力，应该点赞。这次续书，大才子蔡邕厥功至伟，他在蒙冤流放朔方归来后，续成了十篇志书，补写了《灵帝纪》和列传四十二篇。初平三年（192），操弄权柄的大军阀董卓被其亲信吕布诛杀，蔡邕因为在司徒王允面前流露出对董卓的同情，受到严词叱责，被逮入狱，蔡邕表示甘愿"黥首刖足，继成汉史"，满朝士大夫纷纷呼吁刀下留人，王允害怕蔡邕作"谤书"毁谤自己，必欲置之死地，蔡邕随后死于狱中，天下闻之悲哀，"缙绅诸儒莫不流涕"，经学大师郑玄叹息说："汉世之事，谁与正之？"

概括而言，这部不断增补完善的《东观汉记》，堪称上下联动之作，领导高度重视，史家倾力编纂，才把这部书推向了当时史学之巅。据《后汉书》记载，《汉记》的优秀作者，先后受到了各种奖励，邓太后时代遍洒雨露，赏赐不断，"赐葛布各有差"；灵帝时代则为优秀作者画像，悬挂于东观墙上，以示表彰。著名学者高彪著书东观，成绩斐然，灵帝下诏褒奖，"诏东观画彪像以劝学者"，成为优秀作者之典范。

然而，灵帝的"画像表章"，却引来了一群"李鬼"，削尖脑袋沽名钓誉，要把自己的图像"挂起来"供世人瞻仰，引起世人侧目。《后汉书·酷吏列传》载，尚书令阳球上书奏罢"鸿都之选"，指名道姓斥责乐松、江览等人是"斗筲小人"，挖空心思献媚邀宠，"或献赋一篇，或鸟篆盈简，而位升郎中，形图丹青"。他说："臣闻图象之设，以昭劝戒，欲令人君动鉴得失。未闻竖子小人，诈作文颂，而可妄窃天官，垂象图素者也。今太学、东观足以宣明圣化。愿罢鸿都之选，以消天下之谤。"

阳球指出，绘制有功者图像，原本是彰显功德的镜鉴之举，可是一些势利小人，绞尽脑汁写些臭不可闻的马屁文章，居然也能暴得大名，图像挂于太学与东观墙上，岂非咄咄怪事！他呼吁朝廷罢黜"鸿都之选"，以平息天下非议。

所谓"鸿都之选"，是东汉末期朝廷极度腐败的一大特征。汉灵帝时期，皇帝公然设置机构，拍卖官爵，批发官帽，一手交钱，一手签发委任状。《后汉书》讲述了一个灵帝卖官段子：

> 寔从兄烈，有重名于北州，历位郡守、九卿。灵帝时，开鸿都门榜卖官爵，公卿州郡下至黄绶各有差。其富者则先入钱，贫者到官而后倍输，或因常侍、阿保别自通达。是时，段颎、樊陵、张温等虽有功勤名誉，然皆先输货财而后登公位。烈时因傅母入钱五百万，得为司徒。及拜日，天子临轩，百僚毕会。帝顾谓亲幸者曰："悔不小靳，可至千万。"程夫人于傍应曰："崔公冀州名士，岂肯买官？赖我得是，反不知姝邪！"烈于是

声誉衰减。

崔寔，字子真，东汉农学家、文学家，冀州安平（今河北安平县）人，《后汉书·崔寔传》说他"少沉静，好典籍"，"明于政体，吏才有余"，著有《政论》数十篇，"至切时要，言辩而确，当世称之"。崔寔的从兄崔烈，字威考，颇负名望，号称"冀州名士"，然而，他爬上高位的途径，却是一个字：钱。花钱买官，原是当时通例，回耐范晔撰写《后汉书》，记述崔寔事迹之余，附带写了一段"崔烈传"，把他买官的史实一一记录在案，成为当时极度腐败的真实写照。

这段记载，鲜明生动，值得玩味。其一，文中提及的"鸿都门"，是洛阳皇宫南宫之侧门，皇帝在这里张榜卖官，明码标价，世称"鸿都之选""鸿都之事"；其二，段颎、樊陵、张温，都是花钱买来的朝廷高官，段颎、樊陵官至太尉，张温官至司空。其三，崔烈出生于冀州望族，其祖父崔骃、老爹崔盘、从弟崔寔，均为当世名士，他通过汉灵帝的傅母程夫人上缴500万钱，买来司徒官爵，位居九卿。其四，"傅母"，古代负责辅导、保育贵族子女的老年妇人，类似保姆，语出《谷梁传·襄公三十年》："伯姬曰：妇人之义，傅母不在，宵不下堂。"这几句简单的话，记述的却是一场惨烈火灾："襄公三十年五月甲午，宋灾。伯姬卒。"

伯姬，姬姓，名不详，乃春秋时期鲁宣公姬俀之女，成年后嫁给宋恭公宋瑕为夫人。宋襄公三十年，即公元前543年，宋国王室遭遇火灾，宫人欲救年迈的伯姬出宫避火，岂料老太太断然拒绝，她说，按照规矩，保姆不在身边，女人夜晚不能出屋。直至丧身火海，她都不肯走出屋来。《列女传》赞曰："伯姬心专，守礼一意，宫夜失火，保傅不备，逮火而死，厥心靡悔。"

当年，伯姬为遵守礼仪，丧身火海而不悔；而汉灵帝的傅母程夫人，却甘心做皇帝卖官鬻爵的捎客，而且狮子大开口，一个司徒就卖了500万。汉灵帝亲自出席崔烈的任职仪式，并悄悄对身边亲信说，500万太少啦，应该卖1000万嘛。程夫人闻言，很不高兴地说，崔公是冀州名士，哪里肯花钱买官啊，还不是看我的面子才肯掏钱么，如今我倒落下不是了，什么道理嘛！此事传出，崔烈的声誉一落千丈。

这种自上而下的丑恶现象，引起天下人切齿痛恨，《后汉书·宦者列传》载，钜鹿太守司马直一向清廉自守，对皇帝卖官鬻爵深恶痛绝，他说："为民父母，而反割剥百姓，以称时求，吾不忍也。"于是上书痛斥灵帝之过，痛陈卖官之祸，然后吞药自杀，以为死谏。灵帝看到司马上书，脸色稍微泛红，下令暂停卖官，不过转瞬即逝，不久又复如常。

司马直以死而谏，名留青史；阳球奏罢"鸿都之选"，却受到打击报复，先被削夺官职，后被抓进大牢，蒙冤而死，妻子儿女也被流放边疆。而那些金钱买来的高官大僚，却依旧耀武扬威，不可一世；那些用马屁文章赢得大名的骗子，也纷纷将自己的丑恶嘴脸"挂"到墙上，类似丧礼上挂在灵前之遗像，愈加丑陋。

<h2 style="text-align:center">三</h2>

《东观汉记》问世之初，江湖地位极高，此后许多记述东汉历史的史籍，或模仿之，或取材之，或兼而有之，不一而足。譬如，从三国时期到两晋南北朝，就有吴谢承、薛莹、华峤、谢沈、袁山松、范晔、萧子显七家著有《后汉书》，均曾取材于《东观汉记》；晋代司马彪的《续汉书》、张莹的《后汉南记》，也是"萧规曹随"，续东观之文脉，摹汉纪之史踪，正如《文心雕龙·史传篇》所云："后汉纪传，发源东观。"

不幸的是，后来，以及后来之后来，《东观汉记》在传承过程中，不断散佚。据《隋书·经籍志》载，《汉记》全书共一百四十三卷；到了《旧唐书·经籍志》，全书为一百二十七卷，损失了十六卷；到了《宋史·艺文志》，仅剩下八卷，近乎散佚殆尽了。

尽管如此惨淡，在历代传世文献中，依然保存了《东观汉记》许多片段，成为传薪之火种。康熙年间，钱塘史学家姚之骃编纂《后汉书补逸》，辑录《东观汉记》八卷；乾隆年间修纂《四库全书》，馆臣参考多种史籍，厘定为二十四卷。史入现代，史学专家吴树平与中华书局赵明联袂推出《东观汉记校注》。今传辑遗本《东观汉记》共二十二卷，纪传三卷，列传十五卷，志与表各一卷，载记一卷，散句一卷。撩开此书的神秘面纱，管窥一下其真面目，还是颇有意思的。

《东观汉记》纪传第一，是汉光武帝刘秀，开篇弥漫着神秘眩光，说他出生时，"有赤光，室中尽明"，"是岁嘉禾生，一茎九穗，大于凡禾，县界大丰熟，因名上曰秀。是岁凤凰来集济阳，故宫皆画凤凰。圣瑞萌兆，始形于此。上为人隆准，日角，大口，美须眉，长七尺三寸。在春陵时，望气者苏伯阿望春陵城曰：'美哉！王气郁郁葱葱。'"——这些记述，似曾相识，范晔《后汉书》显然有所借鉴也。史家对光武帝的颂词是："帝即有仁圣之明，气势形体，天然之姿，固非人之敌，翕然龙举云兴，三雨而济天下，荡荡人无能名焉。"

纪传第二，是汉明帝刘庄，说他"丰下锐上，颜赤色，有似于尧，上以赤色名之曰阳"，"幼而聪明睿智，容貌壮丽，世祖（刘秀）异焉，数问以政议，应对敏达，谋谟甚深。温恭好学，敬爱师傅，所以承事兄弟，亲密九族，内外周洽"。刘庄貌似尧帝，睿智贤明，刘秀十分惊异，就以问政来考核，他对答如流，虑远谋深，真是合格的革命事业接班人呢。

纪传第三，是孝安帝刘祜，其实，他是东汉第六位皇帝，排在他前边的还有章帝刘炟、和帝刘肇、殇帝刘隆，三人本纪均已散失；《孝安本纪》说他"少聪明敏达，慈仁惠和，宽容博爱，好乐施予"，他小时候住在孝王府，"数有神光赤蛇嘉应，照耀于室内，又有赤蛇盘纡殿屋床笫之间"，可谓龙气昂昂。可惜，安帝并无甚作为，朝政大权掌控在邓太后与其兄邓骘手中，32岁即郁郁而终。

如果说，三篇纪传内容较为丰富，尚通顺可读，以下的后妃传与功臣良将列传，似乎有些前后不搭，或只言片语，显见是拼凑而成，考其内容，恍惚似曾相见。如皇后阴丽华传："上微时，过新野，闻后美，心悦之。后至长安，见执金吾车骑甚盛，因叹曰：'仕宦当作执金吾，娶妻当得阴丽华。'"——这是一段人们耳熟能详的传说，刘秀没发达时，路过河南新野县，听闻阴丽华美丽无双，为之倾倒，后来他到了长安，看到率领朝廷禁军的执金吾威风凛凛，感叹说："当官要当执金吾，娶老婆当娶阴丽华。"成为千古名言。

更始帝刘玄传，记载了一则有趣的夫妻对话，颇堪玩味。王莽被杀，刘玄叹息说："莽不如此，当与霍光等。"他说，王莽如果不是这么混账，就跟霍光的功业差不多了。岂料韩夫人怼他说："莽不如此，帝那为得之？"她说，王莽不如此混账，你哪有机会登上皇位？弄得刘玄哑口无言。

刘秀麾下猛将吴汉，"质厚少文，造次不能以辞语自达"，这个口齿含混词不达意的起起武夫，每战必身披铠甲，号令麾下："闻鼓声皆大呼俱进，后至者斩。"如此粗悍，却往往能取得胜利。"吴汉尝出征，妻子在后买田业。汉还，让之曰：'军师在外，吏士不足，何多买田宅乎！'遂尽以分与昆弟外家。"吴汉率军出征，老婆在后方大量购置土地，他回来责备说，军旅在外，将士喋血，要这多土地有个什么用啊！遂将土地分给众人。

两汉之际的著名隐士蒋翊，以清廉正直闻名天下，早年却很不幸，他母亲早死，"后母憎之，伺翊寝，操斧斫之，值翊如厕"。心肠歹毒的后母憎恨他，乘他睡觉之机，操着一柄利斧悄悄进来，想把他砍死，岂料他正在如厕，就此躲过了一场灾难，这才有机会进入了《东观汉记》。

东汉开国将领耿纯，协助刘秀打天下，屡立战功，东汉建立后，"请治一郡，尽力自效"。刘秀笑着说："你既治武功，又想修文治吗？"于是，拜他为东郡太守，"后坐事免"，受下属牵连而免职。有一年，刘秀路过东郡，受到数千百姓围堵，"数千人号呼涕泣，云'愿复得耿君'，上复以纯为东郡太守"。耿纯执政为民，刘秀从谏如流，下令恢复了耿纯的太守之职。

东汉中晚期，窦太后临朝称制，她的老哥窦宪横行不法，至于欺凌沁水公主，"窦宪恃宫掖声势，遂以贱直夺沁水公主园田，公主不敢诉。后肃宗（汉章帝）驾出过园，指以问宪，宪阴喝不得对。发觉，帝大怒，召宪切责曰：'今贵主尚见枉夺，何况小臣乎！'"沁水公主刘致，是汉明帝刘庄之女、汉章帝刘炟的老姐，居然被窦宪夺了田园，还不敢吭声，一天章帝从公主门前路过，发觉此事，勃然大怒，怒骂窦宪，若不是窦太后出面保驾，差点被灭掉。

马援是东汉开国功臣，62岁那年还请缨出征，"帝愍其老，未许之。援自请曰：'臣尚能被甲上马。'帝令试之。援据鞍顾眄，以示可用。帝笑曰：'矍铄哉是翁也！'遂遣援"。老马不服老，声称依然可以上马杀敌，刘秀令他试骑一下，他跃然上马，奔驰如故，刘秀拊掌大笑：这老头儿，矍铄啊！于是遣他出征。

东汉太傅卓茂，早年担任密县（今河南新密市）县令，"视民如子，口无恶言，吏民亲爱而不忍欺之"。有人向他告发，说有个亭长接受了自己的米肉，卓茂问他："亭长从汝求乎？为汝有事属之而受乎？将平居以恩意遗之乎？"他说：亭长向你索求了吗？还是你有事托付亭长送给他的？或者是亭长平日对你有恩惠，你为表达谢意而送的？那人回答说，是自己送的。卓茂说，你送他受，投桃报李嘛，为什么还要告发呢？

那人说："窃闻贤明之君，使民不畏吏，吏不取民。今我畏吏，是以遗之。"民不畏吏，吏不取民，那才是国泰民安之兆啊，可是我害怕官吏，必须告发他。

卓茂回答："凡人所以贵于禽兽者，以有仁爱，知相敬事也。今邻里尚致馈，此乃相亲，况吏民乎？凡人之生，群居杂处，故有经纪礼义以相交接。汝独不欲修之，宁能高飞远去，不在人间耶？"他说，人之所以比禽兽尊贵，是因为人与人之间有仁爱，懂得互相尊重，邻里之间尚且互赠礼物，何况官员与百姓之间呢？人生在世，大家群居杂处，礼尚往来在所难免，你不愿意维持这种世俗礼仪，还想插翅远飞、离开人间不成？

那人依然诘问：尽管如此，法律如何禁止这种行为呢？

卓茂闻言笑了："律设大法，礼从人情。今我以礼教汝，必无怨恶。以律治汝，何所措其手足乎？"他说，律例设定大法，礼仪顺从人情。今天我用礼仪开导你，你大约不会怨恨；如果我用法律惩罚你，你肯定会手足无措吧？

那一年，河南很多地方遭遇蝗灾，"天下大蝗，河南二十余县皆被其灾，独不入密界"。蝗虫铺天盖地，令人恐怖，蝗虫先生们却独独不来祸害密县界。飞蝗有情，不肯祸害卓茂治下子民，良可感佩也。至于是否属实，只有天晓得了。呵呵！

《东观汉记》最后一卷，题曰《散句》，均为一些零星句子，犹如飞星万点，流萤闪烁，斑斓迷离，譬如，"主不稽古，无以承天""内无忌克之心，不以旧恶介意""哭声不绝，饮不入口""时有所问，对无遗失""有所不安，明陈其故""外戚战栗，百寮肃然""听言视论，摘发其要"，等等。

仰望东观千载后，管窥《汉记》铭真言；世事风云多变幻，兴败只在寻常间。

2019年7月1日

烛火明灭染晚霞

桓谭（前40～32），字君山，沛国相（今安徽淮北市相山区）人，两汉交替之际著名哲学家、经学家、音乐家、天文学家，历事西汉、新莽、东汉三朝，《后汉书·桓谭传》载，桓谭"好音律，善鼓琴。博学多通，遍习《五经》，皆诂训大义，不为章句。能文章，尤好古学，数从刘歆、扬雄辨析疑异"。如此博学多才的大学者，其性情举止，却有些乖张，"性嗜倡乐，简易不修威仪"，特立独行，任性而为，不修边幅，不合流俗，鼓琴奏雅，多为狂乱之调；出口滔滔，却是非圣之言。他尽管学识渊博，却对那些腐儒不屑一顾，多次与大学者刘歆、扬雄辨析讨论哲学疑难问题，经常发表"反动言论"，嬉戏嘲弄迂腐之徒，给自己带来麻烦，"而憙非毁俗儒，由是多见排抵"。

汉成帝时期，17岁的桓谭进入官场，当了一个毫不起眼的议郎，成为皇帝众多随从中的一个。那时候，汉成帝刘骜沉湎酒色，荒淫无道，专宠面首张放。这位张放，乃是汉初著名酷吏张汤之后裔，《汉书·张汤传》说他相貌殊丽，"开敏得幸"，成帝对他恩宠入骨，封为富平侯，提拔为中郎将。古代爵位之等级，从高到低依次排列为"公侯伯子男"，"侯"列第二，其爵禄高登，由此可见。成帝还发布圣旨，将许皇后的妹妹嫁给张放，并亲自为两人操办婚事，先赐给一处豪宅，再配送豪奢华丽的车马服饰，号称"天子取妇，皇后嫁女"，喧嚣一时，京城为之轰动，"大官私官并供其第，两宫使者冠盖不绝，赏赐以千万数"。张放从此成为皇帝的"连襟"，贵震天下，羡煞无数凡尘俗子。此后，张放与成帝整天粘在一起，形影不离，"与上卧起，宠爱殊绝，常从为微行出游，北至甘泉，南至长阳、五柞，斗鸡走马长安中，积数年"。"甘泉""长阳""五柞"，皆为西汉皇家别宫。张放与成帝天南地北到处折腾，终于激怒帝舅与朝臣，他们找到皇太后王政君告状，说张放"骄蹇纵恣，奢淫不制"，王太后于是下令，将张放流放荒僻之地，成帝百般思念，哀叹流涕，"玺书劳问不绝"；张放倒也情长，成帝驾崩，哀痛不已，"思慕哭泣而死"。

成帝尽管雅好男色，对女色的淫嗜，一刻也不松懈，先是班固老姑班婕妤得宠，后来是大名鼎鼎的赵飞燕、赵合德姐妹宠冠后宫，成为古代有名的"祸水红颜"。传说赵飞燕身轻似燕，掌上舞蹈，《西京杂记》云："赵后体轻腰弱，善行步进退"；《赵飞燕别传》云："赵后腰骨纤细，善踽步而行，若人手持花枝，颤颤然，他人莫可学也。""踽步"乃赵飞燕独创舞步，玉指拈花颤动，纤腰风摆杨柳，舞步婀娜多姿，李白诗曰："一枝红艳露凝香，云雨巫山枉断肠。借问汉宫谁得似，可怜飞燕倚新妆。"赵氏姐妹艳丽如花，却心狠手辣，屡屡掐灭成帝嫔妃之子，而成帝昏庸彻骨，至于在赵合德的逼迫下，亲手掐死许美人诞下的皇子，民谣云："燕飞来，啄皇孙。皇孙死，燕啄矢。"

绥和二年（前7年）三月，酒色蚀骨的汉成帝死于赵合德怀抱中，终年45岁，王太后追究死因，赵合德畏罪自杀。因为成帝无子，其弟定陶恭王刘康之子刘欣继任，是为汉哀帝。哀帝空有治国之志，却无治国之才，好男色倒是古今一流，他与男宠董贤缠绵悱恻，同床共枕，一天早晨，哀帝欲上朝，董贤依然酣睡，头枕着哀帝衣袖，哀帝怕惊扰他，便割断衣袖，起身上朝，世称"断袖之风"。

到了哀帝时期，桓谭的官位并未升迁，依然是个小小的议郎。他与哀帝皇后傅黛君的老爹傅晏交谊深厚。傅黛君早期受宠，国丈傅晏颇为得势，可是，后来哀帝与董贤"热恋"，一时间宠冠朝堂，百官只有通过董贤才能奏事。为了日夜相拥，哀帝甚至不许董贤回家，诏命董贤之妻入宫陪伴，又召董贤之妹入宫，封为昭仪，地位仅次于皇后。哀帝爱屋及乌，董昭仪十分得宠，傅皇后被晾在了一边，傅晏失势，闷闷不乐，向桓谭倾诉心曲，桓谭谆谆告诫他："刑罚不能加无罪，邪枉不能胜正人。夫士以才智要君，女以媚道求主。（《后汉书·桓谭传》）"桓谭说，自古以来，刑罚不能强加于无罪之人，邪恶之徒不能压倒正直之士；读书人以才智取得功名，女子凭借谄媚之术讨好圣上，这些都是常识啊！如今皇后年轻，固位不易，容易陷入旁门左道，不得不防啊。您凭借国丈身份周旋四方，结交权贵，肯定会在无意间授人以柄，一旦被嫉恨者揪住不放，灾祸就会不期而至，建议您遣散门客，清廉自守，以避免不测之祸。傅晏闻言，大感惊悚，"遂罢遣常客，入白皇后，如谭所戒"。傅晏遵照桓谭指教，紧急行动，急流勇退，这才避免了遭受虚妄之灾，"故傅氏终全于哀帝之时"。

后来，汉哀帝任命22岁的董贤为大司马，位列三公，他的一干亲戚，一律加官晋爵。董贤得宠如此，却羡慕学者高人，他久闻桓谭大名，派人送信联络，想与之结交，桓谭嘿然一笑，致书董贤，"说以辅国保身之术，贤不能用，遂不与通"。——至此，桓谭的耿介与迂腐，显露无遗。董贤是皇帝的"亲密爱人"，势焰熏天，多少势利之徒削尖了脑袋千方百计巴结，人家屈身来结交，你不但不肯顺着竿子往上爬，还教训人家要学习什么"辅国保身之术"，这不是哪壶不开提哪壶，给人家一个不大不小的难堪吗？董贤还算厚道，没有因此而发怒，也没有借机惩罚一下这个桓大学者，只是置之不理就拉倒了。

历史车轮咔咔作响，驶入了王莽时代，王莽高居居摄（摄政王）之位，篡逆之心昭然若揭，"天下之士，莫不竞褒称德美，作符命以求容媚"，那些摇头晃脑的饱学之士，纷纷绞尽脑汁，挥毫泼墨，进献辞章，以献媚求荣，他们称颂王莽德薄云天，辉耀天地，才冠古今，举世无双。马屁扰攘之声，噼啪作响，天地弥漫，只有桓谭独守寂寞，怃然一笑，默而无语，既不唱赞歌，也不作符命，渺渺独立世间，似乎不知今夕何夕也。王莽并不计较，任命他为掌乐大夫，主管宫中乐事，也算用其所长吧。更始帝刘玄上台后，请桓谭出任太中大夫，主掌论议，大有倚重之意。

公元25年六月，刘秀在众将拥戴下，于河北鄗城（今河北柏乡县）固城店镇十五铺村北之千秋亭即皇帝位，建元建武，史称"汉光武帝"，定都洛阳，东汉王朝由此崛起。新朝初立，百官朝贺，百废待兴，桓谭被光武帝征召入朝，却因为上书言事"失旨"，惹得光武帝很不高兴，未获任用，空手而归；至于他究竟说了些啥，史虽无载，却可以推而想之。以他耿介之性情，清峻之风骨，直率之言辞，肯定是多有贬损之词，给新任皇帝泼冷水，导致大触霉头，实在并不冤枉。大司空宋弘一见，入宫大力举荐，桓谭这才被任命为议郎给事中，随侍皇帝左右，以备顾问应对。

桓谭先生一上任，就挥动如椽巨笔，给皇帝上了一道《陈时政疏》，就选贤任能、设法除奸、重农抑商、统一法度等问题，建言献策，诤言历历，光彩迭现。他说："国之废兴，在于政事；政事得失，由于辅佐。"任用贤才，淘汰庸劣，乃为政之要。他强调，古今帝王，用人存在三大痼疾：一曰贤者少，庸者众，"少不胜众"，贤者常被庸众所淹没，此即所谓"逆淘汰"；二曰贤者高标独立，不媚俗，不市侩，难为世人所容，"乃世俗所不能见"；三曰贤者招嫉恨，被谗毁，"非君臣致密坚固，割心相信，动无间疑"，即使像伊尹、姜子牙、傅说、管仲、鲍叔牙那样的贤才，也难以施展啊！

桓谭先生这番感慨，毋宁说是从心底流出的真情实感，其悲酸恻漏，至今犹令人泫然也。可惜，他的热脸贴了皇帝的冷屁股，"书奏，不省"（《后汉书·桓谭传》）。他的上书，被光武帝扔在了一边。那时候，刘秀的帝王生涯已经进入晚期，不复当年的雄姿英发，"是时，帝方信谶，多以决定嫌疑"，他迷信图谶，并颁行天下，以此笼络人心，神化皇权，那些反对图谶者，纷纷受到严厉惩处。自古帝王，以祥符招摇天下，以图谶愚弄世人，原也不足为奇。叵耐桓谭不识时务，与皇帝较劲，又上了一篇《抑谶重赏疏》，开篇就说："臣前献瞽言，未蒙诏报，不胜愤懑，冒死得陈。"他说，我前回上书，未得到陛下回音，"不胜愤懑"，冒死再次上书。呵呵！居然敢向皇帝要回音，说"愤懑"，真是吃了豹子胆啦！——且听他继续慷慨陈词："愚夫策谋，有益于政道者，以合人心而得事理也。凡人情忽于见事而贵于异闻，观先王之所记述，咸以仁义正道为本，非有奇怪虚诞之事。盖天道性命，圣人所难言也。自子贡以下，不得而闻，况后世浅儒，能通之乎！"他说，我的计策虽然愚昧，但有益于治国之道，合乎人情与事理啊！但凡违背人情常理，而追求所谓"异闻"，皆不可信；请看前世先王的治国之术，都是以仁义正道为本，哪里有什么奇怪虚诞之事！天道之运命，连圣人都难以说清，连子贡先生都不甚明白，那些后世腐儒懂什么呀！

话已至此，桓谭激情澎湃，一如黄河决堤，难以阻遏，他开始语重心长地教导皇帝："陛下宜垂明听，发圣意，屏群小之曲说，述五经之正义，略雷同之俗语，详通人之雅谋。"陛下呀，您老要擦亮眼睛，洗涤耳朵，屏蔽小人呶呶不休之邪说，阐述传统五经之正义，忽略那些雷同俗语，详解通达贤士之"雅谋"——"陛下诚能轻爵重赏，与士共之，则何招而不至，何说而不释，何向而不开，何征而不克！"

光武帝看了桓谭先生这封峻切、犀利、诚恳的奏疏，那张脸像帘子一样呼嗒就耷拉下来，"帝省奏，愈不悦"。此刻，光武帝深感恼怒，只是不便发作。皇帝迷恋图谶，你却大批特批，说说也就罢了，还写成奏疏，径直送到皇帝眼前，这不是啪啪打皇帝的老脸吗？——光武帝脸色渐渐由黄转绿，那是绝对必然的。

如此不知天高地厚，至于严词教训皇帝，桓谭要想仕途腾达，无异于痴人说梦。终有汉一朝，无论西汉，还是东汉，他作为天下闻名的大学者，官职却一直很卑微，而他的思想之经纬，却弥漫天地，笼盖八荒，其所著《桓子新论》，言"当时行事"二十九篇，篇名曰《本造》《王霸》

《求辅》《言体》《见徵》《谴非》《启寤》《祛蔽》《正经》《识通》《离事》《道赋》《辨惑》《述策》《闵友》《琴道》等；他还著有赋、诔、书、奏等二十六篇。

而这时，他的《新论·形神篇》又新鲜出炉了。那时，社会上"长生不老"观念盛行，桓谭对此嗤之以鼻，他说："人既禀形体而立，犹彼持灯一烛，及其尽极，安能自尽易？尽易之乃在人。"人的形体立于世间，就像一根蜡烛，蜡烛燃尽了，自己怎能替换呢？而添油换烛，只能由他人来做啦。"草木五谷，以阴阳气生于土，及其长大成实，实复入土而后能生，犹人与禽兽昆虫，皆以雄雌交接相生。"譬如草木五谷，秉承阴阳之气，生于土壤之中，等到开花结果，果实又落入土壤中，轮回产生第二代，就像人与禽兽昆虫，阴阳相合，雄雌交配，生生不息。"生之有长，长之有老，老之有死，若四时之代谢矣。而欲变易其性，求为异道，惑之不解者也。"人啊，由生至长，由长至老，由老至死，犹花之凋谢，河之枯竭，四时之代谢也。企图改变这种天地之本性，用神怪妖邪之术追求长生不死，那就错得南辕北辙了！——他由此提出"烛火形神"之论，来比喻形体与精神之关系："精神居形体，犹火之燃烛矣，烛无，火亦不能独行于虚空。"就是说，蜡烛点燃，才有烛火，蜡烛烧尽，烛火熄灭，哪有蜡烛已尽，而烛火依然嗤嗤燃烧的荒谬事情啊？

桓谭先生的"形神论"，貌似发乎玄远，其实归乎正道，不过顺应自然，实话实说，具有朴素唯物主义色彩，对稍后出现的无神论者王充撰写《论衡》，产生了很大影响。王充说：桓谭先生的说法，"论世间事，辨昭然否，虚妄之言，伪饰之辞，莫不证定"。

在黯淡的烛火光影里，桓谭先生的思绪，恍惚飞回了天凤五年（18），那一年，年过七旬的大学者扬雄在长安辞世，尽管名满天下，身后却家徒四壁，甚至无钱举行体面丧仪，令人为之凄然。桓谭等人凑钱为之发丧。桓谭先生眼见扬子魂灵西行，含笑望天，澄澈沉静，略无悲色，人问其故，他说，人之形体，犹如蜡烛，人之形神，犹如烛火，今蜡烛熄灭而形神远航，扬子可以安息矣！

扬雄辞世之后，对其著作的生命力，有人心存疑惑，大司空王邑质问桓谭说，你平日里言必称扬子，他的书能留传后世吗？桓谭断然回答："必传！"他说，世人贱近而贵远，他们看见扬子禄位不高，相貌平常，就轻视他的书，"扬子之书文义至深，而论不诡圣人，若使遭遇时君，更阅贤知，为所称善，则必度越诸子矣！"

送别扬雄，回归书斋，时光如流，滔滔而逝，转眼已是数十个寒暑，桓谭一直沉溺在自己营造的绮丽玄幻的意识形态迷宫里，上天入地而求索，构建属于自己的思想王国。光武帝读了侍臣呈上来的《形神篇》，那脸色立刻阴沉下来，心中的恼怒之火，开始嘶嘶冒烟了。一场重大危机，在一点点向桓谭逼近。

中元元年（56），朝廷拟建一座观察天象的灵台，光武帝诏令群臣商议，转脸咨询桓谭："吾欲以谶决之，何如？"以占卜决疑难，是光武帝晚期一大特色。桓谭沉默一会儿，回答说臣不读谶书，皇帝追问为何不读？桓谭只得实话实说，批评图谶是歪理邪说，刘秀喝道："桓谭非圣无法，将下斩之！"桓谭吓得仆地叩头，直至流血，方才免死发配，贬为六安郡（今安徽六安市）丞，老先生惊惧交加，还没走到贬所，就死于途中了。一代学术大师，就此湮灭，光武帝之罪大矣。

先哲虽逝，文脉长存。如今，东汉王朝远逝矣，光武帝刘秀远逝矣，而桓谭先生与他的思想，如冉冉烛火，闪耀在无尽时空里……

2019年3月5日

燕然勒铭漾悲音

一

一个古代天才，因为一部史学巨著，而千古传诵；却因为一篇短文，而死于非命。这部史学巨著，就是名列"前四史"的《汉书》；这位死于非命的才子，就是东汉史学家班固；而那篇为他带来厄运的短文，就是很有名的《封燕然山铭》。追想班固先生的惨烈故事，直令后人心怀凄然，无语凝噎……

班固（32～92），字孟坚，扶风安陵（今陕西咸阳）人，生于儒学世家，其父班彪、伯父班嗣，皆为当时著名学者，《后汉书·班固传》载，班固9岁能"属文诵诗赋"，稍长，"遂博贯载籍，九流百家之言，无不穷究。所学无常师，不为章句，举大义而已"；他性情雍雅，"宽和容众，不以才能高人，诸儒以此慕之"。

永平初年，汉明帝刘庄继位，其胞弟刘苍以骠骑将军身份辅政，"开东阁，延英雄"，20岁的班固致书刘苍，希望他"蹑先圣之踪，体私懿之姿，据高明之势"，要求他"隆照微之明，信日昃之听，少屈威神，咨嗟下问，令尘埃之中，永无荆山、汨罗之恨"。他要求刘将军洞幽烛微，兼听所闻，放低身段，不耻下问，使这个浮尘飘漾的世界上，永远不再出现卞和荆山抱玉之悲，屈原自沉汨罗之恨。一个乳臭未干的无名小子，居然如此居高临下地指点辅政王，可谓胆大包天，幸亏刘苍贤明而低调，阅罢上书，虚心接受——"苍纳之"。

后来，班固走上著史之路，缘于老爹班彪。班彪敬仰太史公司马迁，酷爱《史记》，痛惜《史记》仅止于汉武帝年间事，于是发奋续书，草成《史记后传》六十五篇，不幸病逝，班固继承老爹遗志，续写《汉书》，被告发入狱，汉明帝刘庄刚毅明断，下令放人，并提拔他出任兰台令史，从此成了皇帝的文胆，"肃宗（刘庄）雅好文章，固愈得幸，数入读书禁中，或连口继夜。每行巡狩，辄献上赋颂，朝廷有大议，使难问公卿，辩论于前，赏赐恩宠甚渥"（《后汉书》本传）。

可以说，班固以冲天才华揪着自己的头发，脱离苦海，冉冉入云，续成《汉书》，铸成一代传奇；然而，诡异的是，当他再次挥洒弥天文采，抒写了一篇旷世铭文《封燕然山铭》，却给自己带来了灭顶之灾，这篇铭文也成了他的天鹅绝唱。唉，世事弄人呀！

其实，《封燕然山铭》之诞生，缘于一场不期而至的北伐战争。

东汉永元元年（89），漠北发生蝗灾，大量北匈奴人南逃，南匈奴单于致书东汉朝廷，请求出兵合击北匈奴。对是否出兵，朝廷意见并不统一，朝臣纷纷反对，有人说匈奴是"变诈之国"，不过是畏惧大汉威灵，献媚求和而已，吾国且不可中了"北狄猜诈之计"。班固引经据典，支持与南匈奴联合，他说：我堂堂大汉，历来讲究忠信，注重礼义，"岂可逆诈示猜，孤其善意乎"。

那时候，东汉皇位已经过三度更替，光武帝刘秀、明帝刘庄、章帝刘炟之后，正值汉和帝刘肇在位，窦太后独掌天下。这位窦太后，曾祖是东汉初年大司空窦融，生母是光武帝刘秀的孙女沘阳公主，可谓根正苗红，血胤高贵，加之天生丽质，颖悟聪睿，一入后宫，便赢得汉章帝刘炟宠爱，被立为皇后，"后性敏给，倾心承接，称誉日闻"（《后汉书·皇后纪》）。窦后虽然获得皇帝专宠，夜夜颠鸾倒凤，肚皮却很不争气，始终没能诞下麟儿，于是蛊惑章帝，连施毒手，先废黜太子刘庆，逼杀其生母宋贵人，再夺来皇子刘肇做养子，逼杀其生母梁贵人。章和二年（88），章帝驾崩，9岁的刘肇即位，史称汉和帝，其养母窦太后临朝称制，权倾天下，她的哥哥窦宪，弟弟窦笃、窦景、窦瑰，一个个环列朝堂，盘踞要津——窦宪位居侍中，内主机密，外宣诏命；窦笃官居中郎将，统率皇家羽林军；窦景、窦瑰为中常侍，侍奉皇帝左右。一介顽童汉和帝在窦氏集团的夹辅之下，沦为了一枚任人摆布的木偶。

南匈奴单于的求援书信传来之时，搅得满朝一片喧腾，却是嚣嚣反对之声，汉和帝冷眼旁观，窦氏兄弟缄默无声，班固的"书生之论"，不过是瓦片丢进池塘，一丝涟漪也无。窦太后虽属女流之辈，却心雄万里，立志恢复汉武帝时期之恢宏气象，可是，三公九卿齐声反对，弄得她一时间骑虎难下。正在这个节骨眼儿上，围绕着太后的一场"绯闻风暴"席卷而起，直接促成了这场战争的爆发。

原来，汉章帝刘炟驾崩之后，窦太后一直青春守寡，每天夜晚苦挨苦熬，那燃烧的欲火，煎迫着她性感的胴体与骚动的灵魂。都乡侯刘畅生得玉颜花貌，乘机接近太后，至于日渐炽热起来。这个风流倜傥的登徒子刘畅，是光武帝刘秀的兄长刘縯的曾孙，因为与步兵校尉邓叠往来密切，通过邓叠之母元氏夫人进入太后寝宫长乐宫，与太后打得火热，《后汉书·窦宪传》载："畅素行邪僻，与步兵校尉邓叠亲属数往来京师，因叠母元自通长乐宫，得幸太后。"两人干柴烈火，日夜黏糊在一起，自不在话下，窦宪害怕刘畅夺去他的权势，公然派出刺客，追踪到皇宫之上东门，刺杀了刘畅，并嫁祸于刘畅之弟刘刚，窦太后查明真相，勃然大怒，下令将哥哥关进后宫，听候处置。对于刘畅之死，《后汉书》的记载是——"宪惧见幸，分宫省之权，遣客刺杀畅于屯卫之中，而归罪于畅弟利侯刚，乃使侍御史与青州刺史杂考刚等。后事发觉，太后怒，闭宪于内宫。"

到了这时候，遥夜弥天，百虫噪声，窦宪吓得心胆俱裂，害怕老妹

"大义灭亲"，于是请求出征匈奴，戴罪立功——至此，窦太后下定了出师北征的最后决心。

一场重大战役，就因为一场闪烁迷离的"绯闻风暴"，一条快活至死的"风流人命"，阴差阳错地爆发了！

于是，这年六月，拜窦宪为车骑将军，征西将军耿秉为副将，各率四千骑兵，由朔方（今内蒙古河套地区）出塞，会合南匈奴、乌桓、羌胡三万人马，在稽落山（今蒙古国西南部）与北匈奴展开连番鏖战，汉军大获全胜，北单于大败遁逃，"斩名王以下万三千级，获生口马、牛、羊、橐驼百余万头"（《后汉书·窦宪传》），先后归附汉朝的有81个部落共计20余万人。此后，汉军乘胜追击，一直追到了三千里之外的燕然山。

燕然山，今称杭爱山，位于蒙古高原西北部，跨越扎布汗省、前杭爱省、后杭爱省，主峰鄂特冈腾格里峰海拔4031米，是蒙古北冰洋流域与内河流域的分水岭，色楞格河、鄂尔浑河均发源于此山北麓，经俄罗斯注入北冰洋。当年，西汉骁将卫青、霍去病先后率领汉军席卷蒙古高原，猎猎雄风，凛凛铁蹄，彰显了大汉声威。作为前朝英雄卫青、霍去病的后辈，窦宪登临燕然山，心潮澎湃，难以自抑，令随行的中护军班固作文勒石，以记其盛况。班固四顾渺然，犹闻战鼓之声来自天外，写下了著名的《封燕然山铭》——

惟永元元年秋七月，有汉元舅曰车骑将军窦宪，寅亮圣明，登翼王室，纳于大麓，维清缉熙。乃与执金吾耿秉，述职巡御。理兵于朔方。鹰扬之校，螭虎之士，爰该六师，暨南单于、东胡乌桓、西戎氐羌，侯王君长之群，骁骑三万。元戎轻武，长毂四分，云辎蔽路，万有三千余乘。勒以八阵，莅以威神，玄甲耀目，朱旗绛天。遂陵高阙，下鸡鹿，经碛卤，绝大漠，斩温禺以衅鼓，血尸逐以染锷。然后四校横徂，星流彗扫，萧条万里，野无遗寇。于是域灭区殚，反斾而旋，考传验图，穷览其山川。遂逾涿邪，跨安侯，乘燕然，蹑冒顿之区落，焚老上之龙庭。上以摅高、文之宿愤，光祖宗之玄灵；下以安固后嗣，恢拓境宇，振大汉之天声。兹所谓一劳而久逸，暂费而永宁者也，乃遂封山刊石，昭铭盛德。

这篇只有350余字的铭文，被认为是我国有史以来"边塞纪功碑"之源头，其文字凝厉如铁石，气概豪壮冲九霄，辞采绮丽如虹霓，班固盛赞窦宪"寅亮圣明，登翼王室，纳于大麓，维清缉熙"，统帅三万"鹰扬之校，螭虎之士"，雄赳赳气昂昂进军大漠，"勒以八阵，莅以威神，玄甲耀目，朱旗绛天"，历经连番鏖战，"陵高阙，下鸡鹿，经碛卤，绝大漠，斩温禺以衅鼓，血尸逐以染锷"，取得了一连串辉煌胜利，"逾涿邪，跨安侯，乘燕然，蹑冒顿之区落，焚老上之龙庭"，赢得无上荣耀，"光祖宗之玄灵"，万神为之舞蹈；"振大汉之天声"，寰宇响彻回声。其辞曰——

铄王师兮征荒裔（王师威武兮，征伐荒僻之地），
剿凶虐兮截海外（剿灭凶残兮，统一大漠之野）。
夐其邈兮亘地界（邈远万里兮，直捣天地尽头），
封神丘兮建隆碣（祭奠山神兮，筑起耸云丰碑），
熙帝载兮振万世（传扬古今兮，辉耀万代之光）！

二

一篇铭文，金声玉振，传诵千古，为作者带来了巨大声誉，也带来了灭顶之灾。

其实，班固此次北征，其缘由并不像北国冰雪一样，纯净无尘。班家与窦家，既是扶风同乡，又是累代世交。那一年，班固老母辞世，他按制度去职回乡，为母守丧，称为"丁忧"。"丁，当也"，遭逢之意（《尔

雅·释诂》）；"忧，居丧也"，守丧之意（《尚书·说命》）。丁忧制度始自汉代，双亲辞世，孝子必须守丧三年，官员要离职返家，在父母坟前搭个小窝棚，睡草席，枕砖头，夫妻分居，不喝酒、不洗澡、不剃头、不更衣，停止一切娱乐活动。匿丧不报者，将受到严厉惩罚。遇到特殊情况或突发事件，譬如守丧者患了疾病，或国家遭遇危机，方可酌情权变，结束丁忧，上班视事，称为"夺情"。作为一名谦谦儒者，班固的守丧岁月，自是形销骨立，蓬首垢面。他听到窦宪率军出征的消息传来，便上书朝廷，请求随军出征，为国效力，这才结束丁忧，奔赴军旅，被任命为中护军，官衔虽然很高，不过是窦宪的随军参谋兼吹鼓手。与之同行者，还有两位当时有名的文人：傅毅与崔骃，傅毅为主记室，崔骃为主簿。

窦宪班师回朝，被封为大将军、武阳侯，窦氏兄弟，皆被封侯：窦笃为郾侯，窦景为汝阳侯，窦瑰为夏阳侯，窦氏势力急剧膨胀，弄得天怒人怨。且看《后汉书·窦宪传》之记载：

> 宪既平匈奴，威名大盛，以耿夔、任尚等为爪牙，邓叠、郭璜为心腹。班固、傅毅之徒，皆置幕府，以典文章。刺史、守令多出其门。尚书仆射郅寿、乐恢并以忤意，相继自杀。由是朝臣震慑，望风承旨。而笃进位特进，得举吏，见礼依三公。景为执金吾，瑰光禄勋，权贵显赫，倾动京都。虽俱骄纵，而景为尤甚，奴客缇骑依倚形势，侵陵小人，强夺财货，篡取罪人，妻略妇女。商贾闭塞，如避寇仇。有司畏懦，莫敢举奏。

这段记载，要点有四：其一，窦宪凯旋，声震天下，爪牙、心腹齐备，类似"黑恶势力"。其二，两位扶风大才子，班固与傅毅，因跟随窦大将军北伐有功，"皆置幕府"。古代的"幕府制度"，即为军政大吏设置府署，麾下设置幕僚，参议决策，掌控机要。班固、傅毅作为白面书生，能够开设幕府，两人心头肯定荡漾着"封侯拜将"之豪壮吧？其三，两位尚书仆射郅寿、乐恢，因为违逆窦大将军意志，先后被迫自杀身亡。其四，窦氏兄弟如狼似虎，盘踞朝堂，窦笃进位特进，位同三公，掌握用人大权，窦景为执金吾，窦瑰为光禄勋，最不堪的是窦景，放纵家奴侵凌百姓，强暴妇女，强夺财货，导致商贾逃窜，避之如同蛇蝎，官吏畏之如虎，哪敢吱声？

种种诡异情形，引起了少年天子的警觉。永元四年（92），14岁的汉和帝已是雄心勃勃，伺机夺权；窦宪忧惧不已，密谋杀害皇帝。双方的生死较量，一如箭在弦上。危急时刻，大太监郑众峥嵘毕现。郑众是和帝"死忠粉"，身居中常侍、钩盾令，"为人谨敏有心机"，在满朝尽为窦氏党羽的情形下，"众独一心王室，不事豪党，帝亲信焉。及宪兄弟图作不轨，众遂首谋诛之"（《后汉书·宦者列传》）。郑众与和帝决定率先出击，务求将窦氏集团一网打尽。

这年6月23日，夜幕降临，燥热异常，和帝仿佛自天而降，骤然亲临北宫，喝令禁军严守南北宫，不许任何人出入，立即逮捕窦氏党羽，长乐少府郭璜、射声校尉郭举父子、卫尉邓叠、步兵校尉邓磊兄弟等人，转眼之间就被诛灭，然后，和帝命令禁卫军以迅雷不及掩耳之势，迅速包围窦宪府邸——至此，曾经不可一世的大将军窦宪，已经成了瓮中之鳖。到了这时候，和帝依然顾忌窦太后颜面，不肯公开杀戮，迫令窦宪与其兄弟窦笃、窦景、窦瑰一律自杀，可怜一世枭雄，落得个灰飞烟灭，窦氏宗族宾客为官者，一律罢免。

对于窦宪之死，《后汉书》著者范晔颇为感慨，他说，窦宪率领羌胡边杂之师，一举荡平匈奴，论其功绩，比前辈名将卫青、霍去病强多了，"列其功庸，兼茂于前多矣"；他并引用东方朔的话，说"用之则为虎，不用则为鼠"，在历史上为窦宪"鸣"了几声不平。不过，仅此而已。综其一生之斑斑劣迹，窦宪的下场，实在也是咎由自取啊！

班固因为曾经写了一篇雄文《封燕然山铭》，被指为逆贼窦宪"吹喇叭，抬轿子"，受到株连，被捕入狱。汉和帝听说著名史学家班固被捕，急忙下令放人，然而，等诏令到达监狱时，班固早已经被害死了。

与班固同时投身窦宪麾下、同时跃居高位"设置幕府"的大才子傅毅，也在这时候黯然辞世，享年约四十岁。而他曾经的同事崔骃，早已经知难而退了。

崔骃，字亭伯，冀州安平（今河北安平县）人，自幼颖悟过人，13岁遍读诗书，文采烂漫，与班固、傅毅同时跟随窦宪出征，因为看不惯窦宪的暴横骄恣，残忍刚厉，屡次出言劝阻，"前后奏记数十，指切长短"（《后汉书·崔骃传》），窦宪难以忍受，便疏远冷落他，推举他出任"长岑长"，其实是束之高阁，挂起来拉倒。李贤注云："长岑，县，属乐浪郡，其地在辽东。""长岑长"由此成为指代词，用以称颂那些不为权贵所容的官吏。不久，崔骃辞官回乡，"永元四年，卒于家。所著诗、赋、铭、颂、书、记、表、《七依》《婚礼结言》《达旨》《酒警》合二十一篇"。

三

与崔骃的全身而退不同，傅毅与班固之死，则疑影重重。

傅毅，字武仲，才华横溢，以辞赋闻名，早期仿枚乘《七发》而作《七激》，说"徒华公子"整日沉溺玄想，"托病幽处，游心于玄妙，清思乎黄老"，处事通达的"玄通子"闻讯前来，为之陈说音乐、宴饮、乘骥、游猎、雕藻等"天下之至妙""耳目之通好"，最后宣称"汉之盛世，存乎永平，太和协暘，万机穆清。于是群俊学士，云集辟雍。含咏圣术，文质发蒙"。

文中"永平"，汉明帝刘庄年号；"辟雍"，原为周朝设立的大学，校园呈圆形，周围有流水环绕，前门外有便桥相通。东汉仿照周朝设立"辟雍"，作为举行尊儒典礼的场所，此后历代盛行不衰。傅毅此赋，与其说是"讽"，不如说是"颂"，表达了他奋身求进、大展宏图之勃勃雄心。徒华公子闻此高论，振衣而起，"瞿然而兴"，投入皇家宏业之中。傅毅后期赋作《舞赋》，仿宋玉《高唐赋》《神女赋》而作，假托楚襄王游云梦置酒宴饮，令宋玉为之陈赋，精彩丽句纷呈，其歌声"气若浮云，志若秋霜。观者增叹，诸工莫当"；其舞姿"委蛇姌袅，云转飘忽。体如游龙，袖如素霓"……

如此文采飞扬的大才子，正值四旬壮年而骤然崩逝，且死在其恩公窦宪举族覆灭的敏感时刻，其死因史无明载，至今存疑，有说是病故，有说是自杀，不过是窦宪之祸的牺牲品，可惜了！

而班固之死的隐情，则被范晔记入了《后汉书·班固传》：

> 固不教学诸子，诸子多不遵法度，吏人苦之。初，洛阳令种兢尝行，固奴干其车骑，吏棰呼之，奴醉骂，兢大怒，畏宪不敢发，心衔之。及窦氏宾客皆逮考，兢因此捕系固，遂死狱中。时年六十一。诏以谴责兢，抵主者吏罪。

由于班固平时疏于家教，"诸子多不遵法度，吏人苦之"，班氏诸子违法乱纪，没人敢惹，家奴横行无忌，恶名昭彰。一天，京城洛阳市长种兢车驾出行，居然受到班固家奴的阻挠，"固奴干其车骑，吏棰呼之，奴醉骂"，班氏家奴公然在大街上撒酒疯，与市长随从斗殴，破口大骂，种兢大人被骂得狗血淋头，怒火中烧，因为畏惧窦宪的权势，发作不得。心怀怨恨的种兢先生，平日里忍气吞声，如今看到窦宪一命呜呼，脸色骤变，乘机抓捕班固，趁乱将其杀害了。一代英才，如此窝囊地告别人世，享年61岁。

和帝闻讯，痛惜不已，下诏严厉谴责种兢公报私仇，并下令将害死班固的狱吏处死。然而，班固的弥天才华，却是永远地熄灭了。班固逝后，《汉书》尚缺《天文志》与《百官公卿表》，其妹班昭披星戴月，呕心沥血，续完书稿，使中国历史上第一部断代史成为"完璧"。

一部《汉书》，成了班固永恒的纪念碑。班固著史所遵循的原则，概括而言，一是严格记述历史史实，努力去伪存真；二是严格贯彻儒家正统思想，循规蹈矩，近于拘泥。史载，班固性格宽厚，谦逊大度，大有圣人倡导的儒者之风，而对于前贤的所谓"逾矩"之言行，他却很看不顺眼。对屈原的《离骚》，他颇有微词，认为三闾大夫屈原"露才扬己"，不该指责楚怀王，更不该自沉汨罗江；对于前辈司马迁，他也不吝批评之词，说太史公著书立说不遵循圣人之道，"论大道则先黄老而后六经，序游侠则退处士而进奸雄，述货殖则崇势利而羞贫贱，此其所蔽也"（《汉书·司马迁传》）。

《后汉书》著者范晔批评说：班氏父子讥笑司马迁"是非颇缪于圣人"，然而他们的议论，"排死节，否正直，而不叙杀身成仁之为美，则轻仁义，贱守节愈矣。固伤迁博物洽闻，不能以智免极刑；然亦身陷大戮，智及之而不能守之。呜呼，古人所以致论于目睫也！"

范晔先生这番话，有点不够厚道。他说，班氏父子讥笑前辈司马迁，说他的议论常与圣人之说相悖，然而班氏自己的说辞却"排死节，否正直"，不颂扬杀身成仁之美，必然导致"轻仁义，贱守节"，实在不是一个良史应该具有的叙事姿态。你班固笑话前辈司马迁不能以智慧规避宫刑，遭到惨烈戕害，可是你自己最后也"身陷大戮"，窝囊地死于狱吏之手，其智慧实在也很不咋地嘛。呜呼！由此而论，古人之论人论事，那见解则犹如"目睫"，就像人的眼睫毛一样长，"鼠目寸光"而已矣。

其实呢，范晔虽然笑话古人"鼠目寸光"，只看到了自己的眼睫毛，而他自己的结局，更加悲惨。一介书生，居然卷入"谋反"闹剧，48岁即被宋文帝下令诛杀，其三子范蔼、范遥、范叔委，皆被株连毙命。老范临刑前感叹："可惜！满腹经纶，葬身此地。"唉唉！天地翻覆，世道轮回，人生在世，无论为人，还是为文，切记厚道一些，不要轻易笑话别人，弄出"五十步笑百步"的悲剧来。

2019年2月18日

隔世掐架为哪般

一

在中国古代典籍里，《竹书纪年》是一部匪夷所思的书，其作者已不可考，据专家推测，应该是春秋时期的晋国史官与战国时期的魏国史官。这部由跨越两个历史时期的史官撰著的史学古籍，传世共13篇，叙述了夏、商、西周，与春秋、战国之跌宕历史，按纪年顺序编纂。周平王姬宜臼东迁，西周泯灭，东周兴起，开始采用晋国纪年；三家分晋，春秋结束，战国来临，开始采用魏国纪年。此书是中国古代唯一穿越秦皇焚书之烈焰而留存下来的编年通史，记载了89位帝王、1847年的历史。

《竹书纪年》，亦称《汲冢纪年》《古文纪年》，是中国历史上最早一批出土的战国时代简牍资料，其发掘过程，充满了啼笑皆非的传奇色彩。

西晋咸宁五年（279），正是晋武帝司马炎当政时期，在位于河南境内的汲郡（今河南汲县），发生了一起盗墓事件。一个名叫"不準"的盗墓贼，盗掘了战国时期魏襄王魏嗣的陵墓。魏襄王是魏国第四任国君，魏惠王魏罃之子，于公元前318年即位。他的老爹魏惠王在位期间，于公元前361年将魏国都城从安邑（今山西夏县）迁至大梁（今河南开封），"魏"又称"梁"，魏襄王亦称"梁襄王"，是那个时代里翻云覆雨的狠角儿之一，曾在继位当年联合了魏、韩、赵、楚、燕五国军队，合纵攻秦，声势虽然浩大，最终却无功而返。

《孟子·梁惠王上》记载了一则"孟子见梁襄王"桥段，很有意思。说孟子有一天去拜访襄王，出来后对人说，他远看不像个国君，走近了也没啥威仪，只是一股劲儿问我如何统一天下。我告诉他三个字：不嗜杀。襄王对此表示怀疑。孟子曰："王知夫苗乎？七八月之间旱，则苗槁矣。天油然作云，沛然下雨，则苗浡然兴之矣。其如是，孰能御之？今夫天下之人牧，未有不嗜杀人者也。如有不嗜杀人者，则天下之民皆引领而望之矣。诚如是也，民归之，由水之就下，沛然谁能御之？"

孟子说，大王您见过禾苗生长吗？七八月间，天下大旱，禾苗将要枯槁，奄奄欲绝，忽然天上雷声大作，暴雨倾盆，禾苗饱吸雨水，蓬勃生长，郁郁葱葱，其卓拔的生命力不可阻挡。如今的统治者，嗜杀成性，人心丧尽，如果出来一个不嗜杀的慈善之君，天下百姓必然趋之若鹜，就像水往低处流一样，哗啦啦涤荡尘埃，哪个能够阻挡他统一天下的步伐呢？——魏襄王没有听从孟子"不嗜杀"的指教，此后与诸国征战不休，互有胜负，国力倒是稍有恢复。公元前296年，魏襄王驾崩，太子魏遫继位，是为魏昭王。

西晋盗墓贼不準先生盗掘魏襄王陵墓，原指望一夜暴富成土豪，岂料他得到的，不是金光耀眼的金银财宝，而是散发着衰朽气味的竹简数十车，竹简上全是曲里拐弯的蝌蚪文。这就是后来闻名于世的"汲冢古文"。这个盗墓贼不準，还算颇有"贼德"，他没有毁弃这些看起来一文不值的宝贵竹简，使之得以留传后世，他也因此在历史上留下了自己的大名，堪称"侠盗"也。

令人痛惜的是，由于盗墓贼曾燃烧竹简用以照明，不少宝贵的竹书被烧毁，还有许多被拆散，折断，击碎，使古籍遭到了严重破坏。西晋太康初年，这批汲冢竹书被官府收藏，晋武帝司马炎闻讯，喜出望外，令中书监荀勖、中书令和峤、尚书郎束皙等人负责整理翻译竹简，"校缀次第，寻考指归，而以今文写之"（《晋书·束皙传》）。经过荀勖、和峤、束皙、卫恒等学者多年的梳理与释读，最终厘定先秦古书十余种，共75篇。这些简书，被后人称为"汲冢书"或"汲冢竹书"。

此后，"汲冢竹书"在史海烟云中命途多舛，南北朝时期即逐渐散失，流传下来的只有一部《穆天子传》。清代学者朱右曾、近代学人王国维，曾分别搜辑考订原本《竹书纪年》佚文，重编《古本竹书纪年》，成为研究古代史的重要资料。著名学者李学勤先生说："《竹书纪年》在研究夏代的年代问题上有其特殊意义，正在于它是现知最早的一套年代学的系统。"

《竹书纪年》的史学价值，在于它所记载的一些重大历史事件，颠覆了传统正史中的经典桥段，与太史公之《史记》有很大差异，譬如"尧舜禅让""夏启杀伯益""伊尹放太甲""文丁杀季历"等，让人悚然窥见了两个截然不同的世界。比较一下两部古籍大相径庭的不同记载，令人惘然不辨南北，引起后世纷争是必然的。

二

在《史记·五帝本纪》中，太史公饱蘸激情，对尧舜两位古代圣君进行了讴歌："帝尧者，放勋。其仁如天，其知如神，就之如月，望之如云。"尧帝治理天下，"能明驯德，以亲九族。九族既睦，便章百姓。百姓昭明，合和万国"。

尧帝在位七十余年，功德无量，百姓称颂，由于年老体衰，他吁请大家举荐继位者，众人举荐了一个盲人的儿子虞舜，"父顽，母嚚，弟傲，能和以孝，烝烝治，不至奸"。虞舜的老爹愚昧，老娘顽固，老弟傲慢，舜却能与他们和睦相处，尽孝悌之道，使全家人逐渐走上了和睦团结之正道。尧帝于是把两个女儿娥皇、女英嫁给他,从中观察他的品德如何。虞舜让两位公主放下傲娇之心,住到位于河畔的家里,操持家务,相夫教子。尧帝对此十分满意,提拔他出任司徒之职,负责理顺父义、母慈、兄友、弟恭、子孝之"五典",同时管理百官,参与国事,逐渐成长为国之栋梁——"尧立七十年得舜,二十年而老,令舜摄行天子之政,荐之于天。尧辟位凡二十八年而崩。百姓悲哀,如丧父母。三年,四方莫举乐,以思尧。"

尧舜交替之际演绎的这一出禅让剧,已成为千古美谈。司马迁还记述了禅让之际尧帝的一番心事:

> 尧知子丹朱之不肖,不足授天下,于是乃权授舜。授舜,则天下得其利而丹朱病;授丹朱,则天下病而丹朱得其利。尧曰"终不以天下之病而利一人",而卒授舜以天下。

丹朱,尧帝长子。在考虑禅位之际,究竟是传给儿子丹朱,还是传给接班人虞舜,尧帝进行了一番激烈的思想斗争:自己的儿子丹朱颇为不肖,"不足授天下",如果传位给他,"则天下病而丹朱得其利",天下万民受害,只有丹朱一人获利;如果传位给舜,"则天下得其利而丹朱病",天下万民得其利,只有丹朱一人不平。面对这样一个"亲情困局",尧帝选择以大局为重,"终不以天下之病而利一人",于是决然禅位与虞舜,成就了千古佳话。

帝尧辞世之后,虞舜并没有马上继位,他将帝位让给丹朱,自己为尧帝守孝三年。可是,因为丹朱为政不善,受到世人唾弃,"诸侯朝觐者不之丹朱而之舜,狱讼者不之丹朱而之舜,讴歌者不讴歌丹朱而讴歌舜",诸侯不搭理,辅臣不待见,歌者不肯为之讴歌。面对人心丧尽的局面,作为上古正宗"红二代",丹朱先生之尴尬穷窘,可想而知。虞舜叹息说:"唉,天命啊!"于是不再犹豫,"践天子位焉,是为帝舜"。

太史公这段记载，可谓五彩斑斓，摇曳生姿，尧帝舜帝的高大形象，可谓巍巍齐天。然而，到了《竹书记年·五帝纪》中，其情形则完全相反：

　　　　昔尧德衰，为舜所囚也。舜囚尧于平阳，取之帝位。舜放尧于平阳。舜囚尧，复偃塞丹朱，使不与父相见也。

　　"平阳"，今山西临汾尧都区。尧为帝喾之子，13岁封于陶（山西襄汾县陶寺乡），15岁改封于平阳，号为"陶唐氏"。"偃塞"，堵塞、禁闭之意。意译一下，就是：尧帝晚年昏庸，被虞舜囚禁于早年封地平阳，夺取了帝位，同时将尧帝之子丹朱拘押，使他不能与老爹相见。这显然是一出夺位大战，尧帝落败是必然的。

　　对于"尧舜禅让"之说，先秦诸贤，比如荀子、韩非子等，皆有批评，可以参考。《荀子·正论》云："世俗之为说者曰：'尧舜禅让。'是不然。天子者，势位至尊，无敌于天下，夫有谁与让矣！"荀子说，天子之位，九五之至尊，高蹈尘寰之上，有哪个圣贤肯禅让给他人呢？他的结论是："诸侯有老，天子无老，有禅国，无禅天下，古今一也。夫曰'尧舜禅让'，是虚言也，是浅者之传，陋者之说也，不知逆顺之理，小大、至不至之变者也，未可与及天下之大理者也。"

　　荀子先生长于"帝王之术"，深谙帝王之权谋，其论说可谓深至人性最幽暗之处。在他看来，如果天子道德高尚，天下安康，百姓富裕，那又何必禅让呢？他说，诸侯有老迈之时，老迈者可以退位；天子则没有衰朽之日，至死也不会让位。所以嘛，有禅让一国（诸侯国）者，没有禅让天下者；"尧舜禅让"之传说，不过是虚言而已。那些世俗之人啊，总是喜欢发表浅薄之论，荒谬之说，根本不懂得所谓逆顺之理，更不晓得大（国家）与小（诸侯国）、变与不变之道，你还跟他废什么话呢？

　　《韩非子·说疑》篇中，韩非将舜、禹、商汤、周武王并列，说他

下卷　史海夜航

们是"人臣弑君"之典型："舜逼尧，禹逼舜，汤放桀，武王伐纣。此四王者，人臣弑其君者也，而天下誉之。察四王之情，贪得人之意也；度其行，暴乱之兵也。"韩非子说，这四位古代大佬啊，作为臣子弑杀了自己的君主，却赢得了天下人的称赞，匪夷所思嘛。察其情，是出于夺取天下之野心；度其行，是暴力夺权之范例。天下大事，不过如此而已。

三

相对于尧舜禅位之际闹出的惊天疑问，大禹禅位与伯益之后发生的夺位风波，就更加扑朔迷离了。《史记·夏本纪》说是大禹的继任者伯益虚怀若谷，主动禅位与大禹之子夏启；《竹书记年·夏纪》说是夏启野心勃勃，诛杀伯益而夺位，孰是孰非，讫无定论。

《史记·夏本纪》载，帝尧之时，洪水滔天，"浩浩怀山襄陵，下民其忧。尧求能治水者，群臣四岳皆曰鲧可"。鲧治水九年，不见成效，"于是帝尧乃求人，更得舜"。舜巡视天下，见鲧治水无状，实施严厉问责，"乃殛鲧于羽山以死"。"殛"，诛杀；"羽山"，位于江苏东海县与山东临沭县交界处，有三座山头，形如"山"字，山上有上古遗迹"延鲧泉""三缝石""出云洞"等。舜将治水不力、导致洪水泛滥的鲧诛杀于羽山，举荐鲧的儿子大禹继承父业，继续治水。大禹为人处世声誉卓著，"其德不违，其仁可亲，其言可信"，他汲取老爹治水失败被戮的惨痛教训，全力以赴，"劳身焦思，居外十三年，过家门不敢入"，取得极大成功，"开九州，通九道，陂九泽，度九山"，大禹由此成为舜帝革命事业的接班人，在舜帝薨逝之后，"遂即天子位，南面朝天下，国号曰夏后，姓姒氏"。

大禹因为治水业绩辉煌受到舜帝高度赞赏，并接受禅让登上帝位，他对先辈尧舜二帝开创的"禅让制度"奉若神明，在其执政晚期身体力行继续推行，举荐麾下贤臣皋陶作为自己的继承人，可是皋陶未及继位就死了，大禹为之伤心不已，"而后举益，任之政"。益先生是皋陶之子，由此继承父志，成为上古帝国革命事业接班人，开始全权处理政务。

益，史称"伯益"，"伯"，形容词，喻其大也。伯益是大禹治水时期的重要助手，堪称有功之臣，大禹在皋陶辞世后举荐他上位，自是顺理成章。"十年，帝禹东巡狩，至于会稽而崩。以天下授益。"大禹辞世后，按照其"临终嘱咐"，伯益顺利接班，守丧三年期满，"益让帝禹之子启，而辟居箕山之阳"，伯益主动禅位给夏启，自己跑到箕山隐居去了。

其实，作为大禹的继承人，伯益至少是合格的。据《尚书·大禹谟》载，伯益认为，只要秉承先帝大禹的仁德之政，就会赢得民心，诸事顺遂，四方和乐，"帝德广运，乃圣乃神，乃武乃文。皇天眷命，奄有四海为天下君"。至于他的为政理念，则是——"罔失法度，罔游于逸，罔淫于乐。任贤勿贰，去邪勿疑。"不要背弃法度，不要耽于游乐，不要沉溺享乐。选拔贤才，信用不疑；罢免奸邪，毫不犹豫；"罔违道以干百姓之誉，罔咈百姓以从己之欲。无怠无荒，四夷来王"。不要违逆为政之道，不要侵害百姓利益，就会获得赞誉；更不要践踏民意，来满足君王一己之私欲。不懈怠，不嬉戏，就会赢得四方来朝、八方辐辏的兴盛局面。伯益的为政理念，与后世贤相譬如伊尹、子产、管仲等，多有共同之处，其治理天下之作为，应该值得期待。可惜，历史老人没留给他多少时间；短短三年之后，他就被夏启取代了。

关于夏启取代伯益的原因，太史公所记有二：其一，夏启贤明，威望崇高，"禹子启贤，天下属意焉"；其二，伯益资历尚浅，不孚众望，"益之佐禹日浅，天下未洽。故诸侯皆去益而朝启，曰'吾君帝禹之子也'"。在夏启处处掣肘、诸事不利、诸侯不肯趋附的情形之下，伯益挂冠而去，隐居箕山之阳，似乎就是最好的选择了。

太史公描绘的这出连环让贤之古代大戏，诠释了"禅让制度"之美妙，堪称千秋之范例。墨子老先生在《墨子·尚贤》篇颂扬说："故古者尧举舜于服泽之阳，授之政，天下平。禹举益于阴方之中，授之政，九州成。""服泽"，一个古代小湖，位于今河南濮阳市东南；"阴方"，即"平阴"，古地名，位于今河南孟津县北。墨子老先生说，尧帝从"服泽之阳"举荐虞舜，大禹从"阴方之中"擢拔伯益，都取得了极大成功，天下安乐，九州欢欣。

然而，到了《竹书记年·夏纪》里，这出"让贤"义举，则沦为了一场你死我活的夺位大战："益干启位，启杀之。启后开舞九招也。"这段记载，简洁而给力：夏启认为伯益篡夺了本应属于自己的帝位，于是杀了他，兀自登上帝位，开辟夏朝。为了庆祝自己成功上位，夏启下令演奏"九韶"之舞。"九招"，即"九韶"，古代雅乐，产生于舜帝时期，《史记·夏本纪》："舜德大明，于是夔行乐，祖考至，群后相让，鸟兽翔舞，箫韶九成，凤凰来仪，百兽率舞。"

夏启诛杀伯益，夺位登基，血溅碧空，也砍断了太史公谱写的上古时期咿咿呀呀的一曲"禅让之歌"，开了血淋淋赤裸裸的帝位争夺之先河，实现了从"禅让"到"世袭"的一次血腥转折。

有论者指出，夏启夺位，或许是出于帝禹的阴谋呢。说是帝禹晚年，刻意培植儿子夏启的势力，为他日后夺位做了充分准备。这种说法，颇为荒谬。大禹若有此意，干吗要举荐皋陶作为继承人，在皋陶死后，还继续举荐他的儿子伯益，并最终传位与他？——夏启的篡位之"锅"，无论如何不能甩给他的老爹大禹；"阴谋论"可以休矣！

四

"伊尹放太甲"，也是传诵久远的经典桥段。《史记·殷本纪》对这件事的记载是："帝太甲居桐宫三年，悔过自责，反善。于是伊尹乃迎帝太甲而授之政。帝太甲修德，诸侯咸归殷，百姓以宁。伊尹嘉之，乃作《太甲训》三篇，褒帝太甲，称'太宗'。"

伊尹，殷商初年著名政治家、思想家，伊姓，名挚，传说生于空桑。《列子·天瑞》云："伊尹生乎空桑"；《吕氏春秋·本味》载："有先氏女子采桑，得婴儿于空桑之中，献之其君。"空桑乃上古地名，沿用至东周末期，因有大片桑林而得名。作为一个宽泛的上古地理概念，空桑属于上古九州之一的古兖州，包括了今河南东部、安徽北部、山东兖州等地。据古籍记载，这一地域时有神秘之光闪烁，孔子、伊尹、力牧（黄帝之相）、羲和（天文世家）、颛顼（黄帝之孙）、轩辕氏、神农氏等，据说都生于此地，可谓星辰罗列，熠熠生辉，伊尹跻身其间，亦足以自豪也。

伊尹一生，作为商王朝丞相50余年，历事商汤、外丙、仲壬、太甲、沃丁五代，呕心沥血，功勋卓著。沃丁八年（前1549），伊尹逝世，终年100岁。据说，他运用"以鼎调羹""调和五味"等烹调理论治天下，与老子所谓"治大国若烹小鲜"异曲而同工。他整顿吏治，洞察民情，使商朝初年政治比较清明，经济比较繁荣，国力迅速增强。

在伊尹的辅佐下，商汤完成了建国大业，然而，商汤驾崩之后，接班人外丙、仲壬连续夭折，政局一度混乱，伊尹扶立太甲继位，才算稳住了局势。

太甲先生是商汤的嫡长孙、太丁之子、外丙与仲壬之侄，他继位之初，还算循规蹈矩，国家渐趋稳定，国势渐显起色，可是到了第三年，他便开始威福自专，奢靡享乐，暴虐百姓，导致朝政昏乱，怨声载道。伊尹百般劝谏，太甲置若罔闻，为了挽救危局，伊尹只好痛下决心，将他放逐到商汤墓地附近的桐宫（今商丘市虞城县北），自己摄政当国，史称"伊尹放太甲"。

《尚书·太甲》对这件事的记载，与《史记》大体一致："太甲既立。不明。伊尹放诸桐。三年。复归于亳。思庸。伊尹作太甲三篇。"

太甲"桐宫悔过"之后，伊尹将他迎回，重登王位，励精图治，终成一代明君。孟子尊太甲为商朝"圣君"之一。伊尹的《太甲训》早已散佚，其警句"天作孽，犹可违；自作孽，不可活"因为载于《尚书》太甲篇，至今流传。

然而，太史公笔下这一出君臣从分到和、共襄盛业之连续剧，到了《竹书纪年》里，则是另外一出血腥惨烈景象，其文曰：

> 伊尹放太甲于桐而自立也。太甲潜出自桐，杀伊尹。乃立其子伊陟、伊奋，命复其父之田宅而中分之。

由于古本《竹书纪年》在宋朝就已散佚，现代人看到的都是清人与今人的辑录本。《竹书纪年》之记载，意译一下，大体如下：伊尹放逐太甲，自立为王，几年后，太甲从流放之地逃回来，杀掉伊尹，命其子伊陟、伊奋继承其衣钵。

因为这条记载过于凶悍血腥，且不符合伊尹古之贤臣形象，人们对此一直将信将疑。然而，其一，《竹书纪年》成书早于《史记》，是古代史官的第一手文字资料，实在没有编造的必要，也找不出编造的理由；其二，古本《竹书纪年》因为不大符合儒经教义，历来为儒家所轻，宋朝是个提倡推重儒学的历史时期，《竹书纪年》恰恰在宋朝佚失，让人不免心生疑惑。

西晋著名统率兼著名学者杜预先生，研究比较了《史记》与《竹书纪年》关于太甲"桐宫悔过"的不同记载，大发感慨，说这件事"与《尚书》叙说大甲事乖异，不知老叟之伏生，或致昏忘，将此古书亦当时杂记，未足以取审也"。

因为司马迁著《史记》，曾取材于《尚书》，《尚书》关于此事的记述，与《史记》略同。杜预因此怀疑，西汉初年的藏书家伏生老先生在发掘整理壁藏之《尚书》时，记忆可能发生了混乱，将古书中不甚靠谱的传说当成了当时杂记，也没有详加校勘，致使后世出现了截然相反的记载。杜预先生此论，将两本古籍隔世掐架的原因归咎于伏生老先生，似乎也有合理之处，然而终究不过是猜测。

杜预先生此说，牵扯了一件在中国历史上影响深远的重大事件：焚书坑儒。《尚书》之传世，还有一段浸透着血泊的故事。《尚书》亦称《书经》，相传由孔子编纂而成，保存了商周时期，特别是西周初期的一些重要文献。伏生乃山东章丘（今济南市）人，孔门弟子辖子贱之后裔，他与《尚书》的因缘，充满了传奇色彩。

公元前213年，秦始皇嬴政在丞相李斯唆使下，实行"焚书坑儒"，毁灭了许多宝贵古籍，其历史罪责可谓大矣。伏生冒着生命危险，把古本《尚书》书版偷偷藏在墙壁夹层之内，逃过了丧身火海的厄运。汉惠帝四年（前191），他挖开墙壁，发现历经二十余载，书版枯朽，触之欲碎，所幸尚有29篇保存完好。

此事风传开来，轰动一时，后来汉文帝刘恒登基，他对伏生与《尚书》的故事早有耳闻，传旨召见，回耐此时伏老先生已年逾九旬，行动不便，文帝指派时任太常掌故的晁错，前往伏老先生在济南的家里，当面聆教。老先生已经口齿含混，说出来的话如同"天书"，只有他的女儿羲娥能够听懂，如此一来，只好由老先生口述，请羲娥小姐担任翻译，再经晁错记录整理，经过这样的深入发掘，终于将伏生胸藏之《尚书》与现存资料"合璧"——这就是流传至今的宝贵典籍《尚书》。

五

"文丁杀季历"这一著名桥段，也是一桩波谲云诡的历史疑案。

文丁（？～前1102），子姓，名托，商王武乙之子，《竹书记年》作"文丁"，《史记》作"太丁"，商朝第29位国君，在位11年。季历，姬姓，名历，周太王古公亶父第三子，周文王姬昌之父，周武王姬发与周公旦之祖父。

对这两对远古时期的帝王父子，太史公在《史记》中均有记载，只

是姿态不同，褒贬迥异。《史记·殷本纪》对文丁的老爹、商王武乙作了严厉批判，斥责他"无道"，说他曾经制作了一个木偶人，称之为"天神"，与之赌博，"天神不胜，乃僇辱之"；又用皮革做了一个囊袋，"盛血，昂而射之，命曰'射天'"。身为国王，整天搞这种愚昧荒唐把戏，端的可笑也。一天，他去黄河与渭河之间打猎，天空中忽然阴云四合，震雷滚滚，武乙躲闪不及，遭遇厄运，"暴雷，武乙震死"。如此死法，也算报应吧。武乙死后，其子登场，"子帝太丁立"，简单一句话，五个字，太丁一闪而过，便消失于历史洪流之中了——"帝太丁崩，子帝乙立。帝乙立，殷益衰"。对于太丁与季历之死，并无一字涉及。此时的商朝，已是强弩之末，国运衰竭，帝乙是商朝第30任国君，商纣王的老爹。

　　而在《史记·周本纪》中，太史公对季历老爹古公亶父，作了满腔热情的歌颂。那时候，周是商朝的一个诸侯国，其奠基者古公亶父据说是轩辕黄帝第十六世孙、周祖后稷第十二世孙。太史公指出，古公亶父继承先祖后稷、公刘之宏业，"积德行义，国人皆戴之"。有一年，戎狄人前来侵扰，意欲掠夺财物，古公下令"予之"，舍财保平安吧。可是不久，戎狄人又气势汹汹来犯，"欲得地与民。民皆怒，欲战"。古公一声长叹，说出一番话来："有民立君，将以利之。今戎狄所为攻战，以吾地与民。民之在我，与其在彼，何异。民欲以我故战，杀人父子而君之，予不忍为。"他说，老百姓拥立国君，是希望他为民众谋利益，如今戎狄人来侵犯，掠夺土地与民众，实在可恨啊！可是，冷静想一下，百姓跟着我，或跟着他们，又有啥不同呢？让大家为了我一个人的王位，而去拼死搏杀，父子喋血，家破人亡，我怎么能忍心啊？

　　于是，"乃与私属遂去豳，度漆、沮，逾梁山，止于岐下"。"豳"，古地名，位于陕西彬县、旬邑县一带；"漆"，漆水，"沮"，沮水，均为渭河支流；"梁山"，位于咸阳乾县城北，是一座圆锥形石灰岩山体，上有三峰耸立；"岐下"，岐山脚下，位于陕西宝鸡境内。为了躲避戎狄人的追杀，古公亶父带领家人与部属，离开祖居的豳地，长途跋涉，越过漆水与沮水，来到岐山脚下，居住谋生，"豳人举国扶老携弱，尽复归古公于岐下"，远远近近的老百姓，听到古公来到此地，也纷纷来归，在这里开荒种田，开辟了一片新天地，"民皆歌乐之，颂其德"。

古公亶父有三个儿子，长子太伯，次子虞仲，三子季历。作为最小的儿子，季历本来没有继位优势，可是，他娶了一个贤惠老婆太任，生了一个聪颖绝世的儿子姬昌（即周文王），受到古公垂爱："我世当有兴者，其在昌乎？"古公说，我们家族必有一代雄起，希望就在姬昌这小子身上吧？太伯、虞仲一听，明白老爹打算让季历继位，按顺序传至姬昌，于是相约逃亡到南方荆蛮之地，"文身断发，以让季历"。太伯和虞仲在太湖流域落地生根，后来开创了吴国，在锦绣江南开辟了一片宏业。

对于继位后的季历，太史公只是作了简单记述："古公卒，季历立，是为公季。公季修古公遗道，笃于行义，诸侯顺之。"对季历之死，记载也很简略："公季卒，子昌立，是为西伯。"至于季历的死因，太史公只字未提。然而，到了《古本竹书纪年·文丁篇》，赫然有一段"王杀季历"，如下：

王嘉季历之功，锡之圭瓒、秬鬯，九命为伯，既而执诸塞库。季历困而死，因谓文丁杀季历。

文中的"王"，指商王文丁；"圭瓒"，玉制酒器，形状如勺，以圭为柄；"秬鬯"，用黑黍和郁金香草酿造的酒，用于祭祀及赏赐诸侯。南梁沈约注云："执王季于塞库，羁文王于玉门，郁尼之情，辞以作歌，其传久矣。""郁尼"，郁悒哀伤之意也。沈约所说的情形，可推而想之：商王文丁一声令下，王室卫队倾巢而出，在塞库擒获季历，在玉门羁押其子姬昌，姬昌抑郁而歌，传之久远。

综合以上记载，真相渐渐浮出江湖。这其实是一场蓄谋已久的诱捕。

公元前1231年，周国奠基者古公亶父辞世，其子季历即位，史称公季，他推行仁政，发展农业，国势日益强盛，同时不断征伐，连战连捷，四方归顺，引起商王文丁惊恐，这才定计捕杀之。

追根溯源，这场动乱的祸根，是文丁老爹武乙早年"种"下的。武乙在位期间，为了稳定西部边陲，削平诸侯叛乱，曾授予季历征伐之特权，随时镇压那些蠢蠢欲动的动乱分子。季历率领麾下将士，四面出击，西灭程（今陕西咸阳）、北伐义渠（今宁夏固原），所向披靡，八方震动。随后，季历带着大批战利品，前往商都朝歌，向商王武乙进贡报捷，老态龙钟的武乙龙颜大悦，赏赐他沃野三十里、美玉十双、良马十匹。此后，季历又出兵征伐西落鬼戎（即鬼方），俘获一干大小头目十余人。武乙辞世，文丁继位，为了表示继承父志，同时秀一下广阔胸襟，授予季历"牧师"称号，使之成为商朝西部众诸侯之首领。季历深受鼓舞，征伐势头更加猛烈，他高擎寒光闪闪的战斧，先后灭掉了余吾戎（今山西长治市西北）、始呼戎（今山西南部）、翳徒戎（今山西南部）、燕京戎（活动于山西中部太原盆地）……

季历连战连捷，凯歌高奏，震动了西部原野，也震惊了文丁那颗虚弱的心，他惊恐地发现，随着一连串胜利，季历羽翼日益丰满，已经由一只绵羊变成一只斑斓猛虎，说不定啥时候就会腾跃而起，吞噬商朝的万里江山，这还了得啊！于是，他决定采取诡诈手段，以赏赐为名，将季历诱骗到殷都，随口封之为"方伯"，号曰"周西伯"，赏赐圭瓒、秬鬯等宝物，并设宴款待，美酒佳肴，莺歌燕舞。到了这时候，季历虽然稍感诡异，尚未察觉巨大危险就在眼前，他还在把玩晶莹剔透的圭瓒呢，岂料风云突变，伏兵齐出，将他一举拿下，予以囚禁，季历嘶声呐喊，绝食抗争，可是到了这一刻，一切都无济于事了，最后死于朝歌，史称"文丁杀季历"。

这起命案，铸成了商朝与周国之间的历史恩怨。文丁死后，其子帝乙继位，他在位期间，商朝国势日益衰落，各诸侯国反抗势头猛烈，按下葫芦浮起瓢，搞得他焦头烂额。季历死后，其子姬昌继位，这就是大名鼎鼎的周文王，他发誓为老爹报仇雪恨，不断积聚力量，时刻准备与商朝决一雌雄。

为了缓解姬昌心底的仇恨，帝乙决定采取和亲策略，将女儿嫁给姬昌为妻。对这桩远古时代的旖旎婚事是否属实，目前学界尚有争论，有人说有，有人说无，且各有说辞。不过，从基本的人性出发，帝乙迫于当时四面楚歌的局势，以和亲来缓和与姬昌的关系，进而缓解国家危机，还是顺理成章的。《周易》泰卦云："帝乙归妹，以祉元吉。"此处之"妹"，非兄妹之"妹"，而是指少女，即帝乙之女。帝乙嫁女，姬昌娶妻，阴阳和合，喜庆吉祥。对这桩令人艳羡的政治婚姻，《诗经·大明》咏叹："文王初载，天作之合。"成语"天作之合"，由此而来也。

对比《史记》与《竹书纪年》对"文丁杀季历"这场命案的相关记载，令人感慨丛生：其一，在太史公笔下，此案似乎并未发生，风调雨顺，天下和谐；究竟是查无此事，根本就不存在，还是查无实据，没有见到相关资料，抑或是选择性"失明"，视而不见，只有天晓得也。其二，《竹书纪年》之记载，扎实而血腥，凿凿有据，倒是符合人性之幽暗与史海之幽深，可信度较高；而太史公笔下的风平浪静，"水波不兴"，形势一片大好，倒是颇值得怀疑呢。

尧帝与舜帝、伯益与夏启、太甲与伊尹、文丁与季历，这些导致《史记》与《竹书纪年》"隔世掐架"的古代人物，所演绎的这些色彩艳异的古典桥段，真相究竟如何，已不可考；然而，站在两个截然相反的角度来回望历史，却是一件很有意思的事，至少提醒人们：所谓"历史真相"，总有两个或两个以上之"解"，很难统于"一"，也不可能统于"一"。

2019年3月4日

下卷 史海夜航

汲冢竹书里的穆天子

一

《穆天子传》是"汲冢竹书"中唯一流传至今的古代典籍。所谓"汲冢竹书",是晋武帝司马炎时期,在汲郡(今河南汲县)一座战国古墓中发掘出土的一批竹简古书。那是西晋咸宁五年(279),一个名叫不準的盗墓贼,盗掘了战国时代魏国第4代国君魏襄王的陵墓,他得到的不是金光耀眼的金银财宝,是散发着衰朽气味的竹简数十车,竹简上全是曲里拐弯的蝌蚪文。这就是后来闻名于世的"汲冢古文"。

这些衰朽断残的竹简,经过晋代学者荀勖、和峤、束皙等人多年的整理与释读,最终厘定了先秦古书约十余种,共七十五篇。这些古书,统称为"汲冢竹书",其中包括《穆天子传》。这批竹简如今早已不存,同时出土的古本编年体史书《竹书纪年》十二篇也在宋代佚失,清代存有辑校本,为研究古代史的重要资料。

《穆天子传》,亦称《周穆王传》《周穆王游行记》,是西周典籍之一,与《周易》《黄帝内经》并称为"上古三大奇书"。该书以日月为序,分为六卷。前四卷可以说是周穆王的"旅游日记",类乎记录皇帝日常行踪的"起居注"。周穆王姬满率领"七萃之士"（禁卫军），乘着赤骥、盗骊、白义、逾轮、山子、渠黄、骅骝、绿耳之"八骏"，由造父驾车，先是西行，尔后北游。他的西行路线，是从宗周（今河南洛阳）出发，北渡黄河，过漳水，越太行，涉滹沱，出雁门，抵包头，经贺兰山，穿越鄂尔多斯高原腹地的鄂尔图斯沙漠，行程35000余里，至西王母之邦昆仑山，与西王母宴饮酬酢。尔后继续北行1900里，抵达"飞鸟之所解羽"的"西北大旷原"，即中亚地区。

《穆天子传》第一卷开篇曰："饮天子蠲山之上。戊寅，天子北征，乃绝漳水。"开篇就已经到了"蠲山之上"，预示着此前的文字记录已经散佚，穆天子究竟在何时何地起驾、如何与朝臣钱别等情形，也随之消失了。这座云雾缭绕的"蠲山"，乃古代山名，其具体方位已不可考，应该在漳河以南吧。

此后，一行人迤逦西进，宴饮于盘石之上，抵达钘山之下。晋代游仙诗人郭璞注云："钘山，即井钘山，今在常山石邑县。钘，音邢。""石邑县"，即今河北井陉县；"井钘山"，即井陉山，在井陉县境内，《元和志·井陉县》云：陉山"四面高，中央下，如井，故曰井陉"。《清一统志·正定府》引述《旧志》云："山在今县北五十里，其险为河北、河东关要。县境诸山错列，大约与陉山相接连，皆太行之支陇也。"穆天子的豪华车驾在井陉山盘桓数日，然后由陉山之西出发，抵达山西雁门关附近的欶河，向着昆仑山迈进，前往拜会西王母……

西行归来，穆天子将目光转向东方，先后两次东游，与沿途各民族人士相聚欢会，往来赠答——"仲秋甲戌，天子东游，次于雀梁，蠹书于羽陵"；"季冬甲戌，天子东游，饮于留祈，射于丽虎"；"丙辰，天子南游于黄室之丘，以观夏后启之所居……饮逄公酒，赐之骏马十六，绨纮三十箧。逄公再拜稽首"；"天子乃休，日中大寒，北风雨雪，有冻人。天子作诗三章以哀民"。文中"雀梁""羽陵""留祈""丽虎""黄室"，皆为古代地名。"仲秋甲戌"，正是深秋季节，绿叶转黄，天子东游，驻跸于雀梁，蠹书于羽陵。郭璞注云："蠹书，谓暴书中蠹虫。""季冬甲戌"，冬天来临，天子再次东游，饮酒射猎，不亦乐乎。这年冬天，大雪飘飞，"日中大寒，北风雨雪，有冻人"，有百姓冻饿而死，穆天子作诗哀悼。

《穆天子传》整理者之一、西晋光禄大夫荀勖在序言中指出："《春秋左氏传》曰'穆王欲肆其心，周行于天下，将皆使有车辙马迹焉。'此书所载，则其事也。王好巡守，得盗骊騄耳之乘，造父为御，以观四荒。北绝流沙，西登昆仑，见西王母，与太史公记同。"

荀勖先生提及的太史公所记载的周穆王与西王母相会桥段，见于《史记·赵世家》："穆王使造父御，西巡狩，见西王母，乐之忘归。而徐偃王反，穆王日驰千里马，攻徐偃王，大破之。乃赐造父以赵城，由此为赵氏。"

这段简短文字，却记载了两个重大历史事件：其一，穆王平叛；其二，赵国奠基。周穆王由造父驾车西游，在昆仑山拜谒西王母，两人在瑶池上大摆筵席，饮酒行乐，"乐之忘归"，忽然噩耗传来：徐国国君徐偃王举兵造反了！

徐国，乃西周王朝诸侯国，开国君主为上古伯益之后裔若木，其辖境在今江苏淮河、泗水一带，建都下邳（今江苏睢宁县古邳镇），徐偃王嬴诞是徐国第32代国君。关于嬴诞其人，干宝《搜神记》卷十四记载："古徐国宫人，娠而生卵，以为不祥，弃之水滨。有犬名'鹄苍'，衔卵以归，遂生儿，为徐嗣君。后鹄苍临死，生角而九尾，实黄龙也。葬之徐里中。"

嬴诞先生的身世，堪称神奇。他的老娘，是徐国后宫中一个艳丽宫女，一天，宫女忽然诞下一个大如月轮的肉球，徐君惊恐莫名，命人抛之荒野，却被一只名曰鹄苍的老犬衔了回来，温水洗涤，肉球霍然裂开，惊见一个"有筋而无骨"的胖小子安睡其间——这就是后来的徐偃王。徐偃王继位之后，治国有方，厉行仁政，国家五谷丰登，百姓安居乐业。因为衔卵救主有功，老犬鹄苍极受偃王厚待，赡养至死。鹄苍长眠之处，称为"龙墩"，亦称"鹄苍冢"。当地百姓对鹄苍十分崇敬，把它当作吉祥物，经常祭奠。

随着国力日益增强，疆域不断扩大，徐偃王的野心也急剧膨胀，不但僭越称王，还逾制兴建都城，其规模甚至超过了周朝都城。《韩非子·五蠹》："徐偃王处汉东，地方五百里，行仁义，割地而朝者三十有六国。"当时的徐国疆域，囊括了淮河、泗水流域的苏、鲁、豫、皖部分地区。徐偃王踌躇满志，举兵造反，欲取代周穆王，实在也是势所必然也。

周穆王闻听徐偃王兴兵作乱，勃然震怒，急令造父快马加鞭，"日驰千里"，赶回平叛，一举诛灭徐偃王。对这场古代平叛战争，《元和郡县志》的记载是：穆王"乘八骏之马，使造父御之，发楚师袭其不备，大破之，杀偃王。其子宗遂北徙彭城武原山下，百姓归之，号曰'徐山'"。徐山位于今江苏邳州市西南，徐偃王之子嬴宗归隐徐山，四方百姓纷纷来归，后来不知所终。

徐偃王被杀，徐国灭亡，周穆王论功行赏，将赵城（位于山西南部）赐予造父，以邑为氏，赵氏由此兴起，赵国由此奠基，"穆王以赵城封造父，造父族由此为赵氏"（《史记·秦本纪》）。

对这场战争，《青铜甬道铭文》"公元前960年～前941年"载："穆王十七年（前960），西征昆仑丘，见西王母。徐国始强，率九夷攻周西至河，穆王驰师救周，与楚联合伐徐，逐徐偃王至彭城以北。"文中提及的"九夷"，亦称"东夷"，是先秦时期对生活在今山东东部、淮河中下游江苏、安徽一带部族的统称，《后汉书·东夷传》云："夷有九种，曰畎夷、于夷、方夷、黄夷、白夷、赤夷、玄夷、风夷、阳夷。"那一带，当时正是徐国辖境。徐偃王统率着麾下士卒，向着西周都城宗周（今陕西西安）进攻，已经遥遥望见了渭河翻卷的波涛，穆王火速回京平叛，并采取釜底抽薪之策略，联合楚国讨伐徐国本土，一举瓦解了徐偃王的攻势，扭转了战局，取得了最后胜利。

周穆王麾下的这位著名车夫造父先生，当然也不是等闲之辈，据《元和姓纂》记载，他与徐偃王同宗，也是上古伯益之后裔，"帝颛顼伯益嬴姓之后，益十三代至造父，善御，事周穆王，受封赵城，因以为氏"。

二

周穆王姬满（约前1054～前949），西周王朝第五位君主，在位55年，是西周在位时间最长的君王。

公元前977年，周昭王姬瑕薨逝，太子姬满继位，史称周穆王。《史记·周本纪》载："穆王即位，春秋已五十矣。王道衰微，穆王闵文武之道缺，乃命伯冏申诫太仆国之政，作《冏命》。复宁。"周穆王即位时，已经年届半百，王道衰微，文武驰縻，为振兴朝纲，他做了两项重要的人事任命：其一，任命行政专家伯冏为太仆长，统领王室侍御人员，整饬后宫与百官，重申政治纪律与执政规范；其二，任命法律专家甫侯为司寇，整饬社会秩序，精研酷刑峻法，制定出台了《甫刑》，实行墨、劓、膑、宫、大辟五大酷刑，其实施细则达3000条之多，开了后世酷刑治国之先河。

穆王在颁给伯冏先生的任命策书《冏命》中说："惟予一人无良，实赖左右前后有位之士，匡其不及，绳愆纠谬，格其非心，俾克绍先烈。"他说，我自己德行修炼差得实在很多，需要依赖诸位臣僚匡正我的不足，纠正我的谬误，矫正我的心态，使我能够继承先王之勋业，再铸王朝之辉煌。拜请先生不吝赐教啊！

尽管穆王的态度很诚恳，似乎虚怀若谷，虚心纳谏，其实不过是口吐莲花，实际上并非如此。据《国语·周语》记载，公元前967年，穆王继位已经十载，国家日益强盛，他决心发动大规模西征，讨伐桀骜不驯的犬戎人。据说，犬戎可能是匈奴之始祖，活跃在周朝西部地区（今甘肃宁夏交界一带）。大臣祭公谋父谏阻说："先王耀德不观兵。夫兵戢而时动，动则威，观则玩，玩则无震。"他说，我们的先王总是以德行高洁服人，从不炫耀武力，军队待时而动，动则威震天下，若只为耀武扬威，妄动刀兵，就会被世人唾弃了。他希望穆王像先辈那样，"茂正其德而厚其性，阜其财求而利其器用"，弘扬美德，修炼性情，增加财富，改善器用，以确保西周王朝之伟大事业世代相传。

祭公谋父的这番劝谏，可谓语重心长，用心良苦，周穆王听罢，只是嗯嗯几声，转身就当作了耳旁风，下令御驾亲征，讨伐犬戎——"王遂征之，得四白狼四白鹿以归"。这次西征的结果，只是得到了四只白狼与四只白鹿，却导致边远地区离心离德，再也不肯朝见周天子了，"自是荒服者不至"。

那时候，犬戎属于周朝的"荒服"，每年必须向周王室进贡方物特产。所谓"荒服"，乃古代"五服"之一。何谓"五服"？《国语·周语》记载了祭公谋父对此的阐释："先王之制，邦内甸服，邦外侯服，侯卫宾服，夷蛮要服，戎狄荒服。日祭、月祀、时享、岁贡、终王，先王之训也。"

具体而言，就是以京城为中心，按照距离远近，划出边界，定出地域类别，依次划分为"甸服""侯服""宾服""要服""荒服"，统称"五服"。《尚书·禹贡》云："五百里荒服"，泛指远离京城的边远荒僻之地。

对周穆王此次西征，《后汉书·西羌传》的记载略有不同："至穆王时，戎狄不贡，王乃西征犬戎，获其五王，又得四白鹿，四白狼，王遂迁戎于太原。"犬戎首领不但拒绝向周朝进贡，且态度倨傲，犬戎武装还不断袭扰周朝边民，穆王御驾亲征，武力讨伐，俘获了犬戎族五个酋长，并把部分戎人迁徙到太原（今甘肃镇原县）。

我们透过历史烟雾，管窥周穆王一生之行迹，可以得出如下基本结论：其一，他堪称古代政治强人，铁腕整饬朝纲，使王朝规范运行，国家日益强盛；其二，他制定苛酷法律，实行铁血统治，既使社会有序，也令德政崩摧；其三，他野心勃勃，征伐不断，王朝疆域不断扩充；其四，他不但是古代超级驴友，还是暖男一枚，情挑红颜女神西王母，宠溺绝色爱妾盛姬，演绎了两出桃色逸闻，流传千古。

品读《穆天子传》的斑斓文字，追溯穆天子的漫漫长征路，但见涛飞云走，缥缈虚幻，波谲云诡，却霍然发现了一个事实：西王母与盛姬，这两位古代巾帼裙钗，才是本书真正的主角儿。周穆王与西王母的深情款款，与爱妾盛姬的悲情绝恋，是《穆天子传》留给后世的两支哀啼顽艳不绝如缕的情殇之歌。

三

对穆王此次远征，以及与西王母之会，古籍多有记载。《列子·周穆王》云："穆王不恤国是，不乐臣妾，肆意远游，命驾八骏之乘……遂宾于西王母，觞于瑶池之上，西王母为天子瑶，王和之，其辞哀焉。"列御寇老先生对穆王持批评乃至批判态度，说他不忧虑国事，不体恤臣民，逞情使性，肆意遨游，至于他与西王母之间的情谊，倒是很真切的。《竹书纪年·卷四·周武王及幽王》只是叙述史实："穆王十七年，王西征昆仑丘，见西王母。其年，西王母来朝，宾于昭宫。"

按照《竹书纪年》的说法，周穆王与西王母曾两次会面，先是穆王西行，在昆仑山上拜会西王母；西王母尔后回访，居住在周朝都城之昭宫，虽然细节不详，其情谊却很深厚。到了《穆天子传·卷三》中，穆王与西王母的"瑶池相会"，则演绎成一出活灵活现的言情剧——

  吉日甲子，天子宾于西王母。乃执白圭玄璧以见西王母。
好献锦组百纯，白组三百纯。西王母再拜受之。乙丑，天子觞西
王母于瑶池之上。西王母为天子谣曰："白云在天，丘陵自出。
道里悠远，山川间之。将子无死，尚能复来？"天子答之曰：
"予归东土，和治诸夏。万民平均，吾顾见汝。比及三年，将复

而野。"西王母又为天子吟曰："徂彼西土，爰居其野。虎豹为群，於鹊与处。嘉命不迁，我惟帝女。彼何世民，又将去子。吹笙鼓簧，中心翱翔。世民之子，惟天之望。"天子遂驱升于弇山，乃纪丌迹于弇山之石，而树之槐，眉曰：西王母之山。

　　循着这条记载，后人恍然看见，当年周穆王乘坐由造父驾驭的八骏周游天下，抵达昆仑山下之时，但见昆仑之巅瑞雪飘飞，仙气缭绕，馨香暗涌，便传令停车，擎着白圭、玄璧等晶莹闪烁的珠宝玉器，前往拜见西王母。玉肌花貌的西王母一见天子，嫣然一笑，款款前行，请他参观金碧辉煌的寝宫，尔后登临瑶池，设宴款待。那时候，天空中百鸟飞翔，群仙舞蹈，瑶池之波，碧水荡漾，彩虹倒影，恍若梦幻，西王母犹如玉树临风，纤手凝脂，玉腕胜雪，含笑相望，随口吟道：

　　　　白云在天，丘陵自出。
　　　　道里悠远，山川间之。
　　　　将子无死，尚能复来？

　　西王母吟唱的歌谣，似乎飘漾着缱绻柔情：白云在天上飘啊飘，山岭起伏路途遥啊遥，天子东归之后，假若龙体康健，还能再来见我吗？——这样的殷殷叮咛，可谓情深意长矣。穆天子望着西王母，似乎神魂也开始飘荡起来，顺口吟道：

　　　　予归东土，和治诸夏。
　　　　万民平均，吾顾见汝。
　　　　比及三年，将复而野。

　　穆王信誓旦旦地表示：等我回到故国，万民安康和乐的时候，我就来看你，最晚不超过三年，我一定会再次踏上这片神奇的原野。

呵呵！这哪里是一个昆仑女神与一个威风凛凛的国王在对话呀，仿佛一对恋人在告别嘛。然而，这还没完呢。西王母听罢天子的回答，又唱道：

徂彼西土，爰居其野。

虎豹为群，於鹊与处。

嘉命不迁，我惟帝女。

彼何世民，又将去子。

吹笙鼓簧，中心翱翔。

世民之子，惟天之望。

穆王啊，你跋山涉水来到这里，看到的却是满目荒凉；这里虎豹凶猛，风沙弥漫，猛禽在四方游荡，鸟儿精灵一般在空中飞翔。只要你的誓言坚如磐石，我也会把你珍藏在心房。远方究竟有着什么样的圣灵啊，竟能使你离开我的身旁？唉唉。刚刚相见，又要分手，我的心啊，吹笙鼓簧，万般翱翔。太阳每天升起，江河大水浩荡，春花灿烂，白云漫卷，但愿苍天有情啊，保佑天子平安吉祥！

穆天子就在西王母柔情万里的歌声中，依依告别，率领麾下众将来到日落之处的弇兹山下，在山顶石壁上篆刻了一行大字："西王母之山"。"弇兹山"，亦称"崦嵫山"，日落之处。郭璞注云："弇，弇兹山，日入所也。"

对于《穆天子传》中这段情景交融的描绘，曾有人提出异议甚至批评，说西王母乃是高居昆仑山"琼华之阙，光碧之堂，九层玄室"，统辖"天上天下、三界十方"的齐天圣母，怎么会对一个野心勃勃东征西讨的周穆王"动情"，以至于含情脉脉地为他吟诵歌谣，相约来日再相会呢？嗯嗯。此言差矣！其一，西王母虽然是高踞昆仑仙阙之大神，餐冰雪，饮明月，万方仰首膜拜，毕竟也具备熠熠闪烁的人性之光，面对异性，偶尔动情，自然流露，并不意外。其二，或许，西王母希望通过自己的魅力之光，来阻止穆王西征，因为，"息戈止战，造福百姓"，历来是西王母对俗世帝王的谆谆教诲，面对周穆王这样的大野心家，她必须"以情动人"，才能收到事半功倍之效，所谓"感人心者，莫先乎情"，对这条恒定不移之规律，王母运用得如此出神入化，几乎令铁嘴钢牙铁石心肠的周穆王拜倒在石榴裙下，差点调转马头，班师回朝。

尽管如此，周穆王终究还是被自己的猎猎野心所掳，继续西征，却在日落之处的弇兹山下，篆刻了"西王母之山"几个大字，以为永久的纪念，足见其情动于心，难以忘怀也。

四

如果说，穆天子把西王母视为红颜知己，两人的举动，发乎情而止乎礼；那么，穆天子与爱妾盛姬的旷世绝恋，则堪称惊天动地了。

据考证，《穆天子传》其实是由两部书组成，第六卷原名《周穆王美人盛姬死事》，亦称《盛姬录》。穆王与爱妾盛姬同游东方，缱绻情深，不幸的是，盛姬于途中感染风寒，至于猝死，穆王伤心欲绝，命以皇后之礼葬之——"天子舍于泽中，盛姬告病，天子怜之……盛姬求饮，天子命人取浆而给"；"盛姬告病，天子哀之，是曰哀次。天子乃殡盛姬于谷丘之庙"；"甲辰，天子南葬盛姬于乐池之南。天子乃命盛姬之丧，视皇后之葬法""举旗以劝之，击锤以止哭，弥旗以节之"，极尽哀荣。文中"泽中""谷丘""乐池"，均为古地名，大约在山东境内。

读罢此文，但见满纸珠泪迸溅，尽为穆天子对盛姬的绝世眷恋与刻骨相思。史载，盛姬死后，葬于今山东临朐县沂山之东南。元代历史地理学家于钦《齐乘》云：沂山"山顶有二冢，相传周穆王葬宫嫔于此，故大岘关因号穆陵云"。

盛姬，郕国（今山东汶上县境内）国王盛伯之女，极受穆王宠爱，为之建造了一座高台，名曰"重璧台"。周穆王对盛姬之死，哀伤彻骨，泪流不止，"天子永念伤心，乃思淑人盛姬，于是流涕"。卫士蒌豫劝谏说："自古有死有生，岂独淑人。天子不乐，出于永思。永思有益，莫忘其新。"蒌豫说，自古以来，有生就有死，美女当然也一样啊。大王您如此悲伤思念，会损害龙体啊，还不如找个新宠，逍遥快活呢！穆王听了蒌豫的话，又伤心地痛哭起来，"天子哀之，乃又流涕"。唉唉！君王之爱，至于如此，也算上古之绝唱了。唐代诗人李商隐为此叹息不已："神仙有分岂关情，八马虚追落日行。莫恨名姬中夜没，君王犹自不长生。"

（《华岳下题西王母庙》）

据传说，周穆王东游沂山时，当地官员曾驱使大批民众，劈山修路，凿石穿云，在玉皇顶上修建了一座壮丽的观景台，穆王与盛姬在台上相依相偎，极目远眺，看鸿鹄翱翔，白云飞卷，忽然，天空中飞来两只凤凰，啾啾呼唤，比翼齐飞，在空中划过一道绚丽美妙的曲线，穆王大喜，揽着盛姬说："凤凰，瑞鸟也。凤凰现，圣王出，应吾身矣！"凤凰飞翔，闪烁万道吉祥之光；吾为圣王，自当灵盖万世八荒！穆王说罢，俯身一个长吻，盛姬一声娇啼，浑身花枝乱颤……

穆王随即下旨，命侍从追逐天上凤凰之踪迹，看它们究竟归依何方？——侍从回来禀报，说找到了一块突兀空中的巨石，名曰鸣凤石；旁边有一个崆峒巨鸣的山洞，名曰栖凤洞。穆王喃喃自语："鸣凤，栖凤，美之所居呀！"后来盛姬染病辞世，葬于此地，称为"穆陵"。后人在此筑关，这就是齐长城第一雄关：穆陵关。穆陵关东侧，至今留有"梳妆楼"遗址，这就是当年盛姬为穆王梳妆打扮的地方了。

《诗经·卷阿》篇歌咏的就是穆王与盛姬的刻骨之恋："凤凰于飞，翙翙其羽，亦集爰止。蔼蔼王多吉士，维君子使，媚于天子……"

2019年4月29日

陈寿与陈式

一

中国历史典籍，首推"前四史"：司马迁《史记》、班固《汉书》、范晔《后汉书》、陈寿《三国志》。按照传统序列，《三国志》名列"前四史"最后一部。起初阶段，《三国志》以《魏书》《蜀书》《吴书》单独流传，直到北宋咸平六年（1003），才合为一部，共六十五卷，《魏书》三十卷，《蜀书》十五卷，《吴书》二十卷。因为记载略显单薄，既没有列出王侯、百官世系之"表"，也没有记载经济、地理、职官、礼乐之"志"，颇不合于《史记》《汉书》确立的"正史规范"，但因其文笔简净，剪裁得当，叙事委婉，尤擅品题历史人物，颇受后人赞誉，得以跻身"前四史"之列。

陈寿（233～297），字承祚，蜀国巴西郡安汉县（今四川南充）人，"少好学，师事同郡谯周，仕蜀为观阁令史"（《晋书·陈寿传》），他自幼刻苦好学，拜同郡大儒谯周先生为师，进入官场后，先是出任卫将军姜维帐下主簿，后来擢升秘书郎、黄门侍郎、观阁令史等，"宦人黄皓专弄威权，大臣皆曲意附之。寿独不为之屈，由是屡被谴黜"。后主刘禅时期的蜀国，大太监黄皓"奸巧专恣"，肆意弄权，满朝官员趋之若鹜，只有陈寿不肯依附之，饱受打击，屡遭贬黜。

陈寿早期遇到的三位大员，都是蜀汉时期叱咤风云的人物。他的老师谯周先生，乃蜀地大儒，"幼孤，与母兄同居。既长，耽古笃学，家贫未尝问产业，诵读典籍，欣然独笑，以忘寝食"（《蜀书·谯周传》）。陈寿为老师作传，仰望之情弥漫，说他"身长八尺，体貌素朴，性推诚不饰"，"研精六经，尤善书札，颇晓天文，而不以留意；诸子文章非心所存，不悉遍视也"。虽属颂扬之词，倒还符合史实。谯周出身贫寒，幼年丧父，与母亲和哥哥相依为命，长大后身材伟岸，学识渊博，精六经，善书札，通天文；对诸子百家之文，却是选择性阅读，不是真心喜欢的，便顺手弃之。据《隋书·经籍志》载，谯周著有《古史考》二十五卷、《论语注》十卷、《谯子法训》八卷、《五经然否论》五卷、《三巴记》一卷，可惜多有散佚。这样一位饱学之士，并非整日书斋笔耕，远离人间烟火，还是蜀国有影响的政坛大佬。诸葛亮官居益州牧时，他为劝学从事；后主刘禅被立为太子时，他为太子仆，后迁任中散大夫、光禄大夫。景耀六年（263），曹魏大将军司马昭派遣钟会、邓艾、诸葛绪等率军大举伐蜀，谯周力排众议，主张投降。刘禅投降后被迁往魏都洛阳，封为安乐县公；谯周因劝降有功，被封为阳城亭侯，升任骑都尉、散骑常侍。司马炎称帝后，征召谯周入朝为官，谯周带病前往洛阳赴任，不久病亡，享年69岁。

对谯周的"劝降"行为，当时既有"卖国贼"之讥，后世也多有批评。对此，陈寿极力为之辩护。他说，魏国大军兵临城下，"百姓扰扰，皆迸山野"，后主一筹莫展，众臣莫衷一是，有人主张投奔东吴，有人主张奔往南中七郡，争吵不休，谯周慷慨陈词，力主降魏，并发誓说："若陛下降魏，魏不裂土以封陛下者，周请身诣京都，以古义争之。"众人哑口无言，"于是遂从周策"，这才演绎了一曲后主请降、蜀国得全的史剧，"刘氏无虞，一邦蒙赖，周之谋也"。在陈寿看来，大厦崩塌之际，保全国家与百姓，实在是谯周先生的历史功绩呢。

陈寿入仕早期跟随的蜀汉名将姜维，字伯约，天水冀县（今甘肃甘谷东南）人，"少孤，与母居，好郑氏学"（《蜀书·姜维传》）。姜维幼年丧父，由老母亲抚养成人，喜好经学大师郑玄之学说。他的老爹姜冏乃曹魏武将，时任天水郡功曹，建安十九年（214）春天死于羌戎叛乱，姜维作为"烈士"之后，从此投身曹魏军旅，颇受优待，"赐维官中郎，参本郡军事"。

建兴六年（228），蜀相诸葛亮率军出祁山，开始了北伐之旅。他命令赵云、邓芝等人从斜谷道（渭水支流河谷）出兵引诱魏军，自己亲率大军向祁山进攻。因为主力部队被调开，魏国陇右地区的天水、南安、安定三郡纷纷投降，若不是马谡演绎一出"失街亭"，导致蜀军惨败，其结局还真是难以预料呢。

关于诸葛亮率军出祁山北伐，《三国演义》演绎了一出"六出祁山"之连续剧，精彩纷呈，其实不过是小说家言，实际上并非如此；诸葛亮一生多次北伐，至于几次途经岐山，目前尚有争论，有两次说，有四次说，也有五次说，姑且存疑吧。

祁山是一座历史名山，号称"天下奇峻"，位于甘肃礼县东、西汉水之北侧，西起北岈（今平泉大堡子山），东至卤城（盐官镇），绵延50余里，扼守蜀陇之咽喉，乃魏蜀必争之地。228年，诸葛亮第一次兵临岐山，曹魏天水郡太守马遵闻风丧胆，麾下各县人心浮动，他怀疑姜维等人"身在曹营心在汉"，于是连夜逃往上邽（今甘肃清水县），姜维走投无路，被迫投降，从此来到诸葛丞相麾下，被任命为奉义将军，封当阳亭侯。这一年，姜维27岁。

诸葛亮去世后，姜维逐渐在蜀汉军界崛起，诸葛丞相继任者费祎死后，姜维开始独掌军权，他像当初诸葛丞相那样，屡屡率军北伐，遭到蜀中大臣强烈反对，谯周写了一篇檄文《仇国论》，痛批姜维穷兵黩武，虚耗国力，要求他审时度势，改弦更张，"智者不为小利移目，不为意似改步，时可而后动，数合而后举，故汤、武之师不再战而克，诚重民劳而度时审也"。这篇文章，当时即引起争议，也受到后人批评，说通篇流溢着益州本土人对蜀汉外来统治者的反抗意识，是在为投降主义鸣锣开道云云。

陈寿进入姜维麾下时，姜维正在卫将军任上，在军界举足轻重，陈寿在这里待了多久、有何作为，史无明载，不得而知；但作为旁观者，他对姜维一生兴衰之轨迹，看得是很清晰的。姜维因为宦官黄皓弄权而负气出走，前往沓中（今甘肃舟曲县境内）屯田避祸；后来因为魏军大举进攻而退守剑阁（即剑阁道，位于今四川剑阁县境内），列营守险，抵御钟会；邓艾偷袭成都，刘禅不战而降，敕令姜维缴械投降，"乃投戈放甲"，与钟会相会于阵前，引起蜀军将士震怒，"将士咸怒，拔刀砍石"。钟会待姜维甚厚，"会与维出则同舆，坐则同席"，有说姜维是假意投降，打算利用钟会，反叛曹魏，复兴蜀汉，是否属实，只有天晓得也。此后，钟会与姜维一起构陷残虐邓艾，策动反叛，岂料麾下哗变，两人同时被戮，"魏将士愤怒，杀会及维，维妻子皆伏诛"（《三国志·姜维传》）。

对姜维的悲惨命运，陈寿颇为感慨："姜维粗有文武，志立功名，而玩众黩旅，明断不周，终致陨毙。《老子》有云：'治大国者犹烹小鲜。'况于区区蕞尔，而可屡扰乎哉？"他说，姜伯约粗具文韬武略，却志在建立盖世功名，轻举妄动，劳师远征，叵耐智谋不足，临危自乱，最后遭到惨戮。《老子》有云，治理大国就像煎小鱼，不可随意翻动，何况一个蕞尔小国，如何经得起屡屡扰动呢？——陈寿此论，与其师谯周先生的腔调相似，同情、惋惜、批评、叱责，尽在其中矣！

而屡次打击陈寿的大太监黄皓，因为受到后主刘禅宠信，官居中常侍、奉车都尉，捣鬼弄权，祸害惨烈，弄得满朝马屁连天，拍的却是黄太监的马屁，那些不肯屈身依附者，纷纷遭到残酷打击，即使刘禅的弟弟刘永，也难以幸免。《蜀书·二主妃子传》记载："初，永憎宦人黄皓，皓既信任用事，谮构永于后主，后主稍疏外永，至不得朝见者十余年。"因为黄皓的谗言陷害，刘永竟然十多年见不到皇帝老哥，也是叫人醉了。

《华阳国志》载，姜维憎恶黄皓专权误国，请求后主杀之，岂料后主淡定地说，黄皓只是个无足轻重的小人，行为不堪，"吾常恨之，君何足介意！"我有时候都对他恨得要命，姜大将军何必放在心上呢？姜维一听傻了，"惧于失言，逊辞而出"，惹不起，躲得起，跑到甘肃沓中屯兵种田去了，"以避内逼耳"。

这样一个作恶多端的阉宦，却没有得到应有的惩罚，《蜀志·董允传》载："及邓艾至蜀，闻皓奸险，收闭，将杀之，而皓厚赂艾左右，得免。"邓艾入蜀，刘禅投降，邓艾闻听黄皓险恶奸诈，恶行累累，下令关押，打算处死，可是，黄皓向邓艾麾下大肆行贿，最后得以免死。至于他的最后结局，请记住一句俗话：天道好轮回，苍天饶过谁？——黄皓的结局，注定也会是悲惨的。

<h1 style="text-align:center">二</h1>

据说，陈寿是蜀国"官二代"，他的老爹陈式，是著名败军之将马谡的参军，痛失街亭之后，诸葛亮涕泪涟涟，演绎了一出"挥泪斩马谡"，把马谡永远钉在了耻辱柱上，陈式也受到牵连，被处"髡刑"。

《三国演义》第九十六回"诸葛亮挥泪斩马谡"一节，十分精彩：

> 谡自缚跪于帐前。孔明变色曰："汝自幼饱读兵书，熟谙战法。吾累次叮咛告诫：街亭是吾根本。汝以全家之命，领此重任。今败军折将，失地陷城，皆汝之过也！若不明正军律，何以服众？汝今犯法，休得怨吾。汝死之后，汝之家小，吾按月给与禄粮，汝不必挂心。"叱左右推出斩之。
>
> 谡泣曰："丞相视某如子，某以丞相为父。某之死罪，实已难逃；愿丞相思舜帝殛鲧用禹之义，某虽死亦无恨于九泉！"言讫大哭。孔明挥泪曰："吾与汝义同兄弟，汝之子即吾之子也，

不必多嘱。"左右推出马谡于辕门之外，将斩。参军蒋琬自成都至，见武士欲斩马谡，大惊，高叫："留人！"入见孔明曰："昔楚杀得臣而文公喜。今天下未定，而戮智谋之臣，岂不可惜乎？"孔明流涕而答曰："昔孙武所以能制胜于天下者，用法明也。今四方分争，兵戈方始，若复废法，何以讨贼耶？合当斩之。"

须臾，武士献马谡首级于阶下。孔明大哭不已。蒋琬问曰："今幼常得罪，既正军法，丞相何故哭耶？"孔明曰："吾非为马谡而哭。吾想先帝在白帝城临危之时，曾嘱吾曰：'马谡言过其实，不可大用。'今果应此言。乃深恨己之不明，追思先帝之言，因此痛哭耳！"大小将士，无不流涕。

关于马谡之死，《蜀书·马谡传》载："先主临薨谓亮曰：'马谡言过其实，不可大用，君其察之！'亮犹谓不然，以谡为参军，每引见谈论，自昼达夜。"建兴六年（228）春，诸葛亮第一次出师北伐，令马谡率军守卫要塞街亭（遗址在今甘肃秦安县陇城镇），"亮违众拔谡，统大众在前，与魏将张郃战于街亭，为张郃所破，士卒离散。亮进无所据，退军还汉中。谡下狱物故，亮为之流涕"。

这段记载，可堪玩味。其一，马谡并不是阵前被杀，而是被投入狱中，是否经过合法审讯程序，不得而知；其二，对街亭之败，诸葛丞相负有重要责任，他忘记了先主刘备的再三叮嘱，与马谡打得火热，并违背众人意愿提拔马谡，让他镇守街亭要塞，直接导致了这场惨败。马谡死时，年仅39岁。悲哉！

作为马谡的重要助手，陈式当然不能幸免，被处"髡刑"，也并不冤枉。陈寿对此讳莫如深，只字不提，倒是《晋书·陈寿传》作了追记："寿父为马谡参军，谡为诸葛亮所诛，寿父亦坐被髡。""髡刑"乃上古五刑之一，就是剃去头发和胡须，肉体痛苦轻微，精神与人格侮辱深重，流行于夏商周三代，三国时期余绪尚存。

陈式被逐出军营，回到家乡，娶妻生子，不经意间，居然生下了一个声名远播的史学家陈寿。人生的意外，端的匪夷所思。鉴于自己街亭惨败，身心受辱，陈式对陈寿的教育，虽然具体情形不传，用心良苦是肯定的。20世纪90年代初，陈寿故居出土了一块汉砖，上绘"教子图"，显示了陈式教子呕心沥血之状，殊为可敬也。

透过史籍零星记载，可以略窥陈式的一生行迹：早年投身军旅，尽管无太大作为，毕竟也算军中骁将，在诸葛丞相麾下，东征西战，不意遭逢街亭失败，被处"髡刑"，从此心灰意冷，不久辞世，至于如何死法，却没人知晓。

关于陈式之死，因正史无记载，传说纷纭，成为谜案。陈寿为父讳，《三国志》对此只字不提，乃性情使然；《华阳国志》著者是东晋史学家常璩，比陈寿稍晚，跟着避讳，令人奇怪；《晋书》由初唐史学家房玄龄、褚遂良等人修纂，对此也只有"遭父丧"三字，颇令人费解。初唐距三国并不太遥远，应该不乏史料，究竟为何"禁言"，不得而知。传说，诸葛亮北伐期间，魏延、陈式等率军两万，昼夜兼程，直取箕谷。箕谷又称"伐鱼河谷道"，位于今陕西宝鸡市岐山五丈原与马尾河谷之间，形如簸箕，故称"箕谷"。清人毛凤枝《南山谷口考》载："在宝鸡县东南六十五里，有箕谷水（伐鱼河），北入渭。"岂料魏延、陈式刚入箕谷，诸葛亮就派邓芝赶来传令：不可轻进，预防埋伏！可是，两人不听号令，执意冒进，陈式率五千人冲出箕谷，遭到魏军伏击，五千兵马被打得七零八落，只剩下四百多人逃回，诸葛亮严厉问责，陈式被斩首。

到了《三国演义》第一百回《汉兵劫寨破曹真，武侯斗阵辱仲达》，情形更加具体生动：孔明率大军进驻祁山，劳军已毕，败将魏延、陈式、杜琼、张嶷入帐拜伏请罪，孔明追究罪责，魏延说："陈式不听号令，潜入谷口，以此大败。"陈式说："此事魏延教我行来。"孔明厉声叱责陈式："他倒救你，你反攀他！将令已违，不必巧说！"喝令武士推出陈式斩之。"须臾，悬首于帐前，以示诸将。"就这样，陈式做了替死鬼，冤乎不冤乎？只有天晓得。

　　无论传说，还是演绎，都只是猜测与揣度，不必当作信史穷究。至于陈式如何死法，反正人死如灯灭，七魂出窍，飞升而去，化为一缕青烟了。令人讶异的是，陈式之死，给其子陈寿带来了一场不大不小的灾难。事见《晋书·陈寿传》：

　　　　遭父丧，有疾，使婢丸药，客往见之，乡党以为贬议。及蜀
　　　平，坐是沉滞者累年。司空张华爱其才，以寿虽不远嫌，原情不
　　　至贬废，举为孝廉，除佐著作郎，出补阳平令。

　　老爹死了，陈寿哀哀守丧，至于一病不起，只好让婢女服侍吃药，半扶半拥之际，却被邻居撞见，随后向官府告发，说是男女相拥，有伤风化，恶声顿起，远近所闻，他百口莫辩，导致仕途受阻，数年得不到擢升。司空张华欣赏陈寿的汪洋才华，说他虽有小错，不至于废弃不用，于是举荐他做了孝廉，相当于佐著作郎，出任阳平县令。阳平乃古县名，秦朝置县，隶属东郡，遗址位于今安徽省固镇县城南一公里，地处浍河南岸。浍河，亦称浍水，发源于河南夏邑县，流经河南、安徽等地，是淮河的一条重要支流。

三

　　关于陈式与陈寿的"父子关系"，因为正史无载，历来争议颇多，传说纷纭，搞得一团模糊。《三国志》虽有其名，未见臧否；《晋书·陈寿传》称为"寿父"，未见其名；《华阳国志·陈寿传》对其兄的三个儿子均有介绍，对其父却只字未提；《廿二史札记》只是延续《晋书》旧说，以抒己见；倒是《三国演义》浓墨重彩予以描绘，然而毕竟属于小说家言，可信度如何，不得而知。陈寿因为当年的"曲笔"，弄得老爹在历史

上模糊不清，连生卒年都不能确定，其罪亦大矣！

综合分析各种记载，管窥如下：一、《晋书·陈寿传》记"寿父"因街亭之败，遭到"髡刑"，其为蜀汉高级将领无疑。二、《蜀书·马谡传》关于"失街亭"之记载，笔致委婉，意向鲜明，批评诸葛亮，为马谡洗地之意昭然，陈寿是否间接为老爹洗白，天晓得也。三、《三国志》所载"陈式事迹"，与"寿父"军旅生涯大体吻合，二者关系，基本可以推定。相关记载，约有三处。

其一，汉巴之战。《魏书·徐晃传》载："太祖（曹操）还邺，留晃（徐晃）与夏侯渊拒刘备于阳平。备遣陈式等十余营绝马鸣阁道，晃别征破之，贼自投山谷，多死者。太祖闻，甚喜。"曹操率大部队返回首都邺城（今河北临漳县），留下徐晃与夏侯渊据守古郡阳平。文中提及的"马鸣阁"，位于今四川广元市利州区宝轮镇；马鸣阁栈道，即今白水岸粗石站之偏桥。据乾隆年间《昭化县志·古迹》载："马鸣阁在治（县城）北五十里，白水之岸。"明人曹学佺《蜀中名胜记》载："汉先主（刘备）遣将陈式，绝马鸣道以拒曹操。操闻之叹曰：'此关过汉中之阴平，乃咽喉要路也'。"

这场战役，史称"汉巴之战"，爆发于建安二十年（215），曹操平定了汉中、巴东地区，威逼蜀都成都，刘备岂肯坐以待毙，率先出击，派遣黄忠、张飞、马超、吴兰等将领奔袭曹军，历经艰苦鏖战，吴兰战死，老黄忠斩杀曹操悍将夏侯渊，尽管老曹亲临前线指挥，依旧颓势难挽，被迫撤军。刘备令陈式率军截断马鸣阁栈道，切断曹军退路，意欲全歼之，因为徐晃奋勇阻击，曹操得以率军安然北归。此役，刘备艰难奏凯，老曹被迫退兵，三国鼎足之势初成。至于陈式在战斗中表现如何，不见记载，不便揣想；但他毕竟以将领身份，在《三国志》中亮了相。

其二，猇亭之战。《蜀书·先主传》载：章武二年（222）正月，"先主（刘备）军还秭归（今湖北秭归县），将军吴班、陈式水军屯夷陵，夹江东西岸。二月，先主自秭归率诸将进军，缘山截岭，于夷道猇亭驻营"。这是"猇亭之战"前夕,刘备调兵遣将,陈式与吴班率水军屯驻夷陵。文中提及的"猇亭",位于宜都县(今湖北宜都市)城北,《大清一统志·荆州府·古迹》云:"猇亭在宜都县北三十里大江北岸,一名兴善坊,今名虎脑背市。"

"猇亭之战",又称"夷陵之战",是三国时代"三大战役"的最后一战。三国时代,战火纷飞,战事不断,以三次大规模战役最为著名:官渡之战、赤壁之战、夷陵之战。如果说,前两次战役曹操是主角,官渡之战,曹操以弱胜强,战胜了不可一世的袁绍;赤壁之战,曹操穷兵黩武,得意忘形,遭遇惨败;而最后的夷陵之战,主角却是孙权与刘备。那时候,蜀国势力暴跌,张飞遇害,关羽被杀,刘备以为关羽报仇为号召,挥军出征东吴,来势汹汹,气焰炽盛,孙权以陆逊为大都督,率军迎击刘备,"火烧连营七百里",蜀军遭遇惨败,刘备就此一蹶不振,不久命绝白帝城。此役,陈式率水军屯驻夷陵,至于战绩如何,不得而知。

其三,建威之战。《蜀书·后主传》载:建兴七年(229)春,"诸葛亮遣陈式攻武都、阴平,遂克定二郡"。诸葛亮派遣陈式率军攻打武都(今甘肃陇南武都区)、阴平(今甘肃陇南文县),一鼓而下。这时候,陈式已成为独当一面的高级将领了。

这场战役,史称"建威之战",《蜀书·诸葛亮传》对此的记载略详:"七年,亮遣陈式攻武都、阴平。魏雍州刺史郭淮率众欲击式,亮自出至建威,淮退还,遂平二郡。"当时的武都郡、阴平郡,地处荒僻,人口稀少,贫穷落后,但作为曹魏西部重镇,依然具有重要的战略意义,也是魏蜀两家必争之地。陈式奉诸葛丞相之命,率军进攻武都、阴平二郡,曹魏雍州(今甘肃凉州)刺史郭淮欲率军偷袭陈军,诸葛亮立即率部进军武都郡西北角的建威县(治所在今甘肃陇南市武都区东北龙坝乡),威慑魏军,郭淮闻讯,随即后撤,二郡很快陷落。

这几处记载,平静,平淡,不动声色,然而,在静如秋水的叙述中,却能感到一丝丝难以言说的意味,虽千载以下,尚有余绪飞洒呢。有人批评说，陈寿在写到老爹陈式时，不按规矩避讳，直呼其名，大不敬也。其实，陈寿以史学家之姿态叙述三国故事，不涉私情，不论私谊，秉笔直书，"有君无父"，而已。至于他内心深处之波澜，以及映射出来的选择性记述与倾向性评说，那就只能凭识者从字里行间读取了。

2019年2月3日

"国史之狱" 痛心扉

一

所谓"国史之狱"，是发生在北魏太武帝年间的一场惨烈的"文字狱"。

北魏太武帝拓跋焘（408～452），字佛狸伐，代郡平城（今山西大同市）人，南北朝时期著名的鲜卑族政治家、军事家，北魏王朝第三位皇帝，庙号世祖。《魏书·世祖纪》说他"体貌瑰异""聪明大度，意豁如也"，他在位期间，"除禁锢，释嫌怨，开仓库，赈穷乏，河南流民相率内属者甚众"。《北史·魏本纪第二》说他"聪明雄断，威灵杰立。藉二世之资，奋征伐之气"，统率鲜卑虎狼之师，南征北战，"平秦陇，扫统万，翦辽海，荡河源"，先后攻灭胡夏、北燕、北凉，降伏鄯善、龟兹、粟特等西域诸国，奔袭柔然，征伐山胡，驱逐吐谷浑，"廓定四表，混一华戎"，统一中国北方，堪称勋业累累。这样一位鲜卑雄杰，其执政晚期却堕入昏庸残暴之窠臼，推行严刑峻法，大肆屠戮臣民，造成巨大创痛，也间接导致了自己的覆亡。而他对汉族名臣崔浩的诛杀，则铸成了一场影响深远的古代文字狱，受到后人的挞伐。

北魏太延五年（439）十二月，太武帝拓跋焘任命宠臣崔浩以司徒监秘书事身份领衔，与中书侍郎高允、散骑侍郎张伟一起，修纂《国书》。

崔浩，字伯渊，小字桃简，清河郡东武城（今河北故城县）人，北魏杰出政治家、军事战略家，《魏书·崔浩传》说他"少好文学，博览经史。玄象阴阳，百家之言，无不关综，研精义理，时人莫及"；"织妍洁白，如美妇人。而性敏达，长于谋计。常自比张良，谓己稽古过之"。

崔浩出身于北方世祖豪门"清河崔氏"，祖上与范阳卢氏、太原郭氏等豪族均是姻亲，三大豪族盘根错节，山呼海应，雄霸中原。崔浩七世祖崔林，为三国曹魏司空，封安阳乡侯；曾祖崔悦，为后赵司徒右长史；祖父崔潜，为后燕黄门侍郎；其父崔宏，"少有俊才，号曰冀州神童"（《北史·崔宏传》），北魏初年进入官场，历任尚书左丞、黄门侍郎、吏部尚书，为北魏朝廷"八公"之一，赐爵白马公。尽管血胤华贵，崔浩身上却没有丝毫浮躁骄奢之气，以勤恳敬业闻名，据《魏书》本传载，北魏太祖拓跋珪晚年性情暴戾，威严苛峻，任意杀戮，"宫省左右多以微过得罪，莫不逃隐，避目下之变"，皇室随从常因微小过失而获罪，甚至丢掉性命，人们吓得要死，觑见他的身影就跑，"浩独恭勤不怠，或终日不归。太祖知之，辄命赐以御粥"，年轻的崔浩毫不懈怠，恭勤踏实，埋头苦干，甚至彻夜不归，赢得太祖青睐，不断赏赐御粥，以示嘉奖。

门第如此显赫，天赋如此高华，态度如此恭谨，崔浩想不成功都很难啊！而他的两位合作伙伴，中书侍郎高允、散骑侍郎张伟，则各具特点。

高允，字伯恭，渤海蓨县（今河北景县）人，"少孤夙成，有奇度"（《魏书·高允传》），崔浩老爹崔宏一见他，连声惊叹："高子黄中内润，文明外照，必为一代伟器，但恐吾不见耳。"这孩子才湛深厚，文质彬彬，将来必定堪当大任，可惜我看不到啦！一次，拓跋焘与之论刑政，问曰："万机之务，何者为先？"那时朝廷禁封良田，京师乞丐成群，高允回答："臣少也贱，所知唯田，请言农事。"他请求皇上解除田禁，让老百姓有地可种，缓解饥馁之灾，"世祖善之。遂除田禁，悉以授民"。

给事中郭善明乃势利小人，善于投机取巧，忽悠高宗拓跋濬大兴土木，兴建宫室，高允进谏说，这么折腾，需要役使数万人啊，"古人有言：一夫不耕，或受其饥；一妇不织，或受其寒。况数万之众，其所损废，亦以多矣。推之于古，验之于今，必然之效也。诚圣主所宜思量"。高宗沉默片刻，遂罢此议。

张伟，字仲业，小名翠螭，太原郡中都（今山西平遥）人，"性恬平，不以夷崄易操，清雅笃慎，非法不言"（《魏书·儒林·张伟传》），是一名诲人不倦的授业解惑导师，"学通诸经，讲授乡里，受业者常数百人"。他循循善诱，"勤于教训"，即使遇到冥顽不灵者，也一遍遍耐心开导，毫无厌倦之色；"常依附经典，教以孝悌，门人感其仁化，事之如父"。这样一位心平气和的教育家，受到欢迎是必然的。

崔浩与高允、张伟奉命共同修撰国书，堪称珠联璧合，众人也都期待这部书早些面世。为了这件大事，拓跋焘专门给崔浩下了一道诏书："朕以眇身，获奉宗庙，战战兢兢，如临渊海，惧不能负荷至重，继名丕烈。"叮嘱他"综理史务，述成此书，务众实录"，撰修一部实录性史书。

崔浩与他的两位合作伙伴秉承皇命，投入到艰苦的采集资料与撰写之中，经过近十载努力，编纂工程才算告竣。当崔浩与高允、张伟击掌相庆的时刻，做梦也没有想到，等待他们的，却是一场极其惨烈的噩梦。

其实，领衔编纂国史，崔浩并非合适人选。他虽然早年也是个文学爱好者，"少好文学，博览经史"，但并不擅长作文，"而留心于制度、科律及经术之言"，偏重于"玄象阴阳，百家之言"，识天文，观星变，以阴阳八卦来推算吉凶，决断政事。这样一个浑身散发着莫名魅惑之气的大帅哥，曾注释五经，却不喜欢老庄之学，"性不好《老》《庄》之书"，每次读书不过数十行，就啪叽把书扔在一边，不屑地说："此矫诬之说，不近人情，必非老子所作。"他说，这些东西，矫情诬枉，不近人情，肯定不是大贤老子所作，不过是"家人箧箧中物，不可扬于王庭也"。他认为，《老》《庄》之类书籍，作为家人筐箧中的随性读物，偶尔翻翻，开心解颐可也，哪能当作正经学问，在朝堂之上大肆宣扬啊！——让这样一个"八卦学者"来领衔编纂国书，也真是难为他了。

那么，问题来了：既然他并不擅长此道，太武帝为何要赶鸭子上架，让他担纲修史呢？其实，这主要缘于北魏统治者对他的极度宠信。

北魏是鲜卑族拓跋氏在中原建立起来的少数民族政权，也是南北朝时期北朝第一个王朝。皇始三年（398）七月，拓跋珪在平城（今山西大同市）即皇帝位，是为道武帝，改元天兴，定国号"魏"，史称北魏。从开国皇帝道武帝拓跋珪，到明元帝拓跋嗣，再到太武帝拓跋焘，拓跋氏统治者都对崔浩恩宠不绝。拓跋珪时期，崔浩正值弱冠之年，富才华，工书法，被任命为给事秘书，成了皇帝的随从，颇受赏识。拓跋珪晚年，峻烈苛酷，诛戮不断，搞得人心惶惶，崔浩忠心耿耿，任劳任怨，荣宠不衰。拓跋嗣时期，崔浩升任博士祭酒，并荣任帝师，经常为明元帝讲授经书，令天下无数读书人艳羡不已。

到了太武帝拓跋焘时期，崔浩晋升东郡公，拜为太常卿，成为朝廷九卿之一，主管天子祭祀、礼仪等事。太武帝对他说："卿才智渊博，事朕祖考，忠著三世，朕故延卿自近。"皇帝推心置腹地说，爱卿才华弥漫，学识渊博，效忠吾家三世，是朕的心腹近臣，朕有何不当之处，请务必予以规谏，不要有所顾忌，"朕虽当时迁怒，若或不用，久久可不深思卿言也"。他说，我可能一时恼怒，不肯听从，但事过之后，一定会深思您的指教啊！——其言谆谆，其心恳恳，崔浩心中的激动与自豪，一如春风明月，风雷激荡也。

二

尽管深得历代皇帝宠信，一言九鼎，然而，崔浩作为一个北方豪门，即"清河崔氏"之后裔，与鲜卑贵族的冲突，也是不可避免的。只是因为他功高权重，那些心怀叵测的鲜卑贵族不敢轻举妄动罢了。在崔浩心底，却早已将自身与鲜卑人融为一体了，哪里还有什么异族之分呢！——他历仕道武帝、明元帝、太武帝三朝，屡次力排众议，辅佐皇帝灭亡胡夏、破赫连昌、征讨柔然、攻灭北凉，屡立殊勋，成为了屹立于北魏朝堂上的参天巨树，可以说，没有崔浩，拓跋氏是不可能统一北方的。一次，拓跋焘宴请新归降的高车族酋长，指着在座的崔浩说："此人看上去柔弱不堪，不能弯弓持矛，其胸中所怀，却远胜甲兵，朕每当临阵不决时，都是他帮我下决断呢！"他还叮嘱朝臣："凡军国大计，卿等所不能决，都要先听取崔浩的意见，然后再施行。"

然而，皇帝如此信赖，也造成了崔浩的刚愎自用。太平真君六年（445），接连发生的两起重大历史事件，为他的覆灭命运埋下了伏笔。这两起事件，一是"盖吴起义"，二是"武帝灭佛"。

这年九月，北魏北地郡（治所在今甘肃庆城县西南）匈奴人首领盖吴在杏城（今陕西黄陵县）聚众起义，一时间群起响应，迅速发展至十余万人，盖吴自号"天台王"，设置王府，任命百官，并派遣使者渡江南下联络南朝刘宋，宋文帝刘义隆顺口封他为雍州刺史、北地郡公。北魏长安镇守副将拓跋纥率兵前来围剿，被义军打得丢盔卸甲，狼狈溃逃，盖吴拔剑而起，下令兵分三路，一路向西进攻新平（今陕西彬县）、安定（今甘肃泾川县）；一路向东南进攻临晋（今陕西大荔县东南），从东南方向威逼长安（今陕西西安）；盖吴亲自率领主力部队，强势攻取李润堡（今陕西大荔县北），直插渭北，准备进攻长安。

面对官军不断溃败的严峻局势，太武帝拓跋焘决定御驾亲征，他调兵遣将，采取分兵牵制、各个击破的策略，统率数路大军，黑压压席卷而来，一路上大肆屠杀，残害无辜，血流成河，义军屡屡受挫，节节败退，盖吴知道大势已去，不免涕泗交流；而他的命运，就更加令人叹息了。太平真君七年（446），北魏平西将军陆俟与高凉王拓跋那率军一路追剿盖吴，攻陷了他的老巢杏城，《魏书·陆俟传》载，杏城陷落，义军溃散，盖吴下落不明，他的两个叔叔被魏军俘获，"诸将欲送京师，俟独不许"，大家要求把这两个老家伙押送京师，杀头泄愤，陆俟却不同意，他说，留着这两个蠢货，另有妙用呢！"吴一身藏窜，非其亲信，谁能获之？若停十万之众以追一人，非上策也。不如私许吴叔，免其妻子，使自追吴，擒之必也。"他说，盖吴这厮经营杏城许多年，他藏身此地，就像老虎窜回深山，除了身边人，谁能找到他啊？如果滞留十万大军追剿一人，那代价也太大啦，咱用这两个盖氏长辈，来擒获这个乱世枭雄，才是上策嘛！众将一听，纷纷点头，"后数日，果斩吴以至，皆如其言"。这两个盖氏老叔，为了自家的妻子儿女，果断砍下了侄子盖吴的脑袋，前来邀功请赏，所谓骨肉之情，至此被滚滚鲜血湮没矣！

在镇压"盖吴起义"的过程中，崔浩追随太武帝拓跋焘的御辇抵达长安，出谋划策，志在扭转颓势，翻转乾坤。一天，太武帝随意走进一家寺庙，浏览巍峨殿阁，一个随从忽然发现庙内暗处存有大量兵器，太武帝一见大怒，说沙门暗藏兵器，这是要与盖吴同谋吗？崔浩乘机进言，唆使太武帝下令诛杀全寺僧众，捣毁法器，焚毁庙宇，并当即下诏，在全国推行苛酷的废佛政策，"悉诛天下沙门"，并限令各地一律按长安模式处置："自王公以下，至于庶人，有私养沙门、师巫及金银工巧之人在其家者，皆遣诣官曹，不得容匿。限今年二月十五日，过期不出，师巫、沙门身死，主人门诛，明相宣告，咸知咸闻。"（《魏书·世祖纪》）

那时候，因为太武帝身在前线，其长子、景穆太子拓跋晃留守京城监国，太子一向虔诚礼佛，一见皇帝诏书，顿感内心摧崩，再三请求停止灭佛，受到太武帝严厉申斥，并再次下诏，宣称："有非常之人，然后能行非常之事，非朕孰能去此历代之伪物！"他说，只有非同寻常之人，才能施行非同寻常之事，除了朕躬，哪个还能消灭这些历代遗留下来的虚伪污秽之物！——他决定从太子身边入手，下令杀掉拓跋晃的佛法师傅玄高、慧崇两位高僧，以儆效尤，同时重申："自今以后，敢有事胡神及造形像泥人、铜人者，门诛。有司宣告征镇诸军、刺史，诸有佛图形像及胡经，尽皆击破焚烧，沙门无少长悉坑之。"

到了这一步，即使贵为王朝太子，也已经无计可施了。拓跋晃不敢抗命，只好采取拖延之术，"乃缓宣诏书，使远迩豫闻之，得各为计，沙门多亡匿获免，或收藏经像，唯塔庙在魏境者无复子遗"（《资治通鉴》一百二十四卷）。拓跋晃延缓公布皇帝诏书，暗中悄悄通知诸位佛道中人，赶紧避祸逃命。太子这一波"暗箱操作"，尽管挽救了不少佛门弟子的性命，北魏的大规模禁佛毁佛运动，不久就野火一般剧烈燃烧起来，弄得举国上下乌烟瘴气，一片哀鸣，史称"太武灭佛"。

这位史称"明慧强识""为政精察"的太子拓跋晃，尽管笃信佛祖，其命运却堪称不幸。他后来因为被大太监、中常侍宗爱陷害，受到父皇处置，"东宫官属多坐死，帝怒甚"（《资治通鉴》一百二十六卷），太子忧惧而死，年仅24岁。太武帝后来知道了太子的无辜，十分后悔，可是晚了，太子早已魂游九天，难以复生了！——令人悲哀的是，太武帝拓跋焘最后也死于阉宦宗爱之手，终年45岁。这当然是后话了。

追溯"太武灭佛"之真相，崔浩当然难辞其咎。因为太武帝对他言听计从，他的信仰，就成了影响皇帝决策的重要因素。他笃信道教，并举荐道教领袖寇谦之为"帝师"。此后，寇谦之深受皇帝礼敬，太延六年（440），太武帝听从寇谦之建议，改元"太平真君"，并亲自来到道坛领受符箓。兴道灭佛，是崔浩的既定主张，他的不断蛊惑聒噪，在太武帝心底逐渐种下了灭佛之因子。

关于崔浩之厌憎佛教，可参看《魏书·崔浩传》之记载：

> 浩始弱冠，太原郭逸以女妻之。浩晚成，不曜华采，故时人未知。逸妻王氏，刘义隆镇北将军王仲德姊也，每奇浩才能，自以为得婿。俄而女亡，王深以伤恨，复以少女继婚。逸及亲属以为不可，王固执与之，逸不能违，遂重结好。浩非毁佛法，而妻郭氏敬好释典，时时读诵。浩怒，取而焚之，捐灰于厕中。

这段记载，颇有意趣。其一，崔浩20岁时，太原豪门郭逸将女儿嫁给他为妻，崔浩早年并不太耀眼，世人皆不晓得这桩婚姻。其二，郭逸之妻王氏，也就是崔浩的丈母娘，是南朝刘宋镇北将军王仲德的老姐，她对女婿崔浩的才华叹赏不已，形同"超级粉丝"与"小迷妹"。其三，郭逸之女，即崔浩的老婆不幸早死，王氏伤心不已，决定将小女儿嫁给崔浩做"续弦"，郭逸和全家人都不同意，王氏固执己见，郭逸只好妥协。其四，崔浩非毁佛法，新妻子却"敬好释典"，经常在家里念诵佛经，崔浩大怒，将妻子手中的佛经一把夺过来烧毁，并把纸灰扔进茅厕里。

在长安城中发现佛寺暗藏兵器，不过为崔浩非毁佛法提供了机缘，他乘机煽风点火，点燃了武帝心底灭佛的火焰，随后展开的灭佛运动，其惨烈血腥之程度，甚至连帝师寇谦之都吓坏了，寇天师眼见杀戮过多，佛门弟子血流遍地，苦苦哀求崔浩高抬贵手，停止灭佛行动，崔浩不但不听，反而促使加大打击力度，寇谦之叹息说："这样蛮干，会招来杀身之祸啊！"

三

如果说，蛊惑武帝灭佛，崔浩已经欠下斑斑血债，那么，高踞豪族名门之上，睥睨群伦，则为自己埋下了颠踬的种子。

《魏书·王慧龙传》载，崔浩的侄女嫁给了中原豪族"太原王氏"王慧龙。慧龙原为东晋散骑侍郎王缉之子，14岁那年，全家遭到宋武帝刘裕诛戮，他被沙门僧彬藏匿，大难不死，逃亡北魏，明元帝拓跋嗣同情他的悲惨遭遇，任命他为洛城镇将，岂料诏令下达仅十日，明元帝驾崩，太武帝拓跋焘继位，以"南人不宜委以师旅之任"为由，收回父皇成命，延挨许久，才任命他为南蛮校尉、安南大将军左长史，他率军迎击刘宋大将王玄谟，奇计破敌，以功封长社侯，升任龙骧将军、荥阳太守，逐渐成为北方豪强。

王慧龙继承了家族遗传病：齇鼻，就是酒糟鼻，人称"齇王"，崔浩却到处赞扬他英俊潇洒，"真贵种矣！"如此嘚瑟，惹恼了鲜卑元老长孙嵩。史载，长孙嵩"宽雅有器度"，14岁即代父统军，屡立战功，乃北魏开国元勋，官至太尉、柱国大将军。这样一位朝廷大佬，岂能容忍崔浩如此胡扯！他怒气冲冲找到太武帝告御状，说崔浩睁着眼睛说瞎话赞扬南人，"有讪鄙国化之意"，他这分明就是搞民族歧视，抬高汉人，蔑视鲜卑人嘛。太武帝闻言大怒，把崔浩招来臭骂一顿，吓得他磕头如捣蒜，连连认错道歉，这才勉强过关。

那一年，太武帝率军出征，太子拓跋晃奉命监国，崔浩居功自傲，不把太子放在眼里，两人讨论干部调动，决定冀、定、相、幽、并五州郡守人选，太子主张按程序依次晋升，崔浩却不管那一套，强行把麾下亲信派去任职，将五个州郡的一把手位置统统占据，弄得太子一脸懵懂。中书侍郎高允听说此事，忧心忡忡地说："崔公其不免乎！苟逞其非，而校胜于上，何以胜济？"（《魏书·高允传》）他说，崔公恐怕要遭殃了！坚持错误主张，不把太子放在眼里，岂不是与皇上较劲么，哪里会有好果子吃啊！应当说，高允的担忧并非多余，崔浩妄自尊大，藐视太子，岂不是在给自己挖坑么？

综观崔浩之行为，他挑唆武帝灭佛，得罪了佛祖；称赞"齇王"，拨弄民族矛盾这根敏感神经；睥睨太子，挖下了以下犯上的深坑；那么，他提出"齐整人伦，分明姓族"的政治主张，就将自己置身于鲜卑人的对立面，成了一个民族的敌人。

因为出身于中原名门望族"清河崔氏"，崔浩具有强烈的家族自豪感，他遴选人才的标准，嘴上说是"家世与人伦并重"，其实更重视家族门第。《魏书·李䜣传》载，崔浩奉诏挑选助教，"举其弟子箱子与卢度世、李敷三人应之"，却把太武帝瞩目的李䜣晾在一边。其取舍根据，就是家世。卢度世出自范阳卢氏，李敷出自赵郡李氏，都是豪门之后；而李诉出自范阳李氏，乃寒族一枚，根本入不了崔浩法眼。有人因此告状，太武帝将崔浩招来，君臣作了如下对话：

太武帝曰："云何不取幽州刺史李崇老翁儿也？"

（为何不选取幽州刺史李崇的儿子李诉呢？）

崔浩回答："前亦言诉合选，但以其先行在外，故不取之。"

（本来想选取李诉呢，因为他人在外地，因此就放弃了。）

太武帝曰："可待诉还，箱子等罢之。"

（等李诉回来，即可任用，把箱子等人罢免了。）

太武帝直截了当责问崔浩，指令他录用李诉，罢黜箱子等人。于是，李欣升任中书助教博士，直接进入崔浩麾下做了助理。

早在神麚三年（431），崔浩便主张实行种姓改革，"欲大整流品，明辨姓族"，企图按照汉族传统的世族观念，来规定鲜卑氏族之高下，照猫画虎复制儒家的"公、侯、伯、子、男"五等爵制。这样一个千头万绪的浩大工程，对于一个在中原大地上还处于水土不服阶段的少数民族政权而言，根本就是不可能完成的任务。表弟卢玄劝阻说："创制立事，不是小事，天下能做成这件事的人，能有几个？你要三思啊！"

对于表弟的警告，崔浩充耳不闻，固执己见，继续推进，终于将自己置身于危崖边上，颤颤欲落！

四

太平真君十一年（450）六月，《国书》修成，由于无所避讳，直书拓跋氏崛起过程中的丑恶行径，埋下了杀身之祸。

书成之后，崔浩等人弹冠相庆，也引来了两个马屁精，著作令史闵湛、郗标。著作令史是著作局属官，崔浩的部下，两人"性巧佞，素谄

媚"，曾联名上书皇帝，吹嘘崔浩是天下第一才子，崔浩也投桃报李，夸奖举荐两人的著述。如今《国书》告竣，两人鼓吹说，此书比泰山重，比黄河长，"乃请立石铭，刊载《国书》，并勒所注五经"。两人建议，将《国书》与崔浩所注五经镂刻于青石之上，"以彰直笔"，传扬四方，流誉后世。高允听闻此讯，忧心忡忡地说："闵湛所营，贫寸之间，恐为崔门万世之祸。"（《魏书·高允传》）

然而，崔浩被连天马屁拍得晕晕乎乎，竟采纳了两人的建议。当时太武帝正在南征途中，崔浩将此意禀报留守监国的太子拓跋晃，太子哪有拒绝之理？——崔浩随后命人在平城郊外建造了一片大规模碑林，"刊石立于郊坛东，方百步，用功三百万。浩书魏之先世，事皆详实，列于衢路，往来见者咸以为言"（《资治通鉴》一百二十五卷）。

碑林落成，轰动京城，围观者络绎不绝，犹如大片云翳遮蔽了天空。这种不祥之兆，崔浩并不以为意，说不定还暗自嘚瑟呢！

本来，太武帝当初授命崔浩等人撰修《国书》，并强调"务从实录"，是打算作为内部参考，警示皇室后代，如今此书被刊刻于碑林，将拓跋氏当初的丑行如实昭告天下，引起了鲜卑贵族的强烈不满，纷纷告御状，"相与谮浩于帝，以为暴扬国恶"，引得太武帝雷霆大怒，下令治罪。崔浩随即被捕，拓跋焘亲自审讯，声色俱厉，崔浩惶遽不知所措，冷汗横流，太武帝怒气难平，悍然下令诛杀。到了此时此刻，所谓帝王之宠信，不过是九霄云雾矣！

崔浩入狱，天下震恐，与崔浩同为主修官的中书侍郎高允、散骑侍郎张伟，当然难脱干系，二人的命运，却与崔浩大相径庭。浏览《魏书·儒林·张伟传》，张伟似乎并未因此案受到连累，至于缘由，因史无载，不得而知。此后，张伟历任冯翊太守、中书侍郎、散骑侍郎、建威将军、平东将军等要职，封建安公。而高允的命运，却一波三折，令人回味。

《魏书·高允传》载，崔浩被捕那天，高允正在中书省值班，太子拓跋晃让他留宿宫内，第二天带他去朝见太武帝，意图为他"保驾护航"，武帝问道：这部《国书》都是崔浩作的吗？高允回答：《太祖记》是前著作郎邓渊所撰，《先帝记》及《今记》，是我与崔浩合写，"至于注疏，臣多于浩"。武帝听罢大怒，你的罪比崔浩大多了，只有死路一条！太子急得跳脚，说高允不过是惧怕皇上天威，一时迷乱，胡说八道而已，刚才我问他了，他说都是崔浩所作。且看以下记述：

> 世祖（太武帝）问："如东宫言不？"允曰："臣以下才，谬参著作，犯逆天威，罪应灭族，今已分死，不敢虚妄。殿下以臣侍讲日久，哀臣乞命耳。实不问臣，臣无此言。臣以实对，不敢迷乱。"世祖谓恭宗（太子）曰："直哉！此亦人情所难，而能临死不移，不亦难乎！且对君以实，贞臣也。如此言，宁失一有罪，宜宥之。"允竟得免。

太武帝逼问：太子说的是真的吗？高允回答：下臣不才，蒙圣上不弃，参与撰修国书，犯下灭族大罪，如今有死而已，不敢胡说。臣为太子授课，日久生情，太子厚道，刚才所言，并非事实，殿下不过为臣乞求活命罢了。臣死到临头，必须说实话，不敢胡言乱语。太武帝转头对太子感慨：正直啊！人情所至难，临死而不移，真是忠臣啊！——于是，下令赦免其罪。

当崔浩置身囚笼中，被送往城南行刑途中之时，尘埃野马，风烟弥漫，"卫士数十人溲（撒尿）其上，呼声嗷嗷，闻于行路"（《魏书》本传），鲜卑民众对他的痛恨，由此可见也。

与此同时，崔浩祖氏清河崔氏，无论老幼，尽被诛杀；其姻亲范阳卢氏、太原郭氏、河东柳氏，都被连坐灭族。至此，盘踞在北方旷野上几个世纪的几家豪门世祖，都遭到了沉重打击，几乎化为齑粉。

"国史之狱"，血洇青史，三位主修官的命运，堪称天壤之别：张伟平安无事，高允绝处逢生，崔浩惨遭屠戮——其间蕴涵的兴败之机、生

死之理，一直存乎渺渺空间里，启迪着后世的芸芸众生。《魏书》著者魏收叹息说：崔浩"谋虽盖世，威未震主，末途邂逅，遂不自全。岂鸟尽弓藏，民恶其上？将器盈必概，阴害贻祸？何斯人而遭斯酷，悲夫！"他说，崔浩谋略盖世，威望未必震主，二者携手到了晚期，就很难两全了。不必说鸟尽弓藏，鲜卑民众对他如此厌憎，究竟为什么呢？古语云：斛满人概之，人满神概之。"概"，民间量谷物时用来平斗斛的刮板，引申为"削平"之意。崔浩先生才高耸云，宠冠朝堂，万众仰慕，这就将自己置于危险境地了，他之遭遇诛戮，实在也是不可避免的，可悲啊！

　　魏收先生之悲叹，如凉风吹拂枯枝，千古瑟瑟；而北宋史学家刘敛的思绪，却深入到了鲜卑人与中原士族豪门的根本性冲突："拓跋氏乘后燕之衰，蚕食并、冀，暴师喋血三十余年，而中国略定。其始也，公卿方镇皆故部落酋大，虽参用赵魏旧族，往往以猜忌夷灭。"拓跋氏历经屠戮杀伐，喋血奋战三十余年，雄霸中原，即使任用那些赵魏旧族，也不过是权宜之计，一旦时机成熟，则弃之如敝屣，他们举族覆灭的命运，不是早就注定了吗？

2019年2月21日

人之生譬如一树花

一

范缜（约450～515），字子真，南乡舞阴（今河南省泌阳县）人，南朝齐梁年间著名哲学家、无神论者，《梁书·范缜传》说他"性质直，好危言高论，不为士友所安"。其八世祖为西晋名臣范晷，"甚有政能，善于绥抚，百姓爱悦之"（《晋书·良吏传》），官至侍御史、司徒左长史、冯翊太守等。其六世祖为东晋安北将军范汪，"少孤贫，六岁过江，依外家新野庾氏"（《晋书·范汪传》），一个6岁男孩，孤贫无依，衣食不继，只得投奔江南外公家，从此扎下根基，受到荆州刺史王澄赏识，后来进入官场，颇有作为。其祖父范璩之，南朝刘宋年间曾任中书侍郎；父亲范濛，曾任奉朝请，是个闲散差事，在范缜出生后不久病故；范缜"少孤贫，事母孝谨"，母子俩相依为命，艰难度日，十多岁时，他来到千里之外的沛郡相县（今安徽宿县）求学，拜在名儒刘瓛门下为徒。

《南齐书·刘瓛传》载，刘瓛"少笃学，博通五经，聚徒教授，常有数十人"，"瓛姿状纤小，儒学冠于当时，京师士子贵游莫不下席受业"。作为南朝一代宗师，刘瓛极受世人仰慕。齐高帝萧道成代宋自立，建立南齐不久，就把刘瓛请到华林园，询问世人对他取代刘宋的看法如何。刘瓛慨然回答："陛下诚前轨之失，加之以宽厚，虽危可安；若循其覆辙，虽安必危矣。"他说，陛下如果汲取前朝覆亡的惨痛教训，励精图治，仁政爱民，即可转危为安；如果重蹈前朝皇帝昏庸腐朽之覆辙，那就难逃覆灭厄运啦！——送走客人，老萧不禁感叹："这个老刘，也太耿直啦！"不过，他对此倒不以为忤，还颇为欣赏，请刘瓛出任中书郎，岂料遭到拒绝："平生无荣进意，今闻得中书郎而拜，岂本心哉！"刘瓛以老母生病为由辞谢，只担任了个挂名的彭城郡丞，安心授徒讲学。

刘瓛先生学养深厚，解惑授业，孜孜不倦，名满江南，其门下多为高官显宦子弟，一个个咀金嚼玉，趾高气扬。范缜进入师门，目不斜视，卓尔不群，刻苦自励，赢得老师钟爱，亲自为他举行了加冠礼，"卓越不群而勤学，瓛甚奇之，亲为之冠"（《梁书·范缜传》）。他在老师门下学习数年，总是一身布衣，一双草鞋，每次回家，都是徒步往返，"既长，博通经术，尤精三礼"。三礼，即儒家经典《周礼》《仪礼》《礼记》。《周礼》亦称《周官经》，传为周公旦所作；《仪礼》简称《礼》，有说周公所作，有说孔子订定；《礼记》亦称《小戴礼记》，为西汉礼学家戴圣编著。戴圣与其叔父戴德曾跟随著名经学家后苍先生学《礼》，均有礼学著作传世，被后世称为"大小戴"，戴德著有《大戴礼记》，以区别于戴圣的《小戴礼记》。

范缜学成后离开恩师，进入刘宋官场，那时候刘宋政权已进入衰朽晚期，前废帝刘子业、宋明帝刘彧、后废帝刘昱相继登场，一个比一个昏庸残暴，手握兵权的中领军萧道成高擎利刃，弑毙后废帝刘昱，扶立宋顺帝刘准继位，自任相国、齐王，伺机取而代之。那正是范缜雄姿英发的青葱岁月，叵耐宦海如涛似浪，不时吞噬他的良善，消磨他的耿直，至于满腹经纶，只能化为夕阳余晖了。《南史·范缜传》云："年二十九，发白皤然，乃作《伤春诗》《白发咏》以自嗟。"

建元元年（479），萧道成见时机成熟，虎啸而起，迫令刘准禅位，建立南齐，锦绣江南经历了一次乾坤大挪移。老萧甫登帝位，厉行新政，起用新人，范缜由此乘势而上，出任宁蛮（今湖北襄阳）主簿，后升任尚书殿中郎，主管拟写诏命、宫廷礼乐等事，成为朝廷要员。他曾作为南齐特使出访北魏，其渊博学识与敏锐机变，受到北魏朝野敬重。

建元四年（482），56岁的萧道成辞世，太子萧赜继位，史称"齐武帝"。齐武帝是个较有作为的皇帝，《南齐书·武帝纪》说他不喜欢游宴、雕绮等奢靡之事，"刚毅有断，为治总大体，以富国为先"。他在位期间，励精图治，政治清明，社会安定，文化事业空前繁荣，以竟陵王萧子良为首的文人团体"竟陵八友"破空而出，犹如山花绽放，丽彩盈空，当时最有才华的文人骚客，萧衍、沈约、谢朓、王融、萧琛、范云、任昉、陆倕等，聚集在萧子良位于京城郊外鸡笼山的豪宅，宴饮歌赋，诗酒唱和，引领了时代风尚。

萧子良，字云英，齐武帝次子，位居宰相，也是较有才华的诗人，其《游后园》"托性本禽鱼，栖情闲物外"之句，清逸闲静，颇堪玩味。《南齐书·萧子良传》云："子良少有清尚，礼才好士，居不疑之地，倾意宾客，天下才学皆游集焉。"汇集在竟陵王旗帜下的"竟陵八友"，尽为时代英华：萧衍不但是文学家，还是政治家，后来埋葬南齐，建立南梁；沈约是著名诗人与史学家，所著《宋书》记述刘宋一朝历史，跻身二十五史之列；谢朓出身士族豪门，与大诗人谢灵运同宗，世称"小谢"；王融是东晋宰相王导六世孙，"文辞辩捷，尤善仓卒属缀，有所造作，援笔可待"（《南齐书·王融传》）；范云是范缜的堂弟，"少机警有识，且善属文，便尺牍，下笔辄成"（《梁书·范云传》）；萧琛是范缜的表弟，"少而朗悟，有纵横才辩"（《梁书·萧琛传》）；任昉是竟陵王的记室参军，"雅善属文，尤长载笔，才思无穷"（《梁书·任昉传》）；陆倕是刻苦自励之典范，"少勤学，善属文。于宅内起两间茅屋，杜绝往来，昼夜读书，如此者数载。所读一遍，必诵于口"（《梁书·陆倕传》）。范缜作为一枚"编外人员"，经常参与八友雅集，"于时竟陵王子良盛招宾客，缜亦预焉"（《梁书》本传），与诸位吟诗奏雅，俨然是这个文人集团之一分子了。然而，因为执念之巨大差异，范缜最后却与他们背道而驰，成为论敌。

原来，"竟陵八友"的思想特点，是儒释道兼收并蓄，崇尚佛学，礼拜佛祖，萧子良更是虔诚礼佛，自号"净住子"，笃信因果，奉戒极严。《南齐书·竟陵王传》载：子良"移居鸡笼山邸，集学士，抄《五经》、百家，依《皇览》例为《四部要略》千卷。招致名僧，讲语佛法，造经呗新声，道俗之盛，江左未有也"；"子良敬信尤笃，数于邸园营斋戒，大集朝臣众僧，至于赋食行水，或亲躬其事，世颇以为失宰相体。劝人为善，未尝厌倦，以此终致盛名"。萧子良执念如此，至于不顾世人非议，众文友也整天嗡嗡嘤嘤念经拜佛，沈约为此欢欣不已，说同道者齐集鸡笼山，"演玄音于六霄，启法门于千载。济济乎，实旷代之盛事也！"（《齐竟陵王发讲疏》）只有范缜大唱反调，盛称无佛，引起众人侧目，双方各执一端，势同水火。

永明七年（489），萧子良与范缜围绕因果之有无，展开了一场论战。子良诘问道："君不信因果，世间何得有富贵，何得有贫贱？"范兄您既然不相信因果报应之说，请问世界上为什么还有富贵与贫贱之区别？范缜从容言道：

> 人之生譬如一树花，同发一枝，俱开一蒂，随风而堕，自有拂帘幌坠于茵席之上，自有关篱墙落于溷粪之侧。坠茵席者，殿下是也。落粪溷者，下官是也。贵贱虽复殊途，因果竟在何处？

他说，人之生啊就像一树花，同时绽放，花朵随着风吹而忽忽悠悠飘落，有的飘过锦绣帘帷，落于茵席之上；有的飘过篱笆墙，掉进粪坑之中。殿下您就像落在茵席上的花朵，富贵荣华，洪福齐天；下官我就像落于粪坑中的花朵，辗转劳禄，奔波不已。我俩尽管贵贱不同，可是因果报应在何处呢？——范缜这番话，形象生动，难以辩驳，"子良不能屈，深怪之"，萧子良难以驳倒范缜，万分不爽，难能可贵的是，他并没有依仗宰相的权势，给范缜戴上一顶"反动分子"高帽，打翻在地，再踏上一万只脚，叫他永世不得翻身；或者直接下令抓起来，咔嚓！杀头了之。他把思想分歧停留在辩论、争论、驳论层面，不以势压人，也不举刀断流，"我反对你的观点，但尊重你表达的权利"，令人感佩！

经过这次交锋，范缜内心深处五味杂陈，仿佛化身为一支孤立山崖的修竹，随风而俯仰，"修竹苞生兮山之岭，缤纷葳蕤兮下交阴。木茸丛兮巍峨，川泽洪漭兮云雾多。悲猿鸣噪兮啸俦侣，攀折芳条兮聊停仃"（《拟招隐士》）。他一边叹息"寒风厉兮鸥枭吟，鸟悲鸣兮离其群"，一边梳理思绪，写出了震烁古今的名篇《神灭论》，提出"形存神存，形谢神灭"的无神论观点，继续了与萧子良的论战。岂料此论一出，朝野哗然，萧子良调集各路兵马，对他展开轮番围攻。

《南史·范缜传》载，太原名士王琰率先上阵，作文疾刺范缜："呜呼范子！曾不知其先祖神灵所在。"哎呀范先生，你竟然不知道自家祖先的神灵在何处呀！范缜反唇相讥："呜呼王子！知其先祖神灵所在，而不能杀身以从之。"哎呀王先生，你既然知道自家祖先的神灵在哪里，为什么不自戕而去追随祖先呢？——范缜这惊天一问，如一柄利剑横空划过，直刺王琰心窝，噎得他哑口无言，目瞪口呆，《南史》著者李延寿称之为"险诣"，暗藏杀机也。王琰的曾祖王国宝，当年因犯罪伏诛，成为家族之耻辱，范缜言语之间暗指此事，当然属于揭短打脸，只为王琰先来寻衅滋事，自取其辱，弄得自己张口结舌："你，你……"

萧子良眼见范缜"冥顽不灵"，便派王融前去利诱之。王融告诫范缜说："神灭既自非理，而卿坚执之，恐伤明教。以卿之大美，何患不至中书郎？而故乖剌为此，可便毁弃之。"（《南史·范缜传》）王融说，神灭论纯属歪理邪说，先生您却顽固坚持，严重违逆教义啊。以先生您的高才大德，当个中书郎易如反掌，可是你弄这些奇谈怪论，悖逆当朝，那可是自毁前程啊！范缜闻言，哈哈大笑："使范缜卖论取官，已至令仆矣，何但中书郎邪？"哈哈老王，假如咱老范卖论取官，卖身求荣，早已成为朝廷重臣啦，何况一个小小的中书郎呀？王融一听，鼻子都气歪了，拂袖而去。

范缜义无反顾，依然"固持己见"，不畏煌煌官威，不为嘎嘎利诱，后来出任宜都太守，治所在夷陵（今湖北宜昌市），那里有三座神庙，当地人笃信神灵，经常举行祭祀活动，香火旺盛，范缜一到，下令严禁祭祀，使当地空中飘绕的袅袅香火，很快灰飞烟灭了。其后不久，母亲辞世，范缜辞官守丧，在哀乐声中将息度日。

二

天监元年（502）四月，南齐雍州刺史萧衍诛杀东昏侯萧宝卷，拥兵自立，建立南梁，史称"梁武帝"，不久，将此前扶立的傀儡齐和帝萧宝融赐死，开始一统江湖。梁武帝38岁登基，当国48年，86岁饿死金銮殿。当国而昏聩，高寿而惨死，"自我得之，自我失之"——他临死前的遗言，也算无怨无悔了。

《梁书·武帝纪》载，梁武帝生来奇异，"两胯骈骨，顶上隆起，有文在右手曰'武'。帝及长，博学多通，好筹略，有文武才干，时流名辈咸推许焉。所居室常若云气，人或过者，体辄肃然"。如此奇异之帝王，却痴迷佛祖，崇佛佞佛，至于入骨，其佛学著作《涅萃》《大品》《净名》《三慧》，佛光浮逸；其颂佛歌曲《灭过恶》《除爱水》《断苦砖》，"名为正乐，皆述佛法"（《隋书·音乐志》）。进入执政晚期，他下令在宫城附近修建同泰寺，寺内莲花步云，梵音回荡，他先后三次舍身事佛，犹如多年老僧，打坐念佛，成为中国历史上绝无仅有的"和尚皇帝"。朝臣们万般无奈，只好聚敛巨额钱帛，赎回这位走火入魔的皇帝。胡三省批评说："万机之事，不可一日旷废，而荒于佛若是，帝忘天下矣！"皇帝痴迷如此，天下人趋之若鹜，京城建康几乎成了佛教之都，佛寺五百余座，僧尼十万余众。那是一个佛学高度发达的时代，也是一个佛祖至尊无上的时代，杜牧诗曰："南朝四百八十寺，多少楼台烟雨中"，的确毫不夸张……

闻名天下的无神论者范缜先生，乘着历史车轮，咣当咣当驶入了南梁这个佛烟弥漫的时代，其尴尬与窘境，可推而想之。他当年与"竟陵八友"之一萧衍同游京师，结下了深厚友情，萧衍刚一平定京城，便任命他出任晋安（今福建福州市）太守，一晃四载过去，范缜身居宦海，两袖清风，俸禄之外，一无所取，颇受时人称颂。尽管如此，他与武帝的冲突，也实在难以避免，原因只有一个——《神灭论》。

天监三年（504），武帝下诏尊佛，推行佛教国教化，举国上下，佛语呢喃，佛雨横飞，三年后，武帝将老友范缜调回京师，出任中书郎、国子博士，范缜却不识时务，与武帝大唱反调，到处宣传无神论，反对佛法，并将《神灭论》重新修订，刻印成册，广泛传播。武帝闻讯，勃然大怒，悍然颁发了一篇《敕答臣下神灭论》，叱责范缜"妄作异端""违经背亲"，号令众臣群起而攻之。皇帝一声令下，满朝嚣嚣沸腾，掀起了一场对范缜的大规模"围剿"，沈约、法云、曹思文、萧琛、萧宏等64人纷纷登台，拼凑了75篇讨伐文章，其声势之大，调门之高，堪称前所未有。东宫舍人曹思文连续写了《难范缜神灭论》《重难范缜神灭论》，提出"形神二元论"，他说，人们睡觉做梦，即是"形静神驰"之表征，形与神翩然可分，二元共存。范缜写了《答曹舍人》予以回击，他说，人在梦中，即是"神昏于内"，所谓"安见异物"，不过是幻境，虚妄而已，如何成为神灵不灭之证据呢？曹思文哑口无言，只得承认自己"情识愚浅"。范缜的表弟萧琛也披挂上阵，著文《难神灭论》批判表哥："内兄范子真著《神灭论》，以明无佛。自谓辩摧众口，日服千人。予意犹有惑焉。"表兄公然谤佛，至于"辩摧众口，日服千人"，表弟我实在看不过去啦，只得出来，予以驳难云云。

尽管孤军奋战，范缜却坚贞不摧，愈战愈勇，他将《神灭论》改写成宾主问答体，共设三十一个问答，一一驳斥各种责难。这就是后世流传的版本。梁武帝对此无可奈何，这场论战，最后也不了了之。令人讶异的是，梁武帝对这个"异端分子"范缜，没有采取任何组织处置措施，只是将他"挂起来"，既不贬黜，也不提拔，让他安居于国子博士之位，《神灭论》也未予禁绝，任其肆意发行，"流毒天下"。天监十四年（515），范缜病逝，享年65岁。

回望前尘，烟云浮漾。萧衍作为南梁开国皇帝，尽管亲自发动和领导了一场声势浩大的论战，围剿范缜及其离经叛道之作《神灭论》，却并未达到剿灭之目的，反而使之更加普及，更加深入人心。当此之际，他既没有坚决铲除《神灭论》这株毒汁四溅的"大毒草"，也没有诛杀毒草炮制者范缜，而是让他安居其位，颐养天年，堪称宽厚矣！

撩开历史之迷雾，管窥范缜及其《神灭论》，似乎感觉了历史之波涛动荡，载舟覆舟，流向远方。范缜历经南朝刘宋、南齐、南梁三朝，以一篇《神灭论》而震惊天下，先后掀起了两场大论战，受到了以南齐宰相萧子良、南梁皇帝萧衍为首的两大集团的严厉批判，他却矢志不渝，至死不悔，居然全身而退，得以善终，堪称中国历史上之千古奇迹也。若就文章本身而论，其行文似乎过于简单与峻厉了。稍显简单而违拗的逻辑推理，尽管有些强词夺理之嫌，毕竟论证了一个极其严肃的重大原则问题，在那个遥远的年代里，堪称石破天惊，"大逆不道"，他为此下定了舍生取义的决心，是毋庸置疑的。

《神灭论》开篇，直奔主题——问曰："神灭，何以知其灭也？"答曰："神即形也，形即神也。是以形存则神存，形谢则神灭也。"其凌厉与决绝，犹如利斧劈石，铿锵作声，显示了范缜直指要害、毫不妥协之论辩风格。概述其主旨，大体如下。

其一，形神合一，不可分离。形与神之关系，存与亡之特征，是这场争论的要害问题。他说："形者神之质，神者形之用，是则形称其质，神言其用，形之与神，不得相异也。"存与亡对立，形与神相依，此乃宇宙循环之规律。"形"即形体，"神"即精神，两者相依相随，须臾不分——"形"是"神"的载体，"神"是"形"的魂魄，"形存则神存，形谢则神灭"。此即"神灭论"之神髓。与此相反，"神不灭"论者鼓吹所谓"形神相异""形神非一"，即人的灵魂可以脱离形体而独立存在。在他们看来，人死之后，形（形体）亡而神（魂魄）存，神灵脱壳而出，独行天地间，跑到九霄佛国，沛然作法，或依附于其他，播云布雨；形体、精神、魂魄，构成阴阳轮回之主体，因果报应之实象也。

范缜认为，形神合一，岂能分离？人的形体存在，其精神才会如影随形；一旦形体消亡，精神也就无处皈依，必然随之消亡也。如此而已，岂有他哉？

其二，利刃之喻，形神兼具。范缜认为，所谓形与神，"名殊而体一也"，名称虽然不同，却是合体共生，相辅相成。他说："神之于质，犹利之于刃，形之于用，犹刃之于利，利之名非刃也，刃之名非利也。然而舍利无刃，舍刃无利，未闻刃没而利存，岂容形亡而神在。"他指出，形与神之关系，犹如刀刃与锋利，"刀刃"是载体，"锋利"是本质，没有刀刃，何谈锋利？——这个譬喻，犹如皮与毛之关系，所谓"皮之不存，毛将焉附"，就是这个意思嘛。

其三，人犹树木，心为虑本。他指出，譬如人与树木，既有相同之处，也有本质不同，"今人之质，质有知也，木之质，质无知也，人之质非木质也，木之质非人质也，安在有如木之质而复有异木之知哉！"他说，人与木，都有所谓"质"，此其相同之处；然而，人之"质"与木之"质"迥然不同，人之质有知，木之质则无知，二者不可混为一谈。简单地说，人是动物，木是植物，动物与植物，其本质当然不同。人有知，而木无知，而所谓"神"，即精神，正是人特有的属性。

范缜进一步指出，人的生理器官，正是其精神的物质基础，其"知"可分为两种情形：一是感觉痛痒之"知"（感知），二是判断是非之"虑"（忧思）："浅则为知，深则为虑。"他说："是非之虑，心器所主"；"五藏各有所司无有能虑者，是以知心为虑本。"他认为，人的眼、耳、鼻、舌、手、足，都承担着不同的职能，感知体内的兴衰变化，与外界的风雨变幻。人类这些功能，正是树木所缺少的。

其四，辨证荣枯，辨析缓急。范缜指出，树木之荣与枯，与人之生与死，是完全不同的两个概念，不可混淆。树木是先繁荣而后枯槁，人则是先出生而后死亡，顺序不可颠倒。他指出："生灭之体，要有其次故也。夫欻而生者必欻而灭，渐而生者必渐而灭。欻而生者，飘骤是也；渐而生者，动植是也。有欻有渐，物之理也。"他说，人的生与死，是有次序与缓急的。快速生长者，其湮灭也迅疾；迟缓生长者，其消亡也缓慢。人从渐渐长大，到告别尘世，其过程十分漫长。而生者与死者的形体，也有着本质区别。死者骨骼犹如木头之"质"，没有知觉；而生者的骨骼血肉充盈，当然与木头之"质"截然不同，随着人体消失，其精神活动也随即消失无踪了。所谓"神不灭"，又何来哉？

> 若陶甄禀于自然，森罗均于独化；忽焉自有，恍尔而无，来也不御，去也不追，乘夫天理，各安其性。小人甘其垄亩，君子保其恬素，耕而食，食不可穷也，蚕而衣，衣不可尽也，下有余以奉其上，上无为以待其下，可以全生，可以匡国，可以霸君，用此道也。

"陶甄"，陶冶教化；"森罗"，森然罗列。他说，如果天地之道来自于大自然的启迪，而尘间万物森然罗列游弋变幻，骤然生发，倏忽消亡，其来临时如狂风骤雨难以抵御，其离去时如江河奔腾难以攀追，这不过是宇宙运行之规律，没啥大不了的，大家顺应天理各行其道就行了。草民百姓躬耕垄亩，渴盼丰收；士人君子恬淡处世，不慕名利。天下百姓耕田种粮，则仓满缸流，养蚕织布，则布帛不愁。劳动者尽心竭力，侍奉官长；当官的也不要瞎折腾，割剥百姓。如此这般，不但可以保全性命，还可以治理国家，成就霸业——这就是天地运行之道啊！

2019年6月3日

众议喧腾湮"秽史"

一

闲暇读了几本古籍史册，总有一个疑惑：卷帙浩繁的所谓"正史"，即二十四史、二十五史、二十六史，依次递增，是根据什么排列的呢？

其实，这是个简单常识。二十四史，即中国古代历朝修纂的二十四部纪传体史书，上起自传说中的黄帝（约前2550），下止于明朝崇祯十七年（1644），计3213卷、约4000万字。1921年，中华民国大总统徐世昌下令将《新元史》列入正史，始有"二十五史"之说；此后有人用《清史稿》取代《新元史》，成为二十五史另一版本；也有人将《新元史》与《清史稿》一并列入，即为"二十六史"。

在所谓"正史"中，向有"信史"与"秽史"之说。"信史"，即内容翔实、史实靠谱之史书；"秽史"，即内容虚假、史实扭曲之史书。而"秽史"作为一个汉语词汇，出自《北齐书·魏收传》：魏收奉诏撰写魏史，"收性颇急，不甚能平，夙有怨者，多没其善……于是众口喧然，号为'秽史'"。

这几句简短文字，却记述了发生在北齐天保年间的一场关于如何编纂史册、评骘前人功过的风波，风高浪急，铺天盖地，一向傲慢自负的著名史学家魏收先生难以抵挡，被迫低下高傲的头颅，乖乖与投诉者对话，并修改自己的著述。

魏收（505～572），字伯起，小名佛助，北齐钜鹿下曲阳（今河北晋州市）人，北魏骠骑大将军魏子建之子。关于自己的先祖，魏收在《魏书·自序》中追溯至西汉初年的高良侯魏无知；至于其曾祖与祖父，史籍记载却有分歧。他在《自序》中说自己曾祖名魏歆，祖父名魏悦，"性沉厚有度量"，曾任济阴（今山东菏泽市）太守，政绩斐然。《北史·魏收传》延续了这一说法。而《北齐书·魏收传》则记载，其曾祖名魏辑，祖父名魏韶。白纸黑字，赫然列于史册，令人颇感迷惑。

当代史学家缪钺先生在《魏收年谱》中，对这一问题作了深入考订，其结论支持了《北齐书》之说。至于魏收《自序》之记载，"或有脱文"，即序文中有所脱漏，导致后世误读，云云。是否如此，不得而知。

其实，在《魏书·列女传》中，魏收为其先祖树立了一座"悲烈丰碑"。其中一篇《钜鹿魏溥妻》记载：魏溥之妻是常山房氏女，"婉顺高明，幼有烈操"，16岁那年，魏溥不幸病死，其子魏缉尚不满百天，大殓之时，房氏发誓忠诚守节，"操刀割左耳，投之棺中"，说："鬼神有知，相期泉壤。"血流如注，"助丧者咸皆哀惧"。

北宋史学家司马光在《家范·父母》篇中，讲述了房氏"吃饭训子"故事，堪称《钜鹿魏溥妻》之续篇。说魏溥死后，房氏"鞠育不嫁，训导有母仪法度"，儿子与名声良好者交往，房氏喜不自胜，酒肉款待；与名声不良者交往，她则"辄屏卧不餐"，躺在床上不肯吃饭，直到儿子悔过谢罪，才起来吃饭，云云。在严母教育下成长起来的魏缉先生，当然十分了得，其子魏韶，其孙魏子建，渐渐闪光。《北史·魏子建传》载：子建"性存重慎，不杂交游""正身洁己，不以财利经怀，清素之迹，著于终始"，官至左光禄大夫、散骑常侍、骠骑大将军。

关于魏收的品行，《北史·魏收传》说他"少机警，不持细行"；

《北齐书》说他自幼聪慧，"年十五，颇已属文"。那一年，他跟随老爹巡视边防，骑马击剑打拳，噼里啪啦，刺刺不休，自以为很牛，岂料遭到郑老伯讥讽，问他，花拳绣腿练多久了？"收惭，遂折节读书。夏月坐板床，随树阴讽诵，积年，板床为之锐减，而精力不辍"。老伯一句话，直弄得魏收面红耳赤，从此刻苦读书，无论是夏天燥热难当，还是冬天雪花飘飞，他总是坐在板床上，随着树荫摇动诵读不已，几年下来，居然把床板磨得凹下去一大块。如此自励，自然文采飞扬，"以文华显"，与济阴冤句（今山东菏泽）温子昇、河间鄚（今河北任丘）邢邵并称为"北地三才子"。

然而，成年后的魏收，虽然才华烂漫，却举止轻薄，为世人讥笑，人送外号"魏收惊蛱蝶"。《北齐书·魏收传》载，那一年，他与给事黄门侍郎杨愔等人一起，跟随大将军高澄出游东山（即山东蒙山），登山临水，其乐融融。

高澄乃东魏大丞相高欢长子、北齐王朝奠基者，《北史·齐本纪》说他"美姿容，善言笑，谈谑之际，从容弘雅。性聪警，多筹策，当朝作相，听断如流"。武定五年（547）正月，一直觊觎东魏皇位的高欢病死了，其子高澄继任大丞相，都督中外诸军事，击溃叛将侯景，开拓两淮之地，两年间顺利掌控了东魏政权，武定七年（549）四月，高澄以大将军身份兼任相国，封齐王，代魏自立之势已如箭在弦上，岂料在受禅前夕，风云突变，踌躇满志的高澄竟被自己的厨子兰京刺杀，年仅29岁，其弟高洋继承父兄基业，于武定八年（550）建立北齐，追谥老哥高澄为文襄皇帝，庙号世宗。

魏收与杨愔陪同高澄游览东山之际，正值他紧锣密鼓策划代魏自立的时节，两人倾心侍奉、笑颜承欢也是必然的。在一次宴会上，高澄说魏收恃才傲物，举止轻浮，请大家予以批判。虽属戏言，也把他弄得有些尴尬，杨遵彦当场念了一首打油诗："我绰有余暇，山立不动，若遇当涂，恐翩翩遂逝。"这其实是一首一箭双雕的隐喻诗，直指魏收的名号与浮薄："当涂者"，魏也，语出汉代《春秋谶》："代汉者，当涂高也。"曹魏代汉自立，正应了"当涂"之寓意；"翩翩者"，蛱蝶飞翔之貌也。

高澄听罢，哈哈大笑，连说好句，只是太文雅了，应该直言斥责嘛！老杨应声说道："魏大才子曾经作了一篇诗，当众朗诵，并说：'就是拿棍棒打着我的老叔魏季景，逼他拿出六百斛米，他也理解不了这首诗的含义呀！'此事大家都晓得，我可不敢瞎编啊。"高澄听罢，纵声哗笑："我也听说过这件事。"席间众人哄堂大笑，魏收哭笑不得，却无由辩白，"收虽自申雪，不复抗拒，终身病之"。

原来，杨愔所说的"魏季景"，是魏收的族叔，《北齐书》赞扬他"清苦自立，博学有文才，弱冠有名京师"，与魏收号称"二魏"，名声却比侄子响亮得多，魏收对此心怀嫉恨，屡次欺侮怠慢之，故意摆出不屑一顾的架势。老杨这句玩笑话，犹如一记耳光，啪一声抽在魏收脸上：你对自家长辈都如此混账，何况他人呢？难怪他会"终身病之"，一辈子恨死了杨愔呢。

有一次，临漳县令李庶拍魏收马屁，说我朝有两个人物，人称"二魏"，就是您和您老叔嘛！岂料马屁拍到了马蹄上，魏收勃然变色，说你拿老叔与我来比较，就好像拿那个呆瓜邪输与你相比较一样不靠谱嘛！"邪输"，已故尚书令陈留公陈继伯之子，是个有名的傻瓜。魏收这句话，刻薄而凌厉，直接将老叔魏季景归入了"傻瓜"行列，弄得油嘴滑舌的李庶竟无言以对。

二

当初魏收撰著《魏书》，缘于北齐文宣帝高洋的赏识。高洋是北齐开国皇帝，《北齐书·文宣帝纪》说母亲怀着他时，"每夜有赤光照室"，及长，"大颊兑下，鳞身重踝"，大长驴脸，鳞斑满身，足踝增生，十足病态嘛，却被史家冠以"帝王异相"，也是醉了。虽然其貌不扬，高洋却颇富韬略，"少有大度，志识沉敏，外柔内刚，果敢能断"，早期颇有作为，建功立业，晚期荒淫无道，酗酒暴毙，时年34岁。李百药先生叹曰：高洋"始则存心政事，风化肃然，数年之间，翕斯致治。其后纵酒肆欲，事极猖狂，昏邪残暴，近世未有"。

客观地说，高洋虽然是有名的残暴之君，其执政初期，还是蛮拼的。天保元年（550）五月，他在邺城登基不久，即召集群臣，请大家各言其志，以便人尽其才。魏收说："臣愿得直笔东观，早成《魏书》。"高洋当即决定，"使收专其任"，凝神聚力撰写《魏书》。

应当说，魏收先生的著史初心，如月轮高悬，其"直笔东观"之说，意韵深远。"直笔"，秉笔直书之意，源于春秋时期晋国太史董狐，《左传·宣公二年》载：晋国大夫赵穿杀害晋灵公姬夷皋，正卿赵盾没有阻止，董狐认为赵盾应对此负责，便记为"赵盾弑其君"，孔子赞扬他为古之良史，"书法不隐"。"东观"，即东汉京城洛阳南宫之东观，东汉史学家班固等人先后在此著述修史，历时一百多年，修成《东观汉记》，可惜后来失传。魏收以此表明自己志在"著书立说"。

第二年，皇命下达，魏收出任魏郡（今河北永年县）太守，俸禄优厚，不管政务，一心著史，高洋叮嘱他说："好直笔，我终不作魏太武诛史官。"他说，你只管秉笔直书，我可不会像魏太武帝拓跋焘那样诛杀史官。

高洋提及的"魏太武诛史官"，是发生在北魏太武帝年间的一场惨痛"文字狱"。崔浩是太武帝拓跋焘的重要谋臣，屡建功勋，备受宠信，官拜太常卿，后升任司徒，封东郡公。太延五年（439），他奉命撰修北魏《国书》，由于无所避讳，直书拓跋氏崛起过程中的丑行，埋下了杀身之祸。太平真君十一年（450），《国书》修成，并勒石立碑，天下传扬，岂料引起鲜卑贵族愤怒，纷纷告状，太武帝脸色一变，下令诛杀崔浩，史称"国史之狱"。不久，太武帝北巡阴山，有所悔悟，叹息说："崔司徒可惜了！"

为使魏收安心著史，高洋不惜拿出北魏太武帝大搞文字狱的恶行做靶子，昭示撰修一部信史的决心，同时授命魏收为主修官，平原王高隆之为总监，搭建撰修班子，其余合作伙伴，由魏收自主引荐。然而，由于魏收"性憎胜己"，厌恶憎恨胜过自己的人，他组建团队的宗旨，就像武大郎开店——高者莫入，其遴选合作者的标准，并非业内精英，而是业务懵懂的依附者，或者是马屁之徒，"所引史官，恐其凌逼，唯取学流先相依附者"。房延佑、辛元植、睦仲让，三人虽为朝官，却并非史才；刁柔、裴昂之，两人虽以儒学知名，却不懂编辑事务；高孝干则是个官迷，每每以旁门左道求进。在这样的一个编纂团队里，魏收大有鹤立鸡群之豪壮，国史之撰修，也就只好仰赖他的弥天才华了。

天保五年（554），经过四载艰苦努力，《魏书》终于告竣，计有本纪十二卷、列传九十二卷，后又补充《天象》《地形》《律历》《礼》《乐》《食货》《刑罚》《灵征》《官氏》《释老》十志，全书共计一百三十卷。

然而，随着《魏书》传播，麻烦接踵而至。由于魏收平素恃才傲物，性格急躁，嘴上宣称"直笔东观"，落笔时却任性涂抹，以修史为武器，以好恶定取舍，以私心定抑扬，公然宣称："何物小子，敢共魏收作色，举之则使上天，按之当使入地。"他说，哼！你算个什么东西，敢跟老魏作对？老子一支铁笔，能把你举上天堂，也能把你踏入地狱！——如此"史官宣言"，犹如闹市裸奔，堪称亘古未有也。那些与他有冤仇者，纷纷"被消失"，不载入史册；即使入史，也将人家或人家祖上的善政美德统统隐去，涂抹得面目混沌，才能平庸。主修官如此作为，参与修史诸人纷纷效仿，将自己的祖宗或姻戚塞入书中，饰以美言，各种梳妆打扮，自不在话下。

《北齐书·魏收传》载，魏收早年曾得到过文学家阳休之帮助，无以为报，便说："无以谢德，当为卿作佳传。"我无法报答您的恩德，如有机会，一定为您写一篇美好传记。如此许诺，就为日后歪笔著史埋下了伏笔。阳休之的老爹阳固，曾为北平（今河北满城县）太守，"以贪虐为中尉李平所弹获罪，载在魏起居注"。阳固身居北平太守，却贪婪暴虐，激起民怨，遭到中尉（御史中丞）李平弹劾，被判有罪，撤职查办。这件事，被记入了北魏皇室的"起居注"，一如铁板钉钉，无法更改。魏收为了报恩，便在《魏书·阳固传》中为之涂脂抹粉，说他"刚直雅正，不畏强御，居官清洁，家无余财。终殁之日，室徒四壁，无以供丧，亲故为其棺敛焉"。并将他的《演赜赋》《刺谗嬖幸诗》等收入，以彰显其文才；至于他被中尉李平举报"贪虐"而获罪之史实，尽管有"起居注"佐证，魏收不仅只字不提，还顺便予以表扬，说他"甚有惠政，以公事免"云云。赞歌如此嘹亮，贪官阳固泉下有知，也会笑掉大牙吧？

大军阀尔朱荣是南北朝时期的一代枭雄，北魏王朝的掘墓者，将才杰出，残忍暴戾，屠戮无数，尤其是发动"河阴之变"，溺杀胡太后与幼帝元钊，纵兵屠杀北魏宗室百官二千余人，一时间血流成河。《北史·尔朱荣传》批判说："尔朱专恣，分裂天下，各据一方，赏罚自出"，"缘将帅之列，借部众之威，属天下暴虐，人神怨愤"。这样一个人神共愤的屠夫，魏收却不吝笔墨为之涂脂抹粉，至于纵情讴歌起来，为什么呢？因为他收了尔朱后人的金钱贿赂，"收以高氏出自尔朱，且纳荣子金，故减其恶而增其善"（《北齐书·魏收传》），魏收认为皇帝高洋是尔朱氏的后裔，又收了尔朱荣儿子的大笔金钱，于是歪笔书写，减其恶，增其善，颂扬他天生具有"匡颓拯弊之志，援主逐恶之图"，并大发感慨云："苟非荣之致力，克夷大难，则不知几人称帝，几人称王也。然则荣之功烈，亦已茂乎！"他颂扬说，如果不是尔朱将军力挽狂澜，扭转危局，还不晓得有多少人称帝称王呢，尔朱将军功德巍巍，可昭日月哉！——俨然一位挽狂澜于既倒、立不朽于万世的大英雄！

唉！如此撰修《魏书》，堪称"歪笔"恶例，被时人骂作"秽史"，也就不奇怪了。虽然经过再三修改，后来跻身"正史"之列，其可信度究竟如何，只有天晓得也。

三

因为众议喧腾，骂声连天，高洋十分恼火，下令魏收在尚书省与一百多名投诉者对质。这些贵戚子弟一见他，个个火冒三丈，有人指责他"遗其家世职位"，故意遗漏先祖显赫职位，居心何在？有人责问他"其家不见记录"，先辈英雄事迹不见记载，意欲何为？还有人说他"妄有非毁"，颠倒黑白，毁谤先祖，不怕遭报应啊？——范阳（今河北涿州市）卢斐、卢思道，顿丘（今河南清丰县）李庶，太原（今山西太原市）王松年，纷纷呼啸而起，群起攻之，众口一词，曰："史书不直。"

须知，这些带头起哄架秧子的人，绝非等闲之辈。卢斐字子章，乃北魏殿中尚书、仪同大将军卢同之子，《北史》说他"性残忍，以强断知名"，担任尚书左丞时，曾兼管京畿诏狱，"酷滥非人情所为，无问事之大小，拷掠过度，于大棒车辐下死者非一"。卢思道字子行，卢斐同乡，是"北朝三才子"之一邢劭的弟子，官至给事黄门侍郎，意气昂扬，才华横溢，其诗作《听鸣蝉》《从军行》辞采宏丽，意境优美，堪称佳作；其文《劳生论》揭露官场趋炎附势之徒的丑恶嘴脸，灵动传神，被钱钟书先生誉为"北朝文章的压卷之作"。李庶乃北魏著名学者、辅国将军、骠骑将军李谐之子，《北史》说他"方雅好学，甚有家风，历位尚书郎、司徒掾，以清辩知名"，时任临漳县令，曾因拍魏收马屁遭到怒斥。王松年历任通直散骑常侍、尚书郎中等。这些人联手起事，一时间风起云涌，搞得魏收手足无措，"收性急，不胜其愤，启诬其欲加屠害"，魏收急扯白脸，说人们诬蔑陷害他，要求皇上予以惩办。

高洋闻报大怒，决定亲临现场，亲自讯问，令魏收与投诉者各陈意见，再做裁决。这阵势，犹如"御驾亲征"，搞得尚书省气氛十分紧张。

卢斐率先发言："我老爹卢同功业显著，官至仪同大将军，名闻天下，我家因与魏收没有关系，便不为老爹立传。而博陵（今河北定州市）

人崔绰只是个本郡功曹，更没啥功勋事业，只因与魏家沾亲带故，便为之立传，请问公理何在？"

魏收答："绰虽无位，名义可嘉，所以合传。"

高洋问："你如何认定崔绰是好人？"

魏收答："高允曾为他点赞，说他是有道德之人。"

高允，字伯恭，北魏名臣、文学家，大器早成，耿直忠厚，备受尊崇，曾辅助崔浩修史，差点死于"国史之狱"。魏收在理屈词穷时，将前辈高允拉出来，企图推卸责任。

高洋说："高先生是大才子，为人作赞，自然要多说好话，就像你给人家写文章，那些溢美之词难道都是真实的么？"

皇帝这句诘问，噎得魏收哑口无言，"收无以对，战栗而已"。

驳论至此，是非昭然，群情喧嚣依旧，魏收冷汗横流。然而，高洋看重他的才华，不欲加罪，只是下令"且勿施行"，《魏书》暂不发行，听取各方意见，再行修改。卢斐、李庶、王松年、卢思道等带头发难者，反而一起获罪，"各被鞭打，流配在街巷市坊"，接受劳动改造；卢斐、李庶二人被处髡刑，剃掉头发，鞭笞二百，逮捕入狱，后死于狱中。唉！书写秽史者安然无恙，愤然投诉者却丢了性命——这个结果，实在荒谬绝伦；文宣帝高洋为政之荒诞，由此可见一斑也。

然而，尽管皇帝强硬干涉，严惩围攻者，舆情依然汹涌如潮，投诉者络绎不绝，魏收实在难以抵挡，"于是众口喧然，号为'秽史'，投牒者相次，收无以抗之"。这时候，左仆射杨愔、右仆射高德正出场了。杨愔是弘农华阴（今陕西华阴市）人，《北齐书》说他"早著声誉，风表鉴裁，为朝野所称"，早年追随高澄，极受信任，后来得宠于高洋，官高位显。高德正是渤海蓨县（今河北景县）人，《北史》说他"幼而敏慧，有风神仪表"，一直跟随高洋，甚见亲爱，"德正与文宣旧昵爱，言无不尽"。这两位势倾朝野的大佬，都与魏家沾着点七扭八拐的亲戚关系，与魏收的交情非同寻常，都曾得到过魏收的笔墨颂扬，为维护自身的光辉形象，"不欲言史不实"，便出面干预，"抑塞诉辞"，阻塞言路，导致各方投诉石沉大海，使沸腾的讨伐之声渐渐熄灭，"终文宣世更不重论"。

杨愔私下告诫魏收："此谓不刊之书，传之万古。但恨论及诸家枝叶亲姻，过为繁碎"，惹下了天大麻烦。魏收辩称从前中原丧乱，资料凌乱匮乏，因此出了一些差错，"望公观过知仁，以免尤责"。

在皇帝与权臣的强力压制下，这场"秽史"风波，暂时止息了，然而对当时和后世的影响，却极为深远。此后，北齐孝昭帝高演、武成帝高湛，相继过问此事，魏收三次奉命作了修改，才勉强过关。尽管如此，《魏书》"秽史"之恶名，已经传扬天下，影响所及，直至今日。一卷《魏书》在手，心里不免嘀咕：魏收先生所记，是史实么？——天晓得也！

对于自己修纂《魏书》遭遇的一连串风波，魏收在写给子侄们的《枕中篇》中，慨叹不已——"益不欲多，利不欲大。唯居德者畏其甚，体真者惧其大。道尊则群谤集，任重而众怨会。其达也则尼父栖遑，其忠也而周公狼狈。"他说，人生世间，欲求不可太多，利益不可过重；只有德薄云天者才会心怀畏惧，才华盖世者才会担忧因此肇祸。须知，道德尊崇，容易招来诽谤；责任重大，也会惹起群怨。即使像孔夫子那样达观，周游列国，也会感觉心头恓惶；即使像周公那样德高望重，天下仰望，也有感觉狼狈的时刻，唉唉，谁都不容易啊！

他继续教导后辈："无曰人之我狭，在我不可而覆。无曰人之我厚，在我不可而咎。如山之大，无不有也；如谷之虚，无不受也；能刚能柔，重可负也；能信能顺，险可走也；能知能愚，期可久也。"他说，不要说"我狭隘"，以此遮盖自身的美德；不要说"我厚道"，以此掩饰自己的过错。要像山峰一样高大，才能怀拥一切；要像峡谷一样谦虚，才能包容所有。能刚能柔，方能负重前行；能伸能屈，方能履危蹈险；能智能愚，亦痴亦傻，出傻入傻，方能顺应天地，长命百岁。此乃养生之大道也！

武平三年（572），魏收黯然辞世，享年66岁，谥曰"文贞"。尽管寿终正寝，他的灵魂却没有得到安宁。因为，那些被他的"秽史"溅上脏水的人家后裔，一直对他耿耿于怀，伺机报复。《北齐书》本传载："既缘史笔，多憾于人。齐亡之岁，收冢被发，弃其骨于外。"魏收因为著书得罪了很多人，北齐覆亡之后，他的坟墓被仇家掘开，遗骨被丢弃到墓茔之外，经受风吹雨淋太阳晒，其情其景，十分凄惨。

《北齐书》著者李百药批评说："收硕学大才，然性褊，不能达命体道。见当途贵游，每以色相悦。然提奖后辈，以名行为先，浮华轻险之徒，虽有才能，弗重也。"他说，魏收博学大才，然而性情偏狭，心胸狭窄，不能抵达生命与道德之化境。见了当权者则阿谀奉承，献媚邀宠，实在有失风范。可是，他提拔后辈，却注重行为与名声，那些浮华轻薄之徒，即使有才华，也入不了他的法眼啊！

2019年7月2日

南北天堑架虹桥

一

南北朝时期，南北双方划江而治，统治者都以正统自居，互相攻伐，互相诋毁，北人诬指南人为"岛夷"，南人蔑称北人为"索虏"。"岛夷"，本指海岛上的少数民族，语出《尚书·禹贡》："大陆既作，岛夷皮服"；"索虏"，本指北方少数民族，"索"指北人头上的发辫。大江两岸的史学家，纷纷互相涂抹，丑化对方。南梁沈约《宋书》以《索虏传》为北魏立传，开篇就说："索头虏姓拓跋氏，其先汉将李陵后也"；南梁萧子显《南齐书》辟有《魏虏传》："魏虏，匈奴种也，姓托跋氏……被发左衽，故呼为索头。"北齐魏收在《魏书》中为江南诸枭雄立传，譬如楚武悼帝桓玄、宋武帝刘裕、齐高帝萧道成、梁武帝萧衍等，题目一律冠以"岛夷"二字，蔑视之意昭然。北宋史学家司马光指出："宋（刘宋）魏（北魏）以降，南北分治，各有国史，互相排黜，南谓北为索虏，北谓南为岛夷。"（《资治通鉴·魏文帝黄初二年论》）宋元之际史学家胡三省注曰："索虏者，以北人辫发，谓之索头也。"

其实，早在三国时代，魏蜀吴三国互相攻杀，鲜血飘杵，积怨很深，虽然后来被司马氏武力"捏"在一起，三家归晋，南方与北方的历史沟壑却一如天堑，难以弥合，南人与北人之间互相睥睨，贬损，敌视，也是常态。西晋诗人陆机曾作了一篇寓言《羽扇赋》，说楚襄王熊横在楚国离宫章华台举行宴会，楚人宋玉、唐勒与来自北方河西地区的几位诸侯，围绕"羽扇好还是麈尾好"这个无厘头议题，爆发了激烈争执。羽扇乃白鹤羽毛所做，是南人所爱；麈尾乃麋鹿尾羽所做，是北人所爱。这其实是一场关于南方文化与北方文化孰优孰劣的虚拟辩论。宋玉鼓动如簧之舌，滔滔不绝，说羽扇"垂皎曜之奕奕，含鲜风之微微"，直令北方诸侯啧啧叹服，"伏而引非，皆委扇于楚庭，执鸟羽而言归"，扔掉尾扇，拿起羽扇，俯伏在地，老老实实认输。文章虽然精彩，彰显的却是南人对北人的蔑视，其睥睨倨傲之态，表露无遗。

为纠正史学领域浓烈的"地域黑"，统筹南北，打通各朝，隋末唐初历史学家李大师发誓在天堑之上架虹桥，撰写一部拔乎地域之上的南北朝通史。他早年浸淫史海，矢志著述，痛感南北朝各国隔江相望，征伐不断，互相鄙视，加之各国史书互相抵触，往往失实，决心仿照东汉赵晔《吴越春秋》体例，以编年体撰写一部南北朝正史，以矫正被那些视野狭隘的史家误导的历史波流。应当说，大师先生的这一宏愿，跨越了同时代史学家身上的局限性，极具历史眼光，可惜天不假年，在他奋笔著史之际，病魔骤然袭来，他于贞观二年（628）不幸辞世，享年59岁，壮志未酬，留下了千古遗恨。

在《北史·自叙》中，李延寿描绘了老爹李大师的光辉形象："大师字君威，幼而爽悟，神情警发，标格严峻，人并敬惮之。身长七尺五寸，风仪甚伟。好学，无所不窥，善缀文。备知前代故事，若指诸掌；商较当世人物，皆得其精。"这段记述，要点有三：一、博学爽悟，文采飘逸；二、身材魁伟，仪表不凡；三、沉溺史册，探寻微末，对前代故事，了如指掌，对各色人物，各尽其妙。至于是否溢美之词，只有天晓得也。

大师天赋英才，运气当然不会太坏。20岁那年，他被故里相州（今河南安阳市）州将贺兰宽召为主簿，做掌管文书的助手。老贺在当地官场甚有名望，一见大师，便肃然起敬："名下故无虚士。今者非以相劳，自望坐啸有托耳。"他说，大师先生果然名不虚传呀，今日劳驾您来，是希望与您成为闲坐吟啸时的知音呢！此后，两人"每于私室接遇，恒尽忘年之欢"。隋朝末年，大师出任信都郡（今河北冀州市）司户书佐，主管民户之事。那时候，各级官员腐败透顶，一个个贪赃枉法，割剥百姓，"大师独守清戒，无所营求，家产益致窘迫"。大师清廉自守，弄得家境十分窘迫，郡丞鞠孝棱感叹说：孔夫子有言"岁寒然后知松柏之后凋也"，这话说的不正是大师您吗？

大师立志有所作为，常年笔耕不辍，无论风雨如何变幻，始终不改初衷。初唐武德九年（617），他来到京城长安，拜访两位老友，尚书右仆射封德彝、中书令房玄龄。封德彝乃初唐宰相，《旧唐书》说他"多揣摩之才，有附托之巧"，在太子李建成与秦王李世民之间"事持两端"，左右逢源，死后多年被唐太宗察知真相，夺官削爵，改谥为"缪"；也有人说他是因故受到歪笔史家许敬宗诬谤，才留此恶名。孰是孰非，后人难以厘清。房玄龄是初唐名相，《旧唐书》颂扬他"以命世之才，遭逢明主，谋猷允协，以致升平"。大师与两位当朝大佬谈历史，话平生，感慨良多。两人劝大师留住京师，入朝为官，他说："昔唐尧在上，下有箕山之节，虽以不才，请慕其义。"他说的"箕山"，位于山东鄄城县境内，乃古代高士避世隐逸之地，典出《吕氏春秋·求人》：帝尧时代，隐士许由因为对现实感到绝望，跑到箕山之下，颍水之阳，躬耕垄亩，隐匿云端，"终身无经天下之色"，世称"箕山之节"，亦称"箕山之志""箕山之操"。

大师先生以"箕山之节"自励，毅然返乡，潜心著述，岂料死神很快降临，掐断了他的呼吸，他的未完之作也就成了"天鹅绝唱"，"既所撰未毕，以为没齿之恨焉"。李延寿望着老爹渐渐闭合的眼睛，兀自泪流满面，哽咽难言，发誓继承父志，完成《南史》与《北史》。

二

李延寿（生卒年不详），字遐龄，唐代相州（今河南安阳）人，初唐史学家，曾任东宫典膳丞、崇贤馆学士、御史台主簿，兼直国史符玺郎、兼修国史等职，虽历经宦海浮沉，却在政坛无甚作为，其一生勋业，便是潜心著史，先后参与编纂《隋书》《晋书》《五代史志》，以及唐代国史，并独自撰著《太宗政典》三十卷，他的彪炳史册之功绩，就是继承其父李大师之遗志，以十六年功夫，独立修成《南史》与《北史》，跻身二十五史之行列，成为世代相传的史学巨著。

对于李延寿的生平事迹，《旧唐书》记载十分简略，只说他"世居相州"，"尝受诏与著作佐郎敬播同修《五代史志》，又预撰《晋书》，寻转御史台主簿，兼直国史"，曾撰修《太宗政典》，受到高宗李治赏识，"高宗尝观其所撰《政典》，叹美久之，令藏于秘阁，赐其家帛五十段"。《新唐书》所记略同，并为他的书不受世人重视鸣不平，"其书颇有条理，删落酿辞，过本书远甚。时人见年少位下，不甚称其书"。并说，唐高宗曾令人将《太宗政典》抄写了两部，一部由皇家图书馆收藏，一部赐给东宫太子。

在《北史·序传》中，李延寿对自己的身世作了追述。这篇自叙的令人讶异之处有两点：一是不记自己的出生年月与早期经历，致使自己生年成谜，早岁空白；二是拉大旗作虎皮，编造煌煌家谱。这份长一万五千余字的自叙传，其中一万两千多字在塑造先祖之辉煌，开篇就说："李氏之先，出自帝颛顼高阳氏。当唐尧之时，高阳氏有才子曰庭坚，为尧大理，以官命族，为理氏。"传至周朝，"裔孙曰乾，聚于益寿氏女婴敷。生子耳，字伯阳，为柱下史"。

在他的笔下，老李家之先祖有两个古代巨星：一是"上古五帝"之一的颛顼，二是春秋晚期大哲学家李耳，即老子。颛顼乃黄帝之孙，昌意之子，"静渊以有谋，疏通而知事"（《史记·五帝本纪》），创制《颛顼历》，划定九州，厥功至伟。老子官居周朝柱下史，是掌管朝廷图书档案的御史大夫，著有《道德经》，被尊为道教始祖，称"太上老君"。贞观十一年（637），唐太宗昭告天下，说老子是李唐宗室之先祖。李延寿如此"认祖归宗"，意在表明，自己既为圣贤之后，又与当朝皇帝同宗，实在是无上荣耀啊！其实，这只说明了两点，一、他门第观念强烈，意在攀龙附凤；二、他出身卑微，渴盼光宗耀祖。

在连篇累牍的家谱罗列之后，李延寿才提到了他的曾祖父李晓，说他"少而简素，博涉经史，早有时誉"，很受世人称赞，曾任广武、东二郡太守，"所在有惠政，为吏人所怀"；祖父李超，"高简宏达，风调疏远，博涉经史，不守章句"，早年浮游宦海，晚年回归田园，彭城刘逸人对他说："君之才地，远近所知，久病在家，恐贻时论。"他回答说："吾性本疏惰，少无宦情，岂以垂老之年，求一阶半级？"其属性散淡，如清风逸荡，63岁辞世，"当世名贤，莫不伤惜之"。

李延寿的史海生涯，始于贞观三年（629）。那时候，老爹辞世刚一年，他擦干眼泪，继续自己的人生，来到京城。唐太宗雄姿英发，志在澄清寰宇，辉耀古今，诏命组织编纂梁、陈、北齐、北周、隋五代史，以为镜鉴。诏命下达，史官上阵——礼部侍郎令狐德棻等主修《周书》，中书舍人李百药主修《北齐书》，著作郎姚思廉主修《梁书》《陈书》，宰相魏徵主修《隋书》。

据《旧唐书·令狐德棻传》记载，修纂前朝史籍，是当初令狐德棻向唐高祖李渊提出的建议，高祖拍板决断，诏命群臣撰修北魏、北齐、北周、隋、梁、陈六代史，可是由于经验不足，加之资料匮乏，大家努力数年，"竟不能就而罢"，直到唐太宗登基，重提修史之议，不过这次修的却是梁、陈、齐、周、隋五代史。为什么高祖要修六代史，太宗只修五代史呢？原来，史官们讨论认定，北齐魏收所著《魏书》与隋代魏澹所著《魏史》，已很详尽，不必再浪费人力物力重修了。

在唐廷修史热潮中，年轻的李延寿被抽调到魏徵麾下，参与修撰《隋书》。魏徵以直言极谏著称青史，《旧唐书》说他"状貌不逾中人，而素有胆智，每犯颜进谏，虽逢王赫斯怒，神色不移"，辅佐唐太宗共创"贞观之治"大业，史称"一代名相"。李延寿初入史馆，就来到魏徵身边，亲聆教诲，对其人生观与历史观的形成，必然会产生积极影响。

在对的时间遇见对的导师，李延寿可谓幸运矣，可惜好景不长。两年之后，即贞观五年（631），母亲不幸去世，他按照惯例辞职回乡守丧，在悲哀号啕中，朦胧泪光里，恍惚看见了老爹的缥缈身影，从空中冉冉而降，来到他的身边，面带羞赧地低声问道："史书如何了？"他愣怔片刻，未及开口，老爹便飘然而去，消逝于远天云雾里。他号啕大恸，向着空中叩拜，发誓绝不辜负老爹的嘱托……

人生岁月久，不过一瞬间；光阴如长河，一去不回还。贞观十五年（641），李延寿又来到京城长安，由国子监祭酒令狐德棻推荐，再次进入史馆。令狐先生出身豪门，博涉文史，少有文名，堪称初唐史坛翘楚。他对年轻史官李延寿印象深刻，青睐有加，一见他现身京城，便径直带入修史行列。当时，五代史已经写成，只是缺少志书，延寿随即参与修撰《五代史志》，与史学家敬播联袂撰著《隋书·经籍志》。敬播先生史称"有良史之才"，极富清望，房玄龄称赞他是"陈寿之流也"。延寿与敬播携手共撰志书，可谓珠联璧合，创意无限，《经籍志》创立了经、史、子、集四部分类法，对后世产生了深远影响。贞观二十年（646），唐太宗下诏重修《晋书》，参与者21人，李延寿跻身其间，两年后《晋书》告成。李延寿先后三次参与修撰前朝史籍，成为初唐史海之巨擘。史入高宗年间，他依然笔耕不辍，于高宗显庆元年（656）参与修成了当朝国史80卷。

对于自己的编纂岁月，李延寿在《北史·序传》做了简略回顾，在繁忙的修撰工作之余，他搜求浩如烟海之史籍，梳理林林总总之史料，为独自撰著南北通史做准备，"既家有旧本，思欲追终先志，其齐、梁、陈

五代旧事所未见，因于编缉之暇，昼夜抄录之"。他轻抚老爹遗稿，百感丛生；遍览前人史册，兴奋莫名；环顾陋室暗影，又深感力有不逮。一介史官，家道贫瘠，欲卓拔于杂史之上，弘扬一代史学清风，集腋成裘，滴水成海，真是谈何容易呀！光是资料搜寻与抄写一项，就令他愁白了少年头。因为无钱请人帮忙抄录，只得自己点灯熬油，一笔一画誊抄，一摞一沓积累，"至于魏、齐、周、隋、宋、齐、梁、陈正史，并手自写"，他在参考南朝四书《宋书》《南齐书》《梁书》《陈书》与北朝四书《魏书》《北齐书》《周书》《隋书》八部正史之外，还广泛参考能够搜集到的各类杂著，"皆以编入，其烦冗者，即削去之"。八部正史共五百六十六卷，加上各类杂著一千余卷，他在筛选、勘究、抄录的基础上，以次连缀之，删繁就简，去伪存真，"合为二书，一百八十卷，比拟司马迁《史记》"，即为《南史》八十卷、《北史》一百卷，合称"二史"。

经过多年艰苦努力，到了显庆四年（659），全书终于完稿，并表奏朝廷。在给皇帝的上表中，李延寿感叹自己"轻生多幸，运奉千龄"，躬逢贞观之盛世，"既夙怀慕尚，又备得寻闻，私为抄录，一十六年，凡所猎略，千有余卷"。他这里说的"一十六年"，是从贞观十七年（643）他参加修撰《五代史志》，到"二史"告竣的显庆四年（659），共16年。其实，从贞观三年（629）他参与撰修《隋书》，就开始为"二史"编纂搜集资料了。如果由此算起，"二史"从筹备到完稿，整整经历了30年之久，其间的艰难困苦，锥心刺骨，何足为外人道哉！

抚今追昔，他无限感慨，"唯鸠聚遣逸，以广异闻，编次别代，共为部秩。除其冗长，捃其菁华"。他说，自己于纷乱喧闹中，广搜逸闻趣事，取其精华，弃其糟粕，"若文之所安，则因而不改，不敢苟以下愚，自申管见。虽则疏野，远惭先哲，于捃求所得，窃谓详尽"。

他说，我在著书过程中，一字不妥，寝食难安；一句不谐，搔首踟蹰。历经千锤百炼，且琢且磨，反复推敲，方才落笔，不敢以自己的浅见与推测，来妄断史实之真伪。虽然如此，依然远惭于先哲诸贤，近愧于圣上之嘱托也。"既撰自私门，不敢寝默，又未经闻奏，亦不敢流传"——私家著述，不敢隐瞒；皇上不圈阅，也不敢流传。太宗如何批阅，史无明载，但《南史》《北史》得以留传后世，清楚地表明了皇帝的意旨：同意。付印。钦此！

三

概括而言，李延寿编纂《南史》《北史》的主要方法有四，其一曰"抄录"，其二曰"连缀"，其三曰"补充"，其四曰"校订"。"抄录"，是他在朝廷史馆撰修正史之余，亲自抄写各类旧著史料，以备后用；"连缀"，是将各类史料加以组织整理，著成篇章；"补充"，是在前史资料匮乏的情况下，予以补充完善；"校订"，是对原史的舛漏、错误之处，予以必要的勘误与纠正。应当说，在传世的二十五史中，这种成书方式是独一无二的。比较一下"二史"与原书篇章之差异，还是蛮有趣的。

《南史》，是作者对南朝四书《宋书》《南齐书》《梁书》《陈书》的"抄录"与"连缀"，然而史实记载之差异，却很明显。譬如，宋武帝刘裕诛杀晋恭帝司马德文之事，《宋书》演绎的是一出朝代更替正剧。元熙二年（420）七月，恭帝被迫禅位，《宋书》记载是"晋帝禅位于王"，"王"，即宋王刘裕。恭帝并下诏曰："王其允执其中，敬遵典训，副率土之嘉愿，恢洪业于无穷"，刘裕装模作样上表辞让，二百七十多名朝臣随后上表劝进，一再固请，刘裕"万般无奈"，这才继位登基，史称"宋武帝"，至于对晋恭帝的处置，也是很仁慈——"封晋帝为零陵王，全食一郡。载天子旌旗，乘五时副车，行晋正朔，郊祀天地，礼乐制度，皆用晋典。上书不为表，答表勿称诏。"

可是到了这年九月，晋恭帝就死了。《宋书》记载为："九月己丑，零陵王薨。车驾三朝率百僚举哀于朝堂，一依魏明帝服山阳公故事。太尉持节监护，葬以晋礼。"　"魏明帝"，即曹丕之子、魏明帝曹叡；"山阳公"，汉献帝刘协禅位与曹丕后，封山阳公。《三国志·魏书·明帝纪》载，青龙二年（234）三月，刘协辞世，享年54岁，曹叡闻讯，"素服发哀，遣使持节典护丧事……车旗服章丧葬礼仪，一如汉氏故事"，随即大赦天下，将刘协安葬于山阳国，建禅陵，置园邑。——刘裕按照这个规格安葬晋恭帝，似乎中规中矩，合辙押韵，"没毛病"。

　　可是，到了《南史·褚淡之传》，则记载了一起赤裸裸的谋杀：

　　　　淡之兄弟并尽忠事武帝（刘裕），恭帝每生男，辄令方便杀焉，或诱赂内人，或密加毒害，前后如此非一。及恭帝逊位居秣陵宫，常惧见祸，与褚后共止一室，虑有酖毒，自煮食于前。武帝将杀之，不欲遣人入内，令淡之兄弟视后。褚后出别室相见，兵人乃逾垣而入，进药于恭帝。帝不肯饮，曰："佛教自杀者不得复人身。"乃以被掩杀之。

　　这段记载，酷虐而惨烈。其一，褚秀之、褚淡之兄弟，是东晋建威将军、刘宋右卫将军、散骑常侍褚裕之之子，正宗"官二代"，其老妹褚灵媛是晋恭帝皇后，兄弟俩甘当刘裕的鹰犬，多次残害恭帝与褚后所生的孩子。其二，恭帝被逼禅位，降为零陵王，退居秣陵县城（今湖北荆门市）之秣陵宫，"常惧见祸"，皇后褚灵媛害怕被人毒害，便亲自买菜做饭，夫妻俩整天战战兢兢，艰难度日。其三，刘裕想除掉恭帝，苦于无机可乘，便秘令褚氏兄弟出面，前往秣陵县城探望老妹，褚灵媛出来与兄长寒暄，杀手乘隙而入，令恭帝服毒自杀，恭帝不肯，说自杀者不得再转世为人，杀手不再啰唆，便用棉被将他活活捂死了。

　　宋武帝刘裕虐杀晋恭帝，开了南朝屠戮前朝末帝之先河，到了刘宋王朝末期，宋顺帝刘准的命运，同样悲惨。建元元年（479）四月，宋顺帝被迫禅位，萧道成登基称帝，建立南齐，史称"齐高帝"。《南齐书·武帝纪》载，宋帝禅位诏书曰："惟德动天，玉衡所以载序；穷神知化，亿兆所以归心。用能经纬乾坤，弥纶宇宙，阐扬鸿烈，大庇生民。晦往明来，积代同轨，前王踵武，世必由之。"老萧对于刘宋末帝的处置，与当初刘裕处置晋恭帝如出一辙——"封宋帝为汝阴王，筑宫丹阳县故治，行宋正朔，车旗服色，一如故事，上书不为表，答表不称诏。"当刘准乘着画轮车，离开皇宫东掖门之时，询问左右"今日何不奏鼓吹"，左右侍者皆掩面无语……到了这年五月六日，刘准忽然死了，"己未，汝阴王薨，追谥为宋顺帝，终礼依魏元、晋恭帝故事"。"魏元"，即魏元帝曹奂，曹操之孙、曹魏末帝，咸熙二年（265）八月禅位与司马炎，封陈留王，太安元年（302）辞世，享年58岁，谥曰"元皇帝"。

在《南齐书》的字里行间，似乎南齐取代刘宋，波澜不惊，一如春秋轮转，宋末帝刘准之死，也是莫名其妙，不知所以。然而，《南史·顺帝纪》则演绎了一出逼宫与虐杀之连续剧——"是日，王敬则以兵陈于殿庭，帝犹居内，闻之，逃于佛盖下。太后惧，自帅阉竖索，扶幸板舆。黄门或促之，帝怒，抽刀投之，中项而殒。帝既出，宫人行哭，俱迁。备羽仪，乘画轮车，出东掖门。封帝为汝阴王，居丹徒宫，齐兵卫之。建元元年五月己未，帝闻外有驰马者，惧乱作；监人杀王而以疾赴，齐人德之，赏之以邑。"

这段记载，可堪玩味。一、王敬则是萧道成心腹干将，时任豫州刺史、骠骑大将军，为老萧上位登基立下了汗马功劳，建元元年（479）五月，他带兵入宫，胁迫顺帝出席禅位大典。二、顺帝恐惧，藏匿于佛像背后，太后害怕祸及自身，带着太监往外拉扯顺帝，顺帝拉着绳索死活不松手，一个小太监催促他赶紧放手，暴怒的顺帝一刀劈过去，小太监登时毙命。三、顺帝被封为汝阴王，移居丹徒宫，一天宫外忽然发生动乱，监护者杀掉汝阴王，汇报说他暴病身亡。

《南史·王敬则传》也提到了这件事，说是王敬则率领军卒入宫，将末帝刘准拉出来，令其乘车出宫——"顺帝不肯即上，收泪谓敬则曰：

'欲见杀乎？'敬则答曰：'出居别宫尔，官先取司马家亦复如此。'顺帝泣而弹指：'唯愿后身生生世世不复天王作因缘。'宫内尽哭，声彻于外。"

顺帝泣问："你要杀我吗？"王敬则回答："换一个住处罢了。你刘家先祖就是这么取代司马氏的，哭什么啊？"顺帝挥手指天说："愿后代生生世世不要托生帝王家！"其惨烈彻骨，夫复何言？

俗话说：前有车，后有辙。到了梁陈交替之际，武帝陈霸先依样画葫芦，导演了一出禅让谋杀血腥剧。《陈书·高祖纪》载，太平二年（557），梁敬帝萧方智禅位于陈霸先，南梁灭亡，陈霸先封萧方智为江阴王。梁敬帝禅位诏书曰："朕虽庸貌，暗于古昔，永稽崇替，为日已久，敢忘列代之遗典，人祇之至愿乎。今便逊位别宫，敬禅于陈，一依唐、虞、宋、齐故事。""唐虞"，指上古尧帝（唐尧）与舜帝（虞舜），尧帝晚年禅位与舜帝；"宋齐"，指刘宋末帝刘准禅位与齐高帝萧道成。"是日，梁帝逊于别宫。高祖谦让再三，群臣固请，乃许。"第二年三月，江阴王骤然毙命，陈霸先下诏，令隆重办理丧事，"诏遣太宰吊祭，司空监护丧事，凶礼所须，随由备办"。至于死因，则不置可否；对于杀手刘师知，《陈书·刘师知传》只说他"性疏简，与物多忤，虽位宦不迁，而委任甚重，其所献替，皆有弘益"，至于他奉命诛杀梁敬帝之事，也是不着一字，似乎根本就不存在这回事情呢。

在《南史·刘师知传》中，霍然出现了谋杀梁敬帝的恶徒及其幕后黑手：

> 梁敬帝在内殿，师知常侍左右。及将加害，师知诈帝令出，帝觉，绕床走曰："师知卖我，陈霸先反。我本不须作天子，何意见杀？"师知执帝衣，行事者加刃焉。既而报陈武帝曰："事已了。"武帝曰："卿乃忠于我，后莫复尔。"师知不对。

刘师知，陈霸先心腹，官居中书舍人，主管诏诰之事，先前常随梁敬帝左右以监视之，陈霸先密令他除掉敬帝，他诈称奉皇命请敬帝离开寝宫，敬帝意识到危在旦夕，绕床而走，边走边喊："刘师知你出卖我，陈霸先言而无信。我早已不做天子，为何还要见杀？"刘师知也不答话，使劲儿抱住狂躁的敬帝，随从举刀戳刺，可怜的敬帝哀声惨嚎，瞬间毙命。

对于陈朝后主陈叔宝，《陈书·后主纪》也极尽溢美之词，不仅把后主恶迹一概隐去，还用一连串充满"正能量"的诏书树立后主的"光辉形象"，其论赞说"后主昔在储宫，早标令德，及南面继业，实允天人之望矣"，他登基后，"咸尊故典，加以深弘六艺，广辟四门，是以待诏之徒，争趣金马，稽古之秀，云集石渠"，而南陈之所以亡国，实在不是后主的过错，一切都是天意——"非唯人事不昌，盖天意然也。"读史至此，笔者忍不住加了一字之评："呸！"

读罢《陈书》，再读《南史》，则高下立见也。隋军在晋王杨广、元帅长史高颎统率下，渡过长江，逼近京城，后主慌了手脚，被迫应战，对骠骑大将军萧摩诃说："公可为我一决。"并拿出金银财宝犒赏诸军。可是，危急关头，后主竟与萧摩诃老婆私通，导致老萧罢战，《南史·萧摩诃传》载："后主通于摩诃之妻，故摩诃虽领劲兵八千，初无战意。"使人御敌，淫人之妻，岂非自取灭亡耶？

《南史·后主纪》对后主劣迹虽有所隐讳，毕竟也有所批判，譬如城破之时，隋兵涌入，尚书仆射袁宪劝后主"端坐殿上，正色以待之"，后主战栗说："锋刃之下，未可与争，吾自有计。"他的"妙计"，就是跳井，等隋兵用绳子将他拽上来时，"惊其太重，及出，乃与张贵妃、孔贵人三人同乘而上"，呵呵，绝境抱美人，至死也风流！李延寿批判说："后主因削弱之余，钟灭亡之运，刑政不树，加以荒淫。夫以三代之隆，历世数十，及其亡也，皆败于妇人。"

老李的"逻辑归谬"，却是"红颜祸水"的翻版，说什么"皆败于妇人"，显然荒谬。后主降隋，押赴洛阳，文帝"给赐甚厚，数得引见，班同三品"。后主毫无愧悔之念，再三请求封一官号，隋文帝骂曰："叔宝全无心肝。"隋仁寿四年（604），后主病逝于洛阳，终年52岁，文帝追封其为大将军、长城县公，谥号炀，葬于洛阳北郊之邙山。

初唐宰相魏徵批判说："后主生深宫之中，长妇人之手，既属邦国殄瘁，不知稼穑艰难。"身为天子，"寄情于文酒，昵近群小，耽荒为长夜之饮，嬖宠同艳妻之孽。危亡弗恤，上下相蒙，众叛亲离，临机不寤，自投于井，冀以苟生，视其以此求全，抑亦民斯下矣"。魏丞相曰：后主生于幽深皇宫之中，长于红颜嫔妃之手，继位时国运已经江河日下，衰败不堪，可他却不知道稼穑之艰难，更不知道励精图治，扭转颓势——他陶醉于美文美酒美女之中，亲近无耻小人，尽餐绝世红颜，沉溺于荒淫戏谑，通宵达旦地吃喝玩乐，荒废政事，上下蒙骗，导致众叛亲离，大厦崩摧，面对隋军锋刃相逼，只得自投枯井，企图苟且偷生。这样一个荒唐透顶、猥琐不堪的陈后主，连一个普通老百姓都不如吧？

南朝齐梁年间哲学家范缜，以《神灭论》闻名古今，《梁书·范缜传》说他"性质直，好危言高论，不为士友所安"，多有弘扬之词，然而，《南史·范缜传》补充了一个细节，使老范的光辉形象瞬间耸立起来——"子良使王融谓之曰：'神灭既自非理，而卿坚执之，恐伤名教。以卿之大美，何患不至中书郎，而故乖剌为此，可便毁弃之。'缜大笑曰：'使范缜卖论取官，已至令仆矣，何但中书郎邪？'"

南齐宰相萧子良派王融去劝服范缜，王融找到范缜，苦口婆心劝说：老范啊，神灭论就是歪理邪说，你固执己见，有百害而无一利呀，以你的绝世高才，当个中书郎自不在话下，你这么弄，是作死的节奏嘛！范缜哈哈大笑，说咱老范如果卖论取官，卖身求荣，早已经是朝廷大佬啦，中书郎算哪根毛啊？——范缜先生的这一声大笑，至今响彻云霄，令人感佩！

当然，尽管勇于披露历史真相，对当权者的神化，也是《南史》的一个显著弊端。《南史·齐本纪》对齐高帝萧道成的记载，有不少诡异之处，譬如：道成老家武进旧宅南侧有一棵树，"擢本三丈，横生四枝，状似华盖"，其从兄敬之曰："此树为汝生也"；武进彭山上空有五色云，状如盘龙，引起宋明帝疑惧，"遣人践籍，以左道厌之"；道成与奉伯同室睡觉，"奉伯梦上乘龙上天，于下捉龙脚，不得"；道成与参军崔灵建同宿，崔晚间做梦，梦见天帝对他说："'萧道成是我第十九子，我去年已使授其天子位。'考自三皇、五帝以降，受命之次，至帝为十九也"；道成做了中领军，"望气者"陈安宝觑见他身上常有紫黄气缭绕，说："此人贵不可言"……

其实，李延寿撰著《南史》与《北史》，并非简单地将旧史抄录、连缀，其"补充"与"校订"之功，同样重要。他补充的重点，就是那些"易为湮落"的"小说短书"。他认为，这些材料虽然细小，史料价值却较高，值得一记。中唐史学家刘知几为他点赞曰："大抵偏记小录之书，皆记即日当时之事，求诸国史，最为实录。"或许，正是这一苦心孤诣的追求，才是《南史》中出现那些神乎其神描写的原因。殊不知，如此以文字来"造神"，不但与史实相悖，更使读者透过斑斓文字，看出了作者的历史局限性。

而《北史》百卷，则对北朝四书《魏书》《北齐书》《周书》《隋书》作了补充。譬如，《北史·献文六王传》中为彭城王元韶立传，说他美容仪，好儒学，爱林泉，似乎通达飘逸，却狠歹如狼，愚蠢如猪。他原是北魏孝庄帝元子攸之侄，正宗元氏皇亲国戚，在北齐文宣皇帝高洋麾下颇为得宠，高洋对他既戏弄，又信任。一次，高洋令他剃净鬓须，涂脂抹粉，"衣妇人服以自随"，并对人说："朕以彭城王为嫔御。"以此讥笑他像女人一般懦弱。宣帝十年（559）五月，太史奏云："今年当除旧布新。"高洋问元韶："汉光武帝何以中兴？"元韶回答："为诛诸刘不尽。"他说，刘秀之所以能够开创中兴大业，是因为当初王莽没把汉高祖刘邦的子孙杀光啊！高洋一听，恍然大悟，咱老高夺取了魏国元氏皇族的天下，如果你们像刘秀那样造反怎么办？"于是乃诛诸元以厌之"，下令大规模屠戮元氏宗亲，杀光25家，囚禁19家，元韶作为元氏宗亲之一，也被捕入狱，"幽于京畿地牢，绝食，啖衣袖而死"。元韶搬起一块巨石，扑通一声砸烂了元氏皇族的"脚"，也把自己弄得悲惨至极，最后活活饿死了。

到了这年七月，高洋开始了更大规模的屠杀，元氏宗族无论男女老幼，一律格杀勿论，"前后死者凡七百二十一人，悉投尸漳水"。有人捕捞漳河里的鱼，"剖鱼者多得爪甲，都下为之久不食鱼"，鱼肚子里有很多人的手指脚趾，真是恐怖啊，人们哪里还敢吃鱼呢？

对于北魏地理学家、《水经注》作者郦道元，《魏书》《北史》均指他为"酷吏"，前者简略，后者则较为详尽，说他任冀州镇东府长史期间，"为政严酷，吏人畏之，奸盗逃于他境"，其酷虐行政，把奸盗等烂污之辈都吓跑了；任职东荆州刺史，"威猛为政，如在冀州"，被人控告，遭到免职。郦道元纵横宦海，苛酷严猛，一以贯之，"不能有所纠正，声望更损"，受到世人诟病。雍州刺史萧宝夤欲谋反，担心郦道元为害自己，便派兵将他包围在骊山北麓新丰县（今陕西西安市东北）阴盘驿亭，乱军逾墙而入，"道元瞋目叱贼，厉声而死"，甚为亢烈。他的大著《水经注》传扬天下，"然兄弟不能笃睦，又多嫌忌，时论薄之"。

《北史·节义》记载了北魏晋寿（今四川彭州市西北）义士沓龙超的壮烈故事，说他"性尚义侠，少为乡里所重"。永熙年间，南梁大将樊文炽进攻益州，刺史傅和困守孤城，弹尽粮绝，局势危急，"刺史遣龙超夜出，请援于汉中"，岂料出师不利，被敌军俘获，樊文炽令他劝降，龙超冲着城头大喊："援军数万，近在大寒。"樊文炽大怒，"火炙杀之。至死，辞气不挠"。其人，其文，其豪壮之气，至今缭绕青史，袅袅不散……

2019年6月22日

恐此书与粪土烟烬俱灭

一

在古代史林，中唐史学家刘知几是个独特的存在。其一，他作为朝廷史官，撰著丰富，硕果累累，与朱敬则等合撰《唐书》八十卷，与吴兢合撰《睿宗实录》二十卷、《则天实录》三十卷、《中宗实录》二十卷，还独自撰著《太上皇实录》等。其二，他因为不满于史馆制度之混乱与监修官员之强横，于景龙二年（708）毅然辞职，兀自秉笔著书，写出了极具个性的历史通论《史通》。其三，作为一部个人著述，《史通》出笼后影响巨大，天下瞩目，他的同事徐坚说："居史职者，宜置此书于座右。"唐末史家柳璨著《史通析微》十卷，予以指谬，"璨以刘子玄所撰《史通》讥驳经史过当，璨纪子玄之失，别为十卷，号《柳氏释史》"（《旧唐书·柳璨传》）。宋人赵希弁《郡斋读书后志》指出，柳璨批评刘知几"妄诬圣哲"，多有谬误，"评汤之德为伪迹，论桀之恶为厚诬，谤周公云不臣，褒武庚以徇节，其甚至于弹劾仲尼"。柳璨指，刘知几认为商汤之德近乎伪善，夏桀之恶是受到了诬蔑，周公旦也有不臣之举，颂扬武庚发动叛乱是为商国殉节，批评孔夫子近乎弹劾，总之是标新立异与传统史学唱反调。

这位斥责刘知几"妄诬圣哲"的柳璨，博学多才，世称"柳箧子"，是大书法家柳公权的族侄，叵耐性情奸巧，心怀卑污，《旧唐书》称之"妖徒"，《新唐书》将他列入"奸臣传"，他于唐廷分崩离析之际官居丞相，为弄权固位，投靠大军阀朱温，并于天祐二年（905）六月，利用星象变化助纣为虐，怂恿老朱在滑州白马驿（今河南滑县境内）虐杀三十多位唐廷大臣，史称"白马驿之祸"。俗话说：天作孽，犹可违；自作孽，不可活。到了这年年底，柳璨也被老朱送上了刑场，面对凛凛生寒的滴血屠刀，他嘶声大叫："负国贼柳璨，死其宜矣！"他的两个弟弟均受牵连，被笞刑鞭杀。

刘知几（661～721），字子玄，彭城（今江苏徐州市）人，其曾祖父刘珉官至北齐太守，从祖父刘胤之为初唐弘文馆学士，祖父刘务本做过县长，其父刘藏器是唐高宗时期侍御史，举劾非法，言词切直，不畏权贵，至于当面斥责高宗"用舍恣情，爱憎由己"，可谓胆肥也。

刘知几自幼颖慧，"以词学知名，弱冠举进士"（《旧唐书·刘子玄传》），然而，他的早年学习生涯，却充满了痛苦，《史通·自叙》云："予幼奉庭训，早游文学。年在纨绮，便受《古文尚书》。每苦其辞艰琐，难为讽读。虽屡逢捶挞，而其业不成。""纨绮"，少年；"捶挞"，杖击，鞭打。他说自己早年跟着老爹学习《古文尚书》，对着佶屈聱牙的文字，结结巴巴难以诵读，经常受到老爹责罚，当爹的也是恨铁不成钢啊，抡手杖，挥教鞭，噼里啪啦，一顿猛揍，可谓至痛。后来他听老爹给诸兄讲解《左传》，便侧耳旁听，等老爹讲完了，他接着复述，言辞侃侃，如溪水涌流，老爹颇感惊讶，于是也给他讲授《左传》，父子俩日夜用功，日益精进，"期年而讲诵都毕"。这一年，他只有12岁。

此后，他的读书生涯进入酣畅淋漓阶段，一如樵夫入深山，青龙入大海，《左传》《史记》《汉书》《三国志》《后汉书》，林林总总，"既欲知古今沿革，历数相承，于是触类而观，不假师训"，一直到17

岁，"而窥览略周……至于叙事之纪纲，立言之梗概，亦粗知之矣"。据统计，《隋书·经籍志》史部共收录图书817部、13264卷，面对浩如烟海的历史古籍，知几就像一个贪婪的饕餮之徒见了堆积如山的美食，生吞活剥，嗷嗷蚕食，令人羡煞也。

知几有两位胞兄，长兄知柔，次兄知章。知柔"性简静，美风仪"（《新唐书·文艺》），极有才华，"懿文为林，镇重为山，幽静为骨"，"仪形硕伟，风神散逸"（李邕《刘知柔神道碑》）。老哥卓越如此，知几为之讲解古籍，且满口飞红滴翠，可谓初生牛犊不怕虎也。他在《史通·自叙》中回忆，"自小观书，喜谈名理，其所悟者，皆得之襟腑，非由染习"，累年苦读，书籍藏于肺腑间，名理罗列唇齿间，平日里喜欢谈文论史，一如管中窥豹，只说自己所见，从不随俗从众，屡屡因为见解卓异，受到长辈斥责。他曾与人讨论班固之《汉书》、范晔之《后汉书》，兀自大发感慨，说《汉书》弄了一张不伦不类的《古今人表》，列表裁量历史人物之高低，削足适履，很是荒谬；《后汉书》不为更始帝刘玄立传，实为史家之浅陋也。"当时闻者，共责以为童子何知，而敢轻议前哲。于是赧然自失，无辞以对。"那些听他发表高论的长者，夹枪带棒一顿训斥，说你小屁孩懂什么，胆敢批评先贤大德？搞得他面红耳赤，无言以对。后来，他读了有关史籍，恍然发现，古人与自己见解相同呀，兴奋异常，喟然长叹：唉唉，那些"流俗之士"呀，与自己根本就没在一个频道上，与之讨论是非，就是对牛弹琴嘛。从此，他便埋头读书，再不与人扯淡了。

刘知几的仕宦生涯，始于唐高宗永隆元年（680），19岁的他考中进士，获授怀州获嘉（今河南获嘉县）主簿。这时候，唐廷已进入"二圣临朝"时代，高宗李治与皇后武则天共治天下，武则天的红粉铁拳，以泰山压顶之势砸向一切潜在对手。太子李弘突然莫名病亡，御医诊断说是"酒食过量"，撑死了呗。次子李贤被立为太子，旋即以"谋反"罪名被废为庶人，流放巴州（今四川巴中市），最后被逼令自杀。两任太子先后死于非命，凶手是谁，议论纷纷，莫衷一是，无论如何，武后也难脱干系。三子李显随后继任太子，战战兢兢，如临深渊。

永淳二年（683）十二月，李治驾崩，太子李显继位，是为唐中宗，皇太后武则天摄政。武氏急于培植自己的羽翼，"大搜遗逸四方之士，应制者向万人"（《大唐新语》），一时间官员成堆，多如过江之鲫；然而因为峻法苛酷，不少人纷纷倒下，跌入深渊，"是时官爵僭滥而法网严密，士类竞为趋进而多陷刑戮"（《旧唐书·刘子玄传》）。刘知几洞悉时弊，一介掌管文书的九品县衙小吏，居然多次上书朝廷，围绕官吏任用与管理、惩罚与赦免、严刑峻法与惩治腐败等问题，提出自己的主张。然而，因为人微言轻，他的上书犹如顽石击水，无声无息。就在这个时期，刘知几写下了《思慎赋》，以抒发心底的万丈郁闷，其序曰：

> 赋形天地，受气阴阳，生乐死哀，进荣退辱，此人伦之大分也。然历观自古，以迄于今，其有才位见称，功名取贵，非命者众，克全者寡。大则覆宗绝祀，埋没无遗；小则系狱下室，仅而获免；速者败不旋踵，宽者忧在子孙。至若保令名以没齿，传贻厥于后允，求之历代，得十一于千百。某尝迹其行事，略而论之。

这篇赋作，思绪如深渊潜流，忧惧如悬崖黄花，知几历览古今，但见竞逐于宦海者车载斗量，滔滔不绝，成功者却很少，所谓"非命者众，克全者寡"，有的遭遇族灭，断子绝孙；有的下狱治罪，九死一生，好恐怖啊！芸芸众生，衮衮诸公，能不慎乎？"彼草树之无识，唯禽兽之不仁，犹称能以远害，尚假智以全真"，草木与禽兽，尚能远离伤害，"假智全真"，何况号称万物之灵长的人类呢？——著名诗人苏味道、李峤一读之下，叹赏不已："陆机《豪士》所不及也。"

《豪士赋》是西晋著名诗人陆机的赋作名篇，才气纵横，奇崛峻拔，收放自如，引人入胜，苏味道等说知几之作胜过陆机，其推重之意显而易见也。

二

刘知几后来得以进京，是由于参与编纂一部武周皇朝奇书——《三教珠英》。

天授元年（690）九月十九日，武则天在神都洛阳皇宫之明堂举行登基大典，正式登基称帝，成为中国历史上唯一的女皇帝，史称"圣神皇帝"，改唐为周，改元天授。睿宗李旦降为皇嗣，武氏子弟武承嗣、武三思、武攸宁、武攸暨等，纷纷称王；女皇家乡并州文水县改为武兴县，百姓世世免役。

尽管，这个被女人的红酥手强拧过来的武周王朝，在历史上不过是昙花一现；然而，女皇登基，毕竟开启了中国历史上女人君临天下亘古未有之新篇章。女皇耳际，缭绕着此起彼伏、不绝如缕的万岁之声。她大兴土木，营造了一座座离宫别馆，纵情游玩，盛宴不歇。她喜玩鹦鹉，宫殿里到处挂满了鹦鹉笼；她嗜餐美色，身边帅哥如云，男宠不断，花和尚薛怀义、御医沈南蓼等，走马灯一般轮转，直到张昌宗、张易之兄弟入宫，这才成为女皇之至爱。

据《旧唐书·易之昌宗传》载，通天二年（697），"太平公主荐易之弟昌宗入侍禁中，既而昌宗启天后曰：'臣兄易之器用过臣，兼工合炼。'即令召见，甚悦。由是兄弟俱侍宫中，皆傅粉施朱，衣锦绣服，俱承辟阳之宠。"太平公主给老娘武则天推荐了帅哥面首张昌宗，人称"六郎"，极受女皇宠爱，引得一群马屁精嗡嗡嗡，中书令杨再思无耻地说："人言六郎似莲花，其实非也；我看莲花似六郎嘛。"一天，昌宗启奏女皇说，我老哥易之阳物更为硕大，又善于炼制丹药。女皇一听，春心大动，传旨召来试用，"甚悦"。于是兄弟俩一起侍候女皇，"俱承辟阳之宠"。

所谓"辟阳之宠"，是指西汉初年辟阳侯审食其为吕后所爱幸之事，

下卷 史海夜航

后来泛指臣下为后妃宠幸、两性交欢之艳事。男子因为"私器硕大"而受宠，并因此名扬后世者，秦有嫪毐，汉有审食其，唐有张氏兄弟，堪称宫廷奇观也。据说，女皇对张氏兄弟之溺爱，可谓深至入骨。每次他们回家，都派专人跟踪侍奉，不许他们与妻子哪怕说一句话。二张登上楼阁，便要撤掉楼梯，其母阿臧怜惜儿子，在家里设置了暗室，他们夫妻才能偶尔云雨片刻。

圣历二年（699），女皇设立控鹤监，令张易之做长官。控鹤监就是女皇的"后宫"，其官员都是女皇的男宠与轻薄文人。每逢朝中设宴，控鹤监官员必到，以嘲笑戏弄公卿为乐。久视元年（700），改控鹤监为奉宸府，以张易之为奉宸令，"太后每内殿曲宴，辄引诸武、易之及弟秘书监昌宗饮博嘲谑。太后欲掩其迹，乃命易之、昌宗与文学之士李峤等修《三教珠英》于内殿"（《资治通鉴·唐纪二十二》）。对张氏兄弟的臭名声，女皇心知肚明，于是诏令二张出面组织编纂《三教珠英》，一来彰显女皇的文治之功，二来为二张涂脂抹粉，掩其劣迹。李峤、阎朝隐、徐彦伯、张说、宋之问、崔湜、富嘉谟、刘知几等47人应诏而来，分类撰写。这群御用文人号称"珠英学士"，整日混迹于奉宸府，百般献媚取宠。有谄媚者说，昌宗乃周灵王太子王子晋之化身，仙气飘飘，婀娜多姿，女皇于是令昌宗"被羽衣，吹箫，乘木鹤，奏乐于庭，如子晋乘空。辞人皆赋诗以美之"（《旧唐书》）。其间最著名的马屁精，就是诗人宋之问，他自谓仪表堂堂，出类拔萃，眼见二张宠绝后宫，女皇却始终不肯让他亲侍枕席，心有不甘，就写了一首艳诗呈上，自荐侍寝，女皇读了，莞尔一笑，说："宋卿哪方面都不错，就是有口臭啊。"宋之问闻言，羞愧无比，从此，人们就经常看见他口含丁香，以解其臭味。

《三教珠英》是一部大型诗歌选集类图书，共计1313卷，卷帙浩繁，大著告竣，女皇览之大悦，论功行赏，加封昌宗为司仆卿，封邺国公，一干才子纷纷加官晋爵，弹冠相庆。可惜，这部巨制在流传过程中不断残损，渐渐至于湮灭，南宋目录学家晁公武《昭德先生读书后志》指出，该书到宋代仅存三卷，后来便散佚了。20世纪初，敦煌发现大批珍贵写本，其中就有两个《珠英集》残卷。

刘知几正是乘着奉宸府里飘漾出来的这股淫靡之风，离开奋斗了19年的获嘉县，进入京城，出任定王府仓曹，主管仓谷之事，同时加入《三教珠英》编纂队伍，成了女皇身边的一只高级"鹦鹉"。至于他的马屁言行，倒是不见于记载，缘由如何，不得而知。他对自己这段经历，却也不愿提及，只说自己"每握管叹息，迟回者久之。非欲之而不能，实能之而不敢也"（《史通·自叙》）。他的辛勤努力，得到了丰厚汇报，此后升任著作佐郎兼修国史，正式成为朝廷史官，不久迁为左史，参与撰修皇帝起居注与唐史。

女皇驾崩，中宗复位，史入景龙时代，刘知几依旧沉溺史海，无暇旁顾；而他的旁边，则站着一群监修官：侍中韦巨源、中书令杨再思、兵部尚书宗楚客、中书侍郎萧至忠等。这几位朝廷大僚的嘴脸，颇为狰狞，且阴晴不定。据《后唐书》记载，韦巨源"有吏才"，善投机，后来依附韦后，在"唐隆政变"中为乱兵所杀；杨再思为人巧佞邪媚，世称"两脚狐"，"能得人主微旨，主意所不欲，必因而毁之，主意所欲，必因而誉之"；宗楚客号称诗人宰相，"谗谄并进，威虐贯盈"，野心勃勃，附逆韦后，沦为一枚殉葬品；萧至忠"行非纯一，识昧存亡，徇利贪荣"，依附太平公主，在"先天政变"中被杀——刘知几在这几位麾下任职，其艰难处境可想而知，他的刚正切直，秉笔直书，受到同僚嫉妒，宗楚客有一次甚至恨恨地说："此人作书如是，欲置我何地！"他如此直书史实，岂不是将我等架在火炉上烤吗？让我等的老脸往哪儿搁呀？

刘知几在《史通·自叙》中叹息："当时同作诸士及监修贵臣，每与其凿枘相违，龃龉难入。故其所载削，皆与俗浮沉。虽自谓依违苟从，然犹大为史官所嫉。"他说，自己与这些大佬的见解，每每格格不入，甚至南辕北辙，他们所记录与删削史迹的标准，就是与俗流相契合，仰皇上鼻息而喘息，我有时候违背初衷苟且顺服，却依然受到他们的嫉恨与打压。唉唉！

无可奈何之际，知几只好请求罢职，受到萧至忠批评，老萧虽然素有"外饰忠鲠，内藏诌媚"之讥，对知几的史才却颇为欣赏，责怪他无所建树，知几致书老萧，陈述自己著史之"四不可"。

其一，"每欲记一事，载一言，皆阁笔相视，含毫不断。故首白可期，而汗青无日。"（一事，一言，互相观望，迟疑不决，空负少年头，如何作为？）

其二，"求风俗于州郡，视听不该；讨沿革于台阁，簿籍难见。虽使尼父再出，犹且成其管窥，况限以中才，安能遂其博物？"（州郡不配合，台阁还封锁，巧妇难为无米之炊，纵使孔夫子再现，也难以下笔呀！）

其三，"一字加贬，言未绝口而朝野具知，笔未栖毫而搢绅咸诵。夫孙盛实录，取嫉权门；王韶直书，见雠贵族。人之情也，能无畏乎！"（一字之褒贬，还没等你落笔，已经传遍天下，众口嚣嚣，如何是好？孙盛直笔实录，招来权门嫉恨；王韶直言进谏，招来贵族仇视，吓死人呀！）孙盛，东晋史学家，著有《魏氏春秋》二十卷、《魏氏春秋异同》八卷、《晋阳秋》三十二卷，可惜失传，今仅存轶文；王韶，隋朝行台右仆射，主掌朝廷宿卫侍从，入晋后升为上柱国，封魏国公，性情刚直，以骨鲠知名，他多次直言极谏，屡次受到贵族围攻。

其四，"史官注记，多取禀监修，杨令公则云'必须直词'，宗尚书则云'宜多隐恶'。十羊九牧，其事难行；一国三公，适从焉在？"（婆婆太多，媳妇难做，号令混乱，杨令公［杨再思］说直书其事，宗尚书［宗楚客］说宜多隐恶，令人无所适从，究竟听谁的呀？）

三

唐中宗景龙二年（708），刘知几痛感"吾道不行""美志不遂"，

"郁怏孤愤，无以寄怀"，于是拂袖而去，"退而私撰《史通》，以见其志"。点灯熬油，苦战两载，写出了独一无二的通达之作《史通》。

这时候，唐廷又上演了一连串宫廷蝶变剧。中宗李显被老婆韦后与女儿李裹儿毒杀，韦后立温王李重茂为帝，改元唐隆，自己临朝摄政，欲效法武则天君临天下，李隆基与老姑太平公主联合发动"唐隆政变"，诛灭韦后及其党羽，睿宗李旦被老妹与儿子再次扶上帝位，改元景云，李隆基被立为皇太子，入主东宫。

在那些鲜血飞洒的日子里，刘知几的运气倒还不错，累迁太子左庶子，兼崇文馆学士，加银青光禄大夫。太子左庶子是太子麾下重要僚属，主管太子的教育、安保、顾问等事务。一次，"皇太子将亲释奠于国学，有司草仪注，令从尘皆乘马著衣冠"（《旧唐书·刘子玄传》）。"释奠"，一种设置酒食奠祭先圣先师仪式，语出《礼记·文王世子》："凡始立学者，必释奠于先圣先师。"郑玄注云："释奠者，设荐馔酌奠而已。"太子李隆基要亲赴太学，举行释奠仪式，主管部门决定让随从官员一律乘马著衣冠，刘知几上书谏阻，建议"宜从省废"，轻车简从。他说，"臣怀此异议，其来自久"，虽属狂悖之言，还请太子斟酌。李隆基读罢，"手令付外宣行"，令照此办理，从此成为常态。

景云三年（712），太子李隆基与老姑太平公主之间的矛盾加剧，公主自恃拥立哥哥睿宗有功，不但经常干预政事，还想撤换太子；李隆基岂是等闲之辈，怎肯任人摆布，千方百计想除掉公主。睿宗李旦眼见双方剑拔弩张，势若水火，便禅位于李隆基，自任太上皇，改元先天，意欲平息纷争，然而，双方已经箭在弦上，岂能不发？先天二年（713），李隆基率先出击，发动"先天政变"，一举粉碎太平集团，并不顾太上皇求情，赐死太平公主，改元开元，唐朝这列火车，这才轰隆隆驶向了开元盛世。

开元初年，刘知几升任左散骑常侍，依旧秉笔修史，直到开元九年（721）的一次意外变故，直接将他推向了深渊。这一年，担任太乐令的知几长子刘贶，因犯罪被判流放，知几心急如焚，"诣执政诉理"，找到有关当局据理申诉，言辞激切，态度亢烈，触怒玄宗，下令将他贬为安州都督府别驾。安州，治所在今湖北安陆，遥远荒僻，别驾只是州郡主官身边一个无足轻重的随从。面对突然遽变，知几欲哭无泪，强驱羸弱之躯，抑郁地走向贬所，到了安陆不久，便黯然辞世，享年60岁。玄宗或许感觉后悔，追赠他为汲郡太守，追赠工部尚书，谥曰"文"。

斯人已去，丰碑犹存。刘知几的传世丰碑，就是其史学代表作《史通》，包括内篇三十九篇、外篇十三篇，其中《体统》《纰缪》《弛张》三篇失传，今存四十九篇。该书全景式地总结了唐初以前编年体史书与纪传体史书两种书体的得与失，对世传史籍及各类体例，譬如本纪、世家、列传、表历、书志、论赞、序例、题目等，作了周密而详尽的辨析，对著史的方法与技巧，也作了犀利而精当的论述，堪称中国史学史上的一部立意高远、观念卓异之奇书。其自叙云："若《史通》之为书也，盖伤当时载笔之士，其义不纯。思欲辨其指归，殚其体统。夫其书虽以史为主，而余波所及，上穷王道，下掞人伦，总括万殊，包吞千有。"他说，我写这部书啊，其实是忧虑当时著史者的心态不够端正，目光不够敏锐，我想要辨明著史之目的，与著史之体例。我的书虽然以史为主，其余波荡漾，无际无涯，攀追帝王之道，洞照世情人伦，包举寰宇纷纭之万物，吞吐世间纵横之波流，涵盖日月之轮转与天地之晦明也！

夫其为义也，有与夺焉，有褒贬焉，有鉴诫焉，有讽刺焉。其为贯穿者深矣，其为网罗者密矣，其所商略者远矣，其所发明者多矣。盖谈经者恶闻服、杜之嗤，论史者憎言班、马之失。而此书多讥往哲，喜述前非。获罪于时，固其宜矣。犹冀知音君子，时有观焉。尼父有云："罪我者《春秋》，知我者《春秋》。"抑斯之谓也。

文中的"服、杜"，指东汉经学家服虔，西晋军事家、学者杜预；

"班、马"，指东汉史学家班固、西汉史学家司马迁。他说，《史通》之寓意，可谓深远绵邈矣，有赞许与挞伐，有褒扬与贬斥，有镜鉴与劝诫，有讽喻与抨击；其贯穿脉绪之深邃一如深渊，其探究网罗之缜密一如丛林，其商讨疑问之幽远一如逝水，其创见新论之繁多一如繁星。我听说啊，谈论经书者，讨厌听到对服虔、杜预两位先贤的嘲笑，论说史事者，憎恨提及班固、司马迁两位大师的过失。可是咱老刘这部书啊，多有讥笑前哲过失之言，戏谑先贤浅陋之语，受到时人批评乃至抨击，实在是罪有应得。我只是希望，那些知音君子，闲暇时浏览一下，或许有所触动呢！当年孔夫子说，我受到人们责骂，是因为《春秋》这部书，我受到人们欣赏，也是因为《春秋》这部书啊！——孔老夫子这句话，说的不正是我吗？

概述《史通》之要旨，大体有四。

第一，"直书"与"曲笔"。这是著史的基本要求，也是《史通》突出强调的首要问题。刘知几旗帜鲜明地提出：坚持直书，反对曲笔，"以实录直书为贵""不掩恶，不虚美""善恶必书"。《直书》篇云："夫人禀五常，士兼百行，邪正有别，曲直不同。若邪曲者，人之所贱，而小人之道也；正直者，人之所贵，而君子之德也。然世多趋邪而弃正，不践君子之迹，而行由小人者，何哉？语曰：'直如弦，死道边，曲如钩，反封侯。'"他说，人分五类，士兼百行，自有邪与正、曲与直之别。所谓小人之道，就是没有底线，至贱无敌；而君子之德，则是正直无私，正义凛然。可是，在这个世界上，很多人弃正道而趋邪途，远离正义与真理，沦为无耻小人，究竟为什么呢？人们不是说了嘛：正直如弦，枉死道边；曲邪如钩，却能封侯。世道如此，其奈之何？

尽管，这个世界有时候邪气甚嚣尘上，毕竟还有春光明媚的时节，"盖列士徇名，壮夫重气，宁为兰摧玉折，不作瓦砾长存。若南、董之仗气直书，不避强御；韦、崔之肆情奋笔，无所阿容。虽周身之防有所不足，而遗芳余烈，人到于今称之。与夫王沈《魏书》，假回邪以窃位，董统《燕史》，持谄媚以偷荣，贯三光而洞九泉，曾未足喻其高下也"。

烈士与壮夫，"宁为兰摧玉折，不作瓦砾长存"，其浩然之气，长存千载。春秋齐国记史大夫南史、晋国太史董狐，秉笔直书，不畏强权，千载传扬；三国史家韦昭、北魏史家崔浩，肆情奋笔，抑恶扬善，虽然他们自身受到戕害，韦昭被东吴末帝孙皓诛杀，崔浩遭北魏太武帝拓跋焘冤杀，但他们大义凛然的史家之精神，却高飏古今。西晋史家王沈撰《魏书》，以邪曲笔法窃取官位，后燕史家董统写《燕史》，用谄媚笔法猎取富贵荣华。"直书"则高标三光，"曲笔"则堕入深渊，其高下之分，不是一目了然的吗？

《曲笔》篇云：史家"曲笔"作文，难免玩玄弄神，荒腔走板，"用舍由乎臆说，威福行乎笔端，斯乃作者之丑行，人伦所同疾也。亦有事每凭虚，词多乌有：或假人之美，藉为私惠；或诬人之恶，持报己仇"。他说，"曲笔"之浅陋，望之昭然：舍取之间，或臆说胡云，或淫于威福；他们有的凭虚胡诌，不着边际，以笔谋私，有的公器私用，公报私仇，真是可恶至极也。"盖霜雪交下，始见贞松之操；国家丧乱，方验忠臣之节"——霜雪压顶，才会显示松树之风骨；国家丧乱，才能显现忠臣之气节。然而，令人悲哀绝望的是，"古之书事也，令贼臣逆子惧；今之书事也，使忠臣义士羞"，古代史家之笔墨，喷溅刚烈之气，令那些贼臣逆子恐惧；如今史家之笔势，飘漾柔媚之风，使忠臣义士蒙羞。

为什么会出现如此是非混淆、阴阳颠倒的现象呢？当然是统治者作祟："古来唯闻以直笔见诛，不闻以曲词获罪！"秉笔直书者屡屡被诛，马屁连天者官运亨通，史家纷纷避灾祸，取荣华，脊梁骨弯若弓弦，柔若苇草，也就不难理解了。

第二，"采撰"与"品藻"。《史通》提出了关于著史的几项基本原则。其一，历史人物选择，应高扬正义之旗，《人物》篇云："命代大才，挺身杰出。或陈力就列，功冠一时；或杀身成仁，声闻四海"，那些危难时刻挺身而出、杀身成仁的"命代大才"，声闻四海，功冠一时，当然有资格成为传主；至于那些"不才之子，群小之徒"，秽行累累，恶浊不堪，如果记入史册，"愚智毕载，妍媸靡择"，岂不有污纸页与青史乎？其二，搜集史料，要去伪存真，《采撰》篇云："盖珍裘以众腋成温，广厦以群材合构"，众腋成裘，群材合构，当然需要下真功夫，"征求异说，采摭群言，然后能成一家，传诸不朽"；至于那些道听途说，街谈巷议，务必细心鉴别，明真伪，书信史。其三，叙述语言，应以"简要为主"，《叙事》篇云："夫史之称美者，以叙事为先"，叙事应"文而不丽，质而非野，使人味其滋旨，怀其德音，三复忘疲，百遍无斁"，使人百读不倦，百品不厌，如此之文，堪称圣作也。文字要凝练概括，"务却浮词"，"应以一言蔽之者，辄足为二言"，一句能够概括的，不要抻成三句四句，"弥漫重沓，不知所裁"，不知所云。其四，品读人物与史实，应分高下，论是非，《品藻》篇云："盖闻方以类聚，物以群分，薰莸不同器，枭鸾不比翼。""薰莸"，薰为香草名，莸是臭草名；"枭鸾"，枭是一种猛禽，鸾是传说中的凤凰。香草与臭草，不能放在一只筐子里；猛禽与凤凰，不能比翼飞翔。著史者应当"申藻镜，别流品，使小人君子臭味得朋，上智中庸等差有叙，则惩恶劝善，永肃将来，激浊扬清，郁为不朽者矣"。如果著史者自己昏昏，必然使人昭昭，弄得"兰艾相杂，朱紫不分"，善恶不辨，则其罪则大矣！

第三，"疑古"与"惑经"。《史通》诸篇，条分缕析，具体而深刻。《疑古》一篇，对《尚书》《论语》《左传》《虞书》等均有所批评，"古文载事，其词简约，推者难详，缺漏无补。遂令后来学者莫究其源，蒙然靡察，有如聋瞽"。为厘清过往，弄清史实，"讦其疑事，以著于篇"，提出了十条疑问，体现了作者不同流俗的批判精神。《春秋》"外为贤者，内为本国，事靡洪纤，动皆隐讳"；《左传》"虽义释本《经》，而语杂它事。遂使两汉儒者，嫉之若仇"；《虞书》赞美帝尧放勋"克明俊德"，慧眼识珠，善于甄别大才，不过是编造出来的"奇说"；至于尧舜禅让之传说，不过是史家臆造出来的"虚语"——"推此而言，则远古之书，其妄甚矣"。

知几指出，"孔门之著录也，《论语》专述言辞，《家语》兼陈事业"，"至于废兴行事，万不记一。语其缺略，可胜道哉！"他拿出《论语》中三句话予以剖析：一曰"君子成人之美，不成人之恶"；二曰"成事不说，遂事不谏，既往不咎"；三曰"民可使由之，不可使知之"。他批评说："夫圣人立教，其言若是。在于史籍，其义亦然。是以美者因其美而美之，虽有其恶，不加毁也，恶者因其恶而恶之，虽有其美，不加誉也。"他说，所谓圣人的教导，不过如此，史书之记载，其功效也大抵如此。所以嘛，一个具有美好品德的人，因其美好而受到赞扬，即使他身上有缺点或错误，也不会受到指责；一个秉性恶劣的人，因其恶劣言行而受到唾弃，即使他身上有优点，人们也不会承认，更不会予以表扬。显而易见，无论是知人论世，还是知人论史，这都不是一种客观公允的态度。美与丑，是与非，黑与白，还是截然分明的嘛。

《惑经》篇开篇就说，"昔孔宣父以大圣之德，应运而生，生人以来，未之有也"，孔夫子弟子三千，门人七十，世人仰望，膜拜学习，"然则尺有所短，寸有所长，其间切磋酬对，颇亦互闻得失"。孔圣人拜见卫灵公的妖媚老婆南子，弟子子路很不高兴，他便赌咒发誓说什么"天厌之"；弟子言偃在鲁国武城当宰相，以礼乐教化百姓，孔子却说"割鸡焉用牛刀"，治理这么个小地方，还用得着小题大做搞礼乐教育吗？言偃讷讷地说，当初老师就是这么教导我们的啊！夫子颇为尴尬，连忙说我这是逗你玩呢！——知几批评说，所谓圣人教导，不过是"庸儒末学"，文过饰非，"使夫问者缄辞杜口，怀疑不展，若斯而已哉？"

知几指出，"孔氏之立言行事，删《诗》赞《易》，其义既广，难以具论。今惟摭其史文，评之于后"，于是列出十一条"未谕"，即"不明白"之处，"静言思之，莫究所以。岂'夫子之墙数仞，不得其门'者欤？"他说，这十一道难题，自己苦思冥想，不明所以，难道这就是所谓"夫子院墙高数丈，不得其门而入"么？

他强调，孔子著《春秋》，"审形者少，随声者多，相与雷同，莫之指实"，他并列出了《春秋》五条"虚美"之处，予以辨析，"考兹众美，征其本源，良由达者相承，儒教传授，既欲神其事，故谈过其实"——"欲神其事"，往往言过其实；"微婉其辞，隐晦其说"，弄得像一杯温吞水，唔嘟磨叽，欲速不达；"昔王充设论，有《问孔》之篇"，今老刘论史，有《惑经》之说，何其相似乃尔？

他说："盖明镜之照物也，妍媸必露，不以毛嫱之面或有疵瑕，而寝其鉴也；虚空之传响也，清浊必闻，不以绵驹之歌时有误曲，而辍其应也。夫史官执简，宜类于斯。""毛嫱"，春秋时越国美女；"绵驹"，春秋时高唐歌星。著史犹如明镜洞照万物，应当纤毫毕现，美丑尽出，既不能因为毛嫱颜色美丽而忽略她身上的瑕疵，也不能因为绵驹善于高歌而略过他演唱中的失误。史官呀，就该是这样子嘛！

第四，"三才"与"三长"。刘知几的"史才三长论"，是中国史学领域的经典之论，犹如月轮，高标云空。《史通》把古今史家分为三等：一是秉笔直书，刚烈不屈，如南史、董狐；二是史才汪洋，古今传扬，如左丘明、司马迁；三是秉持准则，一丝不苟，如周朝史官史佚、楚国史官倚相等。

在《史通》中，他第一次提出了史学家必须才、学、识三才兼备，即著史者要具备史才、史学、史识。这就是著名的"史才三长论"。"史才"，即研究历史的能力与表述功力；"史学"，即历史知识的积累，诸子百家学问的积淀；"史识"，即对历史流变的洞察力，对历史发展规律的把握能力。且看《旧唐书·刘子玄传》之记述：

> 礼部尚书郑惟忠尝问子玄曰："自古已来，文士多而史才少，何也？"对曰："史才须有三长，世无其人，故史才少也。三长：谓才也，学也，识也。夫有学而无才，亦犹有良田百顷，黄金满赢，而使愚者营生，终不能致于货殖者矣。如有才而无

学，亦犹思兼匠石，巧若公输，而家无楩柟斧斤，终不果成其宫室者矣。犹须好是正直，善恶必书，使骄主贼臣，所以知惧，此则为虎傅翼，善无可加，所向无敌者矣。脱苟非其才，不可叨居史任。自敻古已来，能应斯目者，罕见其人。"时人以为知言。

在这段对话中，刘知几对"三长"的阐述，十分鲜明。他说，所谓"三长"，就是才、学、识兼具。有学而无才，就像家有良田万顷，黄金满筐，却交给愚蠢的人经营，哪里能够赚到钱啊？有才而无学，就像浑身具有鲁班那样的高超手艺，家里却没有木料与斧锯，最终也难以盖起高楼大厦。所谓良史，需要自身正直，明辨善恶，铁笔如刀，使骄主贼臣畏惧，如此，则如虎添翼，所向无敌了。如果不具备这些才能，如何能担当著史之重任呢？自远古以来，这样的通才，十分罕见呀！

在《史通》中，知几对"三才"均有阐述。所谓"史才"，既具天才之浩瀚，思接千载，心游万仞，兼有文才之烂漫，文字绮丽、端肃、准确，畅达淋漓，沛然而澎湃，似有冲决天地之气势也。作为一个史家，必须善于用文字来叙述、论证史实，能用简短平凡之文字，表达普遍深邃之思想，化琐碎为道理，化庸常为非凡，化腐朽为神奇，此乃史家之大道也。

《核才》开篇就是一声叹息："夫史才之难，其难甚矣！"孔夫子有言："文胜质则史。"所谓"史者"，"当时之文也，然朴散淳销，时移世异，文之与史，较然异辙"。文与史，文字相同，辙迹相异，差异十分明显。东汉大科学家张衡的文字，文采弥漫，但不适宜著史；西晋史学家陈寿的文字，简洁凝练，但不擅于赋诗。东晋文学家罗含、山水大师谢灵运，激情翻涌，善为"歌颂之文"；梁元帝萧绎、大才子江淹，辞采异色，善作"铭赞之序"；北魏才子温子昇"尤工复语"，北齐诗人卢思道"雅好丽词"，南陈诗人江总"猖獗以沉迷"，南朝诗人庾信"轻薄而流宕"……

所谓"史学"，是包括采集史料、选择人物、谋篇布局的一系列综合表征。《采撰》篇强调"采摭群言"，主张把所有历史著述都作为取材的对象，"郡国之记，谱谍之书"，均应参考，"然后能成一家，传诸不朽"。《补注》篇主张"传"与"注"交融，"盖传者转也，转授于无穷；注者流也，流通而靡绝"；同时还要兼收并蓄，"大""小"并重，那些市井流行的"史传小书，人物杂记"，也不能忽略，"文言美辞列于章句，委曲叙事存于细书"，在细枝末节之中，彰显著者之褒与贬。史家之职责，就是将所有史料熔于一炉，"榷其得失，求其利害"，从中得出符合历史律动之结论。有的著者号称"大手笔"，弄史料像堆柴火垛，浑然一块，不辨南北，徒然浪费纸张与笔墨。著史的基本功，就是史料筛选，"譬夫人有吐果之核，弃药之滓，而愚者乃重加捃拾，洁以登荐，持此为工，多见其无识也"。那些愚昧的史家呀，就像吃果子不吐硬核，吃药不弃渣滓，囫囵吞枣，并以此沾沾自喜，以为博学，足见其无知也！

《杂述》篇指出，坊间流传的那些"稗官野史"，万万不能忽略，"大抵偏纪、小录之书，皆记即日当时之事，求诸国史，最为实录"；那些野闻逸事，"皆前史所遗，后人所记，求诸异说，为益实多"，多多采撷，漉清水分，自有妙用，所谓"刍荛之言，明王必择；菲葍之体，诗人不弃"——乡野草民的粗鄙言语，贤君也会采纳其合理成分；散发着野草气味的顺口溜，采风者也不会统统抛弃，这就要看你如何选择甄别了。

所谓"史识"，包括分析历史事件之因果、品评历史人物之操守，辨善恶，明是非，寓褒贬，知兴替。《鉴识》篇云："夫人识有通塞，神有晦明，毁誉以之不同，爱憎由其各异。"史家之为文，"苟不能探赜索隐，致远钩深，乌足以辩其利害，明其善恶"。《探赜》篇云："盖明月之珠，不能无瑕；夜光之璧，不能无类。故作者著书，或有病累。"捧读先贤之书，如果不能明辨是非，发现其局限性，而是文过饰非，强为其辩解，那就永远不要指望他有所进步。浏览众家之著作，"参作者之本意，或出自胸怀，枉申探赜；或妄加向背，辄有异同"，那些后学末流，"习其狂狷，成其诖误，自谓见所未见，闻所未闻，铭诸舌端，以为口实"，实在是缺乏必要的见识啊！《暗惑》篇云："夫人识有不烛，神有不明，则真伪莫分，邪正靡别。"真伪不辩，邪正不分，以其昏昏，使人昭昭，"或采彼流言，不加铨择；或传诸缪说，即从编次。用使真伪混淆，是非参错"——如此这般，著史则误人子弟，污浊清流；读史则五迷三道，不知何以，您呀，还是洗洗睡吧！

对于《史通》的后世传承，刘知几并不自信，甚至万分担忧。他在《史通·自叙》中，将自己与东汉大学者扬雄作了一番比较：其一，扬雄早年喜好汉赋那样的"雕虫小技"，老了则悔其少作，"余幼喜诗赋，而壮都不为，耻以文士得名，期以述者自命"；其二，扬雄著《太玄》，世人读不懂，笑话他徒劳无功，"余撰《史通》，亦屡移寒暑，悠悠尘俗，共以为愚"；其三，扬雄撰写《法言》，受到人们嘲笑，自作《解嘲》以明志，"余著《史通》，见者亦互言其短，故作《释蒙》以拒之"；其四，扬雄早期作《长扬赋》《羽猎赋》等，受到好友刘歆等人追捧，等到《太玄》出来，却受到他们讥嘲，说可以拿来盖咸菜缸啦，"余初好文笔，颇获誉于当时，晚谈史传，遂减价于知己"。

自比扬雄，知几虽有谦辞，并无愧色。他说，扬雄的著作虽为时人轻视，却得到了桓谭等人颂扬，说其书必传于后世。可是，如今我到哪里去寻找桓谭那样的知音呢？斯世混沌，知音难觅，"将恐此书与粪土同捐，烟烬俱灭。后之识者，无得而观。此予所以抚卷涟洏，泪尽而继之以血也"——他担忧自己的书会像粪土与烟烬一样，灰飞烟灭，不留一丝痕迹，并为此而抚卷泣啼，"泪尽而继之以血"！唉唉，著者之锥心刺骨，有谁能知？满纸烟云，满卷啼痕，悲哉！

四

其实，刘知几的忧虑，是多余的。《史通》之流传，可谓脉续悠长也。一千多年后，清代史学家章学诚在他提出史学"三长"（史才、史学、史识）之外，又加了一条"史德"。他在《文史通义·史德篇》中指出，能具史识者，必知史德。"德者何？谓著书者之心术也。夫秽史者所以自秽，谤书者所以自谤，素行为人所羞，文辞何足取重。"章先生先提出的良史标准是："盖欲为良史者，当慎辨于天人之际，尽其天而不益以人也。"史家之"心术"，"尽其天而不益以人，虽未能至，苟允知之，亦足以称著述者之心术矣"。

章先生说："凡文不足以动人，所以动人者，气也。凡文不足以入人，所以入人者，情也。气积而文昌，情深而文挚；气昌而情挚，天下之至文也。"概括张先生此论，则是八个字：气韵生动、声情并茂。至于"心术"之来由，则是一个情感流转过程——"因事生感，而情失则流，情失则溺，情失则偏，毗于阴矣。阴阳伏沴之患，乘于血气而入于心知，其中默运潜移，似公而实逞于私，似天而实蔽于人，发为文辞，至于害义而违道，其人犹不自知也。故曰心术不可不慎也。"

他说，一个史家，因事而生情，那是自然，可是，情感一旦放纵沉溺，难以自拔，难免失之于偏、归之于阴，严重者成为病患，入于心，化为文，著为史，则害义而违道，不知不觉中，就留下了一些卑劣文字，成为青史之逆流；"心术"之事，不可不察也！至于那些刻意公器私用，制造秽史谤书的家伙，就更是等而下之了。

2019年6月14日

"乌台诗案"浊浪涌

一

我最初接触苏轼的诗词,既不是《念奴娇》"大江东去,浪淘尽千古风流人物",也不是《定风波》"莫听穿林打叶声,何妨吟啸且徐行",而是一首不甚著名的《西江月·顷在黄州》。因为,这首词被记录在1975年我那本古老的笔记本背面第41页。白纸黑字,洇透岁月之波澜。其序曰:"顷在黄州,春夜行蕲水中,过酒家饮,酒醉,乘月至一溪桥上,解鞍,曲肱醉卧少休。及觉已晓,乱山攒拥,流水锵然,疑非尘世也。书此语桥柱上。"

照野弥弥浅浪,横空隐隐层霄。障泥未解玉骢骄,我欲醉眠芳草。
可惜一溪风月,莫教踏碎琼瑶。解鞍欹枕绿杨桥,杜宇一声春晓。

这首月色弥漫、灵动澄澈的《西江月》,作于苏轼贬谪黄州(今属湖北黄冈市)期间。那是一个春夜,他乘马独行于黄州蕲水之畔,忽然觑见河畔闪出一座灯光摇曳的酒家,那酒香排山倒海,扑面而来,于是翩然下马，吱呀一声，推开酒家木门，要了一碟凉菜，一瓶老酒，对月独酌，俄尔大醉滔滔，然后乘着酒兴与月色，摇摇晃晃来到一座石桥之上，颓然醉卧桥头，枕着月色，兀自酣眠，等到醒来，已是黎明时分，但见乱山奔涌如涛，攒拥而来，水流轰然若雷，响彻天地，吁！这是人间，还是天上？心神恍惚之际，写下了这首词，并乘醉书于桥柱之上。

其词曰：月色弥漫啊，照彻天地，照耀着春水浅浪，哗啵声响；夜空浩渺啊，寥廓无极，层云在空中变幻，时作鬼魅之尬舞，时作层楼之摩天，直教人心神为之惚恍动荡——"障泥未解玉骢骄，我欲醉眠芳草"，"障泥"，用锦缎或布帛制作的马垫；"玉骢"，骏马。我的骏马意气昂扬，扬鬣欲奔，老汉我却不胜酒力，浑身瘫软，几欲醉卧芳草；那一溪风月，随之而翻转，粼光闪烁，令人遥怜月宫之婵娟；马儿啊，你千万不要乱动，不要踏碎那一地斑斓月色，不许踏碎老汉梦中的琼楼玉宇。让我解下马鞍作枕，斜卧绿杨桥头，好好地睡一觉吧，让我躁动的灵魂，悄然进入梦乡，得到片刻安宁，直到杜鹃啼鸣，声声呼唤：主人啊，醒来吧，天已经亮啦，咱早点出发吧……

在苏大才子笔下，空山月明，天地凛冽，酒香袅袅，不绝如缕；醉酒者物我两忘，超然世外，渺然不知身在何处；至于那些俗世烦恼、官场纷争、情场鏖战等等，早已化为片片白羽，随着月光飘然而去……天地炯明，月色斑斓，一介散淡酒徒，颓然而饮，陶然而歌，浑忘诸想，与造化神游，不知今夕是何年也！

吟罢诗句，回味无穷，令人羡煞；然而，翻开史册，却凛然愕然，令人讶异，诗里诗外，霍然呈现出天壤之别。因为，苏轼的黄州贬谪岁月，正是他人生的至暗时刻；而他被贬的缘由，则是一桩影响深远的文字狱——"乌台诗案"。

二

苏轼（1037～1101），字子瞻，号东坡居士，世称苏东坡，四川眉山人，祖籍河北栾城，北宋著名文学家，也是中国文学史上的巨星之一。《宋史·苏轼传》记载，苏轼"生十年，父洵游学四方，母程氏亲授以书，闻古今成败，辄能语其要。程氏读东汉《范滂传》，慨然太息，轼请曰：'轼若为滂，母许之乎？'程氏曰：'汝能为滂，吾顾不能为滂母邪？'"

苏轼10岁那年，老爹苏洵去四海云游，老妈程氏教他念书，有一天，老妈教他读《后汉书·范滂传》，慨然叹息，苏轼问道：我若做范滂那样的人，老妈允许吗？程氏回答：你若能为范滂，我咋就不能成为范母啊？

范滂，字孟博，汝南征羌（今河南漯河市召陵区）人，东汉时期著名"党人"，与郭林宗、宗慈、巴肃、夏馥、尹勋、蔡衍、羊陟并称"八顾"，曾任冀州请诏使、光禄勋主事等职，清廉正直，蔑视权贵，追随着李膺、杜密等天下名士的脚步，与专权乱政的阉宦集团英勇搏斗，成为其眼中钉、肉中刺。建宁二年（169），第二次"党锢之祸"爆发，大批"党人"被捕，范滂知道自己在劫难逃，径自来到县衙自首，县令郭揖感其忠义，"出解印绶，引与俱亡"，想与他一起逃亡，被范滂断然拒绝："滂死则祸塞，何敢以罪累君，又令老母流离乎！"我死了，灾祸即宣告终结，哪敢连累郭君您啊？临刑之际，他与母亲诀别，白发苍苍的老母亲凛然说道："汝今得与李、杜齐名，死亦何恨！"范滂叩头永别慈母，与李膺、杜密等百余人慨然就戮，时年33岁，"行路闻之，莫不流涕"。

苏轼母子以范滂母子自励，足见其仰慕之情。苏轼自幼文才飞动，慧冠眉山，"博通经史，属文日千里，好贾谊、陆贽之书"，读了《庄子》，他感叹说："吾昔有见，口未能言，今见是书，得吾心矣。"

嘉祐二年（1057），苏轼进士及第，嘉祐六年（1061），进入北宋官场，被任命为陕西凤翔府签判。这是个掌管地方司法的从八品官员。那年初冬时节，木叶尽脱，寒蝉啼鸣，苏轼在前往凤翔赴任途中，发出了豪迈的人生宣言——"人生到处知何似？应似飞鸿踏雪泥。泥上偶然留指爪，鸿飞那复计东西。"他像一只遨游云空的飞鸿，翩然落在凤翔府官衙，岂料他人生的第一道"鸿爪雪泥"，就是与顶头上司、凤翔知府陈公弼杠上了。

陈希亮，字公弼，乃苏轼眉州同乡，一生纵横宦海，体恤民众，两袖清风，政声颇佳，《宋史》说他"为政严而不残，不愧为清官良吏"，因为性情躁厉，得罪了不少人。苏轼到任第二年春天，连年大旱的关中地区普降喜雨，百姓沐雨欢呼，苏轼将自己新落成的亭子命名为"喜雨亭"，并写了一篇《喜雨亭记》，其歌曰："使天而雨珠，寒者不得以为襦；使天而雨玉，饥者不得以为粟。一雨三日，伊谁之力？民曰太守。太守不有，归之天子。天子曰不然，归之造物。造物不自以为功，归之太空。太空冥冥，不可得而名。吾以名吾亭。"

其歌曰：假如天上落珍珠，受冻者不能当棉袄；假如天上落白玉，挨饿者不能当米粮。一场好雨，连下三天，滋润万物，究竟是谁的力量呢？——老百姓归功于太守，太守归功于天子，天子归功于造物主，造物主归功于太空；而太空啊，缥缈寥廓，深邃无极，不能为之命名，那我就拿来为我的亭子命名吧。

这篇文章，文字静美，情怀崇高，其襟怀之广阔无垠，令人叹赏。有人据此称之为"苏贤良"，陈公弼闻之大怒："一个小小判官，何谈贤良也？"下令杖责这个马屁小吏，弄得苏轼好不尴尬。不久，陈公弼营造了一座"凌虚台"，请苏轼作文以记。苏轼大笔一挥，作《凌虚台记》，其批判锋芒直指自己的顶头上司——"夫台犹不足恃以长久，而况于人世之得丧，忽往而忽来者欤！而或者欲以夸世而自足，则过矣。盖世有足恃者，而不在乎台之存亡也。"

他说，一座高台，当然不足依托而长久，何况人世之得失，像风一样忽来而忽往，当然更难长久啦。如果有人想以高台为依托而夸耀长久，那就太可笑了吧！这个世界上确实有值得依托的东西，但与高台之存在与否没有一毛钱关系。因为，那取决于你的道德修为究竟如何！……

对苏轼此文的"指桑骂槐"，陈知府心知肚明，却毫不计较，一字不易，令人刻之碑石。两人由此成为忘年交，经常诗酒欢会。陈公弼辞世十四年之后，苏轼满怀深情写下了一篇《陈公弼传》，说他"见义勇发，不计祸福，必极其志而后已"，为自己当初的孟浪之举而内疚不已，并感叹："其人仁慈，故严而不残。"正应了一句古语："山有虎豹，藜藿为之不采；国有贤士，边境为之不害。"深山有虎豹护卫，藜藿等植物才能不被砍伐；国家有贤能之士谋划，国运才能长治久安。——此事、此情、此人，随此文一起不朽了！

治平元年（1064），苏轼任满回京，此后灾难接连不断，先是妻子王弗病逝，年仅27岁；接着父亲苏洵一病不起，不久辞世，享年58岁。九年前母亲仙逝，如今老父归天，苏氏兄弟悲伤难禁，涕泗涟涟，扶柩回乡，将父母合丧于眉山城东之蟆颐山老翁泉。蟆颐山宛如一只大蛤蟆，蹲在岷江之畔，随着江涛而俯仰偃伏；老翁泉在蟆颐山之东二十里，相传经常有一个白发老翁卧于泉上，只能远觑，不能近瞧，人一走近，他就隐身于清冽的泉水里。这里泉声幽静，林木参天，云淡风疏，足可涤荡黄尘纯净身心矣！守丧期满之后，苏氏兄弟于熙宁二年（1069）二月，携家带口，从眉山返回了京城汴梁。亡妻堂妹王闰之此后成为苏轼的人生伴侣，略慰他的一颗伤痛之心。

这时候，京城上空，改革的火焰正熊熊燃烧，王安石变法的巨轮，从京城轰隆隆驶向了全国。苏氏兄弟一回来，便被卷入湍急的政治旋涡之中，随着变法的深入，他们与王安石的分歧越来越大，最终站到了反对变法的立场上。

三

王安石（1021～1086），字介甫，号半山，抚州临川（今江西抚州市临川区）人，北宋著名政治家、文学家、改革家，"安石少好读书，一过目终身不忘。其属文动笔如飞，初若不经意，既成，见者皆服其精妙"；"安石议论高奇，能以辨博济其说，果于自用，慨然有矫世变俗之志"（《宋史·王安石传》）。庆历三年（1042），21岁的王安石赴京应试，以第四名的成绩荣登进士榜，自此进入北宋官场，奔走在江苏、浙江、安徽等地。嘉祐五年（1060），王安石奉召入朝，担任三司度支判官，这是北宋初年设置的官职，是户部、盐铁、度支三司主官的助理。这一年，他根据长期在州县任职的经历，写出了振聋发聩的《上仁宗皇帝言事书》，全面分析了北宋王朝面临的形势，他认为，只有培养和选拔一批"能讲先王之意以合当时之变"的贤才，方能"因人情之患苦，变更天下之弊法"，他进而从"教之、养之、取之、任之"四个方面，批判了当时培养选拔使用人才的科举制度和官僚体制，提出了自己的改革主张。同时，他主张用发展生产、增加收入的办法，来解决国家面临的财政困难，"因天下之力，以生天下之财；取天下之财，以供天下之费"。轰轰烈烈的"王安石变法"，就此拉开了帷幕。

历史，在这里倏然划过了一道弧光——苏轼与王安石，在同一个历史时期，同时被卷入了一场注定载入史册的变革洪流中。可惜的是，这两列时代火车头，前进方向却不尽相同，按照王安石的说法，是"所操之术异耳"。王安石认为，改革是恒常的，绝对的，主张"权时而变"，不应墨守旧规；苏轼则强调中庸，"执其两端而用其中"，主张修补枝节，维护大体，具有浓烈的改良主义色彩。

那时候，苏轼的官职是"直史馆"，这是北宋初年设置的过渡性官职，任职一至二年，便可越级提拔，委以重任。其弟苏辙是王安石变法决

策层的同僚，多次当面怒怼王安石，成为变法的"反对派"。在讨论实施《青苗法》时，王安石首先征求苏辙的意见，遭到反对，这条新政差点"胎死腹中"。不久，他打算派钦差到各地巡查新法执行情况，苏辙又坚决反对，王安石一怒之下要惩处他，经人劝说方才罢休。

王安石对科举制度的改革，遭到苏轼的强烈反对。他要取消经科名目，只设进士科，不考诗赋，改考经义。这就彻底改变了文学取士的传统。苏轼说，诗赋取士，自古实行，哪能轻易改变呢？他对皇帝说，当今之事，"不患不断，但患求治太急，听言太广，进人太锐"。神宗听罢，似有所悟，要任命他为"修中书条例"，主管朝廷各种条例之修订，遭到王安石否决，最后只给了他一个"权开封府推官"的闲差。苏轼哪肯罢休，挥动如椽巨笔，写了《上神宗皇帝书》，宣称自己"披露腹心，捐弃肝脑，尽力所至，不知其它"，引经据典，逐项批驳新政。这实际上是对改革派全面公开的宣战。

在那个黑云翻腾的年代，围绕变法，朝野上下展开了激烈论战，一时间刀光剑影横飞。一方是有皇帝撑腰的王安石、吕惠卿为首的改革派，王安石宣称，"天变不足畏，祖宗不足法，人言不足恤"；一方是司马光、文彦博、苏轼、韩琦、张方平等元老大臣组成的守旧派，"士夫沸腾，黎民骚动"（司马光语）。苏轼态度激烈，一马当先，又写了《再上皇帝书》，指出"自古存亡之所寄者，四人而已，一曰民，二曰军，三曰吏，四曰士，此四人者一失其心，则足以生变"。他说，王安石推行新法，将四者都得罪了，祸患深重啊！——"昔贾充用事，天下忧恐"，朝中有识之士想让他出镇西北，远离朝廷，一时间人人额手称庆，可是冯紞之徒蛊惑皇帝，使他得以留任，"则晋氏之乱，成于此矣。自古惟小人为难去。何则？去一人而其党莫不破坏。是以为之计谋游说者众也。今天下贤者，亦将以此观陛下，为进退之决"。

他说，西晋初年，权臣贾充肆虐朝堂，有识之士深感忧惧，千方百计想让他出镇大西北，远离权力中枢，可是他的同伙冯紞之流却忽悠皇帝，导致贾充继续留任，晋朝之乱，由此铸成矣！"自古惟小人为难去"，为什么呢？因为小人不是一个人在战斗，他有一群同伙啊！如今的局势，与西晋当时的情形相似，陛下作何选择，大家都在冷眼旁观呢！——苏轼把王安石比作晋武帝时期祸乱天下的权奸贾充，这种不厚道的人身攻击，显然已经超出了政治争论的范畴。宋神宗不是傻子，肯定嗅出了其中的汹汹恶意，不但不肯接受，甚至十分反感。

到了熙宁三年（1070）下半年，较量初见分晓。反对变法的大臣，有的罢官，有的致仕，有的外放，苏轼也岌岌可危。八月五日，御史谢景温突然发难，揭发苏轼兄弟回乡奔丧时捎卖私盐。对这个"莫须有"罪名，苏轼百口莫辩，只好请求外放。第二年，他就抑郁地到杭州当通判去了。"通判"，州府长官麾下之属官，主管粮运、家田、水利、诉讼等事项。其实，这起事件背后，晃动着王安石的影子，"安石滋怒，使御史谢景温论奏其过，穷治无所得，轼遂请外，通判杭州"（《宋史·苏轼传》）。

杭州乃名扬天下的锦绣之地，温柔之乡，也是因祸得福吧，杭州的湖山胜景，激发了苏轼迷人的绚烂才华，许多脍炙人口的诗作，正是出自这一时期——"黑云翻墨未遮山，白雨跳珠乱入船。卷地风来忽吹散，望湖楼下水如天。"（《六月二十七日望湖楼醉书》）"水光潋滟晴方好，山色空蒙雨亦奇。欲把西湖比西子，淡妆浓抹总相宜。"（《饮湖上初晴后雨二首·其二》）

这首著名的西湖诗，使杭州西湖从此有了"西子湖"之美誉。苏轼的到来，诗文风靡杭城，引得无数"粉丝"追香逐韵，文人骚客吟啸唱和。杭州太守陈述古喜欢说禅，自认为佛理如沸，禅意深邃，他哂笑苏轼说："尔之禅理，十分浅陋。"苏轼眉开眼笑，妙语连珠，他把陈氏之禅喻为"龙肉"，把苏氏之禅喻为"猪肉"，"龙飞在天，没人看见，猪肉乃家常菜，好吃又解馋"。他对宗教采取"为我所用"的实用主义态度，极为玄妙。"龙肉"之禅与"猪肉"之禅，咀嚼之下，的确味道殊异。

流连山光水影、结交三教九流之余，苏轼对新政依然耿耿于怀，写了不少政治讽刺诗——

老翁七十自腰镰，惭愧春山笋蕨甜。

岂是闻韶解忘味，迩来三月食无盐。

——讽刺盐法

杖藜裹饭去匆匆，过眼青钱转手空。

赢得儿童语音好，一年强半在城中。

——讽刺青苗法

吴儿生长狎涛渊，冒利轻生不自怜。

东海若知明主意，应教斥卤变桑田。

——讽刺农田水利法

这些讽刺诗明白晓畅，广为传诵。也许苏轼很得意吧，但后来，这些诗却把他送进了牢房，差点丢掉性命。

四

宋神宗元丰二年（1079），局势逐渐缓和，43岁的苏轼调任湖州知州，虽然升为主官，他反对新法的态度，丝毫没有改变。上任伊始，他给神宗皇帝上了一封《湖州谢上表》，说自己"性资顽鄙，名迹埋微。议论阔疏，文学浅陋"，"知其愚不适时，难以追陪新进；察其老不生事，或能收养小民"，"鱼鸟之性，既能自得于江湖；吴越之人，亦安臣之教令"云云。这些高级牢骚，被新党指为"愚弄朝廷，妄自尊大""衔怨怀怒，包藏祸心"，一时间，倒苏之声响彻朝廷。

到了这年七月，御史中丞李定向皇帝告密，说湖州知州苏轼攻击时政，怨谤君父；御史舒亶把苏轼讽刺新法的诗作三卷呈献给皇帝，说无一句不是诽谤圣上；御史何正臣也乘机煽风点火，批判苏轼一向逞才傲物，目无纲纪。

这三个御史大人，均被史官记入《宋史·列传第八十八》。李定字资深，扬州人，"少受学于王安石"，因为不孝为世人所讥，"徒以附王安石骤得美官，又陷苏轼于罪，是以公论恶之，而不孝之名遂著"；舒亶字信道，明州慈溪（今浙江余姚）人，早年受王安石赏识，出任御史之后，"举劾多私，气焰熏灼，见者侧目"；何正臣字君表，临江新淦（今江西新干县）人，由变法派主将蔡确举荐出任御史，"遂与李定、舒亶论苏轼，得五品服"——这三位朝廷监察官员，均出自王安石门下，为推进变法摇旗呐喊，也是应有之义；然而，他们采取诬蔑陷害等卑劣手段，企图置政治对手苏轼于死地，也就违背了王安石的为政之道，沦为政治流氓了。俗话说三人成虎，三个御史连番攻讦，聒噪朝堂，宋神宗本来爱怜苏轼之才，此时却把脸一翻，命将苏轼罢官，捉拿归案，酿成了历史上著名的"乌台诗案"。

乌台，御史台之别称。语出《汉书·朱博传》，说御史台官衙大院里，有许多柏树，"常有野乌数千栖宿其上"，晨去暮来，号曰"朝夕乌"，后人因此将御史台称为乌台。这起由诗歌引起的"文字狱"，由御史台审理，故称"乌台诗案"。

到了生死关头，才华盖世的东坡先生也乱了方寸，由湖州押解回京的路上，他差点投水自尽，关进御史台大牢后，悲愤、绝望、屈辱、恐惧，一起涌来。遥夜弥天，生死茫然，苏轼这才明白了，逞一时之才，泄一时之愤，有时候会付出多么大的代价！他含泪写了两首绝命诗，交给一个叫梁成的狱卒，求他转交弟弟苏辙："圣主如天万物春，小臣愚暗自亡身"，皇恩浩荡啊，叵耐小臣我愚昧无知，自取灭亡，实在怨不得别人；"与君今世为兄弟，更结来生未了因"，兄弟啊，我们今生今世永别了，期待来世再相聚吧！

苏轼入狱，天下震恐。爱之者奔走呼号，千方百计营救；恨之者上蹿下跳，必欲置之死地而后快。宰相王珪乘上朝之机，拿苏轼《桧诗》中

"根到九泉无曲处，岁寒惟有蛰龙知"说事，他煞有介事地对神宗说，陛下是飞龙在天，苏轼怨恨陛下，去寻找什么地下的"蛰龙"，这是犯了大不敬之罪，按律当斩！幸而宋神宗不是昏君，他说："诗能这样评论吗？他说桧树，与朕何干呢？"

这位王珪先生，是历史上有名的"三旨相公"。《宋史·王珪传》载，他当宰相十六年，上殿面君，曰"取圣旨"；听取皇帝指示，曰"领圣旨"；回到衙门之后，对手下曰"已得圣旨"——这样一个唯唯诺诺的滑头官僚，这时候也露出了青面獠牙，对苏轼明枪暗箭齐放。

苏轼蒙难是举国关注的大事，营救者众多，安居深宫的神宗生母高皇太后出面为之说情，已经致仕回家的老臣张方平连夜上书为之求情，王安石的连襟、时任宰相吴充千方百计为之转圜疏通，王安石的胞弟、著作佐郎王安国也多方奔走呼号……

早在三年前，即熙宁九年（1076），因为变法连遭挫折，加之遭遇丧子之痛，心灰意冷的王安石决意退出江湖，辞去相职，戴着神宗赐予的一串荣誉高帽——镇南军节度使、同平章事、判江宁府，隐居于金陵钟山脚下的半山园草庐。这一天，他正骑着毛驴，不慌不忙走在回家的路上，听到苏轼入狱的消息，惊得差点滚下驴背，他早忘了当年苏轼对他进行人身攻击的往事，连夜上书神宗，说："哪里有盛世杀才子的呢？"

苏轼最终保住了性命。在狱中关了103天后，终于重获自由。"神宗独怜之"，皇上依然爱怜其才，或许压根儿就不想杀他。皇上决意变法，苏轼事事反对，还做诗天下传扬，不是自个儿找病吗？——到了年底，皇命下达：苏轼降职为检校水部员外郎、黄州团练副使，安置黄州居住，其实就是流放。

黄州位于湖北东部，长江中游北岸。苏轼在黄州的生活，十分艰难。月色清寒，薪金微薄。每一枚铜钱，似乎都有清凌的月光闪烁。一家人的生活必需品，鸡鸭鱼肉，蔬菜米面，油盐酱醋，都寄托在那一串串苏大才子从前根本不屑一顾的铜钱里了。夜晚闲步庭院，看疏影横斜，忽听空中一阵孤鸿哀鸣，他的心底，兀地掠过一片荫翳；清晨登上高岗，看太阳升空，他的心头，忽忽漾起了浩瀚之波。"乌台"之狱，乌鸦夜啼；杀头之祸，有惊无险——人生惕怵之处，唯须谨慎；宦海翻波之时，何必逞强。天才恍若北斗星，人世间万众景仰，然而，北斗星也有云遮雾绕的时候……

为改善全家人的生活条件，苏轼设法搞到了城郊一块荒颓的山坡，当地人称为东坡，悉心经营。他带领一家老小，砍荆棘，清瓦砾，植稼禾，建瓦屋。荆棘去兮瓦砾清，稼禾荡漾兮自躬耕，日出而作兮日落而息，谁知天才兮面朝黄土汗流浃背赛老农！——噫！苏轼头戴斗笠，足蹬草鞋，手舞牛鞭，与老牛一起气喘吁吁犁地。即使到了这样的落魄时刻，他的脸上，依然诗情洋溢："自笑平生为口忙，老来事业转荒唐。长江绕郭知鱼美，好竹连山觉笋香"（《初到黄州》）……

在这段烟霞蔼然如梦的日子里，他自号"东坡居士"。这块荒颓的山坡，从此进入了中国文学史，成了历史上最著名的一篇《东坡》：

> 雨洗东坡月色清，市人行尽野人行。
>
> 莫嫌荦确坡头路，自爱铿然曳杖声。

"乌台诗案"，一场惊魂，却催发了苏轼的沸腾才华，迎来了一个创作高峰。著名的三咏赤壁"一词两文"（《念奴娇·赤壁怀古》《前赤壁赋》《后赤壁赋》），可谓珠玉晶莹，瑰丽雄奇，是宋代文学的巅峰之作。

元丰五年（1082）六月的一个傍晚，夕阳欲落，江风浩荡，苏轼独自驾着一叶小舟，来到黄州城西长江畔的赤壁之下。这块飞临长江之上的巨大石崖，赭红似血，形如兽鼻，当地人称为"赤鼻矶"。这里并非当年魏蜀吴三国赤壁鏖兵之"赤壁"。真正的赤壁在蒲圻长江南岸。苏轼当然了解这一点，但压抑的激情，点燃了江山胜景。他仰望突兀临空的巨崖，仿佛看见了当年令曹操丢盔卸甲的熊熊战火；俯视滚滚东去的长江水，似乎看见一朵朵浪花带走了一个个悲情英雄。一时之间，他激情澎湃，难以自持——

　　　　大江东去，浪淘尽，千古风流人物。故垒西边，人道是，三国周郎赤壁。乱石穿空，惊涛拍岸，卷起千堆雪。江山如画，一时多少豪杰。

　　　　遥想公瑾当年，小乔初嫁了，雄姿英发，羽扇纶巾，谈笑间，樯橹灰飞烟灭。故国神游，多情应笑我，早生华发。人间如梦，一樽还酹江月。

　　这首《念奴娇·赤壁怀古》展示的大江滔滔、千古风流的山河与历史场景，如山崩地坼，响绝古今。词中抒发的豪壮气魄，至今令人震撼不已。

　　七月十六日夜，大江上飘来几只轻舟。苏轼携二三友人，夜游赤壁，"但见清风徐来，水波不兴，白露横江，水光接天"，苏子与客人，饮酒乐甚，诵明月之诗，歌窈窕之章，对月吹箫，如怨如慕，如泣如诉，余音袅袅，不绝如缕。客人兀然间记起了在长江之上横槊赋诗的曹孟德，感慨不已。孟德当年破荆州，下江陵，舳舻千里，旌旗蔽空，可谓英雄矣，而今安在哉？叹人生之苦短，悲人世之无常，哀吾生之须臾，羡长江之无穷……

　　苏子闻之愀然：天地之间，物各有主，苟非吾之所有，虽一毫而莫取。惟江上之清风，与山间之明月，耳得之而为声，目遇之而成色——这正是造物主赐给天下人的永恒的财富啊！

　　如果说，《前赤壁赋》的旷达飘逸，仿佛天外神曲，《后赤壁赋》的孤寂凛冽，则犹如寂灭峡谷里的绝世之音。这时节，霜露既降，木叶尽脱；江流有声，断岸千尺；山高月小，水落石出。苏子"摄衣而上，履巉岩，披蒙茸"，寻幽探奇，"二客不能从焉"，入之弥深，愈感孤独，划然长啸，草木震动。俄尔登舟涉水，已是夜半，"适有孤鹤，横江东来，翅如车轮，玄裳缟衣，戛然长鸣，掠予舟而西也"。

而作于同一时期的《定风波·沙湖道中遇雨》，却别有一番人生意味——"莫听穿林打叶声，何妨吟啸且徐行，竹杖芒鞋轻胜马，谁怕？一蓑烟雨任平生。""竹杖芒鞋"是苏轼自己的形象，"一蓑烟雨任平生"，是他对待人生、对待挫折的态度。那份从容淡定，喜怒自适，悲喜无波，是诗人历经磨难升华之后平静心态的写照吧？

正是在大江万里、天地空冥、万物勃发、"也无风雨也无晴"的心境之下，苏轼写下了这篇《西江月·顷在黄州》，但见月色微黄，照耀天地，水波潋滟，浮动心潮，横空隐隐，耸立起一座涵盖天地的琼楼玉宇，仙阁环列，祥云缭绕，清歌盈耳，诗人微醺之际，醉卧芳草，梦回才华飚逸的青葱岁月——当此之际也，"杜宇一声春晓"，惊破了黄粱一梦，哎哎！赶紧醒来，继续上路吧……

　　横看成岭侧成峰，远近高低各不同。
　　不识庐山真面目，只缘身在此山中。

这首写在庐山西林寺墙壁上的七言绝句，写了庐山的壮美景色，大约也写了由"乌台诗案"触发的某种人生反思吧？

2019年9月10日

龙潜海角恐惊天

一

那是去年国庆长假，一个人在隐庐静静地度过。漠漠轻尘里，悠悠岁月中，独自蹉跎。没有浪漫，没有绮想。就那么一个人，落在尘埃深处一般。远闻佛音呢喃；遥见佛光闪烁。心底里的细波微澜，如一湾池塘之水，悄无声息。一切都是静悄悄的，电视，电脑，衣柜，沙发，书本，餐桌，绿植，茶杯，以及茶杯里细波荡漾的千年普洱……这才明白了，人在自己独对自己的时候，就是十足的弱智呆瓜。

从书市上淘来的那本《洪秀全传》，一直静悄悄放在书桌上，就像一朵闲置枝头无人问津的老梅。这两日，轻尘忽然乱飞，迷了人眼；天光忽然嘻嘻如流，凛了人心。不晓得时日这道渺然长绳，如何在尘封了许久之后，却忽然像一条赤练蛇一样高扬起来，令人晃晃的，似乎听到了遥远的地方的一脉缠缠绕绕之游丝。

这本古旧的《洪秀全传》，究竟是哪一年从哪一个书市上淘来，如今早已忘记。价钱肯定不超过一元人民币。莜麦色封面上，是一副气宇轩昂的洪天王线描画像，线条简练，一笔一画，如镂，如雕，如刻；浓眉横列如卧蚕，目光炯炯；冠带悬垂如刀剑，仪相庄严。此书由湖北人民出版社于1982年12月出版。作者田原先生，似乎不甚著名，从网上搜了一下，不得要领。他在《后记》里说："我不是历史专业工作者，只是凭着对清史的特殊爱好，多年来注意搜集这方面的资料，时断时续地做了一些研究。但因限于条件，也多是浅尝辄止，未能深入下去。在这中间，我对太平天国部分，兴趣逐渐浓厚，花的精力比较多些，除笔记之外，还拟了几个人物传记提纲，后又陆续加以整理，写成这本《洪秀全传》。"

这些话，实在，中肯。通览全书，印证了他的言辞之不谬。这本书的文采，不甚斐然，平实，扎实，没有过多的修饰之词。在平淡的语言之中，从平常的行为之中，为读者塑造了一个草莽英雄形象。

记得，此书淘来之后，曾经反复阅读，不下于三回也。当然，不是一字一句地、一丝不苟地读，而是跳跃性地、选择性地读。根据兴趣，断续读之。详尽处滴水不漏，恨不得掘地三尺；简略处一目十行，水过之处，甚至连地皮都不湿。说起来，这样的读书之法，算不得严肃认真。可是，没办法。近些年来读书养成的恶习，已是难以改变了。有时候，面对一本精美图书，用这样的读法，觉得实在惭愧；一字一句读来，又感觉没有必要。是不是一些书写得语句过于稠密，抑或是过于啰唆了呢？俺不晓得。只是觉得，在你读了一行字，便知道此后数行，甚至是数页之后，还有必要再像老牛嚼嫩草一样，反复地哼唧么？

以上情形，只是我读书的一般情状。还有一些自己认为值得一读之书，草草读过，便觉得是暴殄天物，是罪过，便放置手边，留待他日再仔细拜读。可是，明日复明日，明日何其多，及至过了半载，这本值得尊敬的书，依然安静地置身书案，有的甚至遍寻不见了踪影，令人惭愧恼恨交织。惭愧于自己的疏懒，恼恨于自己的恶习难改。俗话说，买书不如借书，借书不如抄书，的确是真理。借来的书，不得不还；需要抄录的书，更是潜心用力，哪容得你再懈怠推脱？——呵呵。话扯远了。还是回归正题吧。

洪秀全（1814~1864），原名洪仁坤，小名火秀，客家人，原籍广东嘉应州，出生于广东花县（今广州花都区）官禄布村。他的老爹洪镜扬，是个忠厚朴实的农民，不识字，一生娶了两个老婆，原配王氏生了五个孩子，三男两女。王氏去世后，续娶李四妹，没有生育。洪秀全在兄妹中排行老四。老大洪仁发、老二洪仁达，后来都成了太平天国的"皇亲国戚"，后期一度执掌大权，危害甚烈；妹妹洪宣娇是个赫赫有名的女将领，英武绝伦；姐姐洪辛英只留其名，事迹无可考。

1828年，16岁的洪秀全第一次到广州参加秀才考试，却落第而归。第二年，他做了村塾教师，一边教书，一边自修，准备再次应试。他广泛涉猎各种应试科目，以及稗官野史、神话传说。1836年，时隔八年后，他再一次迈进考场，依旧名落孙山。次年，不甘心失败的他再次卷土重来，第三次参加考试。这时候，他已经25岁了，雄心如海，志在千里，可是，结果却是残酷的：他又一次失败了！

三考三落，愤愤不平的他大病四十余日，病重时写下了一首述志诗——"手握乾坤杀伐权，斩邪留正解民悬。眼通西北江山外，声振东南日月边。展爪似嫌云路小，腾身何怕汉程偏！风雷鼓舞三千浪，易象飞龙定在天！"

这首诗是否洪秀全所作，学界尚有疑问。不过，从那些语句中透露出来的杀气，以及自诩飞龙在天的豪迈，其诗思脉络，还是有迹可循的。不过，一个三考三落的乡下穷教书匠，却大谈什么"手握乾坤杀伐权""易象飞龙定在天"，实在有些痴人说梦，在村里人眼里，肯定是个神经病，人们对他的嘲讽讥笑，恐怕也是很自然的事情吧？

然而，后来的一场三人小团体集会，产生了一个极其神秘的组织，却改变了混沌之中的一切，不但深刻地影响了千百万中国人的命运，甚至严重地影响了中国历史的发展进程。

据该书描述，1843年7月的一天，天气燥热，洪秀全与冯云山、洪仁玕，相约来到官禄布村外的一条小河边。这条小河，名曰石角潭。三个人都是有志青年，科场屡试不第，对清朝统治者满怀仇恨，决心同心协力，发动群众，进行一场震动天下的革命，唱一出天翻地覆的好戏。当下，三人脱光衣服，跳进河里，哗啦啦冲洗全身。这是仿照基督教之洗礼仪式，表示结束"旧我"，开辟新生，开始新生命和新事业。就这样，一个秘密的革命团体——"拜上帝会"诞生了！

对于"拜上帝会"之诞生，罗尔纲《太平天国史》的记载比较概括："鸦片战争后一年，清道光二十三年（1843年）六月，太平天国领袖洪秀全在广东花县的一个农村书塾中，创立发动革命的工具上帝教。第二年初夏，洪秀全和他最亲密的朋友冯云山入广西进行革命活动。冯云山深入桂平县紫荆山组织了拜上帝会。清道光二十七年（1847年）秋，就在紫荆山区内的平在山建立拜上帝会的总机关。""拜上帝会以桂平紫荆山区为中心，西到贵县，东到平南、藤县，北到武宣、象州，南到博白、陆川以至广东信宜，在这几个州县星罗棋布的农村里面，迅速发展。"

而《清史稿·洪秀全传》对此的记载，却迥然不同。这部被主编赵尔巽称为"急就之章"的史籍，对洪天王的描述颇有意味，说他"少饮博无赖，以演卜游粤、湘间"。"饮博"，饮酒与博戏；"演卜"，推演与占卜。洪秀全早年豪饮烂赌，算命卜卦，游走于广东湖南之间。他听说有个名叫朱九畴的人创立了一个民间组织"上帝会"，亦称"三点会"，志欲反清复明，拥趸众多，还可以赚老多钱，就与同乡冯云山拜老朱为师，后来老朱死了，"众以秀全为教主。官捕之急，乃往香港入耶稣教，藉抗官"。洪秀全接续朱九畴的薪火，成为继任教主，被清军追捕，与冯云山一起逃往香港，加入了耶稣教，风声过后，二人回到广西桂平县继续传教，秀全的妹夫萧朝贵，以及桂平县的杨秀清、韦昌辉等人纷纷入伙，贵县（今贵港市）人石达开也闻讯跑来加入。

随着信徒不断增加，势力渐渐扩大，洪秀全开始弄妖。一次，他患病昏迷，醒来后神秘兮兮对众人说："上帝召我，有大劫，惟拜上帝可免。"于是创立"拜上帝会"，"凡会中人男称兄弟，女称姊妹，欲人皆平等"，秀全自称是天父之子，耶稣之弟，"天父名耶和华，耶稣其长子，己为次子"。他独居一室，禁绝饮食，几天后才走出来，蓬首垢面，手舞足蹈，说自己这几天与天父在一起，商议人间大事，"众皆骇服"，众人唬得大眼瞪小眼，拜服于地。此后，他采取了两项重大举措，一是"复造宝诰、真言诸伪书，密为传布"，制作文告与经书，广为传播，制造舆论，忽悠民众；二是继续修炼，"潜蓄发，藏山菁间"，"山菁"即"山箐"，指山中大竹林。洪天王长发飞扬，目光诡异，藏身于竹林茂密的山崖间，派遣众人前往各地发展会员，"嗾人分赴武宣、象州、藤县、陆川、博白各邑，诱众入会"。

这段记载，要点有三：一、洪秀全早年不务正业，嗜酒赌博，算命卜卦，游走江湖，招摇天下；二、"拜上帝会"的前身，即是"上帝会"，其首倡者并非洪秀全，而是朱九畴，洪是朱的继任者，抑或说是发扬光大者；三、洪秀全弄妖作怪，极富手腕，整得众人拜服不已。

洪秀全这几位早期伙伴，后来都成了太平天国的核心领导人。冯云山是广东花县禾落地村人，与官禄布村相距五里路，是秀全的表亲和同学，关系极为密切，他自幼诵读经史，博览群书，因屡试不第，在村塾中执教，后来被封为南王，称七千岁，至于他投身革命的原因，《太平天国史》如是说："南王（冯云山）籍录广东，家道殷实，前随天王遨游天下，宣传真道，援救天下兄弟姐妹，日侍天王左右，历山河之险阻，赏风雨之艰难，去国离乡，抛妻弃子，数年之间，仆仆风尘，几经劳瘁。"萧朝贵是秀全小妹洪宣娇的老公，被大舅哥封为西王，称八千岁，他是个文盲，极端蔑视读书人，却英勇善战，屡立功勋，可惜很早就死了。杨秀清出生于一个贫苦农家，以耕山烧炭为业，参加革命后被封为东王，称九千岁，后来在天京事变中被杀，家人部属尽遭屠戮。韦昌辉生于富贵之家，自幼读书，颇有才华，善于见风使舵，被封为北王，称六千岁，是天京事变的刽子手，事后遭到洪秀全捕杀，被处以磔刑（五马分尸）。石达开颇富文韬武略，时人称他"龙凤之姿，天日之表"，被封为翼王，称五千岁，屡立战功，天京事变后率部出走西南，兵败大渡河，陷入绝境，他决心舍命以挽救三军将士性命，亲往清四川总督骆秉章大营谈判，被逮捕押解成都，处以凌迟酷刑，不屈而死……

太平天国领导层中最具现代意识的，则是洪秀全的族弟洪仁玕，他在香港居住多年，1859年回到天京，被封为军师、干王，一度总理朝政，1864年在江西被清朝捕杀。他对西方见识较广，其著作《资政新篇》是具有发展资本主义主张的政治纲领，他提出"用人""设法"两大政治主张。所谓"用人"，即"用人察失"，"禁朋党之弊"，意在杜绝内讧，加强集权；所谓"设法"，即"以风风之，以法法之，以刑刑之"，用良好风气引领时代，以完备法制治理天下，以严刑峻法惩治犯罪，他并举英、美、法等国为例，要求学习西方国家的政治制度和科学技术，走富国强兵之路。他还著有《颁新政宣谕》《克敌诱惑论》《兵要四则》等，合为《干王洪宝制》。应当说，洪仁玕的这些理念，至今依然具有鲜活的现实意义。他是一位被时代夹缝磨碎了的政治家。他曾在诗中慨叹："春秋大义别华夷，时至于今昧不知；北狄迷伊真本性，纲常文物倒颠之。"

"华夷"，指中国与外国；"北狄"，古代对北方少数民族的称呼。干王感叹说，所谓"春秋大义"，就是搞明白"华夷之辨"，区别中国与外国之不同，可是许多人根本不懂这一点，只是被偏狭的民族意识所驱使，将纲常伦理都弄颠倒了，可悲呀！

为了纪念"拜上帝会"之诞生，洪秀全请著名铁匠"打铁罗"铸了一把宝剑，名曰"斩妖剑"，整日里佩在身上，并赋诗一首抒发满怀革命激情——

　　手持三尺定山河，四海为家共饮和。
　　擒尽妖邪投地网，收残奸尻落天罗。
　　东西南北敦皇极，日月星辰奏凯歌。
　　虎啸龙吟光世界，太平一统乐如何！

二

太平天国的标志性事件，就是金田起义。

道光三十年（1850）年底，各地拜上帝会众一万多人云集广西桂平县（今广西桂平市）金田村宣告起义，发动对清朝的武力对抗。1851年3月23日，洪秀全在广西武宣县登基，建立太平天国，称"太平王"，后改称"天王"。《太平天国史》对此的记载是："清道光三十年（1850年）十月初一日，拜上帝会在金田团营，与地主阶级团练展开武装斗争。十一月底，打败来攻的清军。十二月初十日（1851年1月11日），就在金田宣布起义，在长空上飘扬起'太平'的旗帜。"

《清史稿·洪秀全传》的记载则较为具体："初，粤西岁饥多盗，湖南雷再浩、新宁李沅发复窜入为乱。粤盗张家福等各率党数千，四出俘劫。秀全乘之，与杨秀清创立保良攻匪会，练兵筹饷，归附者益众。桂平知县诱而执之，搜获入教名册十七本；巡抚郑祖琛不能决，遂释之。秀全既出狱，秀清率众迎归，招集亡命，贵县秦日纲、林凤祥，揭阳海盗罗大纲，衡山洪大全皆来附，有众万人。"

那一年，桂平一带闹饥荒，盗贼蜂起，雷再浩、李沅发、张家福等强贼四处劫掠，弄得人心惶惶，洪秀全与杨秀清乘机组建了一支"保良攻匪会"，宣称为民除害，归附者众多，引起桂平知县的惊恐，"诱而执之"，搜出了17本教徒花名册，广西巡抚郑祖琛志忑难决，只得予以释放。洪秀全出狱，一如猛虎归山，杨秀清率众教徒欢迎，秦日纲、林凤祥、罗大纲等纷纷来归，集聚教众近万人，声势浩大，金田起义随即爆发。

大旗一举，天下影从，势如烈火燎原，仅仅两年之后，1853年3月29日，太平军即攻陷金陵（南京），并宣布定都金陵，改名天京，正式建立太平天国政权，洪秀全从此进入天王府，作威作福。

关于太平天国定都南京，按照《太平天国史》的说法，洪秀全起初是反对的："在攻克南京后，建立首都问题摆在太平天国领导者的面前。这一个决定革命前途的决策，要他们立刻作出决定。洪秀全是早已主张建都河南的，在长沙北出时，已采取过要到常德经鄂北出河南的行动。只因到益阳忽得民船数千，才改作顺流而下。到这时候，洪秀全主张分军镇守江南，大军向河南挺进，取河南建都。这一个主张，不论是在战略思想上或政策方针上都是十分英明正确的。"

罗尔纲先生进一步指出，洪秀全"熟悉中国历史，知道南京'局促于东南，而非宅中图大之业'。历史上建都南京的都是一些偏安的或者割据的皇朝，结果没有不遭灭亡的。所以他不从南京建都的一些表面利益来看问题，而从革命的根本大计来着眼，提出分军镇守江南，大军取河南建都的主张。可是，杨秀清却采取了老水手的建议，在南京建都，在太平天国兴亡史上，铸成了大错"（《太平天国史·卷一·序论》）。

罗先生这段论述，要点有二：一、定都南京，非洪秀全之意，他是屈从了杨秀清的错误主张；二、由于洪的正确意见被否决，太平天国定都南京，才铸成了后来的覆灭命运，杨秀清其罪大矣！

至于定都南京之后的情形，《清史稿》记载如下："秀全既破金陵，遂建伪都，拥精兵六十余万。群上颂称明代后嗣，首谒明太祖陵，举行祀典。其祝词曰：'不肖子孙洪秀全得光复我大明先帝南部疆土，登极南京，一遵洪武元年祖制。'军士夹道呼汉天子者三，颁登极制诰。大封将卒，王分四等，侯为五等。设天、地、春、夏、秋、冬六官丞相为六等，殿前三十六检点为七等，殿前七十二指挥为八等，炎、水、木、金、土正副一百将军为九等，炎、水、木、金、土九十五总制为十等，炎、水、木、金、土正副一百监军为十一等，前、后、左、右、中九十五军帅为十二等。"同时大兴土木，建造天王府，"至金陵，始建宫室，毁总督署，复扩民居以广其址，役夫万余，穷极奢丽。雕镂螭龙、鸟兽、花木，多以金为之"。

鸟向晓兮必如我，太平天子事事可；

身照金乌灾尽消，龙虎将军都辅佐。

洪天王这首《金鸟》，可谓鸿鹄飞天，金光四射。一个优哉游哉的太平天子，望着周围的龙虎将军，听着耳畔的声声颂歌，大感事事如意，洪福齐天，好不快哉！可是，三年之后爆发的"天京事变"，不但摧毁了天王的冲天自豪，还差点摧毁了煌煌天朝，局势自此急转直下，太平天国急速进入了垂危阶段。

史载，1856年是个多事之秋，东王杨秀清多次佯装"天父下凡"，逼迫洪秀全封他为"万岁"，其篡位野心昭然若揭。洪天王忍无可忍，密诏北王韦昌辉、翼王石达开、燕王秦日纲铲除东王。9月4日，韦昌辉率领麾下精锐赶回天京，与燕王秦日纲会合，于清晨突袭东王府，东王与其麾下数千人同时被戮，杀红了眼的韦昌辉索性以搜捕"东党"为名血洗南京城，2万多人死于非命。十几天后，翼王石达开赶回京城，会晤北王韦昌辉，斥责他"滥杀"，惹祸上身，北王欲族灭之，石达开连夜缒城外逃，韦昌辉捕杀其一家老幼，石达开来到安庆，宣布起兵靖难，并上奏天王，请杀韦昌辉以谢天下。洪秀全随即下令捕杀韦昌辉及燕王秦日纲，韦昌辉被五马分尸，时年31岁。这一连串惊天遽变，史称"天京事变"，成为太平天国由盛转衰，直至灭亡的转折点。

对于韦昌辉诛杀杨秀清，《清史稿·洪秀全传》载，韦昌辉在秘密会见洪秀全之后，前往拜谒杨秀清，"既见秀清，语以人呼万岁事，昌辉佯喜拜贺，秀清留宴。酒半，昌辉出不意，拔佩刀刺之，洞胸而死。乃令于众曰：'东王谋反，吾阴受天王命，诛之。'因出伪诏，糜其尸咽群贼，令闭城搜伪东王党歼焉。"东王见韦昌辉来了，还嘚瑟显摆，将逼迫天王封万岁之事相告，昌辉连声祝贺，东王设宴款待，于席间被韦昌辉一剑洞胸毙命，北王随后拿出天王诏书，下令捕杀东王余党。唉唉。精明强悍如东王，竟遭如此残戮，悲哉！

然而，事情到此，并未结束——"秀全妻赖氏曰：'除恶不尽，必留后祸。'因说秀全诡罪昌辉酷杀，予杖，慰谢东党，召之来观，可聚歼焉。秀全用其策，而突以甲围杀观者。东党殆尽，前后死者近三万人。"

洪天王的老婆赖莲英，是所谓"糟糠之妻"，早年跟随洪秀全参加起义，是他的重要助手，不过，作为上帝的次子、耶稣的老弟，洪天王说自己在天上有一位"正宫娘娘"，称为"正月宫"，老婆只能退居次席，封为"又正月宫"。赖氏告诫天王必须除恶务尽，并献了一条毒计：以惩罚韦昌辉酷虐杀戮为名，予以杖责，说是安慰东王余党，招呼大家前来围观，然后令兵卒突然包围现场，将东王余党诛杀殆尽。

关于"天京事变"的起因，目前学界尚有争论，除了传统的"东王逼封万岁说"之外，还有"告密说""索取伪印说""自居万岁说"等，各有说辞与依据，孰是孰非，碍难论定，还是等待专家考订吧。

简单梳理一下，"天京事变"实际上发生了三场屠杀：一、韦昌辉假天王之命，诛灭东王杨秀清集团，并乘机屠戮异己，杀死两万余人；二、天王听从老婆赖莲英之计谋，以围观杖责韦昌辉为幌子，诱杀东王余党近万人。两次屠戮，共有3万人毙命。三、天王下令捕杀韦昌辉，死亡人数不详。当初韦昌辉带领3000精兵赶回天京屠杀东王，这些人是否在诛戮之列，不得而知；韦昌辉的弟弟韦俊、儿子韦承业倒是没有受株连，两人于1859年在安徽池州投奔湘军，成为了天国的敌人，后来天国惨败，二人回到故乡，但不为乡亲所容，只得远走安徽芜湖。这当然是后话了。

　　　　龙潜海角恐惊天，暂且偷闲跃在渊；
　　　　等待风云齐聚会，飞腾六合定乾坤。

在自相残杀的一片嗷嗷血海里，吟诵洪天王这首《定乾坤》，可谓百般滋味在心头矣。龙潜海角，闲跃在渊，等待风云际会的时辰，一举略定乾坤，呵呵，不过是白日做梦而已！

三

关于洪秀全其人，从前模模糊糊地知道，他是中国历史上的大英雄，农民起义的伟大领袖，堪与朱元璋、孙中山、蒋介石等人比肩。可是，几年之前读了这本《洪秀全传》，以及《清史稿》等相关记载，又搜罗了一些有关太平天国的资料，忽然产生了极大的怀疑：他真的是所谓"大英雄"吗？

检视那些历史陈迹，感觉有些匪夷所思。在起义初始阶段，他堪称英雄，与他的兄弟姊妹们一起，创立"拜上帝会"，发动声势浩大的金田起义，率领太平军与清军激战，迅速席卷了半壁江山。可是，一进入南京城，他骨子里的腐朽没落意识与混世魔王嘴脸，立刻暴露出来，其腐败堕落之程度，简直令人发指。

建立在神权之上的太平天国集团，也迅速开始了惨烈的内讧，诸王互相攻杀，天京城内，血流成河，加之推行的种种倒行逆施之举措，很快失去了老百姓的拥护。那些从前套在洪秀全头上的金光闪闪的桂冠，现在应当剥去了。——读读洪秀全的代表作《天父诗》，有的令人怒发冲冠，有的令人笑破肚肠，有的令人泄气三千里也！

《天父诗》是天平天国政权于1857年刊印颁行的官书之一，所收500首诗文中，除杨秀清假托天父吟诵的24首之外，其余476首都是洪秀全的大作，是他写给宫中后妃的独白，其暴虐、残忍、荒淫，于朽烂文字之中，历历可见。

> 服事不虔诚，一该打。硬颈不听教，二该打。
>
> 起眼看丈夫，三该打。问王不虔诚，四该打。
>
> 躁气不纯静，五该打。讲话有大声，六该打。

有喙不应声，七该打。面情不欢喜，八打该。

眼左望右望，九该打。讲话不悠然，十该打。

这一阵噼里啪啦的"十该打"，初看之时，兀地令人两眼发直：这是那个号称"农民起义领袖"的家伙写的么？——这些如刀似枪又似棍棒的低俗诗句，似乎嘶嘶地冒着腐朽刚愎残毒之火焰。

洪秀全从1853年3月41岁时进入南京，到1864年6月52岁时自杀身亡，在天京王宫里逍遥十一载，平日里哼唧的就是这些玩意儿。《天父诗》作为太平天国官书颁布之后，天王令宫中嫔妃侍女日夜背诵，并遵照执行，稍有违逆，即遭严惩。后宫女子失掉了做人的起码尊严，一言一行，随时都可能招致惩罚，挨打的时候，天王绝对不允许她们犟嘴申辩，因为，天王掌握着宇宙真理——"只有人错天无错，只有臣错无主错"！

问尔怕打不怕打，怕打莫练曲恶假。

问尔怕斩不怕斩，怕斩心莫邪半点。

打开知错是单重，打不知错是双重。

单重打过罪消融，双重雪下罪难容！

像这样的诗句，《天父诗》里并不少见。你怕不怕打？怕不怕斩？知不知错？厉声呵斥声中，天王的狰狞嘴脸暴露无遗。所谓"雪下"，是太平军"刀下"的代称。洪秀全自称"天王"（即"主"），任何时候、任何情况下，都不可能出差错。只要你潜意识里产生怪罪"主"的念头，就是大逆不道，罪不容赦，就要"雪片（钢刀）"伺候！——那个混账透顶的"十该打"，可不是说说而已，而是血淋淋地实行。《天父诗》中发出的性命威胁，时时不断，刻刻惊心，其中提及对后宫女子的惩罚，有饿饭、杖责、囚禁、砍头、砍手足、"煲糯米"（点天灯），即将人裹起来活活烧死。

> 眼邪变妖眼该挖，不挖妖眼受永罚。
>
> 挖去妖眼得升天，上帝怜尔眼无瞎。
>
> 喙邪变妖喙该割，不割妖喙凡不脱。
>
> 割去妖喙得升天，永居高天无饥渴。
>
> 心邪变妖心该刳，不刳妖心发大麻。
>
> 刳去妖心得升天，心净有福见爷妈。
>
> 手邪变妖手该断，不断妖手祸多端。
>
> 断去妖手得升天，尔手仍在无苦酸。
>
> 脚邪变妖脚该斩，不斩妖脚鬼且阖。
>
> 斩去妖脚得升天，永随上帝脱危险。

这些"挖眼""割舌""刳心""断手""斩脚"等字眼，淋漓着多少无辜者的鲜血啊！而洪天王对那些可怜的后宫娘娘们提出的一些要求，简直匪夷所思——"看主单准看到肩，最好道理看胸前。一个大胆看眼上，怠慢尔王怠慢天！"就是不准抬头看"主"的眼睛，只许低头看到胸前。"日夜拨扇扇莫停，草拨榨底要记清。拨由己不拨由己，大胆逆天不成人。"把活生生的人当成电扇机器人，夏天要日夜不停地猛扇不停。"因何当睡又不睡，因何不当睡又睡。因何不顾主顾睡，因何到今还敢睡。"伺候洪天王真是好难啊，早睡晚睡都不行，身边嫔妃们肯定整天处于精神高度紧张中；"练好尔条性，顾稳尔条命。若不练好性，怕会害了命"；"一好好到无底好，一了了到无底了。问尔想好还想了，不是同尔作笑校"。哼！尔等到底是想好，还是想了？要想好，就要把爷伺候好，要想了，那就一刀咔嚓了！——赤裸裸的威胁与恫吓，纵是千年之后，依然令人不寒而栗！

想当年，洪秀全创立"拜上帝会"，提出的口号是："天下多男子全是兄弟之辈，天下多女子尽是姊妹之群！"其男女平等思想，可谓振聋发聩，吸引了天下许许多多人的眼球。然而，曾几何时，太平军席卷江南，洪天王进入天京（南京），立刻就钻进天王府，过起了骄奢淫逸、腐朽糜烂的帝王生活，把无数美丽女子统统当成了自己的胯下之玩物，其愚昧堕落之丑态，比之封建帝王，有过之而无不及也！

那么，洪秀全究竟有多少女人呢？

据记载，金田起义时，他就遴选了美女15人，日夜伺寝，一年之后，在广西永安围城中，将士浴血奋战，他却贪恋女色，侍寝美女增加到36人。进入天京后，更是大肆扩充后宫，至于具体数字，据《江南春梦庵笔记》统计，王后娘娘下辖爱娘、嬉娘、妙女等16个名位208人；24个王妃名下辖姹女、元女等7个等级共960人，两类共计1168人。另有服役的女官，以二品掌率60人各辖女司20人，合计为1200人。各类人数加起来，总计有2300多名美女在天王府陪侍天王，其繁杂的各类名目，比封建王朝还多。

当然，这些记载，属于野史与传说，未必可靠，但洪秀全自从进入天王府，就沉溺女色，不理朝政，却是史实。1864年，天京沦陷，天王自杀，幼主洪天贵福被清军俘获后招供说："我现年16岁，老天王是我父亲。我88个母后，我是第二个赖氏所生，我9岁时就给我娶了4个妻子。"

这个16岁的"幼天王"，也继承了老爹的"诗才"，被俘后写诗给押解官员唐家桐："跟到长毛心难开，东飞西跑多险危；如今跟哥归家日，回去读书考秀才"；"如今我不做长毛，一心一德辅清朝；清朝皇帝万万岁，乱臣贼子总难跑。"他还在幻想着回家读书考秀才呢，岂料最后遭到了酷刑虐杀：凌迟。

英国驻沪领事馆翻译官富礼赐写了一本《天京游记》，其中说道，他有一次从王宫前走过，忽闻乐声杂沓飞扬，鼓声、钹声、锣声、炮声，交汇响起，原来此刻是天王进膳时间，直到进膳结束，鼓乐声才停止——"圣门半开，好些软弱可怜的女子或进或出，各提盘碗筷子及其他用品，以侍候御膳用。各种物品大都是金制的。"

我们不能忘记的是，那时候清朝的江南江北大营里的万千清军士兵，正虎视眈眈，要剿灭太平军。此时的清朝咸丰皇帝才只有18个嫔妃。

由此观之，太平天国之灭亡，实在是洪天王咎由自取啊！《清史稿》评论说："秀全以匹夫倡革命，改元易服，建号定都，立国逾十余年，用兵至十余省，南北交争，隐然敌国。当时竭天下之力，始克平之，而元气遂已伤矣。中国危亡，实兆于此。成则王，败则寇，故不必以一时之是非论定焉。唯初起必托言上帝，设会传教，假'天父'之号，应'红羊'之谶，名不正则言不顺，世多疑之；而攻城略地，杀戮太过，又严种族之见，人心不属。此其所以败欤？"

应当说，清史编纂者虽然对太平天国多有歧视，对洪秀全也多有贬损，这段评论还是较为公允的。其一，洪秀全以草民之身领导了一场翻天覆地的农民革命运动，立国十余年，纵横十余省，差点掀翻清王朝，统治者"竭天下之力"才扑灭之，也导致了自身元气大伤。其二，自古道"成王败寇"，不必以一时之成败论英雄，洪秀全当然堪称大英雄也。然而，他装神弄鬼，假借"天父"之名忽悠天下，利用"红羊"之谶（"红羊劫"）蛊惑民心，杀戮过甚，尤其是天京事变，自相残杀，既戕害了自身实力，也丧失了天下民心，他的最后失败，不是必然的吗？

2019年6月25日

后　记

　　《史海撷英录》终于要付梓了。抚今追昔，无限感慨。当初写作本书的初衷，其实很简单，一是把那些自己早年铭刻心底的古代典籍重新"咀嚼"一番，发些思古之幽情；二是把那些自己曾经留意、只是一晃而过的经典之作拿来"重读"一遍，探究一下"庐山真面目"。总之，这应该是一本比较随意的读书笔记。

　　此次校阅书稿，感受有两点，一是，本书比预想的要厚重些。当初写作比较随意、轻松，希望读者读起来有一种行云流水、如坐春风的愉悦。然而，因为本书中涉及了许多重要史实与历史人物，触及了许多文史方面的重要课题，阅读起来是否"如坐春风"，那就听凭读者诸君的感觉与判断了。二是，感觉了自己学识的浅陋。由于水平有限，识见凡庸，对有些问题驾驭起来难度很大，解读也属于蜻蜓点水，冀望得到广大读者的指点。

　　遗憾当然是有的。譬如，《人之生譬如一树花》一篇，写了范缜及其《神灭论》的遭遇。此篇本来是三部分，第一部分写自己在1975年读高中时抄录《神灭论》的往事，定稿时将一些内容删除了。这当然是可以理解的。不过，还是十分遗憾，因为，那不仅是一个人的一点儿微不足道的经历，还是一个特定时代投射在一个乡村中学生身上

后

记

431

的一个缩影。

感谢花山文艺出版社原社长、总编辑张采鑫先生，百忙之中批阅全书，并拟定书名；感谢花山文艺出版社社长、总编辑郝建国先生的鼎力支持，使拙著得以顺利问世；感谢责任编辑林艳辉先生，一遍遍核对校改，付出了许多心血；感谢校对、美编老师的辛勤努力，为本书增光添彩。在此，一并鞠躬致谢！

真诚希望得到读者诸君与大方之家的指教。谢谢！

韩联社

2022年8月5日